一代宗师

祝贺

朱伯芳院士文集出版

钱正英

二O一九年五月

全国政协原副主席钱正英为《朱伯芳院士文集》题词

朱伯芳院士近影

1944 年，就读于江西余江中学。

1950 年，就读于上海交通大学。

1954 年，在佛子岭水库工地。

1956 年结婚周年纪念时，在安徽蚌埠淮河水利委员会设计院工作。

1978 年两个子女上大学时，在河南三门峡水电部十一工程局工作。

1985 年 6 月，与张泽祯院长在瑞士洛桑共同出席 15 届国际大坝会议。

1987 年 4 月，出席在葡萄牙召开的国际拱坝学术讨论会。

1988年，出席全国科学技术大会，拱坝优化荣获国家科学技术进步奖。

1989年9月，在苏联全苏水电科学研究院讲学。

1989 年 10 月，在湖南长沙参加水电部中南设计院 CAD 会议，会后参观韶山毛泽东主席旧居（前排左二起施修玮、潘家铮夫人、潘家铮、朱伯芳，后排左一郭之章、左三班效侯）。

1991 年 7 月 31 日，在第 4 届国际土木建筑工程计算机应用会议闭幕大会上致词（日本东京，时任中国代表团团长）。

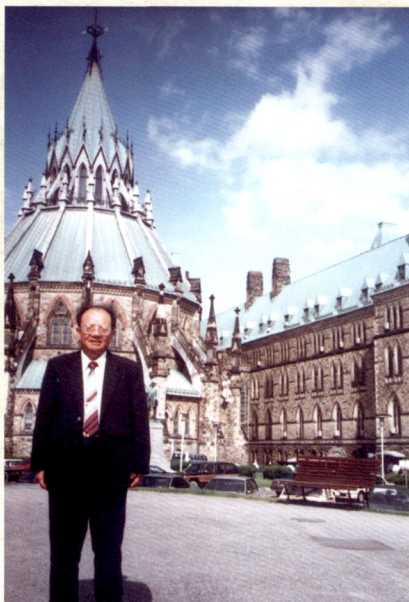

1992 年 6 月，率中国土木工程学会代表团参加加拿大土木工程学会年会，会后在渥太华加拿大国会大厦前留影。

1994 年 9 月，赴意大利 Assisi 参加国际结构安全度会议，会后在罗马圣天使堡留影。

1994 年 9 月，赴意大利 Assisi 参加国际结构安全度会议，会后在罗马威尼斯广场留影。

1994 年 9 月，应邀到德国 Essen
大学讲学，在柏林夏洛蒂宫留影。

1994 年 9 月，在柏林波茨坦尼可拉教堂前留影。

1994 年 9 月，赴德国柏林参加国际学术会议，会后参观柏林夏宫。

1995 年 5 月，参加"八五"国家科技攻关成果鉴定会议。

1996 年，参加全国政协八届四次大会。

1997 年 11 月 8 日，在长江三峡工程大江截流仪式主席台上。

1999 年 9 月，赴英国丹迪参加国际混凝土创新会议，会后在伦敦西敏寺大教堂前留影。

1999 年 10 月 1 日 50 周年国庆，应邀在天安门城楼观礼台上观看国庆游行。

2000 年 7 月，全家合影（女儿、儿子、儿媳）。

2001 年 7 月 7 日，参加全国政协甘肃视察团，出席张掖宾馆晚宴。

2001 年 10 月 25 曰，参加并主持在张家界召开的全国水电计算机应用学术会议，会后与夫人易冰若在张家界公园天子山留影。

1993 ～ 2002 年，作为全国政协委员每年应邀参加党中央、国务院举办的春节团拜会。

2001 年，参加国家科学技术奖励大会，混凝土仿真与温度应力研究荣获国家科学技术进步奖。

2006 年 5 月，与中国长江三峡工程总公司总工程师张超然院士在三峡大坝坝顶。

朱伯芳院士学术思想研讨会暨九十华诞庆祝会

2017 年 10 月 17 日

    2017 年 10 月 17 日，中国大坝工程学会、中国水利学会、中国水力发电工程学会、中国水利工程协会共同举办了"朱伯芳院士学术思想研讨会暨九十华诞庆祝会"。图为会议合影。（第一排右起：国际大坝委员会主席贾金生，中国水利学会副秘书长吴伯健，中国水力发电工程学会副秘书长吴义航，中国水利工程协会理事长孙继昌，韩其为院士，朱伯芳夫人易冰若，朱伯芳院士，陈厚群院士，水利部科技司原司长董哲仁，水利部原总工程师高安泽，中国水利水电科学研究院结构所原所长黄国兴、结构所原副所长王国秉，中国水利水电科学研究院副院长汪小刚）

    发来贺信的有中国工程院院长周济，中国大坝工程学会理事长矫勇，水利部总工程师刘伟平，长江勘测规划设计研究院院长钮新强，郑守仁院士，马洪琪院士，张超然院士，张楚汉院士，钟登华院士，陈祖煜院士，中国水利水电科学研究院院长匡尚富等人。

朱伯芳院士传

鲁顺民 著

中国电力出版社
CHINA ELECTRIC POWER PRESS

图书在版编目（CIP）数据

朱伯芳院士传 / 鲁顺民著. —北京：中国电力出版社，2018.6
ISBN 978-7-5198-1803-6

Ⅰ．①朱…　Ⅱ．①鲁…　Ⅲ．①朱伯芳—传记　Ⅳ．①K826.16

中国版本图书馆 CIP 数据核字（2018）第 082538 号

出版发行：中国电力出版社
地　　　址：北京市东城区北京站西街 19 号（邮政编码 100005）
网　　　址：http://www.cepp.sgcc.com.cn
责任编辑：杨伟国　孙建英　李文娟
责任校对：郝军燕
装帧设计：张俊霞　赵姗姗
责任印制：蔺义舟

印　　　刷：北京盛通印刷股份有限公司
版　　　次：2018 年 6 月第一版
印　　　次：2018 年 6 月北京第一次印刷
开　　　本：710 毫米×980 毫米　16 开本
印　　　张：25
字　　　数：421 千字
印　　　数：0001—1000 册
定　　　价：150.00 元

祝贺朱伯芳院士九十华诞贺信

朱伯芳院士：

在您九十华诞到来之际，谨致以热烈的祝贺和诚挚的敬意。您不负党和人民的重托，发扬严谨的科学精神和崇高的道德风尚，扎实工作、开拓创新，为我国科学技术事业发展、经济社会发展做出了重大贡献。在此衷心祝愿您：生日快乐，健康长寿！

中国工程院院长　周济

二〇一七年十月十七日

献身水利水电事业，引领世界筑坝技术

——祝贺朱伯芳院士九十华诞

2017 年 10 月 17 日是中国工程院院士朱伯芳先生九十华诞庆贺日，我谨代表中国大坝工程学会向朱先生致以崇高的敬意并致以热烈的祝贺！

献身水利，追求卓越。朱伯芳院士 1951 年从上海交通大学毕业后，至今在水利水电领域已工作奋斗 66 年，既是新中国治水、兴水的见证人，也是我国坝工事业从无到有，从实现大坝建设 100m 坝高，到 200m，再到 300m 级高坝多级跨越的引领者和贡献者，在三峡大坝、南水北调工程、小湾拱坝等一百多座工程的建设和管理中留下了辉煌的篇章。我国坝工事业由追赶世界先进水平到引领世界发展，这一过程凝聚着众多专家学者的心血和智慧，其中朱先生是最重要的专家代表之一。朱先生的事业成就全行业有目共睹，得到国内外广泛赞誉。他牵头负责的项目 11 次获得国家、部委科学技术大奖，1984 年首批入选国家级有突出贡献专家称号，1995 年入选中国工程院院士，1998 年当选第九届全国政协委员，2007 年荣获国际大坝委员会终身成就奖。朱先生对我国和世界大坝发展的卓著贡献，反映了朱先生心有大我、献身水利的崇高精神，也彰显了他 60 多年来栉风沐雨、不懈追求卓越的工作风貌和淡泊名利、甘于奉献的高尚情操。

勤奋进取，成果丰硕。朱先生治学上倡导"勤于工作、勤于学习、勤于思考"，科研上倡导"来于生产、高于生产、用于生产"。他既是倡导者，更是模范实践者。朱先生数十年如一日，殚精竭虑，深究坝工科学奥秘，探索混凝土温控规律。"人生七十古来稀"，朱先生现已 90 高龄，仍以高昂的精神时刻关注水利水电国际发展最新动态和行业发展的大局，仍不断发表新的学术论文并出版专著。至今已在国内外杂志以第一作者发表论文 200 多篇，出版著作 10 本，是同时代大坝专家中最为丰产的学者之一。

刻苦创新，敢为人先。无论在逆境中在工程工地下放劳动，还是在国家重视科研、支持科研之后，朱先生一直都是刻苦钻研的榜样，始终以事业为重、以解决工程挑战性问题为目标。在世界上首创混凝土温度应力理论，解决了大坝裂缝问题，首创拱坝优化理论，节省巨额投资，首创混凝土仿真算法，大幅度提高了混凝土坝应力分析水平，首创混凝土坝数值监控理论，使大坝安全监控由过去的定性监控跃升为现在的定量监控。科研成果纳入国家设计规范的有十四项之多。他不断创新、解决工程难题的众多成果为不断提升我国筑坝技术水平做出了卓著的贡献。

桃熟三千樽开北海，春光九十诗倾南山。朱先生在治学、科研、培养人才等多方面是同时代人的典范，更是我们年轻一代学习的榜样。

衷心祝愿朱先生健康长寿、幸福快乐！

中国大坝工程学会理事长　矫勇

二〇一七年十月十六日

目　录

第一章　颠沛流离中成长

从乳母家归来的孩子

朱伯芳的故乡，在江西省余江县马岗乡下朱村。1928 年 10 月 17 日，即农历戊辰年九月初五，他出生在这里。

他的父亲朱祖明是家中的独子，当年在南昌豫章中学高中部就读。

祖父朱际春是当地的老秀才，新得长孙，自然欢喜。朱伯芳这个名字，就是祖父给起的。祖父"春"字辈，父亲"明"字辈，接下来他是"芳"字辈，一派雅意。伯芳出生之后，还有三个弟弟和一个妹妹，祖父依伯、仲、叔、季分别命名，只是弟弟叔芳与妹妹季芳幼年夭折，最后出生的弟弟，祖父给他取名毓芳。

朱伯芳出生，母亲没有奶水，祖父特别着急。下朱村周围有的是上好水田，但没有人家养奶牛，母亲也就十七八岁，根本侍弄不了这个嗷嗷待哺的孩子。束手无策。怎么办？从出生一直长到一岁多，朱伯芳只能喝米羹当奶水权充营养。

祖母帮着母亲，每天提前把大米泡在水里，泡软的大米再经研碎，最后上锅蒸熟，待晾至温热，一口一口喂他吃下。

朱伯芳一直体质很差，跟他童年缺乏营养有关系。

长到一岁多，村里有一户人家婴儿夭折，祖父便去求人家做孙儿的乳母。同村同宗，祖父又受同宗人敬重，这人家就将朱伯芳抱来做乳儿。

这样，朱伯芳在乳母家里待到 3 岁，才恋恋不舍回到祖父、祖母身边。

乳母家度过的童年，在朱伯芳的印象里不可能很清晰，至多是一些片断场景的连缀，让他很留恋，直到晚年还屡屡提及。

这是村里一户普通农家，乳父老实、木讷，但非常善良。而乳母已经四十多岁，她的奶水并不比母亲更多，还患有肺结核病，乳养朱伯芳不久，就断奶了。可乳母对他特别好，把不多的奶水钱全部用在了乳儿身上，千方百计给他增加营养。乳母慈爱之甚，视其如己出。

农家小屋简陋寒碜，光线昏暗，里面充溢的温情却恒久地留在乳儿的脑海里。

乳母还有一个儿子，叫朱学俚，是朱伯芳的哥哥了。哥哥和乳父、乳母一样，待他特别好。朱伯芳懂事一点，就由这个哥哥带他玩耍。

下朱村，在一个叫作兰田畈的冲积小平原上，白塔河沿着村落西缘日夜流淌，向北，再向北，流过余江县的老县城锦江镇，然后与信江会合，信江再向北，将注入烟波浩渺的鄱阳湖。

信江，是鄱阳湖五大水系之一，白塔河贯穿余江县全境，是信江的支流。尽管是支流，水量其实不小，经常泛滥。平常帆影点点，舟楫往来，水上运输甚是繁忙。河对岸的邓家埠是白塔河汇入信江之前的一个重要码头。1934 年，浙赣铁路余江段修通，余江车站设在邓家埠❶。邓家埠的河港、陆港地位日益显著，成为余江县最大的集镇。

邓家埠简称邓埠，1962 年，余江县城由锦江镇迁至邓埠。

朱伯芳的故乡下朱村。只是，那里的村落并不以"村""庄"来命名，而称为"家"，下朱村，称为下朱家，再往东，有墙圈里朱家、株林朱家、湖头朱家等四个朱氏聚居村落。除了朱家，还有赵氏、张氏、黄氏几个宗族大小不一总共十多个称为"家"的村子。

兰田畈这块几十平方公里的小平原，安顿下十多个村落。每一个村落并不大，也就二三十户人家的样子，大抵因就近耕作之故形成。村落与村落之间，相隔也就一华里左右距离。绿树掩映下，在这个村子依稀可以看见另外一村子屋顶冒起的炊烟，太阳从晨雾里升起，这个村子里鸡开始打鸣，那个村子里的狗立即叫起来呼应。到了夏天，塘坝里的水车开始汲水灌溉，水车吱呀，声音笨拙，此起彼伏，昼夜不息。这里那里，会有拉水车的老牛长哞一声。

兰田畈自古就是余江县一块富庶的小平原，一派田园风光。

下朱村所在的兰田畈，曾经引发全国震动。并不是因为出了朱伯芳这位中国著名的大坝结构专家、工程院院士，而是因为它曾是余江县血吸虫病疫区。1954 年，时任中共余江县委副书记、后来担任县委书记的李俊九到马岗乡下乡，

❶ 参见《余江县志》，毛惠人、李贵发主编，江西人民出版社，1993.1，第 414 页。

发现这里的血吸虫病触目惊心，瘟病所至，千村薜荔，万户萧疏，遂逐层上报，震动中共中央。毛泽东于 1955 年批示："一定要消灭血吸虫病！"❶

朱伯芳童年和少年时期，大家对血吸虫病还没有什么认识。只是老秀才朱际春发现，这个大眼睛长孙总是不长个儿，有些异常。朱伯芳从小体弱多病，也就没有在意。直到 1951 年，学校动员朱伯芳报名，在上海交通大学体检的时候，才发现他有血吸虫病。

1931 年，3 岁的朱伯芳从乳母那里回到自己家中。1933 年，父亲大学毕业，在南昌江西省公路局工作，母亲跟着去了南昌，他由祖父母照管。

6 岁，开始上学。乡下把孩子读书发蒙叫作"进书房"。书房倒不可怕，就是祖父朱际春自己办的私塾。

祖父自己的私塾里有十几个学生，尽管是自家的私塾，但朱伯芳还是充满着好奇。祖父教给他的第一篇发蒙文章是《孟子见梁惠王》。

"王曰：'叟不远千里而来，亦将有以利吾国乎？'"

祖父念得抑扬顿挫。如吟如诵，沉醉其中。

祖父念一句，他跟着念一句。

如吟如诵，仿佛也沉醉其中。

至于讲的什么，六岁的孩子，也只能是一知半解。

祖 父 和 父 亲

朱伯芳出生的时候，曾祖父已经去世，曾祖母还在。

曾祖父是地道的农民。这位未曾谋面的曾祖父却不是一个简单的农民，有

---

❶　参见李俊九《血吸虫病防治工作战线的第一面红旗》，收入《文史资料选辑》合订本，第 44 卷第 128-130 辑，中国文史出版社，2000.1，第 77-85 页。

远见，甚至堪称有魄力，他有四个儿子，至少出过两位读书人。长子朱际春，也即朱伯芳的祖父，还博取了一个秀才功名。只是赶上清末科举废弛，他的功名也只能到此为止。

尽管是秀才，在当地也是了不得的功名，整个马岗乡，也只出过祖父一位秀才，他被视为朱氏宗族的荣耀，颇受族人和乡里敬重。朱伯芳出生的时候，二叔祖和三叔祖已经去世，是什么职业，他不知道。四叔祖他是见过的，也是读书人，是一位乡间教书先生，开馆授徒。

曾祖父去世，四个儿子分家析产，祖父名下分有两间上房，另外还有四亩田，有旱田，也有水田。祖父自己设馆授徒，教十几个学生，一年十几块大洋，外加四亩田的租米，日子自然清寒，只是勉强过得去。

朱伯芳的父亲朱祖明是家中的独子，还有一个姐姐、一个妹妹，也就是朱伯芳的姑姑。祖父自己开办私塾，两个姑姑却没有读书，是文盲。尽管家境清寒，祖父朱际春在培养儿子上面还是尽心的。

朱祖明出生于 1908 年，第三年清帝逊位，民国肇造，现代教育要深入到余江县乡间还需要一段时间。朱祖明随父亲在私塾就学，待到他读完私塾，现代教育已经普及，如果继续培养儿子去上中学，对他们家境而言是一个不小的问题。

祖父是一个基督徒，经常往来于下朱村和邓家埠之间做礼拜，跟镇上教堂的牧师很熟络。祖父是秀才出身，在当地是了不得的文化人，所以教堂的牧师跟他的关系比较好。这位跟祖父要好的白人牧师给朱祖明联系了一家在南昌的教会中学，叫作私立豫章中学。汉代，刘邦在南昌设立豫章郡，故名。

天主教、基督教传入余江县，时间不算太早，大致是光绪二十年（1896）左右，但发展极快。在余江县的锦江镇、邓家埠均设有教堂，天主教办有教会小学、医院、养老院、育婴堂，广有信徒，到民国初年，信众达到万人之多。其中基督教受洗者达 600 余人。❶而天主教和基督教在江西的活动，时间更早，从明代意大利神父利玛窦进入中国就开始了，南昌是他传教的重要城市。❷

---

❶ 参见《鹰潭市志》下册，方志出版社，2002.9，第 1563-1568 页。
❷ 参见《江西宗教志》，方志出版社，2003.4，第 283 页。

位于南昌的私立豫章中学是一家不错的教会中学，其富有特色的音乐教育至今留在许多校友的记忆里。校舍建筑在当时的南昌城尚属罕见，甚为壮观。这所中学为美国基督教美以美会外洋布道会所办，创办于 1907 年，刚开始，基督教会原准备办一所大学，最后改办中学。除了豫章中学之外，基督教会还办有葆灵女中❶。

私立豫章中学以学费高昂而著称，学生不乏达官富贾子弟，家境清寒的朱祖明怎么能读得起这样的学校呢？原来，牧师为他争取的是一个工读生名额，一边读书，一边帮学校做一些杂务，比方烧开水、擦黑板、打钟之类。这样，可免除全部学杂费。

父亲朱祖明在南昌私立豫章中学从初中，一直读到高中，前前后后有五年时间。但读完高二准备读高三，家里出了一些状况，祖父突然遭遇了一场不大不小的讼事官司，无法供应他上学，朱祖明只好辍学回家❷。这已经是 1927 年前后的事情。

1927 年，北伐军进入江西，朱祖明投考国民军举办的党务训练班，毕业之后回到余江县，担任国民党余江县党部的组织部部长。紧接着，蒋介石发动"四·一二"政变，大革命失败。国民党县党部在地方上的势力本来就非常薄弱，有的地方就是一个空架子，朱祖明干了很短一段时间，了无兴趣，于 1928 年辞职，在家里复习功课，准备投考大学。

1929 年，朱祖明考取上海劳动大学电机系。

朱祖明考上大学，在兰田畈一带乡间轰动一时。朱家出过乡里唯一的秀才，现在秀才家里又出了乡里第一个大学生，实在让人称羡。

上海劳动大学，是中国现代教育史上存在时间很短的一所大学，属于国民政府的国立大学，从 1927 年创办到 1932 年撤销，仅有 5 年时间。它的背景很是了得，而且有着浓重的无政府主义色彩，可说是中国无政府主义的一个集结地。倡导其事的，是国民党元老和一些著名无政府主义者，有李石曾、吴稚晖、匡互生、毕修勺、陆翰文等人，此倡议得到时任国民政府大学院院长的蔡元培

---

❶　参见饶克杰《回忆南昌豫章中学》，收入南昌市政协文史资料委员会编《南昌文史资料》第 8 辑，1992.4。
❷　参见中国水利水电科学研究院档案室《朱伯芳档案》，1955 年自传。

大力支持。该校于 1927 年夏季筹办，9 月即开学。❶

　　这倒不能说明朱祖明有什么政治倾向，真正吸引他的，是这所国立大学的学费和宿费全免，每学期还发两套学生服，经费全部由国民政府提供，生均经费每年达 2248 元。劳动大学号称半工半读，学生每天除了上课之外，还要有 3 个小时的实习劳动。❷朱祖明上的劳动大学工学院，原是军阀孙传芳的一个半兵工厂。所谓半，乃因设备简陋，只能修理，不能制造。北伐军接管之后交由劳动大学办学。学校就是工厂，实习也就在学校里面。实习劳动倒不至于多苦多累，只是在车床上练习操作而已。❸

　　如果不出意外，朱祖明可以在 1933 年从上海劳动大学顺利毕业。只可惜，当他上大学三年级那一年，也即 1932 年，日本军队在上海发动了震惊中外的"一·二八"事变，蔡廷锴、蒋光鼐率领的十九路军奋起反击，淞沪抗战打响，他的学业差点中断。

　　到 20 世纪 90 年代，朱伯芳为了解父亲在上海劳动大学的学习情况，着意翻阅了一些资料，甚为愤慨。

　　日本侵略军发动"一·二八"事变，将繁华的大上海推入战火之中，日军飞机、大炮对城市狂轰滥炸，不仅将目标对准中国守军驻地和军事机构，而且大范围殃及居民和公共设施。尤其文化和教育机关，成为日军飞机袭击的主要目标。首当其冲的是商务印书馆。商务印书馆是中国出版界巨擘，实力雄厚，影响甚巨。遭此劫难，元气大伤。"总计被毁之建筑，及一千余部之机器，巨量之书籍、仪器、纸张等，损失当达千万元。其附设之尚公小学亦被全部焚毁"。再就是东方图书馆。东方图书馆藏书 60 万册之巨，其中中国书籍尤为珍贵难得，最古之宋版图书百余种，有木刻之重要名著善本 2 万余册，以藏中国省府县志之多甲于全国，为中国最大的史地书库，至于元明清精刻之书更是国内屈指可数的精品或孤本，还有大量西方文献初版图书。日军狂轰之下，东方图书馆 26.8 万册图书尽毁，细数起来，其损失绝难以数字衡量。日军为了彻底摧毁中国的文化出版业，甚至连造纸厂都没有放过，共有 12

---

❶ 参见《中国无政府主义史稿》，周一良主编、路哲著，福建人民出版社，1990.5，第 308 页。
❷ 参见《中国无政府主义史稿》，周一良主编、路哲著，福建人民出版社，1990.5，第 309 页。
❸ 参见《往事杂忆》，朱伯康著，复旦大学出版社，2000.5，第 13 页。

家造纸厂被炸毁。❶

　　然后就是大中学校。吴淞地区的同济大学、商船学校、水产学校、中国公学、中大医院、劳动大学农学院和工学院等7所大学及吴淞中学遭到毁灭性打击❷，同济大学大部分校舍被炸坍塌，整座校园屋瓦横飞，椽崩栋折；商船学校一无所存，学生失踪半数以上；劳动大学农学院被毁大半，工学院荡然无存，学生失踪过半。❸

　　朱伯芳给自己的学生讲到这段史实，他说："日本人炸上海，他炸你的商务印书馆，炸你的东方图书馆，再炸你的大学。炸你的大学、图书馆，比炸掉你几座建筑要影响大，对你的伤害更深。侵略者很知道文化的厉害，要灭掉一个民族，先消灭你的文化，把你的文化、科学这一套消灭之后，这个民族自然就不行了。这是非常狠毒的一着。"

　　"一·二八"事变，父亲算是死里逃生，上海劳动大学也走到了它的尽头。无政府主义的集结地，无政府主义倒没有成什么气候，共产党的力量渗透其中，很快发展壮大。这座劳动大学早就不招当局待见，趁着校舍被毁，1932年5月，国民政府宣布撤销上海劳动大学，学生则被分散到全国各国立大学继续求学。

　　朱祖明被转到北平大学工学院电机系。

　　北平大学和北京大学还不是一回事，它的规模远比北京大学大，堪称庞大。这所国立大学的命运要比上海劳动大学好一些，但到了抗战结束，也就消失不见了。

　　要弄清北平大学的来龙去脉，头绪纷繁，说来话长。文史学者邓云乡先生对北京老城里各学府了如指掌，他对北平大学有很好的描述。

　　要弄清北平大学，首先应该明确两个问题，即一要明白北平大学是一个组合体，而且是一个十分松散的组合体，原不是一个学校，也不在一个地方，是一个时期隶属于一个校名的几个学院。二要明白当时的历史条件、学校制度。

❶　参见《抗战时期的上海文化》，齐卫平、朱敏彦等著，上海人民出版社，2001.5，第27-28页。
❷　参见《抗战时期的上海文化》，齐卫平、朱敏彦等著，上海人民出版社，2001.5，第27-28页。
❸　参见"近代中日关系丛书"之三《日本对华侵略与殖民统治》（上册），关捷主编，社会科学文献出版社，2006.6，第736页。

即大学体制，每个能称作"大学"的高等学校，必须要有三个学院，而每个学院，又必须有三个以上的学系。而"大学文凭"与"学院文凭"，对于一个毕业生说来，不只是名义上好听不好听，而且在正式薪金待遇规定上也不大一样。因而把几个学院组合起来，共同戴一顶"大学"桂冠，而且又是"国立"的，这对学生、教员、校长说来，也都是各有利弊的。对学生来说，利多些；对各校校长说来，就不免还有不便之处，因为各位院长之上，还有共同的婆婆。❶

北平大学有工学院、医学院、农学院、法商学院、女子文理学院五个学院，各有各的校址，各有各的历史。其中工学院创建于清末光绪三十年，北洋政府初期叫"北京工业专门学校"，后期叫"北京工业大学"，校址在西北城祖家街端王府夹道，清末由农工商部直辖，民国后改隶教育部❷。直到今天，北京许多大学的办学历史都可以追溯到北平大学那里。

朱祖明 1933 年 7 月毕业，毕业证上有校长沈尹默的签名与印信。

1933 年电机工程系分为两个专业，电力专业和电信专业，电力班 28 人，电信班 22 人。朱祖明为电信班❸。

这两个班在后来还是很有一些人才的，比如电力工程专家毛鹤年、徐士高等，毛毕业之后留校，徐则放洋留学❹。其他同学的能力都不弱，他们的名字频频出现在 1949 年之后各种技术工程资料中。短命的上海劳动大学也好，来历复杂的北平大学也罢，都是不错的现代大学。

朱伯芳后来很感慨，父亲明明上的是上海劳动大学，拿的却是北平大学的毕业证。而他自己呢，明明上的是上海交通大学，最后拿的却是同济大学的毕业证。

父亲朱祖明毕业后回到江西，在江西省公路局谋得一份不错的工作，先担任工务员，不久就被提拔为帮工程师，担任电讯股长，月薪 118 元。

❶ 参见《文化古城旧事》，邓云乡著，河北教育出版社，2004.1，第 4-35 页。
❷ 参见《文化古城旧事》，邓云乡著，河北教育出版社，2004.1，第 4-35 页。
❸ 参见《国立北平大学工学院工学季刊》（第一卷，第一、二期），第 135 页。
❹ 参见《国立北平大学工学院工学季刊》（第一卷，第一、二期），第 135 页。

从私塾到小学

朱伯芳开始上私塾那一年，父亲在江西省公路局做工务员，负责公路通讯，朱家的家境开始慢慢好转。父亲做到帮工程师之后，月薪是 118 元，这是了不得的一笔收入。

所谓帮工程师，相当于今天的助理工程师，但又不同于助理工程师。进入民国很长一段时期，一直沿用晚清洋务运动以来的工程技师分级制度，为詹天佑所创。工程技术人员分为实习员、工务员、帮工程师、副工程师、工程师。有了工程师职衔之后，才可以做副总工程师、总工程师❶。

祖父一年收入也不过十多元，这样，这个清寒的读书人家终于迎来了小康岁月，果真是书中自有黄金屋。

父亲朱祖明甚是孝顺，118 块大洋，大半寄回家里。祖父照样教书不误，家里的一应事务交由祖母打理。中国人恒久的财富观念甚为顽固，买房置地，天经地义，帮工程师每月 118 块大洋足以圆梦。祖母把父亲寄回家里的钱，首先是置地，到 1938 年全面抗战爆发，秀才朱际春已经是一位拥有 40 多亩良田的小地主。40 多亩良田，又足以让朱家谋划去过另外一种生活。祖父、祖母跟儿子商量，决定离开下朱村，迁往白塔河对岸的邓家埠镇。

其时，浙赣铁路已经修到余江县，西连南昌，东接杭州，余江车站就设在邓家埠镇，邓家埠镇日益繁华。

铁路修到家门边，对于年幼的朱伯芳而言并没有太多的意义，他只是惊奇钢铁车头汽笛长鸣，呼啸而来，自己会走会跑，跨桥趟河，这个钢铁家伙完完整整从远方驶来，又完完整整向远方驶去。这一定有很深奥的东西在里头，朱

---

❶　参见《晚清史论》，茅家琦编著，河南人民出版社，1998.6，第 361-362 页。

伯芳第一次在心底暗暗种下将来做一个铁路工程师的种子。尽管梦想还非常朦胧，何时发芽生长，舒枝展叶，尽是未知。

其实，当时他只是想，做一个铁路工程师，那是很了不得的事情，至少将来不愁一碗饭吃。

迁居邓家埠镇，除了生活相对方便一些，更主要的是邓家埠镇设立有国民小学，是余江县第三小学。总不能把孙儿关在自己的私塾里，靠读《四书》《五经》拥有完整教育吧？所以全家在 1938 年这一年迁到邓埠镇里来了。

正好，有一间木匠作坊要出手。临街铺面，面积不小，朱家果断买下。将临街的铺板封死，匠作车间当作客厅和饭堂，里面则是有天井的小院，两间住房。一间，朱伯芳和祖父祖母居住；一间，给朱伯芳父母他们住。这所房子尚好，还有一个阁楼，就做了书房。

从下朱村迁到镇上，朱伯芳并没有感到特别新奇。在祖父的私塾里已经读过四年，进入新式学堂就插入小学五年级。可是，这座新式学堂反而令他更怀念跟祖父读书的日子。

从 6 岁到 10 岁，朱伯芳由祖父亲自教导，已经完成除《大学》《中庸》之外的全部《四书》内容。学习的节奏也并不显紧张，完全没有古人凿壁偷光、悬梁刺股的苦学劲头，也没有阀阅大家家塾学堂泮池乐礼、锄月夜读的繁文缛节，倒颇有孔子率徒浴沂咏歌的快乐。

大抵是这样。每天上午，十几个孩子鱼贯入座，展书，祖父根据每位学童的学习进度，一个一个轮着教。教过一轮，每位学童再展纸、研墨，写一张大字仿，大字仿写完最后一笔，趁正午的阳光还未移到头顶，散学各回各家。下午多半闲散，学童在三四点中来，复习巩固一下上午所学，也就结束了。

科举既废，传统私塾学堂也不必太过认真。然而这种放养式教育，久久为功，潜移默化，对每一位学童日后的心性、心理、文化养成之功不可小觑。朱伯芳在年轻的时候，还能够把《论语》《孟子》里的文章整段整段背下来，后来大都淡忘，但他反思自己的人生历程，大到为国家服务、报效国家，所谓"修齐治平"，小到对人对事，所谓"己所不欲，勿施于人"，无不有着儒家思想的印迹。儒家的核心思想是仁，仁者无敌，不是说仁者打遍天下无敌手，是压根儿没有敌人。

直到现在，《四书》《五经》这一套经典书籍还放在朱伯芳书架的最醒目处，没事就翻翻。温故知新，回味无穷。

朱伯芳就读邓家埠的余江县第三小学，是 1938 年 7 月。读完五年级，再读完六年级一个学期，第三学期结束，这所小学让他感到厌倦不堪，沮丧透顶。当时，余江县除了几所天主教会办的小学之外，还有三所县立小学。第一小学在县城锦江镇。设在邓家埠的第三小学简直混乱不堪，全校一个校长，外加两名教师，不到百名学生，年龄都偏大。这些在水塘河汉里野惯了的孩子根本不懂得学习，更不好管理。一到考试就闹事，老师还不大敢管，管得厉害，立刻煞有介事形成学潮。学潮是假，怕考试是真。

到六年级下学期，朱伯芳是再也不能待下去了。他要转学。这一年，他转入设在县城锦江镇的余江一小，完成他的小学学业。

余江县第一小学果然不坏，一来学生多，规模大，校舍俨然。二来全校有七名教师，学校管理正规而严格，校风甚好，学生们不闹事，都知道学习，这很对朱伯芳的心思。更重要的是，学校的伙食办得好，朱伯芳从小身体弱，在这里倒没有受委屈。余江县第一小学正正经经读了半年，收获蛮大，好像才真正完成由私塾学童到现代学生的身份转换。

只可惜，这段时间太短了。朱伯芳心满意足拿到小学毕业文凭，余江县城已战云笼罩，每天有从各地逃难来的难民。从 1940 年开始，政府在锦江镇设立难民收容所，一年要收容、遣送 1000 多难民❶。流民遍地，恐慌盈城。

朱伯芳不知道，此时他所在的邓家埠镇处在一个怎样的危险境地。1937 年 12 月，浙赣铁路东边的杭州沦陷。1939 年 5 月，日军攻占南昌，浙赣铁路中断，只剩金华到邓家埠一段还控制在中国军队手里，邓家埠车站成为浙赣铁路西段终点❷。运军火，输军粮，大规模的调运兵员，以及从前线送回伤兵，全靠这少半条浙赣线。铁路两侧浙赣两省山区，丽水、衢州等地有数座飞机场，其战

---

❶ 参见《江西省抗战时期人口伤亡和财产损失》(上卷)，中共江西省委党史研究室编著，江西人民出版社，2011.5，第 99 页。

❷ 参见《江西省抗战时期人口伤亡和财产损失》(上卷)，中共江西省委党史研究室编著，江西人民出版社，2011.5，第 99 页。

略意不言而喻。

南昌沦陷，日军轰炸重点为赣东北，邓家埠上空经常有日军飞机飞临，扔过一圈炸弹之后扬长而去。

南昌失陷，省公路局随省府一起撤退到赣南山区，父亲朱祖明长年患有严重胃病，况且还有一大家子要照顾，不能随行，辞职回家静养。正好，其时担任余江县长的是朱祖明的同学，便邀他出山，担任县府建设科科长，可是战乱之下，哪里有建设可言？出山两三个月，便挂冠归里，每天看书遣日，心情极度恶劣❶。

国事不可论，家事一锅粥。朱伯芳的弟弟朱仲芳 1934 年出生，下面还有一个妹妹和一个弟弟，尤其是这个妹妹，父母亲视为掌上明珠，亲得不得了。因为营养不良，妹妹和弟弟前后夭折。最小的弟弟朱毓芳要待到抗战胜利后的1947 年才出生。最小的弟弟跟长兄朱伯芳相差 19 岁之多。长兄如父，在日后漫长的岁月里，朱伯芳经常牵挂着这个小弟弟。

战火之下，学校停办，外地的中学纷纷撤往山区，颠沛流离，流民图里经常闪现成群结队的流亡师生。邓家埠没有中学，朱伯芳小学毕业，满心欢喜，但不能就近上学。

从 1939 年开始，锦江镇和邓家埠是日军飞机轰炸的主要区域，县立余江中学无法维持正常教学秩序，警报响起，师生纷纷外逃，最后干脆在野外上课。1940 年和 1941 年是锦江镇最混乱的两年，战乱纷起，世道不靖，招生工作不可能正常，所以朱伯芳只能待在家里。

日军飞机隔三岔五来轰炸，待在家里也不得安生，一听到飞机警报，他用小车推着弟弟仲芳往外跑，兄弟俩躲到郊外的大树底下，等警报解除才敢回家。

1940 年 6 月到 1941 年 9 月，朱伯芳的求学履历出现了一年多空白，他失学了。

---

❶ 参见中国水利水电科学研究院档案室《朱伯芳档案》1955 年自传。

求学九江中学

朱伯芳在晚年回忆起自己的父亲，他一直搞不清楚，父亲为什么对他和弟弟们的学习情况几乎不闻不问。听之任之，野蛮生长。是他对自己家族遗传的智商放心，还是在社会上闯荡心性老成？百思不得其解。

越是这样，朱伯芳的求学欲望越强。祖父疼爱，祖母呵护，13 岁的朱伯芳只能自己拿主意。到了 1941 年，战乱依旧，局势依然紧张，但考季还是如期来临。

按说，战乱时期，就近上学比较好，他应该考县立余江中学。余江中学在1938 年才成立，还占用县里的孔庙上课❶，再加上余江中学才是一座县立中学，朱伯芳还不大向意。他要投考省立中学。

这倒不能说明他当时有多大志向，他只是觉得，"省立"肯定优于"县立"。好在，父亲对他不闻不问，实际是由他自己做主，祖父、祖母又对长孙溺爱非常，倒给了朱伯芳自己拿主意的机会。他决定投考省立中学。

1937 年 12 月，南京沦陷，九江告急，九江第一中学师生奉命一路南撤，进入铅山县河口镇办学，改称省立九江中学。1940 年，河口镇遭日军飞机轰炸，学校再迁往一个叫杨村的村落。

朱伯芳投考的，就是省立九江中学。

而由余江县到九江中学所在地，先乘火车到达横峰县后就无车船可通，需要步行 80 华里，先到河口镇，然后才可以到达杨村。朱伯芳年纪又小，1941年，虚 13 岁，周 12 岁，说小不小，但绝难称大，一个人不敢走。恰好，外婆村子里有一个同学，叫卢汉澄，比他年纪大一些，也要投考九江中学，于是两

---

❶　参见《余江县志》，毛惠人、李贵发主编，江西人民出版社，1993.1，第 521 页。

个人结伴，奔铅山而来。

朱伯芳就读九江中学的时候，九江中学已从信江边上的河口镇迁往杨村。在九江中学同学的回忆里，杨村环境优雅，三面环山，村舍俨然，一条小河沿村子边缘蛐蜒穿过，是一个蛮有诗意的所在。曾就读九江中学的黄祖洽回忆：

我在山清水秀的杨村生活、学习了4年。那时的物质生活相当艰苦：宿舍借用属于当地一家大姓祠堂的库房；睡的床是用同学自己上山砍来的毛竹，请竹匠搭起的通铺；吃的是糙米饭和8人一碟的咸水豆芽菜。不过同学们学习都很努力，有青春向上的朝气。没有电灯，晚上自修就在教室里把课桌两个两个对拼起来，两人共用一碟油灯做作业。直到高三下学期，学校才设法弄到一盏"汽灯"为全班晚上照明。杨村周围是农田，一条小河流过村边，河那边是山区，河边有一只用竹篙撑的小船停在那里，准备村民用来撑到对岸办事。我每天大清早起床漱洗后，就跑步到河边，自己把小船撑到对岸，再爬上一个小山顶，在上面先做一套早操，再练嗓子，大唱抗战歌曲。然后下山、过河、回宿舍，拿出英语读本到田间朗读一阵，才到食堂开早饭的时候。❶

黄祖洽，后成为中国著名的理论物理和核物理学家，中国科学院院士。

九江中学留给黄祖洽的记忆如此美好。学生来自各地，有江西本地学生，也有外省的学生，大家相处融洽，互相帮助。黄祖洽他们甚至在河滩的空地上开荒，种上苋菜、南瓜和冬瓜，补贴食堂蔬菜不足。❷

朱伯芳投考九江中学的 1941 年，黄祖洽已经初中毕业，读高中部。朱伯芳考进初一，黄祖洽恰好上高一。

黄长朱4岁，已经是大孩子。13岁的朱伯芳的体会就没有那么美妙了。

九江中学果然如朱伯芳所想的那样，"省立"中学师资力量很强，老师都是国立大学的毕业生，这让从乡下来的朱伯芳很开眼界。但生活的艰苦，年纪小一些的朱伯芳的体验比黄祖洽就更深一层。

初中部的教室借用杨村大户人家的祠堂，廊檐深阔，没有窗户，采光很差。

❶ 参见《北京师范大学大师名家口述史》，刘川生主编，光明日报出版社，2012.9，第 351 页。
❷ 参见《北京师范大学大师名家口述史》，刘川生主编，光明日报出版社，2012.9，第 352 页。

没有办法，最后把屋顶的瓦揭开，露出一个小天窗，再装上玻璃，阳光从小天窗漏下来，差强人意。晚上，则要点上菜油灯自修。这是其次，主要是伙食太差。物价飞涨，米价菜价均贵，根本吃不饱。朱伯芳自幼体弱多病，这样的生活条件对他真是不小的考验。

勉勉强强苦撑着读完初一，到了1942年6月学期结束，麻烦来了。

1942年5月15日，抗日战争史上著名的浙赣会战打响，金华、兰溪保卫战，衢州保卫战，上饶、广丰战役，浙赣西线战役，到是年8月19日，历时三个多月，以中国军队死伤51035人，日军死伤17148人的代价结束❶。老百姓死伤更是无以计数，战后统计达25万人之多❷，异常惨烈悲壮。

1942年5月27日，日军出鄱阳湖，沿信江东上，攻陷余江县城锦江镇，烧杀抢掠，惨绝人寰，仅三官堂和天主堂两口水井里就投尸80多具。6月26日，日伪军溯白塔河南进，占领邓家埠，一把火从街头烧到街尾，仅半里路长的临街店面大火熊熊，连烧了几天几夜，全部变为废墟，除了一家药店和少数房屋仅存，整个镇子变为一片焦土❸。

朱家1938年购得的匠作木器店居所也在其中。这座住了仅四年的新居，和新居所象征的朱家小康生活被一把火烧了个精光。朱伯芳事后才知道，父亲朱祖明在日军进犯前夕，挺身而出，异常镇定，指挥乡亲们有秩序撤往山区避祸逃难，许多人得以性命苟全❹。房屋财产损失倒在其次了。

在日军侵占余江县的两个多月内，共计烧毁房屋2677栋，破坏桥梁10座，杀害百姓2336人，杀伤839人，强奸妇女4000余人，抢夺耕牛4404头，拆毁全部铁轨，装了整整5船运走❺。天地失色，人神共愤。

日军进犯余江县，位于铅山县的九江中学正准备放假，大部分学生的家乡陷于敌手，无家可归，师生人心惶惶。学校毅然决定，凡滞留学校的学生，

---

❶　参见《正面战场大会战：国民党军队抗战纪实》，孙继业、孙志华著，团结出版社，2007.6，第161页。

❷　参见《第二次世界大战史》，朱贵生、王振德、张椿年等著，人民出版社，2008.6，第347页。

❸　参见《江西省抗战时期人口伤亡和财产损失》，中共江西省委党史研究室编著，江西人民出版社，2011.5，第99页。

❹　参见中国水利水电科学研究院档案室《朱伯芳档案》1955年自传。

❺　参见《江西省抗战时期人口伤亡和财产损失》，中共江西省委党史研究室编著，江西人民出版社，2011.5，第99页。

由学校负全责，留下来的 150 多人，请来军事教官组成军事训练团，全副武装，随时准备应付不测。学校所有的图书、仪器打包装箱，准备拔腿就走，再迁校址。❶

这可难坏了 13 岁的朱伯芳。此时，邓家埠还在中国军队手里，他想回家，可自己一个人又不敢走。这时候，他想起在铅山县河口镇有一个同乡，叫朱正大。此人得益于父亲推荐，就职于省公路局河口车站，担任电话员，当时已经二十多岁。他壮着胆子给朱正大写了一封信，问他主意。朱正大很关心这位同宗小弟，很快回信，让朱伯芳赶到河口镇与他会合，准备结伴回乡。

杨村离河口镇有五十华里路程。朱伯芳得信，匆匆前往会合。待他一路跟跄赶往信江边的河口镇，邓家埠被日军攻占。凶信随朱伯芳气喘吁吁的小小身影同时出现在车站的电话所，朱伯芳和朱正大惊呆了。

故乡沦陷，亲人生死未卜；河口告急，此地断难久留；有家难回，第一要务是逃难避祸。朱正大胡乱收拾一番，带着朱伯芳逃往附近山区。他们前脚离开，日军铁蹄就踏进河口镇。河口镇富甲一方，再遭荼毒。

两人随逃难人群在山里东躲西藏，惶恐伶仃，辗辗转转，一个月的时光在一惊一乍之间过去，一大一小身上的钱全部花光。举目无亲，又无处告贷。两人愁苦万状，挨门讨饭做乞丐的心思都有。

无独有偶，未来的中国大坝结构专家朱伯芳避祸逃难时，另一位未来的中国大坝结构专家、朱伯芳的老朋友潘家铮，正在读初二，也在逃难流亡途中，与同学走散，徘徊于浙西大山之间。潘家铮和另外一位同学敲一只破碗，口诵自编讨吃调，挨户哀告，辗转半月，才与他的父亲团聚。❷

朱伯芳比潘家铮要幸运得多。朱正大毕竟年长十多岁，已经成人。两人偷越浙赣铁路，跑到山区一个叫葛源镇的地方，最后落脚在一所军营里。说是军营，还不是严格的军营，是属于上饶师管区的一个办事机构，朱正大认识其中一位文书，师管区的文书帮了大忙，他把朱正大和朱伯芳推荐到另外一个营区，让朱正大做文书，朱伯芳年龄小，个子低，权充传令兵。两个人这才暂时安顿

---

❶ 参见万海斌《从九江中学堂到九江一中》，收入《九江文史资料选辑·第六辑》，九江市政协文史资料委员会编。第 65 页。

❷ 参见《春梦秋云录》（第 2 版），潘家铮著，中国水利水电出版社，2000.12，第 45 页。

下来，又度过一个月的逃难时光。

所谓师管区，是抗战初期设置的一个兵役行政机构，相当于后来的兵役局，具体负责本管区内的兵役、国防教育及国防动员、复员事务，在战时还负责新兵训练❶。

师管区这段时间没有接收新兵，文书朱正大无文可书，传令兵朱伯芳当然无令可传。连长和几个军官在外头开了个菜馆搞创收，朱伯芳和朱正大两个人安逸了没几天，就被安排到菜馆，朱正大记账，朱伯芳跑堂❷。

他们在菜馆里干了大约有半个月，已经是 1942 年的 8 月底，浙赣会战结束，日伪军撤退。9 月，九江中学继续在杨村开学，朱伯芳没能回余江县，直接返校报到，升入初二年级。

杨村虽然没有被日军掠扰，但经过两个月战乱，九江中学元气大伤。朱伯芳回忆说，初二年级，头一个月还有菜吃，第二个月就没有了，到第三个月，连吃糙米饭都成了问题。大一点的同学还好，可以挤、抢，他个子小，年龄小，轮到他打饭，常常只能在饭桶帮上刮剩米粒充饥。

流亡铅山的九江中学在 1942 年下半年经历了最困难的时期，困窘之相在此之前就已经显露。暑假滞留 150 多名学生，数度面临绝境，几乎到了断炊的地步，幸而有国民军二十五军接济，才勉强度过两个月假期。再度开学，窘相日重。两位老师因为营养不良去世，教师工资靠借贷发放，实在难以为继。开学之前，离乱中已经流失部分骨干教师，开学之后，数名骨干教师为生活所迫，不得不离开到他校教书❸。教师如此，学生就可想而知。人心不稳，人心惶惶。

朱伯芳身体羸弱，颠沛流离两个月后更加虚弱。升入初二，读了三个月下来，身体越来越差，最后彻底垮了，生了一场大病。先是痢疾，再是疟疾，把这个小孩子折腾得七死八活。这样的病放在今天，不算大病，即便在没有抗生素的当年，磺胺类药物也可疗治。可战争环境之下，受日军层层封锁，吃饭都成问题，药品更是奇缺物资，学校医务室连普通的奎宁丸都没有。

---

❶ 参见《中国抗日战争大辞典》，中国第二历史档案馆编，湖北教育出版社，1995.5，第 239 页。
❷ 朱伯芳 1942 年逃难经历，见中国水利水电科学院档案室《朱伯芳档案》1955 年自传。
❸ 参见万海斌《从九江中学堂到九江一中》，收入《九江文史资料选辑・第六辑》，九江市政协文史资料委员会编，第 65-66 页。

久病不愈，朱伯芳决定休学回家治病。多少年之后，朱伯芳笑称，到杨村去读省立九江中学，是一次小孩子不懂事的"好高骛远"之举，以至于把身体弄垮，不得不休学一年。事实上，读县立余江中学也不错。

这样，朱伯芳不得不休学，一直要待到来年的 9 月份，重新在县立余江中学上初二年级。至于在杨村得的一场重病，祖父延请中医为他调理，只用两个月就痊愈了。

此时，邓家埠的房子被日军烧得片瓦无存，一家人只能回到下朱村老宅。添丁进口，老秀才家里人丁兴旺。两间老屋根本无法容身，只能暂时再借村里学校的一间房子住下来，日常生计已经不复从前。

在九江中学，朱伯芳在学习上并没有表现出什么特别之处，甚至小孩子贪玩的习性还未全部褪去，在学习上也不怎么用功。不咸不淡，不波不澜。

此前上小学，也没怎么用功，甚至堪称不爱念书。他性格内向，不至于顽皮捣蛋，跟小伙伴们下河摸鱼、漫滩遍野在外头疯玩还是有的。没有旷过课，但回家也绝没有温过课，小学校毕竟没有多少功课。

来了九江中学之后，最大的收获是他惊奇地发现，学校居然要在晚上集中自修，而且那么多大孩子在认真学习。

第二个收获是认识到自己有先天性近视。近视得特别厉害，坐在教室第一排都看不清黑板上的字。老师告诉他，他是近视眼。在此之前，他自己看东西模糊不清，还以为别人也是这样子。

关于九江中学，尚有余绪。

九江中学抗战复原后迁回九江，复称为九江第一中学。1995 年，朱伯芳入选中国工程院院士。校方整理学校档案，确凿认定，这个院士朱伯芳就是 1941 年入学的初一学生朱伯芳。举校轰动，载欣载奔。百年老校，再添光彩。这样，九江一中办学史上，出了两位院士。一位，就是前面提到的物理学家黄祖洽，1980 年入选中国科学院学部委员。另一位，就是朱伯芳。

此后，九江第一中学几乎每年都要派人来北京，专程或顺道来看望老校友朱伯芳，往来稠密。朱伯芳对这所中学还是充满感情的，对学弟学妹们多有勖勉。

在九江中学只学习一年半时间，这段独自一人在外就学的经历，对他生存能力的锻炼甚是有益。从这个意义上讲，九江中学于他，意义不一般。

九江一中在校园内专门辟出两条"院士路"，一条命名为祖洽路，一条命名为伯芳路。两条路十字相交，乃校园一大风景。

发现这两条十字相交的院士路，可能让另外一个人更加惊喜，简直狂喜。他就是朱伯芳的公子朱慧珑博士。

2009 年，朱慧珑作为国家千人计划特聘专家由美国归来，任中国科学院微电子集成电路先导工艺研发中心首席科学家。期间，他专门前往江西老家探访，父亲就读过的九江第一中学也在拜访之列，他在校园内赫然发现这两条十字相交的院士路。

朱慧珑与九江一中、甚至与九江这座城市毫无瓜葛，而因为有两条院士路，朱慧珑就与九江一中的关系不浅了，而且渊源深厚。

他特意站在两条路相交的地方照了一张相。这两条路对他都有意义，意义非同寻常。

朱伯芳，当然是他的父亲。而黄祖洽先生，则是朱慧珑在北京师范大学低能核物理研究所的博士生导师。

慈父与恩师，相隔六七十年时空，在此相遇。

第 一 名

1943 年 9 月，朱伯芳休学将近一年，办转学手续到县立余江中学读初二。

"县立"当然不能与"省立"比。

九江中学办学历史悠久，创建于前清时期的 1902 年，校风严谨，薪火相传，到抗战爆发前，已是名闻遐迩的名校。单以多年积累的图书和仪器数量论，赣省各校均难望其项背。九江中学迁往铅山县的时候，图书有 26000 多册，由军队派专人武装押运而来❶，可见其珍贵。

如此诸般，都非余江中学可比。县立余江中学刚开始由个人投资创办，后改为县立中学，创办于1938年，只有初中，没有高中❷，实际是一所初级中学。更兼经历1942年战火洗礼，这所县立余江中学相当于在草创阶段。

不过，新校有新校的好处，尽管借用孔庙办学，但孔庙占地很大，正殿权充礼堂，全部教室宿舍都是新建的砖瓦房，比起杨村祠堂教室，就不知道好到哪里了，窗明几净，光线充足，与正规学校无二。更重要的是，伙食办得好。在杨村挨饿一年多，这对朱伯芳太重要了，尤其现在正是长身体的时候。

好到什么程度？朱伯芳在接受采访的时候，正经而严肃地用了两个字：管饱！

蔬菜、米饭，都管饱。

要求倒不高。在战时能够做到管饱已非易事，县立余江中学的学生们"管饱"，远在杨村的省立九江中学还在窘境中苦苦支撑。

即便后来参加工作，朱伯芳对物质条件的要求从来不高。不至于得过且过，但只要能满足基本要求就好。对余江中学良好感觉，大半来自此种个性。或者说，至少在生活上，他很容易满足。

这还体现在他对县立余江中学教师的评价上。

县立余江中学师资力量薄弱，不像省立九江中学，都是国立大学毕业的大学生。余江中学只有两个半大学生。

1943年，余江中学新学期开学，父亲朱祖明应聘担任余江中学物理教师。从此，帮工程师的父亲开始他的教师生涯，半生从教。父亲朱祖明和另外一位教师国立大学毕业，还有一位工业专门学校毕业的专科生，算半个大学生，其余都是高中毕业生。

朱伯芳说，高中毕业生教初中，还是蛮胜任的。

所以，他对余江中学的师资力量也颇为满意。

这倒也在其次，很快，县立余江中学就给了初二学生朱伯芳一个不小的震动。

❶　参见《九江图书馆志》，熊学明主编，新华出版社，1994.8，第218-219页。
❷　参见《余江县志》，毛惠人、李贵发主编，江西人民出版社，1993.1，第521页。

　　杨村一载有余，学习成绩说不得差，但很难说突出，连朱伯芳自己都感到，他是那种随大溜儿的普通学生。无论智力，还是学习态度，莫不如此。只是，杨村学校生活虽然艰苦，然而管理严格，作息规律，学风良好，校园文化丰富多彩，朱伯芳在这种环境中知道按部就班认真看书学习了。

　　转回余江中学读初二年级，不久就是期中考试。其中代数特别难，朱伯芳没费什么劲就做完了。只是待成绩下来，倒把自己吓了一跳，全班 30 多名学生，只有 4 名及格。他考了全班第一名，这份难做的代数试卷得满分 100，下来三名分别为 90、80、60，之后就都不及格了。他像一个结伴郊游的孩子，走了很长的路，突然发现自己的同伴被远远甩在后面，开始惊奇，后来就是惶恐。

　　父亲喜怒不形于色，话也少，对孩子们的学习不大管。正当朱伯芳为自己得第一名感到忐忑不安、满腹狐疑的时候，父亲向他投来一瞥慈祥而欣赏的目光。

　　父亲朱祖明在学校教书半年就深得人望，在老师和学生中口碑甚好，是学校里最受欢迎的老师。这位老大学生来教初中当然胜任愉快，社会事务想来也参加不少，他还担任着县参议会参议员❶。朱伯芳 3 岁才从乳母家里回来，由祖父母抚养，几乎没有怎么跟父母在一起生活，在很长一段时间里对父亲很生分。十多岁的男孩子都会在心里塑造出一个高大的父亲形象，那是自己的山，自己的乡关，而且父亲同自己想象的那样出色。小时候，他跟祖父一起生活，跟祖父读私塾，父亲是经常挂在祖父嘴边的话题，关于父亲成长、读书的故事他还是知道的。

　　来自父亲的肯定与赞赏，对朱伯芳的触动与鼓励可想而知。他对自己有了判断，确凿认定，自己在学习上面还是有很大潜力可挖。从祖父那里知道父亲当年如何努力考上国立大学的故事，一个非常明确的目标在他心里树立起来，他也要考上国立大学。志向随着青春期到来一点点发芽，一点点舒枝展叶。

　　这个目标定得不是太高，可不能说不切合实际。而且，在当时县立的初级中学，一个少年内心里突然涌起这样的想法，简直就是野心。

---

　　❶　参见中国水利水电科学研究院档案室《朱伯芳档案》1955 年自传。

朱伯芳后来说，我那个时候确实是有野心了。因为我考第一名，而且比其他同学高出那么多，自己感觉还是可以的。再一方面，当时家里的经济情况不太好，考上国立大学收费少，所以我要考国立大学。现在看来，这算什么野心呢？只是一个非常符合实际的想法。

野心也好，想法也罢，总之非常明确，足以让一个少年收起野性，坐下来安心学习。朱伯芳在县立余江中学读完初二，再读初三，他一直是班里的第一名。这个目标被一次次的第一名越拉越近，越来越清晰，清晰得就如同一处遥遥在望的门，走过去，迈进去，只是时间问题。

少年成长本来就是一个充满各种可能的过程。很多人容易从众，随大溜儿，重复和抄袭别人的生活。而呈现出另外一种可能，只需要在合适的时候和合适的地点，长者投来一个眼神，就足够了。

朱伯芳原本内向，他留给余江中学同学的印象，就是一个安静的小个子，除了学习，对周围其他事情充耳不闻。余江中学男女同校，朱伯芳的妻子易冰若工程师和他是同班同学。当时老师安排女生坐第一排，朱伯芳坐在第二排，就在她的后面，两人念了三年书，没有说过一句话。易冰若对当年朱伯芳的印象非常单薄，如同一句简单的学期鉴定："他成天不爱讲话，就懂得学习，每次考试都是第一名。"

朱伯芳却认为，他在余江中学的学习仍然是随大溜儿，没觉得怎么用功，只不过比别人专心一些。为什么呢？因为他高度近视，看不大清周围的事物，很少跟人交谈，更谈不上交往，就是专心看书。

虽然系自我解嘲，道的未必不是实情。朱伯芳先天性近视，抗战时期，物资奇缺，初、高中期间没有配眼镜。所以，他知道自己近视，却并不知道不近视是什么样子。直到上国立交通大学，才配了自己平生第一副眼镜，一测度数，1100度，他吃惊不小。但验光师说，配足1100度，戴久了会头晕，只能配一副900度的使用。戴上900度的眼镜，才恍然发现，噢，眼前的世界是这个样子的。

抗战时期，余江县于1942年在浙赣会战中被日军侵占数月，其余时间为中国军队和政府控制。虽然境内国共两党组织、军队交互活动，民间各种势力也特别强大，还有各种名目的抗日武装，但大敌当前，一致对外，大致上还能够和平共处，相安无事。抗战八年，余江县社会生活有较长时间相对承平，朱伯芳他们才能够拥有一张平静的书桌。战云密布，弦歌未歇。

1945 年 7 月，朱伯芳在县立余江县初中毕业。不久，抗战胜利，举国欢庆。

朱伯芳要投考南昌一中，这时的南昌一中，还远在广昌乡下，直到 1946 年 8 月，经过一番修葺，才得以全部回迁到原来校址正式招生。彼时，已经是抗战胜利的第二年。

县立余江中学本来是一座初级中学，1945 年，增设高中班。

朱伯芳在 1945 年的秋天，暂时待在县立余江中学读高一。1946 年，高中班的学生大多转到南昌读中学，余江中学的高中停办。高中停办，朱伯芳也转到南昌一中来继续读高二。

还 是 第 一 名

1946 年 9 月，朱伯芳转学进入南昌一中。

转学要考试，同朱伯芳一起转学到南昌来读中学的同学，大部分落榜，只能读私立中学。朱伯芳考上了，进入南昌一中高二年级。

南昌一中果然如料想的那样好。

当然，对体弱多病的朱伯芳来讲，好，第一就体现伙食上面。他发现，一开学，学校把收上来的学费全买成粮食，还有咸鱼、咸肉、黄豆等营养品。吃饭"管饱"不说，每天的午餐还有荤菜！大出所料，喜出望外。他还发现，校长吴自强每天中午都跟学生们一起吃饭，跟学生们处得相当好。

南昌一中能够成为江西省最好的中学校，得益于校长吴自强治校有方。吴自强，江西临川人。1926 年从江西省立第三师范学校考入日本东京高等师范教育系，1932 年"一·二八"事变爆发，吴自强愤然携妻儿回国。随后即任南昌一中校长，到 1949 年，担任南昌一中校长 18 年❶。

吴自强治校，身体力行，注重言传身教。除了到外头开会，从来不离开学校。所以，别人开玩笑说，他是来"做"校长的，而不是来"当"校长的❷。他这样阐述他的教育理念：

教师热爱学生，自然会博得学生的尊敬，"尊师爱生"，新旧社会同一规律。师生之间感情上的交流，正是相互理解的基础。概括起来，就是对学生之关心，才能知心、交心、贴心。这个关心——知心——交心——贴心公式，是搞好教育、教学工作的一把万能锁匙，也是塑造青少年灵魂的伟大力量。❸

他对学生慈、严、爱，在南昌一中校史上留下许多故事，令人钦敬，令人感动。朱伯芳看到的校长学生一起就餐，不过是许许多多故事中的一则。

1932 年 10 月，吴自强刚担任南昌一中代理校长，校内教师间长期存在派系纷争，一桩很小的事情就可能在学生中引发大规模学潮，教学质量远低于南昌城内其他省立中学，声誉不佳，被南昌人讥为"一中赤膊鬼"。每次会考均在倒数之列，每年高考高中者寥寥。刚任校长，有一次学生就餐，一桶粥里发现一只老鼠，眼看一场风潮就要爆发。吴自强让炊事员把这桶粥倒掉，重新换上一桶，自己先打一碗吃下，然后再讲清道理，一场学潮得以避免。从此，校长带值日导师在膳厅与学生一起就餐遂成成例，即便抗战八年，四次迁校，生活条件艰苦，常常有饭无菜，饭食里常常夹带砂石，校长同样跟同学们一起同甘共苦，戏称之为"八宝饭"❹。

有这样的校长，学校办不出特色就没有天理了。而在这样的学校里读书，学生没有抱负也显然说不过去。今天，江西籍的中国科学院、中国工程院院士有十多名，其中有七八位出自南昌一中。

朱伯芳在南昌一中如鱼得水。上国立大学，上第一流的国立大学的愿望，

❶ 参见《抚州人物》，杨忠民、段绍镗主编，方志出版社，2002.8，第 156 页。
❷ 参见《抚州人物》，杨忠民、段绍镗主编，方志出版社，2002.8，第 156 页。
❸ 参见吴自强《我与南昌一中》，收入《南昌文史资料选辑》（第 2 辑），政协南昌市委员会文史资料研究委员会编，1984.10。
❹ 参见吴自强《我与南昌一中》，收入《南昌文史资料选辑》（第 2 辑），政协南昌市委员会文史资料研究委员会编，1984.10。

从来没有这么强烈，信心也从来未如此充足，同时，也感到了压力。

南昌中学的两年，朱伯芳在压力下不断努力和通过努力不断发现自我的惊喜中度过。

当时学生们流行的看法，文科最好是北京大学，理科最强为清华大学，工科最强则是国立交通大学。要上就上最好的国立大学。但要考上这些全国一流的国立大学，何其难也。即便是南昌一中这样的名校，即便是江西全省，每年考上三所名校的，实在是寥若晨星。

入学南昌中学，每一次考试朱伯芳数理化都是第一名，全班第一名，全年级第一名，数理化没有问题，其他也不差，很快引起校长吴自强先生的注意。吴自强先生在朱伯芳考入上海的国立交通大学之后曾对人讲：我从教二十多年，朱伯芳是我最好的学生！

同学将吴校长斯言转告朱伯芳，朱伯芳赧然摇手：过誉过誉，岂敢岂敢。

校长如此赞赏，认同的不仅仅是他考上哪个大学，更多的还是他的学习态度和学习过程。

朱伯芳彼时明确感觉到，按部就班循规蹈矩跟着老师、课本讲的知识内容，远不足以考上两所最好的理工科国立大学。

数学课，用是美国翻译过来的课本，高等代数用的是 Fine 编的教材，解析几何用的是 Smith 和 Gale 编的教材。美国人编教材，讲基本原理，讲实效，粗线条，内容很适合学生接受，习题难度不大。可这样的习题应付考大学显然不够，凭课本显然不行。他找来日本上野清编的《大代数讲义》、英国 Hall 和 Knight 编的《解析几何》，这两册讲义后面的习题难度较大，朱伯芳乐此不疲。他发现自己的自学能力还是非常强的，而且越是有难度的习题，对他的吸引力越大。找来的这两大厚册数学讲义，他做得很轻松，也很快乐。

他后来谈到这段自修学习："我把这两本书里的题全做掉了！"

眼神炯炯，笑容天真。

全做掉了！

何其自得其乐！

也有同学跟他一样有野心，但学起来就比较吃力。但跟着朱伯芳这样学习，益处多多。有一位同学跟他一起报考交通大学虽然没有考上，但也考上当时北方实力较强的工科院校——唐山工学院。该校在 1952 年院系调整时并入清华大学。

要说底子最差的，是英语。朱伯芳在杨村九江一中上初中时，才开始接触英语。

学英语几乎是拼了。用的是笨办法，课本上的课文，每上一课，他背一课，全部背下来，再找来英文版《一千零一夜》，借助字典精读。文法欠通，又找来一本《Complete English Grammar》，这本讲英文文法的书在民国时期的大学里都很有名，他将这本书前前后后都认真读过，附的习题也都"做掉了"。

英文写、读都得心应手，不再是畏途。

1947 年，吴自强担任南昌一中校长 15 周年，全校师生为他开庆贺大会。此庆祝大会当然不是专门为校长本人举行，此时，全校校舍修葺工作全部完成，图书、仪器各归其位，招生、教学工作走上正轨，标志着南昌一中在抗战之后的复原工作全部完成❶，这里面充满艰难，遂有此盛举。

学生会组织学生出板报、墙报。朱伯芳和另外一位要好的同学自告奋勇，他发现别人的墙报都是用中文写成，跟同学商量，我们是不是用英文写一个墙报？否则怎么在众多墙报中脱颖而出。主意既定，马上操刀，连夜制作。他们用英文撰写了南昌一中三十多年的校史沿革，筚路蓝缕，弦歌未辍；薪火相传，厚积薄发。墙报表述流畅，文法通达，全校轰动。

这个本领真是帮了他的大忙，在日后漫长的科研岁月里，他可以顺畅地阅读英文资料，并且可以用英文撰写科研技术资料，毫无障碍。85 岁时，清华大学出版社和美国一家出版社机构联合出版朱伯芳的《大体积混凝土温度应力与温度控制》《有限单元法原理与应用》，全部由他自己翻译，自己校对，最末一笔收起，书告成功。英文版按原稿排发，只字未改。

他的英文底子就是在南昌一中打下的。

语文。他童年跟着祖父在私塾里子曰诗云读了整整四年，古文根底说不上深厚，可学起语文来并不费劲，有些基础训练，也差不到哪里去。读私塾天天

---

❶ 参见吴自强《教育与我的一生》，收入《临川文史资料·第 7 辑·临川教育》，政协临川县委员会文史资料研究委员会编，1994.12，第 107 页。朱伯芳口述为南昌一中 30 年校庆，记忆有误。南昌一中创建于 1901 年。

写大字，手摹心追，练就一手好字。虽不能称书法，但笔画之间功夫立见。尤其是上了南昌一中，作文每被当作范文让同学们传看，作文本上满是老师画的红圈圈，文末还有批语：珠走玉盘，字字珠玑，搞得朱伯芳既得意又不好意思。

尽管如此，朱伯芳哪里敢掉以轻心？

采用的办法跟学英语一样，先是背诵，后是加强。他把整部《古文观止》全部背了下来，还通读《史记》。这是他在私塾里没有学过内容，现在要补起来。《汉书》读过半部，觉得不如《史记》的文章精彩和经典，遂放弃。书从哪里来？祖父虽是穷秀才，可是藏书还是有一些的。他从读初中开始就陆陆续续翻阅祖父的藏书。

他最喜欢的文章是司马迁的《报任少卿书》，每诵一过，常常击节。有好多段落，到晚年还能背得出来。

……盖文王拘而演《周易》；仲尼厄而作《春秋》；屈原放逐，乃赋《离骚》；左丘失明，厥有《国语》；孙子膑脚，《兵法》修列；不韦迁蜀，世传《吕览》；韩非囚秦，《说难》《孤愤》；《诗》三百篇，大底圣贤发愤之所为作也。此人皆意有所郁结，不得通其道，故述往事、思来者。乃如左丘无目，孙子断足，终不可用，退而论书策以舒其愤，思垂空文以自见。……

朱伯芳在南昌一中读高二、高三两年，风风火火，紧紧张张。

1948 年 6 月，全国大学招生工作陆续开始。检验朱伯芳的时候到了。报考志愿，朱伯芳果断填报上海国立交通大学。

那时候，上海交通大学的全称为"国立交通大学"。上海交通大学这个名称则是 1958 年经过院系调整之后，大部分师资与设备迁往西安，为与西安交通大学区别开来才正式启用，西安交通大学与上海交通大学两校并立。

朱伯芳后来讲，他之所以报考工科，小时候想做工程师的想法起了主导作用。若去考北大的文科，"珠走玉盘，字字珠玑"的语文水平没有问题，可是将来怎么办？文科出来是要在官场混的，自己又不善于交际，很难适应官场上那一套。断然否决。考清华大学也没有问题，但是两校的考试日期有所重合，二者只能选其一。读工科方可以做工程师，最实在的想法是，做工程师有保障，国立交通大学土木系遂成首选。

除清华大学不能考，为了"保险"，还报了复旦大学、暨南大学和中央大学。

1948 年，国共两党大决战的年头。鼎革在即，国民党败局已定。物价飞腾，民不聊生。当年，国立交通大学只在上海本校设考点，每位考生需缴纳 30 万考试费，就是一纸普通的招生简章，也收成本费 1 万元❶。

考试费、招生简章尚且如此，要在那里读完四年书，读完书之后再到哪里谋得一碗饭，都成了问题，问题实实在在摆在面前。所以报考国立交通大学土木工程系屡考第一名的自信心足是一方面，基于谋业的实际考虑也不能说不是因素。

固然，1948 年的 30 万元其实也没有多少，过不久，100 万元也不过能买一斤白米，父亲做副教授，每个月到手的薪水，隔夜就毛得一塌糊涂。就在朱伯芳赴上海考试的当月，国立交通大学理学院院长以生活太艰苦，不能养活家庭以及精神不济等理由，向校方提出辞呈❷。

前往上海报名、考试的路费都成了问题，更不必用说学费。

国立交通大学的报名时间为 7 月 15 日至 17 日，考试时间定在 7 月 24 日至 28 日，分两次举行。本年度各系招生名额为 30 名，总额以不超过 510 人为原则❸。随后，校务委员会认为，土木系、机械系、电机系学生一向较多且设备充实，今后各年招生限 30 名似嫌过少，建议招生委员会增加该三系新生名额为 50 人❹。

这些，朱伯芳倒未必清楚，他与同学结伴，由南昌来到上海。

❶ 参见《上海交通大学纪事（1896—2005）》，上海交通大学校史编纂委员会编，上海交通大学出版社，2006，第 395 页。
❷ 参见《上海交通大学纪事（1896—2005）》，上海交通大学校史编纂委员会编，上海交通大学出版社，2006，第 400 页。
❸ 参见《上海交通大学纪事（1896—2005）》，上海交通大学校史编纂委员会编，上海交通大学出版社，2006，第 395-396 页。
❹ 参见《上海交通大学纪事（1896—2005）》，上海交通大学校史编纂委员会编，上海交通大学出版社，2006，第 398 页。

第二章　第一名考取
交通大学土木系

交大土木系的第一名

　　国立交通大学名不虚传。朱伯芳到上海报名参考，1948 年计划正取生为507 名，而报名人数达到 7479 名，录取率不到百分之七，竞争之激烈可见一斑。考务结束，交大统计数据里特别指出，本届报考交大的考生中，交大校友二代占到 20%[1]，其吸引力也可见一斑。

　　朱伯芳入学之后发现，同班 50 名同学，有十几位是在读大学生。他们分别在复旦大学、广西大学等学校读过一年，宁可放弃学籍再投考交通大学，从一年级读起。交通大学的吸引力更见一斑。

　　国立交通大学 1948 年的招生考试分两次进行，其原因是报考人数多而考场不足。朱伯芳报考的土木系以及理学院、管理学院、化工系、电信研究所考期在当年 7 月 24、25 日两天。考场设在交大的新文治堂、体育馆、老南院新膳厅、老文治堂、中院膳厅、恭绰馆各教室，以及达人中学，共计 15 个考场[2]。

　　理学院及工学院各系一年级应试科目，计有国文、英文、数学甲（高等代数、解析几何、三角）、物理甲、化学甲、中外史地及公民，共六门功课[3]。三天内完成六科考试，紧凑而且紧张。

　　尽管土木系等三个大系扩招，朱伯芳仍然不敢掉以轻心。为求保险，没有报全额公费生。怕的是万一，万一发挥不正常，考得分数不高，若填写"公费生"，录取的概率不就更小吗？

　　公费生制度，是在抗战时期为鼓励沦陷区学生来大后方读书，规定凡自沦陷区逃出的中等以上学生，一律给以公费，直到大学毕业为止。但抗战胜利复

---

[1]　参见《交通大学校史资料选编（二）1927—1949》，西安交通大学出版社，1986.5，第 461 页。
[2]　参见《交通大学校史资料选编（二）1927—1949》，西安交通大学出版社，1986.5，第 461 页。
[3]　参见《交通大学校史资料选编（二）1927—1949》，西安交通大学出版社，1986.5，第 462 页。

员，这项政策并未废止❶。以国立交通大学为例，1948 年新生入学，尚有公费生和半公费生两种❷。

朱伯芳的担心有些多余。七月应考，八月放榜，直到九月才发放录取通知书。

考试结束，朱伯芳给录取机构留的地址，是在邓家埠镇上的朱约生豆腐店。等待录取通知书，他三天两头往邓家埠打探消息，如坐针毡。

好在通知很快就到了。要么不来，一来还是四份。除了国立交通大学的通知，还有复旦、暨南、中央大学三所。也就是说，报考的四所大学都录取了他。

本来，他以为暨南大学没什么希望。参加暨南大学考试，考场不设桌椅，用的是那种过去大学里上大课的木椅，扶手有一个小翻板，以便听课做笔记。考试的时候就在这个小翻板上答卷。头场语文，临到终场，他不小心把这个小翻板给打翻了，翻板一翻，置于其上的墨盒顿时倾覆，墨汁倒在试卷上一片污黑。这就很狼狈了。如果重做，时间根本来不及。他料想语文一科成绩必然很差。谁知道，这并没有影响到录取成绩，暨南大学的通知书也同时出现在热气腾腾的豆腐店里。

当年的录取通知书，还要寄到学生毕业的中学一份，连同考生的考试成绩一并邮到南昌一中。通知书寄送到达，整个南昌一中为之轰动。莫说南昌一中，就是江西一省每年考上交大的学生实在寥寥。朱伯芳被国立交通大学录取，在南昌城就是不大不小的新闻事件。朱伯芳上大学之后，同学告诉他说，《江西日报》曾报道他考取国立交通大学的消息。

朱伯芳到交大报到，他的入学成绩为 382 分，名列土木系第一❸。这倒没有让朱伯芳感到特别惊奇。入学不久，《交大周刊》将各系新生的成绩总结发布，最高录分、最低录分，各科最高分、最低分，诸般。全校英文最高分是 93 分，他惊奇地喊：这不是我的英文成绩吗？

英文居然全校第一，这太出他的意外了。

前往上海报名参考，交通大学报考人数众多，录取率奇低，朱伯芳不得不

---

❶　参见《王云五回忆录》，王云五著，九州出版社，2012.1，第 67 页，656 页。
❷　参见《上海交通大学纪事（1896—2005）》，上海交通大学校史编纂委员会编，上海交通大学出版社，2006，第 401 页。
❸　参见上海交通大学档案馆藏《交大周刊》1948 年新生录取情况。

小心谨慎；七千多人报考，20%是交大校友二代，实力太过雄厚。他发现，自己向来引为自豪的南昌一中，与江浙、上海的中学比起来还有差距。差距不小。他们从小就学英语，高中学生甚至直接用英语交流。教学水平更不得了，教员都是国立大学毕业生，由海外留学归来者也不在少数。交通大学对面的南洋模范中学，好多功课是直接由交通大学的老师过去教的。这些，都让从余江中学、南昌中学一路走过来的"第一名"稍稍有些不安。

岂知，不仅总分土木系第一，而且英文是全校第一。

朱伯芳在谈到考大学这一节，常怀感触。他说：

这件事对我影响比较大，使我认识到，在困难面前，只要做好充分准备，就可无攻不克。在我以后的工作中碰到过不少困难，但我从不畏惧，总是知难而进。[1]

这话没错。机会总是给有准备的人预备的。

朱伯芳入学，一如既往地内向，深度近视，不大跟人交往。民国时期的大学管理相对松散一些，同学之间上完课就各干各的，交往并不太多。但朱伯芳毕竟是第一名，说话声音洪亮，底气足，许多同学还是知道他的。更何况，进入大学之后，他各门功课的成绩依然很好。

1948年下半年，国立交通大学校园里相对平静得多，朱伯芳得以安心熟悉校园和大学生活。他后来感慨，如果1947年考入交大，那就不可能如此平静。

交大的学生运动，早在1945年抗战刚刚胜利就开始，较之其他大学开始早，规模大，影响巨，波及广，举国震动。举其要者，罗列如下：

1945年9月，国民政府颁发《收复区中等以上学校学生甄审办法》。抗战八年，交通大学地处法租界内，部分迁到重庆大后方，留守上海的交大一直在沦陷区坚持办学，首当其冲成为"甄审"对象，学校被视为"伪学校"，学生被视为"伪学生"。既未投敌，亦未作恶，何以称"伪"？交大师生难以接受，从11月开始，学校组织大规模示威游行，高喊"人民无伪""学生无伪"等口号，

---

❶　参见《朱伯芳院士文集》（下），朱伯芳著，中国电力出版社，2016.2，第1736页。

赴教育部请愿，酿成学潮。运动持续到 1946 年 6 月才结束❶。

1946 年冬，国民政府迫于财政压力，压缩教育经费，下令取消交大的航海、轮机二科，由此引发交大"护校运动"，声势浩大，震惊全国。"护校运动"从 1947 年 3 月底 4 月初开始，5 月结束。时间虽然短暂，可是在"护校运动"中，机械系、土木系学生竟然自行启动火车，载着同学前往南京请愿，教育部部长朱家骅带领装甲车随后追上，给学生们作揖才把火车拦下。豪举惊天，屡载史乘。此举为风起云涌的学生运动写下浓墨重彩的一章❷。

"护校运动"余波仍在。1947 年 5 月"反饥饿、反内战、反迫害"运动席卷上海各院校，交通大学学生与军警直接对抗，多名学生被打伤被抓捕❸。1948 年，反对美国扶助日本军国主义复活的"反美扶日"学生运动再度以交大为中心暴发……❹

到朱伯芳他们入学的 1948 年 10 月，校园虽然不平静，抗议、罢课零零星星，学生运动声势渐弱，不平静之中有相对的平静。朱伯芳谈到 1948 年相对平静的校园，说："淮海大战结束，大家都已经知道国民党败局已定，大家都明白国民党要垮的，要垮你还闹他干什么？"

形势明朗，心照不宣。大家静静地等待一个结果到来。

这样，朱伯芳能够平静地坐在校园里认真学习。

关于在交大的学习情况，朱伯芳后来有一段阐述。他说，大学的学习只是打个基础，对于从事科研工作的人说，大学里学的那点知识远远不够，在他的知识库中，大学里学到的知识大约只占 2% 到 3%。换句话来说，97% 到 98% 的知识要靠大学毕业后自学得来。

这是夫子自道。交大土木系的课程设置，当然离塑造成为中国工程院院士还很远。不过，土木系的学习训练还是收获不小，至少让他认识到，大学究竟是做什么的，而且每一次考试都名列前茅，让他对自己未来的发展充满了信心。

---

❶ 参见《三个世纪的跨越：从南洋公学到上海交通大学》，盛懿、孙萍、欧七斤编著，上海交通大学出版社，2006.3，第 210-213 页。

❷ 参见《三个世纪的跨越：从南洋公学到上海交通大学》，盛懿、孙萍、欧七斤编著，上海交通大学出版社，2006.3，第 213-217 页。

❸ 参见《三个世纪的跨越：从南洋公学到上海交通大学》，盛懿、孙萍、欧七斤编著，上海交通大学出版社，2006.3，第 218-219 页。

❹ 参见《三个世纪的跨越：从南洋公学到上海交通大学》，盛懿、孙萍、欧七斤编著，上海交通大学出版社，2006.3，第 219-220 页。

交大土木系培养的目标是土木工程师，物理学和化学的课程内容与实验并重，要花费很多时间，基础理论数学讲得少，只有微积分和常微方程，连偏微方程课都不开。因为在一般土木工程中，有微积分和常微方程就足够应付。

力学课程，则有结构力学、材料力学和水力学。其中结构力学内容丰富一些，材料力学和水力学都很简单。测量课程和实践亦多，计有平面测量、大地测量、应用天文（测量定位）、测量平差、路线测量 5 门课程，专业课则要上铁道、公路、给水、排水、房建等等。关于土木建筑面上的知识与应用技能都要过一遍，庶几如此，让学生们知道将来怎么样做一个工程师，或者说，可以让学生们知道工程师是做什么的。

交大教授也了得，水平不一般，多是从海外回来的留学生。

教大地测量和应用天文、测量平差的王之卓，1932 年毕业于国立交通大学，1934 年留学英国伦敦大学帝国学院，学习测绘，1935 年毕业。后留学德国柏林工业大学，攻读测量学，1937 年获特许工程师文凭；1939 年获博士学位。同年归国，先后任国立中山大学土木工程系教授、中国地理研究所大地测量室副研究员、国民政府陆地测量局技术室主任。1944 赴美考察，次年回国，任国立交通大学工学院教授。朱伯芳入学，王之卓担任工学院院长、代校长。1980 年入选中国科学院学部委员。❶

20 世纪 80 年代，朱伯芳担任国务院学位委员会委员学科评议组成员，某次开会，发现自己的老师王之卓先生亦在名单之中。只不过，王在测量组，朱在土木水利工程组。晚上休息时间，朱伯芳到王之卓先生的房间看望当年的恩师。只是，师生暌违三十多年，风分云分，各自走过不同人生轨迹，王之卓怎么也想不起当年这个高度近视的学生来了。

主讲结构力学的王达时，1934 年毕业于国立交通大学土木系，1938 年获美国密执安大学土木工程硕士学位。曾任中山大学、重庆大学、复旦大学教授，交通大学工学院院长。1949 年后担任同济大学副校长。❷

还有徐芝纶，主讲工程力学。1934 年毕业于清华大学土木工程系，1936 年获麻省理工学院土木工程硕士学位，1939 年获哈佛大学工程科学硕士学位。先后任教

❶ 参见《中国近现代高等教育人物辞典》，周川编，福建教育出版社，2012.1，第 31 页。
❷ 参见《上海高等教育系统教授录》，张德龙主编，华东师范大学出版社，1988.1，第 332 页。

于浙江大学、中央大学、国立交通大学。其间，参加过美国人主持的三峡工程初步设计。1948 年，徐任交通大学水利系主任。1980 年当选为中国科学院学部委员。❶

等等，名师云集，水平相当了得。交大被人们称之为"东方的 MIT"，即东方的麻省理工学院❷，当是实至名归。

课程安排对朱伯芳而言并不太难，可交通大学素以功课紧、考试严著称。在交大读四年，需要应付多少次考试，许多同学会抬头想半天的。身经百战，伤痕累累，心有余悸。甚至毕业多少年，都会做关于考试的噩梦❸。

朱伯芳每一次考试的成绩都不错，仍然延续着从初中二年级以来"第一名"的势头，同学们都很欣赏他。1949 年下半年，学校新规定每一班级须设立班长，朱伯芳被同学们公推为班长。

交通大学给朱伯芳拓开一条通往梦想的路，每一步都踩得很踏实。上学不到半年，令人鼓舞的消息再度传来。1948 年，中央研究院遴选出首批院士，交通大学校友凌鸿勋、钱崇澍、戴方澜、吴有训、茅以升、竺可桢、周仁、曾招伦、吴稚晖、张元济、王宠惠、马寅初共 12 人入选❹。

报考交通大学的选择无疑是正确的，置身于东方的 MIT 校园中，选择的自由与选择的正确，怎么不会让人感到某种自豪？

朱伯芳很自豪。

度 穷 一 种

朱伯芳到交大报到的时候，首先担心的还不是学习，而是钱。

---

❶　参见《中国人物年鉴 2012》，李维民主编，中国人物年鉴社，2013，第 438 页。
❷　参见《中国工程院院士传记：屠基达自传》，屠基达著，航空工业出版社，2014.1，第 28 页。
❸　参见《中国工程院院士传记：屠基达自传》，屠基达著，航空工业出版社，2014.1，第 27 页。
❹　参见《上海交通大学纪事（1896—2005）》，上海交通大学校史编纂委员会编，上海交通大学出版社，2006，第 409 页。

1948年，上海市物价腾涨，票子毛成一堆废纸，国民党政府企图整顿经济秩序，实行过短暂的"金圆券"制度，以金圆券替代法币。朱伯芳入学，金圆券刚刚发行，还坚挺过一阵子，收费按金圆券来计算。

当年，交通大学的收费标准，与上海其他8所国立大学比起来高不少。待到他入学之后才知道，当年交大盖了一座新宿舍，也就是电信斋，工程款不够，就摊到新生学费里。

临走，朱伯芳先到南昌农专预支了父亲一个月工资，余江县家里又卖了几百斤稻谷，最后，母亲把结婚时的戒指卖掉，才凑足上学的费用。

父亲也无奈，临行前告诉他：到了上海你要自己想办法了。

朱伯芳念大学期间，也只能自己想办法，没向家里讨过一分钱。

来交大上学的，并不全是富家子弟，穷学生也不在少数。家在上海的同学，为了省下住宿费，只能选择走读，穷学生不止朱伯芳。朱伯芳很快找到度穷的方式，他必须自己养活自己。

干什么？做家教。

除了交通大学实力强劲，有良好的学习环境让朱伯芳念念不忘外，能够做家教，也是交通大学的好处之一。

其实做家教也挺简单，《大公报》专为穷学生辟有一个豆腐块广告栏，收几块钱广告费，把自己的学校、宿舍地址等联系方式发在上面，就有人来找。上海乃通商大埠，家长对家教老师挑得很厉害，除了交大学生，其他学校的都不行。做家教也不见得多辛苦，每周两个半天，对朱伯芳来讲负担也不是太重，而且学校就在市区，距离也不是太远。

他后来谈到这段经历，颇为自得，胜任愉快。他讲，幸好考的是上海交大，如果考到清华大学那可就麻烦了，学校在郊区，去一趟市里很远，而且北京也没有多少家庭能请得起家庭教师。而且他听同学讲，在南京的中央大学也不行，只有在上海行，有钱人家多。

交大的好处多多，岂止一端。

当家教也并不固定，开始的一段时间，有求必应，小学、初中、高中，都教过。后来他发现，教高中反而容易一些，也省事得多。为什么呢？高中生要考大学，主要是数、理、化差一些，要强补，这正是朱伯芳的长项。到后期，他已经有了选择的本钱，只教高中生。

至于做家教的收入，虽则菲薄，也还说得过去。到 1949 年中共接管上海，为平抑物价，实行"折实单位"❶，朱伯芳每月可以收入 30 个折实单位，大致相当于后来人民币的 15 元，有时候还要高一些。交足学期初的 7 元学杂费，剩下来自己支配。每月用 9 块钱吃饭，每顿饭 3 毛，剩下 6 元，他全部用来买书。

穷学生读书，总也清苦。比朱伯芳高两届的飞机设计师、中国工程院院士屠基达 1948 年读大三。他也是一个穷学生，对当时的生活做如是回忆。

穷学生生活，也有很值得回味的事。我住过一阵子上院二楼的宿舍，墙壁上石灰很多已剥落，走路时地板嘎吱嘎吱作响，拥挤的房间里，你拉你的胡琴，他打他的桥牌，我做我的功课。学校不收学费，但书和笔记本报告纸总要自己买，于是有的旧教科书读过后就转让掉，一年一年往后传，上院和中院之间的墙壁成了贴满了出让广告的市场，除出让旧书外，还有出让计算尺的、出让生活用品的，很是热闹。学校里吃的伙食差，难得有时到校门口外边小店吃一碗牛肉面，或到校内小餐厅吃一次"西餐"，这所谓西餐，除了两片面包外，就是两个荷包蛋和一碗罗宋汤，但当时也吃得有滋有味，算是打牙祭了。1947 年、1948 年，交大的伙食极差，8 个人一桌，没多少菜，荤腥极少，连饭也不够了，吃饭如上战场，有的同学采取第一碗盛少一点儿，快点吃完，以便可盛到第二碗饭的战术……❷

入学第一年肯定是很苦的，第二年解放军军代表接管学校之后就好一些了。但是每一学期开学，学生自发组织的交易会一直没有断。正如屠基达回忆的那样，朱伯芳每年也出现在这个"交易市场"。大家有的直接把上学期的课本、资料，以及旧衣服拿出来现场交易；有的则在墙壁上贴一个启事，交易什么货

---

❶ 折实单位：1949 年春开始在天津实行，后推广到北京、上海等中共新接收城市，是以一定种类和数量的实物价格总额组成的保值计价单位。鉴于当时物价上涨、币值不稳，由人民银行每日公布折实单位的价格。上海折实单位由中等白粳米 1 升，12 磅龙头细布一尺，本厂生油一两及普通煤球一斤组成。参见《财经大辞典》（第 2 版），中国财政经济出版社，2013.10，第 589 页。
❷ 参见《中国工程院院士传记：屠基达自传》，屠基达著，航空工业出版社，2014.1，第 28-29 页。

品，宿舍在哪里。朱伯芳的课本就是通过这样"一年一年往后传"的交易得来，不必花冤枉钱。他的生活要比屠更清苦一些，念大学三年，没有买过一件新衣服。

好了，吃饭问题勉强解决，就可以坐下来好好读书。事实上，即便在生活清苦的情况下，朱伯芳读书也是很用功的。他的同班同学回忆说，朱伯芳一天把百分之九十几的时间都在读书。

然而也不然。

1949 年 6 月 15 日，解放军军代表接管交通大学，7 月 29 日，组成以吴有训先生为首的校务委员会，负责学校日常教学管理❶。鼎革巨变，天翻地覆。虽然只顾埋头用功读书，朱伯芳倒并不感到意外，和所有的同学们一样，感到自己和这个国家的命运从此会有不同，深埋心底的希望之火被嘭地点燃。

共 青 团 员

朱伯芳从初中开始就对读书之外的事情充耳不闻，但是现在的他不可能无动于衷了。1949 年 8 月底，新学期开始，朱伯芳由同学、地下党员刘笃忠介绍，加入共青团，经过四个月预备期考察，然后转正。这时他才知道，班上有几位同学，入学时或者入学不久就加入了地下党。

这还在其次。民国时期的大学班级管理，完全依靠助教辅导员，管理相对松散，班级根本没有什么所谓班干部，连班长也没有。但 1949 年二年级新学期开学，班上要设立团支书，还要选出自己的班长。连朱伯芳自己都没有想到，他这个两耳不闻窗外事的人，居然被公推为 1948 届国立交通大学土木系的班

❶ 参见《上海交通大学纪事（1896—2005）》，上海交通大学校史编纂委员会编，上海交通大学出版社，2006，第 421 页。

长。原因，就因为他是一个好学生，学习好，跟同学们处得也好。

朱伯芳倒没有拒绝。那一年，共青团员朱伯芳 21 岁，正是一腔热血、激情满怀的年龄，他乐意帮助大家做一些事情。可是这一个班长只当了一年，他就叫苦连天。

一方面，他本来就不怎么关心读书之外的事情，跟人面对面打交道，简直如同驱赶狙击手上阵短兵相接，是他的短板；另一方面，这个新冒出的班长确实不好做，远比中学时候解《大代数讲义》的数学难题更复杂。

交通大学像朱伯芳这样的穷学生多是事实，但家境优裕的学生多也是事实。大学二年级后半年，距离校园百里千里的家乡土改运动开始，包括朱伯芳在内，突然冒出 25 个家庭为地主成分的学生。家庭成分在当时还仅仅被看作是对一个家庭曾经的经济状况认定，并做出相应处置，暂时不会对子女有什么政治冲击。但是，家庭经济支持一时断绝，就意味着至少有 24 位同学的经济状况在一夜之间降到与朱伯芳一样的水平上，有的甚至吃饭都成了问题。家在上海，且是资本家家庭出身的同学还暂时不要紧。

下朱村的朱伯芳家，本来祖上是地道农民，到祖父那一代才改换门庭，仅靠教书微薄束脩支撑，日子清寒并不比普通农家强。父亲 1933 年大学毕业做到帮工程师，祖母持家，前前后后用了几年时间买下 40 多亩地，很快国难当头，收益倒未见多少，田多反而成了累赘。到了土改当年，顺理成章划为地主。田地被没收分给贫雇农，连两间祖传老屋都未保得住，也被当"底财"分配出去，一家人被赶到白塔河边一处废弃场屋里栖身。这处老房子根本没有人住，只要白塔河泛滥涨水，河水就会涌进房子里。而弟弟仲芳因为家庭成分是地主，读到初中就再不允许上高中，早早回家里务农去了。

新政新气象。其时，公费生制度废止，以助学金制度代替。20 多位经济陷入困境的同学都申请了助学金，分配到他们班上，只有 10 个名额。其实助学金也不多，仅够吃饭。但是申请的同学谁都困难，谁都应该得这份钱。该给谁？该谁得？平衡助学金分配就把他这个班长难坏了。这还真是个麻烦事情，一个注定无解的方程式，一笔理不清的糊涂账。茶饭无味，焦头烂额，朱伯芳叫苦不迭。

本来，他靠在外头做家教自己养活自己，担任班长这个职务，班干部就他一个人，50 位同学有什么事情都来找他，不能把心思全部用在读书上已是遗憾，再不能按时做家教，失去信誉谁还再找你？简直是断了财路。别人的生计问题还未解决，自己的生计首先出了问题。

到后来，他真有点吃不消。好歹干到二年级结束，他决定辞职。在班会上，他讲了自己的困难，家庭接济不上，做家教养活自己，课业又重，实在顾不过来，等等。同学们也同情他的处境，没有再坚持选他做班长。

按照交大教学安排，交通大学学生到三年级要分专业组，相当于今天工科大学后期的专业选择。工科各系的专业被称为"门"，毕业证要注明"某某系某某门"。土木工程系共有结构、市政、道路、铁路（还有水利组，后组建水利系，划出）共四个组❶。朱伯芳选择了由杨钦先生指导的市政组。

他小时候就有做一个铁路工程师的梦想，而且铁路专业为交大土木工程系实力最强的"门"，向以奠定中国铁路建设之基础而自豪❷。朱伯芳却没有选择铁路组，而选择了市政专业。

放弃这个诞生于故乡白塔河边的少年梦想，难免让他有些不好意思。后来他跟自己的学生们讲，当初为什么没有选择铁路专业呢？是因为在交大上了两年学，觉得修铁路其实没有什么神秘的东西，并不复杂，而市政专业，专攻都市规划与建设，这个涉及的内容多，也复杂得多，富有挑战性。

左说右说，仍然不好意思。即便这个"富有挑战性"的专业，也只是在书本上翻来看去，并不曾构思过哪怕一个街区一条马路上一株景观树的位置，却被脚下的路指引着，搞了一辈子水利、水电工程，做了一辈子大坝工程师。

梦想是构成人生这道复杂方程的一个重要参数，远不是方程本身。求得最终解，在于坚实地踏着脚下的道路，迈好每一步。稍有懈怠，这个方程便会失去依据，坍塌为简单的算术题，甚至数字堆砌。

同学们同意朱伯芳辞去班长，但市政工程组又选他担任了组长。好在，组长毕竟不同班长，事情要少得多。朱伯芳愉快地答应下来。

日子似乎回到原来的轨道，每周两次家教，挣得 30 个"折实单位"，折合人民币 15 元，9 元用来吃饭，6 元用来买书，然后埋头苦学，少问世事。可是，1950 年的中国，尤其是 1950 年的中国年轻人，很难做到两耳不闻窗外事，对校园外面发生的变化无动于衷。没有哪一个人在内心里不歌唱、不激动、不昂扬！何况还是共青团员的优秀青年朱伯芳。

接下来，中国发生的一件大事差点让朱伯芳走上另外一条人生道路。

他报名参军，而且很快获得通过。当时学校动员全校学生踊跃报名参加军事干部学校❶。实际上就是参军。

怎么回事呢？

这要从大背景说起。

1950 年下半年，朝鲜战争局势日益明朗化，是年 10 月，志愿军入朝作战，"抗美援朝"成为这一年政治生活的关键词，舍此无他。

11 月 9 日，交通大学成立抗美援朝保家卫国委员会，主任为吴有训先生。第二天，鲁迅夫人许广平来校做赴朝观感演讲，群情振奋。18 日，交大学生分赴五金、纺织及所属 60 多个工厂宣传抗美援朝。12 月 14 日，全校的教员几乎全部参加上海市大专院校教师为主体的抗美援朝、保家卫国示威游行❷。

如此形势，朱伯芳不可能置身事外。

12 月 21 日，交通大学"参加军事干校报名典礼"隆重举行，当场报名者有 600 多人❸。这里面有血脉贲张的朱伯芳。

录取名单公布要待到两周之后，也就是 1951 年 1 月 3 日，正式录取 319 人，预备录取 25 人❹。这个名单里却没有朱伯芳。

他体检没有通过。

结束体检，大吃一惊。他被查出有血吸虫病，需要马上治疗。

体检结果倒不至于对他有什么打击，倒像揭开一个谜底。这样严重的病，他居然没有任何感觉。没有干过农活，血吸虫何以进入身体？应该很早，大约是在读小学时和同村伙伴们在河汉里玩耍染上的。朱伯芳后来查阅血吸虫病病

❶ 参见《上海交通大学纪事（1896—2005）》，上海交通大学校史编纂委员会编，上海交通大学出版社，2006，第 429 页。
❷ 参见《上海交通大学纪事（1896—2005）》，上海交通大学校史编纂委员会编，上海交通大学出版社，2006，第 429 页。
❸ 参见《上海交通大学纪事（1896—2005）》，上海交通大学校史编纂委员会编，上海交通大学出版社，2006，第 430 页。
❹ 参见《上海交通大学纪事（1896—2005）》，上海交通大学校史编纂委员会编，上海交通大学出版社，2006，第 430 页。

理知识资料，知道了这种病的危害性。血吸虫本身并没有毒，在自然条件之下，它只能存活一年左右，一旦进入人的身体，会不断子孙繁衍，代代无穷，不把人折腾死不会消停。血吸虫进入血管，雌雄交配产卵，虫卵毒性甚大，随血液全身流布。先攻击脑部神经，导致发育异常，再攻击肝部，轻则肝炎，重则肝硬化。家乡下朱村和湖头朱家、墙圈里朱家等几个朱姓村落都是血吸虫病重灾区。"青山绿水枉自多，华佗无奈小虫何。"小虫侵袭，人口锐减，兰田畈繁盛的朱氏家族日益衰落。朱伯芳没做过农活，"小虫"进入身体毕竟少，但已经侵害到脑部，发育异常，老不长个儿。肝脏同时受损，肝病时有发作，一直到 70 岁才恢复正常。

朱伯芳后来跟人开玩笑，说他主要学术成果，就是在肝病陪伴下完成的。说起来轻松，实际上肝病磨折非常痛苦，苦不堪言。

查出血吸虫病，需要住院治疗。他一个穷学生，哪里可能住院治疗？只能在中山医院的门诊部就诊。每天打一针酒石酸锑钾，静脉注射。他舍不得时间，医生不敢耽误治病。酒石酸锑钾副作用甚大，每一次注射完毕，医生让他在门诊部躺三个小时观察。每天注射一次，总共治疗了 26 天。血吸虫病根治，但个子却无法再长。这时候，他已经是 23 岁，身体基本停止发育，朱伯芳的个子就停留在 1.60 米左右。而肝病还将陪伴度过漫长的五十年。

得这种病是意外，查出这种病也是意外。如果不出意外，顺理成章前往军事干部学校，他的人生会是什么样子？

交通大学学生最后共有 351 名学生参军，土木系参军学生先到南京汤山炮校，然后大部分分配到全国各地的炮兵学校做教官，实际入朝参战的并不多，只有 3 名同学[❶]。土木系 1948 级有十五六名同学，后来都被分配到宣化附近设的炮兵学校。

交通大学土木系大地测量课程由王之卓先生教授，课程安排紧，训练严格，实力强劲。军队发挥土木系学生的测量专长，让他们到炮校做教员。中国能够拥有自己强大的炮兵部队，交大这一批学生兵的功劳不小。有一位同学后来担任二炮部队将军。

---

❶　参见董本亮《投身炮兵建设的百名学子》，收入《老战士秩事——百余名志愿军老战士激情回顾》，葛楚民主编，中国对外翻译出版公司，2000.11，第 238 页。作者董本亮 1948 年为交通大学机械系四年级学生，党员。

接替伯芳担任班长的，是同学高商卿，他一生从事军事教育和科研工作。几十年后他们同学在北京聚会，谈到当年报名参军一节，他告诉朱伯芳，若不是接替朱伯芳担任班长，他不会第一个报名。毕竟才是大三学生，不能跟大四同学相比，没有完成学业，四年大学只读了不到两年半，好多功课还没有上，真是不小的遗憾。

因为身体有病而未能参军，朱伯芳没有感到庆幸。想当年，那个时代校园里的青年学子，服从组织的观念还是很强的。尤其交通大学这样的工科学生，将来做工程师，做大工程，要在祖国的山川大地上展开构思，每个人都澎湃着拳拳爱国之心。

参军的同学只读了两年半大学，朱伯芳可以顺利完成大学三年级学业，升四年级第一个学期，他也不能在校园待了，土木系学生和交大水利系的学生被安排到治淮工地去实习。要说，这也是正常教学的一部分。朱伯芳他们出发前往治淮工地之前，比他们高一届的学长风尘仆仆地刚从工地回到校园，学校专门开了一个小型欢送会为他们壮行，师兄师弟坐在一起完成交接。

欢送会开过，朱伯芳和同学们由助教曹楚生带队，背起行囊，呼朋引伴，一路欢歌走出校园，前往火热的治淮工地去了。

这一天，是 1951 年 9 月 29 日❶。

同济大学的毕业证书

朱伯芳一辈子因为个人利益而纠结的事情并不多，可称寥寥，细数起来只有两件。一件，是自己是水利水电科学研究院发表论文最多的专家，但是运动

❶　参见《上海交通大学纪事（1896—2005）》，上海交通大学校史编纂委员会编，上海交通大学出版社，2006，第 433 页。

一来就被抓典型批判，容后详说。另一件，就是自己的毕业证书。

他的毕业证书颁发自同济大学。

同济大学虽然同在上海，可朱伯芳并没有踏入同济大学校门半步，何以领到同济大学的毕业证？

1951 年 9 月 29 日，朱伯芳他们赴治淮工地实习的交大学生，有土木系和水利系四年级共计 71 人，其中土木系 53 人，水利系 18 人，再加了助教曹楚生，共计 72 人❶。

如果没有什么特殊情况，实习的同学将实习一年之后，返校继续上课、完成毕业论文，然后毕业。他们来到治淮工地，接的是上一届同学的班，顺理成章，下一届同学也将如期来接他们的班。所以，一起前来实习的同学们都铆足了劲在治淮工地工作，在荒山野岭里做开辟性工作，为的是给下一届同学打好基础。乐于奉献，不甘人后，那个时代赋予年轻人无边的朝气，他们并没有感到什么异常。

其实异常还是有的。交通大学土木系 1948 年招生也不过 50 名，除去参军进入军校的十四五名学生，剩下也就三十多号人，实习的时候却成了 53 名，反而多出将近 20 名同学，这是怎么回事？

这就说来话长了。但也不复杂。

班级学生人数的增增减减，莫不跟国家的大形势有关。20 世纪 50 年代初期，中国高等教育史上开始著名的"院系调整"。具体到交通大学，从 1951 年到 1956 年，交通大学经历了 8 次重大的院系调整，交通大学传统大学格局被完全打破，其中，最大的两次是 1951 年和 1952 年，直到 1956 年一分为二迁往西安，两校分立❷。

朱伯芳入学的 1948 年，一直到 1951 年，交通大学共设 3 个学院、17 个系、1 个专修科和 1 个研究所，即理学院的数学、物理、化学 3 个系，工学院的土木、机械、电机、航空、造船、工业管理、化工、轮机、水利、纺织 10 个系及电信技术专修科。管理学院的运输管理、财务管理、电信管理、航业管理 4 个

---

❶　参见《上海交通大学纪事（1896—2005）》，上海交通大学校史编纂委员会编，上海交通大学出版社，2006，第 433 页。

❷　参见《三个世纪的跨越：从南洋公学到上海交通大学》，盛懿、孙萍、欧七斤编著，上海交通大学出版社，2006.3，第 236 页。

系，此外还设 1 个电信研究所❶。

1951 年 11 月，北京召开全国工学院院长会议，全国范围内大规模院系调整开始。调整方针是"以培养工业建设干部和师资为重点，发展专门学院和专科学校，整顿和加强综合性大学"❷。

朱伯芳他们赴治淮工地前的 1951 年 6 月 12 日，时任华东军政委员会教育部部长、原交大校务委员会主任吴有训签署文件发往交大，呈请中央人民政府教育部批准，交通大学迎来第一次较大规模的院系调整，调整如下：

一、电信管理系调整至电机系。二、工业管理工程系调整到机械系。三、轮机系调整至造船系，设轮机组；部分学生要求转系问题，可由你校自行慎重掌握处理。四、纺织系与私立上海纺织工学院合组成立"华东纺织工学院"。五、运输管理系调整至北方交通大学。六、财务管理系调整至上海财经学院。七、复旦大学土木系调整到你校土木系❸……

原来，土木系增加的二十多名同学来自复旦大学。

1951 年这一次院系调整对交通大学并没有伤筋动骨，至少土木系的力量还在加强。按照土木系课程安排，实习之后除了要写毕业论文，日常教学课程还很紧。交大土木系四年级课程安排如下：

共同课程：结构计划（下）、圬工及基础、污水工程、土壤力学、航空测量（选科）、公文程式、契约范围及估价；分设的四个组专业课各异，市政组为：给水处理、卫生工程计划、都市计划、污水及给水分析、高等道路工程、道路材料试验、污水处理、专题讨论❹。

朱伯芳他们这一批交大实习学生一到治淮工地，就被分配到不同的地方，曹楚生带着他们这一个小分队到当时还在施工准备期的佛子岭工程现场。佛子

❶　参见《三个世纪的跨越：从南洋公学到上海交通大学》，盛懿、孙萍、欧七斤编著，上海交通大学出版社，2006.3，第 235-236 页。
❷　参见《三个世纪的跨越：从南洋公学到上海交通大学》，盛懿、孙萍、欧七斤编著，上海交通大学出版社，2006.3，第 235 页。
❸　参见《上海交通大学纪事（1896—2005）》，上海交通大学校史编纂委员会编，上海交通大学出版社，2006，第 433 页。
❹　参见《交通大学校史（1898—1949）》，上海教育出版社，1986.1，第 460 页。

岭大坝将是中国第一座自己建设的混凝土大坝。

工程本身给朱伯芳带来的喜悦与热情自不必说，他们参加实习，居然还有工资！这让朱伯芳感到很意外。所以，一来到工地，一边努力而尽心尽力的工作，一边开始筹划下一学期的学习。

治淮工地给实习学生发放工资，让朱伯芳感到意外，更让他意外的是工资居然不菲，计 29 元。他想好了，每月 29 元，10 元用来吃饭，19 元全部存起来，四年级就可以不必辛苦在外面做家教，安安心心读书。毕竟临近毕业，学业紧张，需要专心应对，不可以分心，这份工资让他踏实不少。

治淮工地也是一个火热的课堂，朱伯芳全身心投入其中，而且很快成为技术骨干。远在上海的校园发生什么，他和同学们并没有在意。一切都有组织安排，他们不必操心。

转眼到了 1952 年新学期，学校招实习学生回去的通知迟迟没有下达，他们似乎也没有想太多。分散在各个治淮工地的同学们都忙于工作，往来稀疏。直到 1952 年 5 月底 6 月初，他们听闻交通大学为 1948 级同学举行毕业典礼并颁发毕业证书，他们才意识到不大对劲。

1952 年 5 月 19 日，交通大学有 740 名学生毕业，其中本科四年级毕业 257 人，本科三年级提前毕业生 425 人，电信工程专修科毕业生 24 人，另外还有华东水利部托办水文专修科毕业生 34 人[1]。

这个信息多少显得驳杂而零乱，又是四年级毕业，又是三年级提前毕业，又是专修科，更让他们不安的是，参加治淮的土木、水利两系共 71 名同学，谁都没有领到交大的毕业证书[2]。

不久，他们就得到来自校方的通知，参加治淮的土木、水利两系 71 名同学，都提前毕业，就地在治淮工地参加工作，由淮河水利委员会根据工作需要分配工作。所以，朱伯芳参加工作的时间，为 1951 年 9 月。

同学们都很困惑，四年级的学业还没有完成，课程没有上，论文没有写，这算哪门子毕业，还提前？尤其是朱伯芳，半年多实习，让他领教到做具体工

---

[1]　参见《上海交通大学纪事（1896—2005）》，上海交通大学校史编纂委员会编，上海交通大学出版社，2006，第 436 页。

[2]　参见《上海交通大学纪事（1896—2005）》，上海交通大学校史编纂委员会编，上海交通大学出版社，2006，第 436 页。

程实践的深浅，目前的知识储备远不足应付复杂的工程设计与计算，他希望回到交大好好恶补。

可是，校园已经回不去了。

是年7月，家在上海的同学收到家信，信里说，毕业证已经直接寄往家里，让其在工作岗位上安心工作云云。附言又云，寄到家里的毕业证书颁发自同济大学土木系。

不久，身处治淮工地的同学们都拿到了毕业证书，不用说，也是同济大学的毕业证书。朱伯芳拿到毕业证，情绪有些激动，跟同学们讲，咱们考的是交通大学，怎么是同济大学给发毕业证？我们跟同济大学有什么瓜葛？

他跟同学们讲，同学们又跟谁去讲？

土木系同学领的是同济大学毕业证，水利系的15名同学呢，领的却是连校址都没有确定的华东水利学院的毕业证。

连领队的助教曹楚生也不能幸免，也被一竿子扒拉到治淮工地，由淮河水利委员会重新分配工作。前一秒还是师生，转眼间成了同事。

这个变故，仍与院系调整的大背景有关系。这一次的院系调整的动作颇大，也不是针对交通大学一家。一校如此，全国皆然。

1952年7月28日，华东教育部下达华东地区高等学校院系调整设置方案（草案），关涉交通大学的内容如次：

一、调整后交大各系科的设置：

（一）机械类：由交通大学、同济大学、大同大学三校的机械系、中华工商专科学校机械科及上海市工业专科学校动力科合组而成。

（二）电机类：由交通大学、同济大学、大同大学、震旦大学四校的电机系，沪江大学物理系电讯组、交通大学电讯科及上海市工业专科电力科合组而成。

（三）造船类：由交通大学、同济大学、武汉交通学院三校的造船系及武汉交通学院、上海市工业专科学校两校的造船科合组而成。

二、从交通大学调整出去的系科：

（一）原交通大学理学院的数学、物理、化学三系（留工学院所需师资外）

调整至复旦大学。部分师资调整到华东师范大学。

（二）原交通大学土木系调整至同济大学。

（三）原交通大学航空系调整至华东航空学院（新设、暂名）。

（四）原交通大学水利系调整至华东水利学院（新设、暂名）。

（五）原交通大学化工系调整至华东化工学院（新设、暂名）。

三、附设工农速成中学及工农预备班。

……❶

1952 年的院系调整，从"南洋公学"一路走过来的交通大学不再设理学院，也不再有土木系。这个调整方案有非常浓重的苏联高等教育痕迹，中国高校单科性、多科性专门学院和文理科综合大学的高等教育办学格局就此形成，一直坚持到 2000 年左右❷。经过 1952 年的院系调整，交通大学由原来的 10 个系、1 个专修科，取消学院建制（直到 1984 年恢复），调整为机械、电机、造船 3 大类、7 个系的多科性重工业大学，学校规模与院系调整前相比，扩大了将近一倍❸。

大背景如此，朱伯芳也只能接受事实。但这个事实好像成为终身不能释怀的情结，每每提起，总是无奈。填写档案，撰写文稿，不涉同济大学半个字，宁可称自己读到交通大学三年级，这倒符合朱伯芳倔强而认真的性格。

2013 年，中国工程院启动院士采集工程，中国水利水电科学院组织班子进行此项工作，要他的毕业证书。这份宝贵的生平资料，翻箱倒柜，遍寻不着，早就不知道丢到哪里去了。这个毕业证像是强加在他身上的一个事物，一段与他毫无瓜葛的经历。

日后，作为科学家和工程师的朱伯芳要撰写自己成长、治学经历的文章，他总称自己本钱不足，只读过三年大学。事实上，作为工科本科大学生，加上实习期的一年，除了没有做毕业论文，也不能说没有完成学业。

---

❶ 参见《上海交通大学纪事（1896—2005）》，上海交通大学校史编纂委员会编，上海交通大学出版社，2006，第 437 页。
❷ 参见《交通大学校史（1949—1959）》，上海教育出版社，1986.1，第 33 页。
❸ 参见《上海交通大学纪事（1896—2005）》，上海交通大学校史编纂委员会编，上海交通大学出版社，2006，第 437 页。

不管怎么说，大学时光伴随时代大潮涌动，以意料之外的方式结束。前面，有漫长而艰苦的岁月，广阔但并不平坦道路在等候着朱伯芳。

只是，每月积攒 19 元，半年多下来已经是一笔巨款。提前毕业，积蓄虽巨，再派不上用场。他买了几斤毛线，请工地的女同志帮他织了一件毛衣。

这是他平生第一件毛衣。

这一年，朱伯芳 24 岁。

第三章　中国首批两高坝设计

到 佛 子 岭 去

1951 年 9 月底，交通大学土木系和水利系的实习学生下到治淮工地，并没有集中到一处，而是分配到治淮工地的各个工程上去了。

交通大学实习学生由助教曹楚生带领，前往安徽蚌埠的治淮委员会（简称淮委，下同）报到才发现，到治淮工地的还不止交通大学土木系、水利系的学生，整个华东地区工科院校土木、水利两系四年级学生几乎整编制被调来，甚至还有三年级的学生。

治淮委员会对交通大学实习学生的到来非常重视，淮委工程部部长汪胡桢先生亲自迎接。汪胡桢问曹楚生带来这批学生是学什么专业的，曹楚生如实相告：这批学生是交大土木、水利系在校生，刚读完三年级课程，分组学习半年有余。汪胡桢大喜过望：我们需要的就是像你们这样的年轻人。即将开工建设的佛子岭水库连拱坝，比你们上海 24 层的国际饭店还要高，现在设计、施工人员极为缺乏，盼望你们早日到那里工作❶。

他们才明白，此行绝非教学意义上的实习，而是一次大规模的国家动员。

此次动员，为的是充实治淮一线的工程技术力量。时任治淮委员会主任曾山呈请中央人民政府批准，除了各地抽调技术骨干和社会上广泛吸收人才之外，还将华东地区高等院校的水利系和土木系毕业生分配参加治淮工作，并动员两系的三年级学生先去治淮一线实习一年，再回学校结业。这样，来自全国各地参加治淮工作的水利专家、工程师、技术员、大学和专科学生等专业技术人员

---

❶ 参见曹楚生《难忘的佛子岭》，收入《一代水工汪胡桢》，嘉兴市政协文史资料委员会编，当代中国出版社，1997.12。

齐聚淮河两岸，人数达到 1.6 万人之谱❶。

曹楚生率领朱伯芳他们到来，不过是一支小分队而已。

淮河流域处于黄河流域与长江流域之间，自古江、淮、河、汉并提，淮河发源于河南省桐柏山区，流长近 1000 千米，是浩浩荡荡的大河，拥有近 20 万平方千米的流域面积。中国南方和北方以秦岭—淮河为天然分界线。北宋末年，黄河夺淮入海，淮河流域原有水系被破坏，清咸丰年间，黄河又改道，离开淮河北去。黄河这一来一去，留下的却是淤积的河床、破烂的堤防。无数支流汇入，进入洪泽湖，竟没有一条入海通道，宣泄不畅，紊乱不堪；水旱相煎，灾害频仍；五年一小灾，十年一大灾；导河理水，代代不绝；淮河难治，困扰百年。淮河水患，乃国家心腹大患。

近代科学渐入，许多有识之士为治理淮河殚精竭虑，奔走呼号，出谋划策。1915 年，近代实业家张謇和著名教育家黄炎培等创办河海工程专门学校，旨在为治淮培养科技人才。汪胡桢便是该校的第一届学生。

1929 年，国民政府成立导淮委员会，中国现代水利科学的先驱李仪祉先生任总工程师，力邀汪胡桢与闻其事。期间，汪胡桢制订《整理运河工程计划》，设计《淮河流域航运路线计划》，只是，这些计划只停留在纸面上没能够实施。

1950 年，淮河流域的皖北、豫东各地久旱不雨，到是年六月，大面积旱灾已经形成。然而到六月底，豫南、皖西各地先后连降大雨，淫雨霏霏，持续将近一个月。淮河上游陡发洪水，洪水像几万匹饿了一亿年的怪兽席卷而下。沿淮村镇全部被淹，沿淮居民相率攀树登屋，呼号求救，哭声盈野。西起京汉铁路，东迄洪泽湖畔，沿淮两岸汪洋一片，平地行船，灾情惨重。此次洪灾，百年不遇。

这次大洪灾，淮河中上游河南、皖北计有 4000 多万亩耕地被淹，1300 多万人受灾；苏北地区受沂、沭、泗等河洪水影响，被淹耕地 690 多万亩。皖北损失最大，受灾农田占全部耕地的 60%，受灾人口约占全部人口中的 50%❷。满目疮痍，流民遍地。交通大学在 1950 年成立上海市各界劝募寒衣委员会交通

---

❶　参见中共江西省委党史研究室撰《永留正气在人间——缅怀曾山同志》，收入《新中国治淮事业的开拓者——纪念曾山治淮文集》，汪斌主编，水利部淮河水利委员会编，中国水利水电出版社，2005.10。

❷　参见《伟大的治淮工程》，治淮委员会编，华东人民出版社，1952.7，第 25 页。

大学分会，号召师生踊跃募捐衣物❶。

　　这场大洪灾给共产党新政权刚刚展开的治淮工作结结实实上了一课，治理淮河，迫在眉睫。1949 年新中国成立，治淮工作由华东军政委员会水利部主管，1950 年春，再成立淮河水利工程总局，1950 年 11 月，中央人民政府批准成立治淮委员会，由华东军政委员会副主席曾山兼任主任，副主任曾希圣、吴芝圃、刘宠光、惠浴宇❷。

　　这是一个规格非常高的组织构架。治淮委员会，以淮河水利工程总局为基础，由华东、中南两军政委员会及有关省、区人民政府指派代表参加，统一领导治淮工作，主任、副主任及委员人选由政务院任命❸。

　　除主任曾山之外，副主任中：曾希圣，时任安徽省政府主席；吴芝圃，时任河南省政府主席；刘宠光，时任华东军政委员会水利部党组书记、第一副部长；惠浴宇，时任苏北行署主任，后任中共江苏省委副书记。一场大洪灾，把淮河流域几个省、地的主管领导推到治淮前线。

　　委员会成立工程部，部长为汪胡桢，副部长为钱正英。委员会还下设河南、皖北、苏北三省区治淮指挥部，另设上、中、下游三个工程局。

　　被历史宏大叙事不断描述的"伟大的治淮工程"就此拉开序幕。治淮工程是一个集疏浚、整理河道和筑坝拦蓄、调控洪水的庞大系统工程，中央人民政府政务院于 1950 年 10 月 14 日做出的《关于治理淮河的决定》，开宗明义阐明治淮方针：

　　关于治理淮河方针，应蓄泄兼筹，以达根治之目的。上游应筹建水库，普遍推行水土保持，以拦蓄洪水发展水利为长远目标，目前则应一方面尽量利用山谷及洼地拦蓄洪水；一方面在照顾中、下游的原则下，进行适当的防洪与疏浚。中游蓄泄并重，按照最大洪水来量，一方面利用湖沼洼地，拦蓄干支洪水；一方面整理河槽，承泄拦蓄以外的全部洪水。下游开辟入海水道，以利宣泄；同时巩固运河堤防，以策安全。洪泽湖仍作为中、下游调节水量之用。淮河流

❶　参见《上海交通大学纪事（1896—2005）》，上海交通大学校史编纂委员会编，上海交通大学出版社，2006，第 429 页。
❷　参见《治淮汇刊》（第一辑），治淮委员会编，第 5 页。
❸　参见《治淮汇刊》（第一辑），治淮委员会编，第 5 页。

域，内涝成灾，亦至严重，应同时注意防止，并列为今冬明春施工重点之一，首先保障明年的麦收❶。

　　汪胡桢据此治淮方针，制定具体实施工程的《治淮方略》，呈送政务院周恩来，周恩来原则同意汪胡桢他们的意见。这个方略中，决定在淮河上游山区建设蓄洪水库，以期达到防洪和开发灌溉、航运、水电等综合利用目标。商定在河南省境内山区水的勘测、设计及施工由上游局负责，安徽省境内淠河东支的佛子岭水库、西支之长竹园（即后来的响洪甸）水库以及史河的梅山水库由治淮工程总局负责❷。

　　曹楚生率领朱伯芳等 20 名同学被分配到佛子岭工程工地。听说到佛子岭，师生们异常兴奋，跃跃欲试。为什么呢？除了日本人在侵华时期修筑了一半的丰满水电站，中国还没有一座自己修建的混凝土高坝。

　　到佛子岭去！到那里建设中国第一座混凝土大坝，对一只脚还在校门之内的学子们吸引力甚大，想不高兴都难。

　　对于淮委而言，交通大学来的这帮学生哥，无疑是宝贝疙瘩。其时，佛子岭工程的前期勘测已经完成，处于准备确定坝型、初步设计阶段，他们来得正是时候。

　　佛子岭工程，位于淮河支流淠河上游，距安徽省霍山县城以南约 17 千米❸。

　　曹楚生带领朱伯芳他们由蚌埠出发进入佛子岭工地，那里还是一片万古洪荒的处女地。在他们到来之前，勘测队穿过林莽，发现一对小豹子在附近嬉戏玩耍，也不惧人类走近。勘测队员以为是一对小猫，就捉回来饲养。哪里知道待长到半大，身上现出豹纹，跟他们嬉戏的时候，一甩屁股能把一个成人扛倒，力道吓人，吼声怪异，这才发现两个小家伙不是温顺的猫咪，而是货真价实的金钱豹，赶紧送到合肥的逍遥津公园❹。

❶　参见《治淮汇刊》（第一辑），治淮委员会编，第 1 页。
❷　参见汪胡桢《沸腾的佛子岭》，收入《一代水工汪胡桢》，嘉兴市政协文史资料委员会编，当代中国出版社，1997.12。
❸　参见《佛子岭水库工程工作总结》（内部资料），佛子岭工程局编，治淮委员会办公厅出版，1954.12，第 1 页。
❹　参见汪胡桢《沸腾的佛子岭》，收入《一代水工汪胡桢》，嘉兴市政协文史资料委员会编，当代中国出版社，1997.12。

交通大学土木系 20 多名师生先乘火车由蚌埠到合肥，再乘卡车前往霍山。铺盖卷放在车上，人再坐在铺盖卷上。秋高气爽，青山绿水扑入眼帘，一路上欢声笑语，了无倦意。快到霍山县城，前面出现一段弹坑路，车身剧烈摇晃，人坐在上面上下颠簸，抛起落下，朱家瑾同学被抛出车厢，幸而没有受伤。一行人并未因此惊慌失措，反而没心没肺地以为是一次奇遇。但吓坏了随后赶来的汪胡桢，一边慰问，一边连连埋怨送行的人没有尽心照顾这帮宝贝疙瘩❶。

在霍山县下车，稍作休整，就再没有公路可走。佛子岭距离霍山县城 17公里，需要翻越一座大山才可到达。朱伯芳他们翻过大山，林莽涛涛，万山丛列，深山巨谷间，一条大河从远方蚰蜒穿行而来，又蚰蜒穿行而去，站在高岭之上，已经听到河水喧哗。

这就是要筑坝的佛子岭工地。

说起佛子岭，颇有意思。佛子岭因岭上有佛寺而得名，当地老百姓称之为佛寺岭，但安徽方言中，"寺""子"发音相差无几，勘测队员径直写成了"佛子岭"，直到这个名称上报政务院才发现弄错了。可是"佛子岭"既然在文件上出现一年多时间，也不好更改，遂将错就错，干脆叫作"佛子岭"❷。

1951 年 10 月的佛子岭工程才刚刚立项，河滩上正在搭建临时建筑，曹楚生和朱伯芳他们一干实习生被安排到淠河右岸的村庄里住了有一个多月，每天下山帮老乡们担水，真正是同吃同住同劳动❸。

朱伯芳急欲知道，那座据说是中国第一座混凝土高坝，它是什么模样？将建在哪里？蓝图是什么样子？

一切都是未知数。

但有一点是明确的，他学的那一套市政规划、给水排水知识，现在已经没有一点点用项。

1951 年 10 月的佛子岭大坝，还停留在构思之中。

中国的水利工程师熟悉传统的治河工程。疏浚河道，整理河岸，导水下泄，

---

❶ 参见曹楚生《难忘的佛子岭》，收入《一代水工汪胡桢》，嘉兴市政协文史资料委员会编，当代中国出版社，1997.12。

❷ 参见汪胡桢《沸腾的佛子岭》，收入《一代水工汪胡桢》，嘉兴市政协文史资料委员会编，当代中国出版社，1997.12。

❸ 参见汪胡桢《沸腾的佛子岭》，收入《一代水工汪胡桢》，嘉兴市政协文史资料委员会编，当代中国出版社，1997.12。

这一套治水方法千年流传，都江堰、灵渠、郑国渠将它发挥到极致。但是，拦河筑坝，进而达到调控洪水目的的近代工程学，莫说没有见过，就是在观念上也不大好接受。两千多年来传统的理水观念，导水为上，堵水为下，最典型的莫过大禹治水的传说。禹的父亲鲧挡水消洪，事败被杀，大禹导水理河，功成为帝。

一个时代的观念，与那个时代的生产力水平和科学技术水平大有关系。近代科学东渐，建筑材料与技术长足进步，拦河筑坝逐渐为人所认识，20 世纪 40 年代中期，由美国工程师萨凡奇掀起的三峡开发热潮，让中国工程师眼前一亮，三峡大坝呼之欲出。筑坝拦洪，筑坝兴利，水激转轮，电光石火，现代水利水电观念深入人心。

但是，对于治淮委员会从各路召集来的工程技术人员来说，混凝土大坝是什么样子，任是谁都没有见过。没有见过也就罢了，好长一段时间，连混凝土这一概念都需要汪胡桢苦口婆心进行解释。那时候，水泥还被称为"洋灰"，安徽省只有一座成规模的"洋灰厂"。

幸好，工程部雇有一位木匠，叫雷宗保，是当年跟随李仪祉先生做水工模型的河海老人，心灵手巧，多复杂的水工建筑他都能按图做出大样。这实际是传统匠作工艺中的蜡模功夫，非能工巧匠莫能为，大家都称他为"小木匠""样子雷"。汪胡桢请他用木头、石膏、铁皮、油漆这些材料，将重力坝、拱坝、支墩坝这些国外普遍采用的坝型，按比例做出整体和剖面模型。这些模型派上大用场——到华东水利部、淮委汇报工作，汪胡桢就是拿着这些模型；到高等院校做治淮报告，他也拿着这些模型❶。汪胡桢到处游说、解说，拦河筑坝，事半功倍，可蓄可调，其利千秋。

其实，朱伯芳他们到达佛子岭工地，佛子岭连拱坝的方案还没有最终确定。直到 11 月 12 日，由淮委邀请全国著名专家齐聚佛子岭，审定佛子岭连拱坝方案。会期三天，讨论热烈，争论也很激烈，最后几乎一致主张采用汪胡桢提出的连拱坝方案。参加会议的是国内著名建筑、水利、地质和结构力学专家，有茅以升、张光斗、须恺、黄文熙、钱令希、谷德振等。他们听到召唤，满腔热

---

❶ 参见汪胡桢《沸腾的佛子岭》，收入《一代水工汪胡桢》，嘉兴市政协文史资料委员会编，当代中国出版社，1997.12。

情，从千里之外的北京、东北、华东日夜兼程赶过来❶。中国第一座由自己建造的混凝土高坝，本身就是一道动员令。

专家会议在工地上的草房子里进行时，朱伯芳他们坐在会议室的墙边旁听，会议结束之后，他们分配到工地各技术单位，当时工地有技术室、工务处和几个施工队，技术室下设有设计组、质量检查组和混凝土试验室，朱伯芳和曹楚生分在技术室设计组。设计组下设坝工、水道、金属结构和施工（安排施工计划）五个小组，曹楚生领导坝工小组，师生5人，分别是曹楚生、朱伯芳、蒋富生、裘允执、薛兆炜。

此时，朱伯芳还没有认识到，大别山深处淠河峡谷会给他提供多大的舞台与天地，更没有意识到，佛子岭对成就自己有多大的意义。他一边埋头工作，一边盘算如何用好每月29元工资，准备回校好好完成学业。

"一个老的带一群小的"

佛子岭连拱坝，几乎可以作为朱伯芳一生科学技术研究生涯的一个恒定参照物，常常提及，感慨良多。朱伯芳忘不了，汪胡桢忘不了，曹楚生忘不了，相信参加过佛子岭工程的成千上万建设者也难以忘记。

除了汪胡桢，治淮工地上怕没有第二个人知道混凝土大坝的样子。

一切，都如同眼前的佛子岭荒旷的河谷一样，从零开始。

首先是连拱坝这个方案，准确地讲，是钢筋混凝土连拱坝方案。

1951年初，根据勘测的结果、水库面积、库容及淹没损失数据，确定坝址位置，且绘制出精确的平面图和纵断面图，淮委已经派人实地勘查，有了堆石

---

❶ 参见汪胡桢《沸腾的佛子岭》，收入《一代水工汪胡桢》，嘉兴市政协文史资料委员会编，当代中国出版社，1997.12。

坝、土坝、重力坝的初步方案，汪胡桢与朱起凤做了连拱坝、平板坝方案，最后，对每种坝型都计算出工程量，来回反复比较，确定连拱坝方案最优。

连拱坝，由拱形面板和坝垛组成的拦河坝。拱形坝面迎水，把水的水平推力传递集中到坝垛上，起到拦水作用，其情形类似于中国传统民居的浆砌石窑洞结构，只不过，这个"窑拱"是斜立着的，看上去优美而古朴。

黄万里先生在 1951 年 11 月 12 日佛子岭工程专家论证会上，谈到连拱坝与平板坝，他将两臂前伸，两手张开，右腿后伸，左腿前屈，说："连拱坝与平板坝就是这样的形象，它们都有坚强的支垛，和我的右腿一样撑在坝基上。"他又挥动手掌表示连拱坝与面板坝的坝面板："靠它托住水压力，它们主要利用的是钢筋混凝土的强度，而其重量是次要的，又能利用水库高水位时压在倾斜形坝面的水体重量，帮助坝的稳定。"他又说道，连拱坝用连拱作坝面，比平板坝的平板更能发挥抵抗水压力的作用，相对平板坝，可以减少垛的数目。因此建连拱坝比平板坝更经济❶。

有诗人形容连拱坝，是像一群壮汉手挽手站在地上，背对着库水，挡得住千钧压力。虽是诗的夸张，却形象贴切。

事半功倍，还在其次，言其最优，是因为它节省水泥，比重力坝要节省 40%。这是当时最实际的考虑。当时还是实习生领队，后来的中国工程院院士曹楚生后来对佛子岭连拱坝坝型选择有一个中肯评价：

若从现在我国的经济技术水平和机械化施工程度而论，可能选择重力坝的坝型比较合理。而由于我国经济技术落后，水泥、钢材等建筑材料奇缺，资金不足，技术力量薄弱，大体积混凝土的施工机械和施工经验不足，如果采用重力坝坝型，将会有更多的困难，有的甚至是不可克服的困难。即使欧美等工业发达国家，在 19 世纪末到 20 世纪 30 年代，也都是流行连拱坝等轻型坝，后来随着机械化程度的提高，修建重力坝和土石坝才渐渐占了上风。❷

---

❶ 参见汪胡桢《沸腾的佛子岭》，收入《一代水工汪胡桢》，嘉兴市政协文史资料委员会编，当代中国出版社，1997.12。

❷ 参见曹楚生《难忘的佛子岭》，收入《一代水工汪胡桢》，嘉兴市政协文史资料委员会编，当代中国出版社，1997.12。

选择连拱坝，无疑正确。说一千道一万，最大的问题是谁都没有见过一座真正的混凝土大坝，更别说连拱坝。1950 年，全世界只有美国和法属阿尔及利亚各有一座钢筋混凝土连拱坝，中国水利界很少有人接触过，即便有美国留学背景、考察过许多大坝工程的汪胡桢也仅是从图片上看到过这种坝型，整个淮委，只有工程部工务处副处长何家濂一个人在美国学习期间接触过这种坝型[1]，他支持汪胡桢。但真正拍板的时候，上面的人都不便表态。淮委的人不知道这种坝型，不能发表意见，参加治淮的苏联专家布可也拿不准这个连拱坝到底行不行，也不能发表意见，最后驰电莫斯科请示，到底行还是不行[2]。

于是才有了 11 月 12 日佛子岭草房里十多位专家热烈讨论的场景。

淮委工程部副主任钱正英将证论情况汇报到曾山那里，曾山拍板：既然我国专家对提出的连拱坝方案认为有道理、有把握，就应当相信我国专家。曾山的指示通过电报发到佛子岭[3]，连拱坝方案才以文件形式下达。曾山的意见，一方面是对汪胡桢的连拱坝方案的肯定，另一方面，则反映淮委希望佛子岭工程尽快上马的心情甚为急迫。

不久，曾山亲自到佛子岭工地视察，特地把曹楚生和朱伯芳两个人叫到他的房间里，询问他们对连拱坝设计有无把握，曹朱两人异口同声：没有问题。曾山表示放心。

后来担任治淮委员会主任的蔡敬荀，1950 年毕业于中央大学土木工程系，分配到佛子岭工程的工务科。他回忆起佛子岭岁月，长叹一声。他说，包括我、曹楚生、朱伯芳他们，主持工程技术的，就是汪胡老一个老的，带我们一帮小的，凭着一张图片干成了佛子岭工程。

话虽简约，说的也是实情。

汪胡桢先生是中国颇有声望的现代水利工程学家，1917 年毕业于河海工程专门学校，随后留校任教，1923 年获得美国康奈尔大学土木系土木工程硕士学位，回国复又执教于河海工程大学，期间参与过导淮、修筑湖海塘工程。抗战

[1] 参见汪胡桢《沸腾的佛子岭》，收入《一代水工汪胡桢》，嘉兴市政协文史资料委员会编，当代中国出版社，1997.12。
[2] 参见顾学方《汪胡桢与治淮》，收入《一代水工汪胡桢》，嘉兴市政协文史资料委员会编，当代中国出版社，1997.12。
[3] 参见汪胡桢《沸腾的佛子岭》，收入《一代水工汪胡桢》，嘉兴市政协文史资料委员会编，当代中国出版社，1997.12。

时期，编著巨册《中国工程师手册》，自费印刷发行。1948 年，担任浙江大学教授❶。

汪胡，乃复姓，业内都称汪胡桢为汪胡老。

汪胡老半生执教，桃红李白，门生遍及中国水利、土木工程两界，在教育界也享有很高声誉。资历老，有号召力。1951 年，汪胡老已经 51 岁，比朱伯芳的父亲朱祖明还大将近十岁。

有汪胡老坐镇，一帮年轻人心里有主心骨。其实，老的还不止汪胡老一人。1951 年 10 月，佛子岭工程指挥部成立，汪胡桢为总指挥，副总指挥尚有极富工程经验的吴溢和俞漱芳，两人和汪胡桢年纪仿佛，都年过半百。

吴溢，1899 年生，浙江嵊县人。1923 年毕业于河海工程大学，毕业后即从事水利工作，从练习生、测量员、工程员做起，参加过济南以南、长江以北的所有闸坝工程建设。1933 年服务于国民政府导淮委员会，抗战期间在四川做水利工作，1946 年九月任国民党导淮委员会运河工程局、治淮委员会工程部工务处长❷。

俞漱芳，字六如，1897 生，江苏省江阴市人。1915 年入南京河海工程专门学校读书，1919 年 5 月大学毕业，先在天津、上海、香港建筑洋行任工程师，浙江省公路局副总工程师，江苏省建设厅技正、水利科长，后任川康农田贷款委员会主任工程师，导淮委员会乌江工程局主任工程师，南京水利工程处处长，江苏省水利局局长等职。1949 年后，军管会接管，历任苏南水利局总工程师，治淮委员会工程部规划处副处长。俞漱芳先生兼任佛子岭水库工程指挥部技术室主任❸，算是朱伯芳的顶头上司。佛子岭之外，俞漱芳的名字还将频繁地出现在三门峡、密云等大型水电、水利工程建设名录中。

俞漱芳在"文化大革命"中被迫害自杀。

佛子岭上，少长咸集。只是少多而长少，一切就要靠这一帮生龙活虎的年轻人了。汪胡桢对他们倒特别有信心，一个老的，带着一群小的，还特别耐心，不懂就给他们讲，没信心就给他们鼓劲。

❶ 参见仲维畅《汪胡桢与母校河海》，收入《一代水工汪胡桢》，嘉兴市政协文史资料委员会编，当代中国出版社，1997.12。
❷ 参见《淮河漫记》，于民生、李人怡、朱敏信著，新文艺出版社，1952.12。
❸ 参见《淮河志（第七卷）淮河人文志》，《淮河志》编纂委员会编，科学出版社，2007.3，第 343 页。

　　朱伯芳他们一到工地，没有休整就工作开了。他们办公的地方在基地的临时工棚里，一边是技术科，一边是工务科，紧陪着汪胡桢的宿舍兼办公室，汪胡桢几乎每天要到他们办公室里来，指导工作，商讨问题。曹楚生记得，他们接手的第一个设计任务是设计一个双层毛竹拱桁的大礼堂，要容纳得下千人开会。❶

　　毛竹拱桁结构，即用毛竹做骨架，替代木料和钢材做成拱顶。学土木出身的曹楚生和朱伯芳他们闻所未闻。汪胡桢自己画张草图，耐心讲解。他讲，日占时期，他见过日本人用毛竹造过跨度很大的车库和飞机库，大型毛竹构架不比钢木结构来得差。他嘱咐曹楚生、朱伯芳他们，找当地工匠师傅商量，如何处理毛竹之间接头问题❷。毛竹接头不同于木料卯榫，更不同于钢材靠螺栓结合或者铆钉铆固，智慧在能工巧匠那里。接头问题一解决，剩下应力计算则非科班学生不可。

　　汪胡桢鼓励他们：没有学过就开始学，没有经验就闯，有科学原理做后盾，大礼堂一定可以搞出来。

　　这个大礼堂宽 70 英尺，长 150 英尺，高 52 英尺，换算为公尺制，这座毛竹搭建的礼堂，高约 16 米，共 3200 平方米。放在今天也是大建筑。❸

　　曹楚生让朱伯芳他们几个学生，按照超静定结构分析方法来计算毛竹应力，计算分析发现，毛竹果然满足设计要求。大礼堂不久建成。这座临时建筑虽然在力学上没有什么问题，可惜只用了一年多，就毁于一场大火。❹

　　除了大礼堂，还有林林总总的工程前期准备。大桥起，公路通，职工宿舍、澡堂、医院、邮局、银行、新华书店诸般，一应生产、生活设施挤挤挨挨安排在淠河东岸，虽是临时建筑草房子，但规划齐整，俨然都市。后来吸取大礼堂失火教训，所有草房子顶上抹一层石灰烂泥用来防火。佛子岭秋色掩映，色彩

---

❶　参见汪胡桢《沸腾的佛子岭》，收入《一代水工汪胡桢》，嘉兴市政协文史资料委员会编，当代中国出版社，1997.12。
❷　参见汪胡桢《沸腾的佛子岭》、曹楚生《难忘的佛子岭》，收入《一代水工汪胡桢》，嘉兴市政协文史资料委员会编，当代中国出版社，1997.12。
❸　参见汪胡桢《沸腾的佛子岭》、曹楚生《难忘的佛子岭》，收入《一代水工汪胡桢》，嘉兴市政协文史资料委员会编，当代中国出版社，1997.12。
❹　参见汪胡桢《沸腾的佛子岭》、曹楚生《难忘的佛子岭》，收入《一代水工汪胡桢》，嘉兴市政协文史资料委员会编，当代中国出版社，1997.12。

斑斓，远看去，淠河岸畔都市就是一幅水彩画。

中国第一座现代化钢筋混凝土高坝，将在这座草房子连缀而成的都市旁边拔地而起。

说它是白手起家，一点都不差。

大家终于知道，"洋灰"应该叫作水泥，水泥、砂、石加水拌和之后叫混凝土，但混凝土级配到底是什么，又是一头雾水，至于塑化剂、加气剂，更是天方夜谭。汪胡桢并不气馁，不知道可以教，教会之后还不甘心，还要让混凝土浇筑质量达到世界先进水平。

吴中伟教授在南京工学院成立有中国唯一的混凝土实验室。那时候，吴中伟教授也就 30 多岁。汪胡桢派朱伯芳的同学童慧生、陈鲁，还有南京工学院来的杨崇绪前往吴中伟教授那里去学习，吴中伟教授大力支持，不仅指导他们如何搞混凝土级配，还要帮助他们建混凝土实验室。几个年轻人回来，马上购置设备，全中国第二个混凝土实验室就出现在佛子岭工地。吴中伟亲自来工地指导，什么塑化剂、加气剂，国际混凝土前沿科技都介绍过来。1949 年，吴中伟教授研制成功中国最早的混凝土外加剂——松香热聚引气剂，但生产不长时间，因为松香原料需要进口，最后因亏本而停产。大别山里盛产松香，实验室利用本地资源，工地上搭起简单炉灶，生产出了混凝土引气剂。引气剂对混凝土耐久性至关重要[1]。

有了这个实验室，佛子岭的混凝土级配，在当时是达到世界先进水平的。来工地的苏联专家看了之后赞不绝口。

接下来，大坝的设计、计算、资料诸多难题还待解决，施工机械原始，工效极差，让汪胡桢颇费思量。工地分五个洋灰队，也即今天混凝土施工队伍。都市可由草房子构成，混凝土拌和、吊装等施工设备却来不得半点含糊。汪胡桢想方设法，使得工程建设机械化在当时条件下达到最高水平。

混凝土浇筑开始，五个洋灰队居然没有一件振捣设备，民工用铁棍一下一下捣固。捣固的作用，主要是为把混凝土拌和过程中产生的空气析出，利于混

---

[1]　参见《中国混凝土科学一代宗师：吴中伟院士纪念文集》，中国建材工业出版社，2001.1，第3页；参见汪胡桢《沸腾的佛子岭》、曹楚生《难忘的佛子岭》，收入《一代水工汪胡桢》，嘉兴市政协文史资料委员会编，当代中国出版社，1997.12。

凝土凝固。尽管戴着手套，可是一天下来，民工手上全是血泡。劳动强度大是一方面，这样传统的施工方法在民用建筑和道路施工中还勉强能应付，但大坝工程大体积混凝土施工，哪里能够保证质量？现场施工的工人不知道还有没有另外的替代办法，连有经验的技术人员也不知道有没有更为高效的机械设备。

也不怪现场技术人员，那时候，常规混凝土振捣器还没有传到中国，但汪胡桢知道这个东西。这就有了中国第一台混凝土振捣器诞生的故事。

1937年，汪胡桢在美国学成，游历欧美、日本考察水利工程，他在日本看见过混凝土振捣器。他当时留了个心，在工厂里取了一个产品目录，放在书箱里带回来。佛子岭工程确定之后，想起这个产品目录，才从书箱里找出来，请当时上海国华机器厂仿制。可产品目录只有外观，没有内部结构，根本无法仿制。要仿制，必需解剖实物。

汪胡桢只知这设备的功能与使用方法，内部结构如何，也是一头雾水，于是开单子派人前往香港，采购电动、风动振捣器各一部。

派出去的同志多了一个心眼。正值抗美援朝，英美等西方国家对中国实行封锁，任何施工机械都属禁运产品。他在行李里挟带了一台，看能否混过九龙海关，另一部则托香港渔民偷运到广东港口。果然，他挟带的那一台在海关被查没收，渔船代运的一部风动振捣器安全送达●。国华厂拿到样品，很快就制造出第一批仿制品，不仅仿制出风动振捣器，而且触类旁通，搞出了电动的。老板亲自送到佛子岭工地测试，效果绝佳。

1951年，刚来的大学生们对私营企业老板带有那个时代痕迹的成见，但见国华厂老板一脸真诚，先看机器，再看人，竖起大拇指：这个人好，不是个奸商！

中国工程界第一台混凝土施工振捣器引进如此曲折，应该是佛子岭工程的一个象征。朱伯芳回忆讲，我们进入佛子岭，什么也没有，是一片荒沟，我们技术室搞设计的年轻人谁都没有见过一座大坝，一切都是在汪胡桢带领下白手起家。

什么都不懂，怎么办？于是又有了一座"佛子岭大学"。

● 参见汪胡桢《沸腾的佛子岭》、曹楚生《难忘的佛子岭》，收入《一代水工汪胡桢》，嘉兴市政协文史资料委员会编，当代中国出版社，1997.12。

　　汪胡桢回忆到朱伯芳他们这一批前来实习的学生，说他们有特别旺盛的求知欲和工作上的闯劲，他们不懂就学，学懂了就闯出去干起来了。他们在佛子岭工作期间，没有休假日期，没有 8 小时内外的区别，甚至在被窝里还在念叨着钢筋混凝土❶。

　　朱伯芳所在的技术室负责设计、监理工作、混凝土实验与混凝土施工计划，技术含量最高，欠缺的知识也最多，二十几个大学生自动组织起来学习，每天晚上就在指挥部里上课。吃罢晚饭，点亮电灯，在墙上挂一块小黑板，带个小板凳前来听讲，一块小木板往膝头一放，就可以写字记笔记。

　　授课的除了汪胡桢，还有曹楚生，因为他来佛子岭之前就已经是交通大学助教。久而久之，这个学习班被称为"佛子岭大学"。既称为大学，也像模像样像大学那样张罗起来。大家称汪胡桢为"校长"，技术室副主任戴祁为"教务长"，曹楚生为"曹教授"。其实，授课者常常是互教互学，今天是学生，明天说不定就是教师。戴祁工程师把大伙儿各自带到工地的技术书籍收集起来，正经编号入册，放入会议室木柜里，权充"佛大"图书馆。当然，图书馆资料还将日益丰富，更多的来源还是汪胡桢自己的藏书，他有许多从美国带回来的原版水工建筑资料，都是当年美国田纳西河流管理局和陆军工程团具体工程的备忘录。大家求知若渴，争相传阅❷。

　　朱伯芳对这套资料格外垂青，还引出一系列话题，这是后话。

　　"佛大"课堂简陋，就在草房子里面，只不过面积稍大一些。他们这个自发的学习班可能搞得动静太大，当时的《安徽日报》做过专门报道。

　　汪胡桢回忆录时记载有他们这所"大学"的课程安排，课程安排莫不与佛子岭工程密切相关。

　　"坝工设计通则""佛子连拱坝初步设计"，主讲：汪胡桢。

　　"建筑事务所的技术管理制度"，主讲：俞漱芳。

　　"建设润河集水闸时的民工管理"，主讲：吴溢。

　　"佛子岭水库的水文计算"，主讲：戴祁。

---

❶　参见汪胡桢《沸腾的佛子岭》、曹楚生《难忘的佛子岭》，收入《一代水工汪胡桢》，嘉兴市政协文史资料委员会编，当代中国出版社，1997.12。

❷　参见汪胡桢《沸腾的佛子岭》、曹楚生《难忘的佛子岭》，收入《一代水工汪胡桢》，嘉兴市政协文史资料委员会编，当代中国出版社，1997.12。

"佛子岭地质钻探及评价"，主讲：谷德振。

"钢管的设计"，主讲：盛楚杰。

"溢洪道设计"，主讲：陈善铭。

"拱垛模板的设计"，主讲：朱起凤。

"弧形闸门""金属结构"，主讲：刘国钧。

"水工混凝土"，主讲：陈鲁、童慧生。

"连拱坝应力计算"，主讲：曹楚生。

除此之外，技术室还规定，凡是担任设计任务告一段落，主要设计人员要在学习班上做一个报告。朱伯芳当不例外。

"佛子岭大学"坚持了大约有两三年的时光，后来曹楚生、朱伯芳他们转任梅山水库设计，技术室与工务处合并才停课。

都是土木系学生，所授课程却是水工建筑，只能从头开始。比如汪胡桢讲的坝工设计通则，要从各种坝型以及水坝基本准则开始讲。俞漱芳讲建筑事务所工作，从设计人员绘图板放置角度，绘图工具、计算工具功能，甚至像皮和削尖的铅笔放置位置都做详尽讲解。等等，一切都从基础开始❶。

汪胡桢这番热情可以理解，他们那一代工程师，满怀一腔抱负，宏伟的治水构想，因国难，因国弱，还停留在图纸上面，现在终于有了施展才华的天地了。

他曾鼓励后来担任淮委设计院总工程师的朱起凤，在工作上要有上进心，还要有点冒险精神，这是动力。墨守成规，畏首畏尾，是干不成大事的。他的一番话让朱起凤多少年之后还牢牢记着。已经年过半百的汪胡桢非常感慨地对他讲："你走出大学校门才两三年时间，就已经参加了铁桥抢修、淮阴船闸修复、润河集水闸工程等好几个大的工程项目，这是个了不起的好机遇。而我在课堂上教了好多年的钢筋混凝土，却没有亲手做过一个立方米。你这么好的机遇，我一辈子也没有过，真是令人羡慕！"❷

岁月蹉跎，时不我待。老一辈工程师真有紧迫感。此番话不仅说给朱起凤，

❶　参见汪胡桢《沸腾的佛子岭》、曹楚生《难忘的佛子岭》，收入《一代水工汪胡桢》，嘉兴市政协文史资料委员会编，当代中国出版社，1997.12。

❷　参见朱起凤《峡谷书声　桃李芬芳》，收入《一代水工汪胡桢》，嘉兴市政协文史资料委员会编，当代中国出版社，1997.12。

也是说给朱伯芳他们年轻一代工程师的。

朱伯芳在此期间还正经做几期俄文教员。

高中和大学期间，朱伯芳的英文功底很过硬，怎么会教俄文？朱伯芳回忆讲，那也是他一辈子唯一的一次进修机会，地点在治淮委员会安徽省蚌埠市。

当时，全国学习苏联老大哥，苏联老大哥来到治淮工地的人也不在少数，而且许多技术资料均是俄文，不会俄文简直无法开展工作。1952 年，清华大学土木系卢谦教授发明速成俄文教学法在全国推广，效果甚佳，只需培训 30 天就可以掌握俄文文法、句法，借助字典阅读俄文技术资料。各部委、高等院校纷纷派人前往培训❶。淮委派人在北京学习回来，也办培训班，朱伯芳参加完淮委的培训，再把这套学习方法搬到佛子岭工地，他共主持过两期培训，共 40 人从该班结业。

技术设计人员如此，对施工队伍的培训汪胡桢也不放松。佛子岭工程从开始筹建到 1954 年完工，在工地上人数最多的时候达到 12000 多人，干部 1380 人，民工 8000 多人。交大学生尚没有见过一座真正的大坝，这些建设者就更不必说了，而且好多人干脆就是文盲，刚刚扔下手头的农具就来到佛子岭工地。对建设者的培训显得至关重要。所以说，这个"佛子岭大学"实际还不局限在草房子会议室里，而是整个工地。

诚然，佛子岭大学是一个戏称，但不能不说是另外一种形式的大学校。工程本身就锤炼人才，佛子岭工程对中国混凝土坝坝工技术的开创意义自不待言，像朱伯芳这样的年轻人，在工程实践中迅速地成长起来，恐怕是更大的收获。这个收获还不是个人的成就，而是为日后中国水利水电建设培养出一支实力强劲的设计和科技队伍，也积累起中国现代水利水电建设的宝贵经验。这样讲，佛子岭的意义要远大于工程建设本身。

汪胡桢不仅是一位杰出的工程师，还是一位富有激情的诗人，古诗词修养了得。在他的回忆录中列举在佛子岭工程成长起来的年轻才俊，如数家珍，骄傲之情溢于言表。

---

❶　参见《清华记忆——清华大学老校友口述历史》，郑小惠、董庆钧、高瑄编著，清华大学出版社，2011.4，第 252-253 页。

　　曹楚生于佛子岭等水库积累了丰富的实践经验，由水利部派到白龙江建设碧口水电站，又到兴建大黑汀与潘家口水库，现任水电部天津勘测设计院总工程师。丹江口水库一上马，曹宏勋就被调去担任重要施工任务，后来担任葛洲坝的总工程师，指挥建设大军拦住了浩瀚的长江，建成了长江第一坝。朱起凤现任淮委规划设计院总工程师，正在为南水北调东线工程的规划与设计大显身手。王观平远征黑龙江省，现正驰骋于三江平原，要把大片沮洳低地化成沃壤。蒋富生和左兆熙调往华东水电设计院后，参加了新安江、黄坛口、沙溪及飞云江4个梯级水电站的规划与设计。陈善铭和裘允执调往安徽省水利勘测设计院后，已完成陈村、白莲江、龙河口等水库的规划与设计。陈善铭现任安徽省水利勘测设计院总工程师。朱伯芳和汪景琦调到水利水电科学研究院后，都卓著成绩。朱伯芳已完成《水工混凝土结构的温度应力与温度控制》巨著，现致力于水工建筑物的优化设计。汪景琦已完成《拱坝的设计理论与计算》。蔡敬荀现任治淮委员会主任。郭旭升现任安徽省水利厅厅长。程山现任安康工程局局长。赵源仁现任江西省水利厅厅长❶。

　　汪胡桢列举的这些人物，出现在情感深挚的《沸腾的佛子岭》一文中，《沸腾的佛子岭》后来被各种图书频繁引用。这篇文章写于1984年，发表于1984年第3期的《淮河通讯》，汪胡桢列出的人物表，还仅仅是1984年的状况。佛子岭上的年轻一辈，那时候也就五十岁出头的样子，正值壮年，独当一面。十年后的1995年，朱伯芳在混凝土温控、拱坝优化、数字仿真等领域独步世界前沿，入选中国工程院院士，曹楚生后来则荣获水工设计大师称号，于1999年入选中国工程院院士。

　　佛子岭为新中国培养了一批杰出的水利工程师。

　　汪胡桢一个老的，带着曹楚生、朱伯芳他们一群小的，宝刀不老，还要统领全局，佛子岭连拱坝的设计与计算到底拿得下拿不下？

　　不是说遇到了问题，而是所有的一切都是问题，这些问题就靠这帮没有见过一座混凝土大坝的后生小伙子了。

❶　参见汪胡桢《沸腾的佛子岭》，收入《一代水工汪胡桢》，嘉兴市政协文史资料委员会编，当代中国出版社，1997.12。

T·M 和朱伯芳的贡献

来佛子岭工地时的朱伯芳还是一个学生，一只脚还踏在大学校园里。领队助教曹楚生将他和自己一起编入技术室坝工组，显然是有他的道理。朱伯芳在校园里以学习好、埋头苦学而著称，这是一方面，而学习能力强则是更重要的一方面。

曹楚生后来回忆，在佛子岭带的一帮同学中，朱伯芳是最好的，而且不是一般的好，因为他肯下功夫。

朱伯芳晚年开玩笑："在佛子岭，曹楚生带着我们，他是已经读完大学的人，懂得比我们多，很轻松，有时候下班之后就跟其他人到小酒馆里聊天。我哪里行啊？大学里数学只学过微积分和常微方程，连拱坝坝垛设计、拱的设计用的是常微方程和偏微方程，还有复变函数、拉普拉斯变换，在大学里根本没有学过，具体工程计算只学过材料力学、结构力学，水工结构也没学过，一下班吃过饭就钻进办公室自学。"

他在自传里常常称自己根底很浅，自谦有加，说的也是实情。

佛子岭头灯火亮，办公室坐着朱伯芳，这是工地一道恒定持久的风景。他下班之后要在办公室里自学三到四个小时才就寝。

说起他们设计室办公室，应该是佛子岭办公条件最好的。为什么呢？当时工地的办公室都是茅草房，设计室也一样，毛竹梁架，上面覆以茅草，然后再盖一层烂泥。刚开始还没有什么问题，经过几场雨之后，就开始从房顶掉泥巴。掉泥巴倒也没什么问题，但在设计室就是问题。正画着图，突然或大或小的泥巴就掉下来，啪地摔在刚刚画好的图纸上。若是干泥还好，稍有点潮湿的泥土在重力加速度作用之下掉在图纸上面，一张图就毁掉了。曹楚生找到汪胡桢，希望解决这一个问题，汪胡桢派人专门给他们的房顶糊了一层报纸才解决了这个问题。

所谓最好，也就是设计室的屋顶有顶棚，其他地方是没有的。

佛子岭这间"最好"的办公室，是朱伯芳开始他技术和学术生涯的地方。

这时候，就体现出朱伯芳强大的学习能力，虽然他讲，需要什么学什么，用到什么学什么，"现蒸热卖"前去解决具体工程技术问题。真正需要什么、用什么，那就需要来自学习者的敏感，还有足够的领悟能力。这里头问题就多了。

首要问题，是学习资料。如果是纯理论数学还好办，单看书就行，但要与具体的坝工技术结合起来，就不那么简单了。要学习坝工学、混凝土学、弹性力学、板壳力学、结构动力学、工程数学等等，这些都是实际工作中必须具备的知识。

朱伯芳的学习资料来源无非是买，到处搜罗关于水利工程结构计算的书籍。但身处大别山腹地的佛子岭，没有书店，搞到资料又谈何容易？

在交通大学读书时候，他就知道上海龙门书局影印有大量外文书籍，同事回上海探亲，他会开一个书单，托同事照单购买。尤其是 1952 年 7 月之后，他莫名其妙成了同济大学毕业生，准备回校好好念书积攒起来的工资，除了买毛线织了一件毛衣，余额尚多，全部买成了书。他还给交通大学、同济大学、复旦大学图书馆写信，希望得到帮助。

20 世纪 50 年代初，全社会都洋溢着无限活力，慷慨澎湃。把酒酹滔滔，心潮逐浪高。佛子岭工程得到来自全国各地的大力支持，大到水泥、钢材等建筑材料，小到具体工程中遇到的问题，一听说佛子岭需要，无论是公家单位还是私方企业，没有一个讨价还价的。蔡敬荀回忆说，那个时候，要到南京工学院做实验，哪花什么钱？对方全包！朱伯芳求书也一样，写给大学图书馆的求助信，几乎都得到满足，书很快寄了过来。

有一套资料让朱伯芳心痒难耐，希望能一睹芳容。这就是美国垦务局出版的那一套坝工技术备忘录，这套资料林林总总计有 600 多份。

当年，老一辈留美水利学工程师，如李仪祉、施嘉炀、覃修典、汪胡桢、黄育贤、张昌龄、黄万里、张光斗、黄文熙、李锷鼎、冯寅、徐洽时等人，还有 1946 年为三峡工程做前期准备工作，国民政府应美国工程师萨凡奇之请，派往美国垦务局实习的 50 名工程技术人员❶。老一辈留美工程师在归国的时候，陆续带回一些坝工方面的技术资料，而后期归国的派美实习工程技术人员，根据每一个人的专业，你带一部分，我带一部分，这些资料汇集起来也是相当可观的，但比较零散。

尽管如此，这些先期留美工程师带回的技术资料，作用仍然不可小视。他们带回来的不仅仅是技术与资料，还有近代工程科学和现代治水观念。

晚年，朱伯芳对这些工程师与科学家有一个客观评价，虽然他们中间有的人接触具体工程少，但他们所做的工作是开创性的，没有他们将近代工程学与现代治水理念带回中国，中国的水利与水电能有今天的格局是不可想象的。完全靠自己摸索，至少要迟滞几十年。这个工作没有人能够代替。

朱伯芳他们这帮学生在"佛子岭大学"通过自修与自学，大致知道了现代水工建筑的来龙去脉，但心照不宣。为什么呢？20 世纪 50 年代，全国学苏联，全面一边倒。但是就坝工技术而言，苏联其实并不先进，仅有几座水电大坝，投资大，周期长，在他们国内名声欠佳，以至于听信苏联专家的话，中国的水电建设格局在 1954 年之前一直停滞不前。水利水电科学技术，最先进的还是美国。

这个大家都明白，只是当时不便明说。

美国并不是世界上建坝最早的国家，但是以 1936 年建成的胡佛大坝为标志，美国的水利水电发展一直走在世界前列。胡佛重力拱坝高 221 米，此前百米量级大坝已经算了不起的成就，一举达到 200 米量级，保持世界纪录二十多年，前所未有，挑战多多，在当时可谓是超级工程。美国垦务局专门组织科学家和工程师对出现的各种技术难题分门别类进行研究，坝体应力的详细分析、试载法的提出和完善、地震时坝体及水库的反应、坝体温度变化、柱状块分缝、接缝灌浆、水管冷却、缆机浇筑、特种水泥研制、大坝监测与维护等等。围绕胡佛大坝建设展开的一系列研究，对世界混凝土大坝建设发展起到奠基作用，而发表和出版的大量论文、资料和著作，长期成为各国坝工工程师的重要参考资料❷。自胡佛大坝之后，美国的坝工科学技术虽然称不得完善，但

---

❶ 参见《国民政府资源委员会研究》，薛毅著，社会科学文献出版社，2005.4，第 244-245 页。
❷ 参见《千秋功罪话水坝》，潘家铮著，清华大学出版社、暨南大学出版社，2005.5，第 65 页。

非常完备。

美国垦务局出版的资料里，就有胡佛大坝等大工程的技术难题解决的过程。它有一个名堂，叫作 Technical Memorandum，简称 T·M。这一些成果并不是正规出版物，也不强调理论的严密性，但重视技术上的实用性❶。所以它显得更加宝贵，拿到手就可以参考，就可以用，可操作性特别强。掌握了这一套资料，对于将要具体设计连拱坝的朱伯芳而言，意义很不一般。当年，萨凡奇来华时，曾赠送过当时国民政府资源委员会水电总处一套，存放于南京原国民政府资源委员会水电总处。

刚刚参加工作的朱伯芳他们很快就知道有这么一套东西，哪怕是只纸片言，也视若珍宝秘籍，千方百计一窥究竟。当年，另一位也是刚刚参加工作，日后将和朱伯芳一样成为中国坝工科学引领者的潘家铮，正在钱塘江水电勘测处，也知道那些喝过洋墨水的工程师手里都有这样的资料，偷瞄、速记，看过一眼两眼，真是绞尽脑汁，煞费苦心。好在，主持钱塘江水电勘测处的徐洽时先生，先允许潘家铮将处里存放的一百多份 T·M 精读一遍，后让他把存放于南京水电总处的 600 多份资料复制 8 份，潘家铮简直大喜过望，由此撞开中国水电建设的大门❷。

朱伯芳与潘家铮是挚友，两人在坝工技术上多有交流。潘家铮后来担任水电部、电力部、能源部总工程师，每当遇到一些复杂难解的计算问题，他会很自然地想道"找朱伯芳去"。朱伯芳和他交流过程中，知道潘看过这套资料，遂愤愤不平。

那个时候，潘家铮也是二十多岁的年轻人，同样没有见过一座真正的混凝土大坝，而他在认真精读 T·M 的过程中，对大坝的细节了然于胸，编写出《水工结构应力分析丛书》，丛书凡十册，1958 年出齐。这套丛书在业界有持久而广泛的影响。

朱伯芳为什么愤愤不平呢？因为他也知道有 T·M 这一套资料，而且也很快在水利部见到了。当时属于水利部的专家有冯寅先生等人，科技司把冯寅先生他们带回来的资料收集齐，凑成完整的 20 多份，朱伯芳见到之后，如获至宝，

---

❶　参见《春梦秋云录》（第二版），潘家铮著，中国水利水电出版社，2000.12，第 112 页。
❷　参见《春梦秋云录》（第二版），潘家铮著，中国水利水电出版社，2000.12，第 112-113 页。

立即复制。那时候也没有复印机,他拿这些资料请打字行来打,里面的公式、制图则由他自己完成。这些资料真是帮了朱伯芳的大忙,对坝体应力分析、混凝土特性有了初步了解。

毕竟才是二十来份,仅仅为 T·M 冰山一角。而且 T·M 里面就有美国几座连拱坝的招投标、设计计算、施工等等过程,其中有一座还在 80 米以上,比佛子岭大坝要高,其参考意义不言而喻。朱伯芳得知隶属于燃料工业部的水电总局有萨凡奇赠送的全套 T·M,他向汪胡桢提出可不可以到燃料工业部借阅一下?汪胡桢当然没意见。1952 年初,便派朱伯芳前往北京借阅。

谁都知道,朱伯芳兴冲冲前往调阅,从水利部到了燃料部,他还拿了介绍信。管档案的同志告诉他,这套资料保密,需要局长签字才可以调阅。

朱伯芳很奇怪,这套资料虽然不是正式出版物,但在美国都是公开的,随便都可以买到的,到了国内反而成了保密资料,而且专向国内的技术人员保密?他不解。但他跟管理人员耐心说:我就是看一看,不带走。把介绍信留下,拜托他请示局长。

软磨硬泡,诚恳谦恭,管理人员前去请示主管副局长,倒还顺利,很快有了答复,副局长说:"这是美国的东西,有毒,不能看的。"

说有毒是借口,微分方程有毒,还是复变函数有毒?是不能看,还是不让看?

朱伯芳很失落,他也知道症结在哪里。

汪胡桢在回忆录里如是说,当时国内真正掌握坝工技术的人,还是那一批由国民政府派往美国垦务局实习的工程师和学者,但到 1952 年佛子岭工程开工,这批工程师和学者却被燃料部水电总局派往各个工地,中国第一座混凝土坝建设当口,正是用人之际,却无人可用,一个人都没有被派过来❶。

1952 年 10 月,李锐由中共湖南省委宣传部部长转任燃料部水电总局局长,中国的水电建设在艰难中刚刚迈开第一步。当初水电技术的底子,就是国民政府资源委员会留下来的水电总处,也就百十号人。李锐上任之后,队伍迅速扩张,全国八大勘测设计院,八大工程局,由百十号人在短时间内扩张为十几万

❶ 参见汪胡桢《沸腾的佛子岭》、曹楚生《难忘的佛子岭》,收入《一代水工汪胡桢》,嘉兴市政协文史资料委员会编,当代中国出版社,1997.12。

人的队伍。水利口需要人，水电口缺口更大。美国又滞留留学生归国，所以水利、水电的人才奇缺，技术骨干莫不是像朱伯芳、潘家铮这些刚刚走出大学校门的本土技术人员。

反过来，水电总局那一头也辄有怨言。20 世纪 50 年代初，受苏联专家建议影响，中国水电发展严重迟滞，从国家计委到燃料部，都不重视水电，而水利部专一防洪、灌溉，大兴水库建设，开工建设的官厅、淮河流域水库都没有安排水电站❶。

水利、水电两张皮，各干各的，佛子岭工程刚开始也没有安排水电站，直到施工后期，才预留出安装水轮机的位置，这么大一座水库，装机容量也只有区区 4 万千瓦。

所以，直到晚年，朱伯芳谈起这段往事仍然耿耿于怀。你是水利部的，我是燃料部的，我就不能让你看——门户之见嘛！

到头来，朱伯芳也没有看到全套的 T・M。汪胡桢手里还是有一些的，比如徐洽时就将潘家铮花半年工夫复制的 T・M 资料送给他一些。只是，这里面没有连拱坝内容。

T・M 靠不上，只能靠自己。有汪胡桢的勤勉鼓劲具体指导，有曹楚生的结构力学和材料力学基础，再加上朱伯芳扎实的数理功底与现蒸热卖，大坝设计的一系列计算方法硬是一点一点搞出来，佛子岭连拱坝就一点一点从图纸落实到淠河之上。

蔡敬荀一直与曹楚生、朱伯芳往来密切，几个老"治淮"在一起，佛子岭是说不尽的话题。蔡敬荀跟两人开玩笑：你们的本事大，就凭一张图片硬把佛子岭拿了下来，不得了。

佛子岭钢筋混凝土连拱坝最大坝高 74.4 米，坝顶全长 510 米；其中有 413.5 米为连拱坝，有垛（即支墩）20 个，垛距 6.5 米；拱 21 个，每拱内径 13.5 米；两端为重力坝，东端长 30.1 米，西端长 66.4 米，在施工中又将西端长 45.0 米的一段改为平板坝。坝身共用混凝土 19.5 万立方米❷。

---

❶ 参见《小谈往事》，邢小群著，中信出版社，2013.10，第 70 页。
❷ 参见《佛子岭水库工程总结》（内部资料），佛子岭水库工程指挥部，治淮委员会办公厅出版，1954.12，第 1 页。

中国第一座混凝土坝建设，技术经验没有，管理也经验全无。从《佛子岭水库工程总结》这份内部资料介绍来看，大坝建设是典型的"三边"工程，边勘测、边设计、边施工。这显然是有弊端的，中途因为组织不善，及时对施工组织方式进行修改，方保证了大坝浇筑的进度。就是西端 40 多米长的平板坝，也是在清理基岩时发现地质情况不理想，才临时做的改动。但是有一个奇怪的现象，包括佛子岭水库、梅山水库、响洪甸水库，还有广东流溪河水电站这些"大跃进"之前的"三边"工程，在施工质量上往往有可圈可点之处。

所以当时主持广东流溪河水电站设计，后来的两院院士、著名水电专家潘家铮很感慨："为什么在没有经验的时候，人们能建设起第一流水平的工程，而在有了一些经验后，却一再失误、出现问题、留下隐患呢？这是一个发人深思的哲学问题和政治问题，而不是技术问题。"❶

潘家铮这种疑惑，朱伯芳后来也是感同身受。不过，这要等到 1958 年朱伯芳调中国水利水电科学院之后了。

在汪胡桢眼里，这帮年轻学子不是争气，而是非常争气，他举有一个例子。

当初汪胡桢提出连拱坝初步设计，仅从计算上证明，这种坝型的坝基摩擦力可以抵抗蓄水之后的水平推力，而横向地震时每一垛墙可以抵抗九级地震。可是他并没来得及计算拱与垛墙中的应力，结构的强度能不能抵抗得住各种应力？没有依据。曹楚生带着朱伯芳、裘允执、盛正芳他们几个，把各种荷载下的结构应力计算得一清二楚，证明应力能为结构材料的强度所胜任❷。

朱伯芳他们的贡献远不止此一端。他们手头拥有的资料，只有美国戴维斯编写的《水工设计手册》和克里格等三人编写的《坝工学》，无缘识见 T·M 芳容，两册参考书显然不够❸。当时还有张光斗、徐洤时他们寄过来的坝工资料。手头仅有的资料，实际上很粗糙，其中计算坝垛的悬链线公式，只有结果，没有推导过程。没推导过程，其实和看不到内部结构的产品目录是一样，无法复制出来，没有什么参考价值。朱伯芳把这个过程完完整整推导了出来，进而触

❶　参见《春梦秋云录》（第二版），潘家铮著，中国水利水电出版社，2000.12，第 131 页。
❷　参见汪胡桢《沸腾的佛子岭》，收入《一代水工汪胡桢》，嘉兴市政协文史资料委员会编，当代中国出版社，1997.12。
❸　参见朱伯芳《八十自述》，《水利水电技术》2012 年第 7 期。

类旁通，推导出参考资料中所没有的纵向地震时的悬链公式，他的推导对计算整个大坝的抗震性能起了大作用。

1952 年刚开始设计，原计划中 21 个拱面呈 45 度角斜卧于坝垛上，迎水面的坡度为 1:1，也就是说，拱面与坝垛的截面构成一个等腰三角形，而坝垛在水平面上的厚度相同。朱伯芳提出，这不仅是一个比较浪费的断面，而坝垛水平等厚，则更嫌盲目大胆。朱伯芳计算发现，这样如果将坡面降为 1:0.9，也可满足抵抗库水水平应力要求；再改坝垛为前端厚、后端薄，计算证明其横向稳定及自由震动都有足够的安全度❶。

两项修改，可以节省混凝土 2 万余立方米。

朱伯芳在佛子岭设计中还有一个建议，在当时看来很平常，初衷只是为了节省水泥。

当时被称为"洋灰"的水泥在 20 世纪 50 年代初期生产能力还很弱，整个安徽省只有一家水泥厂，每天二十几辆卡车负责运送水泥，可生产能力毕竟有限，每天这二十几辆车等在那里，硬是装不了货。后来，全国各地支援了不少，仍然是经常供应不足。

连拱坝方案，为的就是节省水泥。汪胡桢对设计、施工有要求：在不影响质量的前提下，一定要节省水泥。朱伯芳建议将迎水面坡度降下来，同样是为节省水泥。朱伯芳后来这个提议，叫作"分区标号"，也一样。

但没想到它对中国乃至世界坝工界广有影响，并已经列入混凝土施工规范。

当然，"分区标号"提出来之后，朱伯芳和其他技术人员通过一系列研究将之完善，细致精微，穷究物理，到列入规范之后，它已经是一套完整的理论体系❷。

分区标号是怎么回事呢？

佛子岭工程没有苏联专家长驻，技术上都是学习美国。美国在 20 世纪 50 年代之前建的所有混凝土坝，通体一个标号。著名的胡佛大坝就是如此，胡佛

---

❶ 参见《佛子岭水库工程总结》（内部资料），佛子岭水库工程指挥部编，治淮委员会办公厅出版，1954.12，第 89 页。中国水利水电科学院档案室《朱伯芳档案》1954 年治淮功臣申报材料。

❷ 参见《中华人民共和国水利电力部混凝土重力坝设计规范（试行）》，水利电力出版社，1979.9，第 47-50 页。

大坝更注重大坝安全，为了保证大坝安全，它不怕浪费水泥，一副财大气粗的样子。只是，美国坝工技术虽然引领世界先进水平，但在当时有许多技术问题仍然在探索过程中。以胡佛大坝为例，其断面设计显得过分保守，如果延后二十年三十年重新设计，水泥用量至少可以节省一半[1]。朱伯芳在计算中发现，坝体各个部位应力并不一样，坝顶的应力低，而坝底部应力高。美国的标准，是按照应力最高来选择混凝土标号。而混凝土标号在大体积混凝土建筑中，它是一个强度标准，这个强度要通过水泥、砂、石的配合比来实现。如果按照美国以应力最高来选择，到了坝顶，这个强度就富余得多。

因此，他向指挥部提出，要进行分区标号，根据应力水平的不同使用不同标号的混凝土，高应力区用高标号，低应力区用低标号。比方底部为 180 号，中间 150 号，上面部分为 100 号，分区标号不但节省水泥，更有利于混凝土温度控制。

这个建议同降低上游迎水面一样，可以省出大量水泥，而且合理，汪胡桢非常赞赏。混凝土分区标号，在全世界筑坝技术上是一项重要创新，先在国内大坝施工普遍采用，后来成为国际大坝施工的通则。

朱伯芳后来谈到这项技术，说当时为什么一提出来就会被采用呢？因为当时各种建设规范还不是太完善，提出一个新的东西，根本不需要到水利部去批准，汪胡桢觉得合理，就马上采用。汪胡桢鼓励年轻人创新，鼓励年轻人要有一股闯劲。有股闯劲，才有创新勇气。

到 1953 年，佛子岭连拱坝设计整理坝垛支墩计算。本来，支墩坝的应力计算，运用材料力学方法计算并不是什么难事，只是，当时为了施工方便，在支墩内设置了许多大孔口，孔口配筋计算，需要给出支墩内部应力，这就麻烦了。因为支墩断面是逐渐变厚的板，计算这个应力并没有现成理论解，只能下死功夫用差分法来计算，两个人用手摇计算机来回复核，一组数据出来需要两三个月时间[2]。

当时还在工务科的蔡敬荀回忆起当年技术室他们设计的辛苦，他说，两个人在那里用手摇计算机不停计算，很辛苦。那个老式计算机，跟今天家用压面

---

❶   参见《千秋功罪话水坝》，潘家铮著，清华大学出版社、暨南大学出版社，2005.5，第 65 页。
❷   参见朱伯芳《八十自述》，《水利水电技术》2012 年第 7 期。

机差不多，摇得还不能太快，一快就没法算了。后来，朱伯芳给出一种算法，把这么复杂的计算给解决掉了。当年大学土木系并没有弹性力学课，参加工作以后，他自学了弹性力学，他给出变厚支墩内部应力计算的弹性力学理论解，也就是推导出可运用的计算公式。有了这个公式，计算起来就方便多了，只需用计算尺，两三分钟就可以计算出一组数据[1]。

应该注意到，刚刚接触混凝土建筑的朱伯芳，已经对混凝土本身产生了极大兴趣，虽然他没有意识到，他会被这种特殊材料的特殊变化引领着走多远。

混凝土由流态而固态，绝不是一个直白的化学、物理过程，它更像是一种有生命的存在，它孕育、成长、成形，最后呈现出自己的面目。这个结果远非简单的时间积累，任何一点点细微的外部、内部变化，甚至春去秋来，甚至冬雪夏雨，看似冰冷的混凝土都有甚为敏感的感知，应力、姿态、面目会有很大的不同。这里面隐藏着太多的秘密，也有太多的诱惑，等待着他去探寻。

还回到佛子岭。

佛子岭上寒来暑往，这座中国第一座混凝土坝激发起朱伯芳和同学们巨大的工作热情，他在那间佛子岭"最好"的办公室里还要待到1954年。工地虽然竭尽所能搞好工作与生活环境，可工地毕竟深处大别山腹地，条件还是艰苦。在1953年工程全面铺开，一场大雪下过，山里的豹子居然大模大样进到工地办公区，逡巡良久乃去[2]。随着工程进度加快，朱伯芳他们设计组每天忙得不可开交，没有节假日，没有星期天，1953年大年除夕这一天晚上，朱伯芳仍然在设计室里工作。

朱伯芳不善与人交际，可佛子岭工程上到汪胡桢和政委张云峰，下到技术室、混凝土实验室的同事，大家处得像大家庭成员一样，对朱伯芳很看重，更兼朱伯芳钻研好学，能够很快把学到的知识运用到具体设计中来，简直就是一个宝贝疙瘩。即使工务处、洋灰队的人都知道这个小个子朱伯芳是个不得了的

---

[1]　参见朱伯芳《八十自述》，并参见中国水利水电科学研究院档案室《朱伯芳档案》，1954年治淮功臣申报材料。

[2]　参见汪胡桢《沸腾的佛子岭》，收入《一代水工汪胡桢》，嘉兴市政协文史资料委员会编，北京：当代中国出版社，1997.12。

好青年。

在别人眼里，朱伯芳除了读书似乎并没有其他爱好，可有一样爱好在业内传得很开，他喜欢摄影。在佛子岭，这个意气风发的好青年留下了许多意气风气的照片，有个人的，有集体的，个人的照片居多，佛子岭连拱坝每升高一段，他都会站在坝前摄影留念，翻阅这些照片，简直就是佛子岭工程进展的图片记录。上升的大坝，赋予朱伯芳无限豪情，这座大坝，是在一群连大坝是什么模样都没见的年轻人手里设计出来，这里有他们的智慧与欢乐，有他们的汗水与辛劳。

这无限豪情是有道理的。

大坝建设后期，清华大学张光斗教授找到一份美国连拱坝技术备忘录，很快寄过来。这时候，大坝设计接近尾声，这份迟到的参考资料还是起了作用。朱伯芳看到这份资料，非常兴奋。兴奋的原因并不是终于看到这份完整的美国连拱坝技术备忘录，而是他发现，美国的资料尽管详细，但佛子岭连拱坝的设计，在一些计算和具体细节处置上，要比美国搞得还好、还简洁、还先进。比如他搞的那个变厚支墩计算，美国仍然是差分法计算，而朱伯芳引入弹性力学给出理论解就是一例。此番兴奋的表情，就定格在佛子岭的留影照片里。青春、自豪、灿烂，这表情比佛子岭河谷上空的天空更澄澈。

在佛子岭，朱伯芳还是共青团支部书记，1954年，朱伯芳被评为安徽省优秀共青团员。优秀共青团员朱伯芳嗓音洪亮，他的一段话至今让当年的老同事记忆犹新。1956年，治淮委员会召开的"向科学进军"誓师大会，那时候，朱伯芳已然调任淮委设计院，为8级工程师。朱伯芳作为优秀青年技术人员上台发言，他说："今后我国人民一定要兢兢业业，艰苦奋斗，把我国建设成一个世界一流、国富民强的伟大国家。我个人也决心，刻苦学习，认真工作，在工作中锻炼成一个世界一流的坝工专家。"[1]

晚年，朱伯芳回忆起那一段豪言壮语，仿佛想起当年的青涩与无畏。他讲，后来我想起这段话，会脸红的。那时候就是个小青年，敢想，敢说，幸亏现在这个豪言壮语真的变成现实，若不然，那个牛可就吹大了。

---

[1]　参见朱伯芳《生平记事——从大学四级年学生到中国工程院院士的经历》，《水力水电技术》2014年第7期。

梅山水库与中国工程师自己的 T·M

佛子岭连拱坝于 1952 年 1 月清基开工建设，到 1954 年 10 月正式建成，历时两年零十个月。即便比起如今接近百米量级的混凝土坝，其建设速度也不算慢，何况，它还仅仅是中国书写混凝大坝建设史的第一个章节，并且还是第一个章节的一个初稿。

建成后的佛子岭连拱坝，其功能分别为控制洪水，其次为灌溉农田、改良航道及利用水力发电。整个库区蓄水量为 5 亿立方米，其中防洪库容 3.5 亿立方米，包括拦河连拱坝、输水道、溢洪道以及水电站四项主要建筑物。其中输水道包括泄洪钢管和灌溉发电钢管，泄洪钢管 8 道，灌溉发电钢管 3 道。每道泄洪管出口处设一方形高压闸门，每道闸门每秒可泄洪 66 立方米。而溢洪道开辟在东岸山凹内，宽 26.4 米，上设弧形闸门，可每秒下泄 1200 立方米洪水❶。

这个中国混凝土高坝初稿可谓一丝不苟、精益求精。大坝本身的设计、施工、建筑质量应该讲都是成功的，尤其在中国工程师还没有建设混凝土高坝经验的当年，能有这样的质量和速度，足以让全世界坝工界刮目相看，许多设计和施工方法得到来现场的苏联专家高度赞扬。

曹楚生曾讲过佛子岭连拱坝在混凝土浇筑时的例子。当年现场组织的"洋灰队"，也即混凝土施工队伍，只浇筑过工业与民用建筑和少量公路，如此大体积的混凝土建筑施工闻所未闻。如何在基岩上浇筑混凝土？浇筑的质量如何保障？大体积混凝土浇筑与普通混凝土浇筑有何不同？一无所知。汪胡桢把美国垦务局关于如何在岩石地基上浇筑混凝土的技术资料摘译出来，分发给设计施

---

❶ 参见《佛子岭水库工程总结》（内部资料），佛子岭水库工程指挥部编，治淮委员会办公厅出版，1954.12，第 1 页。

工人员参考。基岩混凝土浇筑开始，汪胡桢亲自督阵。基岩挖到新鲜岩面，他要求施工队伍用清水清洗基坑，清洗完之后，再要求用抹布一点一点把水迹擦拭干净，然后才开始浇筑❶，要求细致近于严苛。

20世纪60年代后期，曹楚生在碧口水电工程工作，混凝土施工甚是紧张，他调来当年佛子岭混凝土浇筑的老施工队。老施工队进场之后的一些做法与做派，让工地的人大开眼界，先清洗，后擦拭，然后浇筑❷。这时候，体现出来的已经不是施工的工序，而是一支训练有素的施工队伍的工作态度问题了。多少年之后，曹楚生想起来都感慨万千。

这仅仅是施工细节之一，仅仅是佛子岭连拱坝的混凝土浇筑要求之一。浇筑如此严苛，混凝土级配、拌和、水管冷却，诸般更不必说，即便在今天看来，佛子岭的混凝土浇筑质量在全国范围应该是最好的之一。三十多年之后，朱伯芳和他的团队对佛子岭连拱坝进行安全检测，钻取混凝土试样试验的时候，吃惊地发现，佛子岭工程28天龄期混凝土试样的离差系数达到0.08。这是一个非常高的混凝土强度纪录。要知道，即便在今天现代化混凝土拌和楼生产出来的混凝土，经过骨料冷却，经过数字化级配，它的离差系数一般在0.12到0.16之间。

什么是混凝土的离差系数呢？它还不是一个混凝土强度概念，而属于混凝土强度离散性的统计结果，根据不同应力区规定一个混凝土强度标准，然后统计每一批混凝土试件强度与这个标准的接近程度，这就是离差系数。离差系数越接近于0，混凝土的浇筑质量越高，或者说，混凝土的强度越有保证。但在当时，混凝土强度标准还没有引入离差系数这一概念，换句话来讲，即用现代工程规范来衡量，佛子岭连拱坝的混凝土施工质量也属上乘。

有了佛子岭连拱坝的成功，就有了梅山连拱坝的诞生。

按照汪胡桢的《治淮方略》，1955年，淮委编制《淠河水库群规划报告》，淠河之上的佛子岭、磨子潭、响洪甸水库，史河之上的梅山水库，乃控制淮河上游洪水的骨干性水利工程，最终，这将形成淮河上游的大型水库群，防洪灌

---

❶ 参见曹楚生《难忘的佛子岭》，收入《一代水工汪胡桢》，嘉兴市政协文史资料委员会编，当代中国出版社，1997.12。
❷ 参见曹楚生《难忘的佛子岭》，收入《一代水工汪胡桢》，嘉兴市政协文史资料委员会编，当代中国出版社，1997.12。

溉之外，还有发电。

梅山水库位于安徽省金寨县的史河之上。

说起金寨县，颇有意思，但并不是一段佳话。1949 年之前，金寨县名为立煌县。此立煌，正是抗日名将卫立煌将军，而以卫立煌之名作为一县之名，偏又不是纪念他的抗日功绩。1932 年，卫立煌率军对中国共产党鄂豫皖苏区实行围剿，功成立县，是为立煌县。当年鄂豫皖苏区的首府，就在立煌县的县城金家寨。1949 年，废立煌县，更名为金寨县❶。金家寨作为县城也没有存在多长时间，1956 年 4 月，梅山水库蓄水，老寨没于水库之下，县城下迁至距梅山大坝 2 公里处重建，是为梅山镇。金寨消失于水云之间，名字沿用至今。

这并不是题外话。由立煌而金寨，仅仅是金寨县千年动荡历史的一个章节，行政区划屡屡变更，时而受辖于河南，时而又划至安徽，变幻无定，变动不居，它的背后史河水患的影子时隐时现，或者说，竟然就是史河水患的地理—历史效应。

梅山水库是在佛子岭工程基础之上建设而成，就设计、规划而言，其实就是佛子岭连拱坝的一个翻版，而从另一个角度讲，梅山水库连拱坝则是佛子岭连拱坝全部技术的归纳与完善。如果说佛子岭连拱坝还是中国第一座混凝土高坝的开篇章节的初稿，梅山水库则是中国连拱坝技术的定稿第一章。

梅山连拱坝比佛子岭连拱坝在长度上要小一些，总共 15 垛 16 拱，两端各为重力坝和空心重力坝段。但最大坝高 88.24 米，比佛子岭拱坝 77.4 米高出 10 多米，是当时世界上最高的连拱坝，控制流域面积与佛子岭水库不相上下，但总库容要高出佛子岭水库许多，达到 22.64 亿立方米，佛子岭水库尚不足 5 亿立方米。史河洪水，梅山水库可截其半❷。

说到梅山连拱坝建设，它源于佛子岭，却简单于佛子岭，精巧于佛子岭。佛子岭工程分两期完成，中间因为施工组织不力，还停工调整过一次。而梅山连拱坝施工，因为坝址两岸地质情况优于佛子岭，穿洞导流，然后拦河筑坝，将河水导进导流隧洞，然后清基开挖，仅一期工程即告完成。在枢纽布置上，

❶　参见《安徽近现代史辞典》，安徽省政协文史资料委员会编，中国文史出版社，1990.6，第 173 页。
❷　参见《安徽河湖概览》，安徽省水利志编辑室编，长江出版社，2010.4，第 13 页。

与佛子岭并无大异,只是工程完成之后,将导流隧洞改为泄洪隧洞❶。之后的电站装机容量也大于佛子岭,共四台机组,每组 1 万千瓦,共计 4 万千瓦。等等,不一而足。

梅山连拱坝既有佛子岭连拱坝经验,设计、施工就没有刚开始摸石头过河的麻烦,三通一平,场地临建,施工机械进入,隧洞导流,上游围堰,拦河清基,坝基开挖,安装拱模,混凝土浇筑,等等等等,诸般如此。大别山下机声隆隆,史河蚰蜒,正待重新安排。世界第一高的连拱坝节节升高,一切都显得流畅自如、井然有序。从 1954 年 3 月开挖导流隧洞算起,到 1956 年 2 月溢洪道工程结束,整个工程工期仅用了两年时间。坝身混凝土浇筑更是速度惊人,从 1955 年 1 月 29 日开始浇下第一方混凝土,到 1956 年 1 月 12 日全部坝垛、拱面浇筑到顶,共浇下 23.26 多万方混凝土,前前后后,才用了不到一年的时间,比原计划提前 109 天❷。

因此,淮河水利委员会编制的《梅山水库工程总结》如是宣称:

> 梅山水库的连拱坝是现在世界上最高连拱坝之一,工程的标准质量较好,在施工上虽然尚未全部采用机械操作,但已大大超过英美资本主义国家的速度,这样规模的水库工程,在两年时间就基本结束。高达 88.24 公尺拥有混凝土 23 万公方的连拱坝,在不到一年的时间内浇筑完成,又一次证明我国人民民主制度的优越性。❸

骄傲自豪溢于言表,颂扬家国发自肺腑。建设者的自豪与骄傲还远不止社会制度给他们提供了多么优越的建设环境与建设条件,而在于他们完全掌握了钢筋混凝土连拱坝的筑坝技术。

中国现代建筑连拱坝技术在梅山水库最后成形。

由淮河水利委员会编制的《梅山水库工程总结》,长达 940 多页,计 110

❶ 参见《安徽河湖概览》,安徽省水利志编辑室编,长江出版社,2010.4,第 13 页。
❷ 参见《梅山水库工程总结》(内部资料),水利部治淮委员会梅山水库工程指挥部编,1956.6,第 3 页。
❸ 参见《梅山水库工程总结》(内部资料),水利部治淮委员会梅山水库工程指挥部编,1956.6,第 3 页。

多万字，这是一份甚为详尽的技术总结报告，正文 162 页，分 6 章 23 节，计
19 万字。而附录的 800 页，则是工程设计、机械操作、施工、科研、管理的具
体技术资料，分别是《围坝工程》《溢洪道工程》《捷克 BT-640 型混凝土拌和
楼的安装与使用》《运输设备》《施工定额资料汇编》《施工技术规范》《操作规
程》《混凝土试验》《试验规范》《设计规划草案》，共 10 种，90 多万字。

　　这附录 90 多万字，将梅山连拱坝从构思到实施，从设计到落实，从计算
到成形的全过程一一呈现出来。一座大坝从孕育到诞生的过程被描述如此繁复而
生动，如此具体而周全，每一部件的应力计算分析堪称庞大，每一部机械的布置
与操作规程堪称详尽，每一项混凝土试验几乎是与混凝土本身在亲切交谈，仿佛，
这座大坝是一座有生命的事物，各器官的运作形态都能看得清清楚楚。这份技术
资料，已经是一本完备的、可以直接拿来参考应用的连拱坝教科书，弥足珍贵。
但又不是教科书，而是一份标准的工程技术备忘录，一份中国工程师自己编制的
T·M，一份完备而翔实的 T·M，一份中国版 T·M。自信满满，雄心勃勃。

　　朱伯芳他们自己圆了这个 T·M 之梦。

　　事实上，梅山水库的设计工作早在 1953 年 5 月即已开始。其时，佛子
岭工程刚刚完成清基工作，混凝土浇筑在即。也就是说，梅山连拱坝的设计是
在佛子岭连拱坝诸多计算、设计难题之后展开的，梅山连拱坝的初步设计是在
佛子岭工地完成的。难怪朱伯芳晚年说起梅山连拱坝，并没有佛子岭连拱坝让
他激动。梅山连拱坝，实在是水到渠成，难说梅山就是佛子岭的复制品，至少，
中国年轻的工程师在佛子岭自己蹚出一条现代坝工技术的道路，尽管河谷幽深
依然，山路崎岖如旧，但设计梅山水库并没有多少障碍。

　　1953 年 5 月，《梅山水库计划任务书》在佛子岭工程指挥部完成；1953 年
7 月，《梅山水库工程初步设计书》在佛子岭工程指挥部完成；1953 年 9 月，《梅
山水库工程初步设计书补充文件》在佛子岭工程指挥部完成；1954 年 3 月，《梅
山水库工程技术设计书》在佛子岭工程指挥部完成；接着《梅山水库工程施工
组织总设计》完成，《梅山水库技术设计补充文件》完成❶。

　　直到 1954 年 5 月，梅山水库工程指挥部在佛子岭成立，朱伯芳正式调到

❶　参见《梅山水库工程总结》（内部资料），水利部治淮委员会梅山水库工程指挥部编，1956.6，
　　第 161 页。

梅山水库工程技术科，移驻梅山工程工地。负责技术设计的还是老工程师俞漱芳，朱伯芳和薛兆炜两个是技术骨干，梅山的连拱坝以他们两个为主，完成全部设计任务。

大部分设计任务在佛子岭完成，到了梅山工地之后，1954 年 12 月，再完成《梅山水库修正设计书》，1955 年 3 月，完成《梅山水库修正设计书补充文件》，1955 年 11 月，完成《梅山水库溢洪道设计书》等 5 种，1955 年 6 月，完成《梅山水库隧洞闸门方案》，1955 年 9 月，《梅山水库九号拱渡槽方案》完成。加上在佛子岭完成的技术资料，加起来共 12 大项。12 大项，附图总计 233 张。《梅山水库技术设计及施工组织总设计书》和《梅山水库修正设计书》，分别附图 77 张和 76 张❶。工程量巨大，工作量巨大，计算量巨大，朱伯芳他们的快乐和热情更是巨大。

其快乐和热情巨大的证据，便是这份编制于 1956 年长达百万言的《梅山水库工程总结》。

梅山水库开工之前，史河流域下过一场下雪，大别山上下，瑞雪纷飞，银装素裹，并没有影响建设大军的心情，只是，大家觉得好像哪里不太对劲。

这个预感还仅仅是预感，至于有什么隐患，当时还不太明确。

"祸"起扬压力

佛子岭连拱坝是中国第一座自行设计、建造的混凝土坝不假，梅山水库连拱坝是由中国工程师建造的当时世界第一连拱坝也不假，为中国锻炼和培养了一批重量级水利、水电工程师也不假。首创之功，成绩多多。从大坝本身的设

---

❶　参见《梅山水库工程总结》（内部资料），水利部治淮委员会梅山水库工程指挥部编，1956.6，第 161 页。

计、施工、管理、科研来讲，精益求精，细致入微，就是放在今天来看，两座坝的可圈可点之处实在太多。话说回来，毕竟是第一座，毕竟发端于毫无经验，百密一疏，挂一漏万，两座坝有败笔也不假，有失误、有事故也不假。

中国现代大规模水利建设始于治淮工程。治淮伊始，工程安排甚是密集，土坝、混凝土坝、水闸、疏浚工程遍及淮河流域安徽、河南、江苏、山东四省。到 20 世纪 80 年代，全流域共建有 5200 多座大坝。经验不足，资料不全，疏漏甚至粗糙之处在所难免，疏漏甚至粗糙之处恰恰影响到工程安全。

以水库工程为例，土石坝不同程度出现沉陷、开裂、渗漏、淤积，混凝土坝出现位移、裂缝。

尤其是水文资料统计不足，导致设计和施工时对洪水估计不足，可能最终酿成重大事故。

淮河上游本来就是暴雨集中区域，1975 年 8 月，受台风影响，淮河上游河南境内洪汝河、沙颍河流域遭遇三次强降雨过程，中心最大降雨量达到 1517 毫米，降雨时间短而集中，暴雨中心区汝河板桥河段，集水面积 768 平方千米，洪峰流量达到每秒 13100 立方米，为同流域面积世界之最。板桥、石漫滩两座土石坝溃决，致 26000 多人遇难，伤亡总数达 12 万人之多❶。这是人类筑坝史上从未有过的技术灾难。

朱伯芳的挚友、两院院士潘家铮先生这样分析：

由于缺乏经验，在建国（新中国成立——编注）后的初期，大坝工程师主要是按照规范、教科书和参考国外类似工程做设计的。其步骤是：调查搜集水文等基本资料，通过统计分析算出各种频率下的洪水流量和过程（所谓百年洪水、千年洪水、万年洪水等）。从设计规划中可以查出大坝应按哪一级洪水设计或校核。在选择枢纽布置和坝型时，只要能满足上述泄洪标准，决定性的因素是造价低和施工快。至于大坝建成后的监视、维护、运行维修和万一出现险情

---

❶ 参见《千秋功罪话水坝》，潘家铮著，清华大学出版社、暨南大学出版社，2000.5，第130-142页。关于伤亡人数，潘家铮这样说："以前传言有二十多万人遇难，可以唐山大地震相比。这纯系谣传，不足为据。以后经调查统计，死亡和失踪人数为 85600 人，此数字曾见诸文字。其实，很多逃避他乡失踪的人，以后仍陆续返回，因此最后的数字是 26000 人遇难，伤亡总 12 万人，这仍是全世界有史以来从来未见的垮坝惨祸了。"

时的应急措施，都不是重点。而这次事故告诉我们：不能这样简单而机械地对待水坝设计，必须深入地分析认识每一个工程的主要特点，如水文系列的长短、资料的可信程度、当地的气象和水文特征、下游的具体情况等等，从全局衡量的角度来优选方案，并留有必要的余地。总之，不应该用"机械"的、"确定论"的思想来设计水坝，不能因为设计已满足规范和教科书要求而感到万事大吉，而应该用更多的"辩证"思想来看待问题❶。

水文资料严重不足，对洪水估计不够，因而导致设计抗洪标准太低，也同样体现佛子岭工程上面。不独佛子岭，大别山四座大型水库的规划都存在这样的问题。朱伯芳后来总结这段历史：佛子岭坝体本身的设计、施工是很成功的，施工管理也甚是严格，但从规划上来讲，水量估算偏小。佛子岭水文站建于1952年，几乎没有什么水文资料，后来有1952年、1953年的降水、水位变化统计，但这个时候对设计的参考意义并不是太大。刚开始设计，采用的是河南潢村的水文资料。而且潢村水文站的测距也并不长，资料缺乏足够的参考性。

朱伯芳说的是实情，因为在后来形成的《佛子岭工程工作总结》中，关于雨量、水文的表述往往语焉不详。直到《梅山水库工程总结》，雨量、降水资料才开始得到重视。

客观上，当时全国的水文站和雨量站奇少，1949年之前，大别山中只有一个水文站，其他大一些的水文站都分布在天津、武汉这些地方，多是外国人为港口而设，以利通航。即便是这些水文站的实测资料，时间跨度仅仅是20世纪20年代到50年代之间的水文资料。

测距短，连续性差，虽可以推算出百年洪水、千年洪水，但是跟实际情况相差很多。

佛子岭利用潢村水文资料就属于此种情况。水文资料奇缺，设计抵御洪水能力偏低，施工期间洪水就汹涌而至，给了工程一个下马威。1953年6月，两次洪水流量达到4000立方米每秒，已经远远超出预估数字。洪水来袭，猝不及防。两度洪水来袭，围堰两度被冲垮。1953年12月至1954年3月，再来四次

---

❶　参见《千秋功罪话水坝》，潘家铮著，清华大学出版社、暨南大学出版社，2000.5，第127页。

洪水，西岸封拱工程四次被冲垮❶。洪水如此之巨大，远远超出预估数值，连拱坝不同于重力坝，加高非常困难，这样，佛子岭的防洪功能并不理想，只能在上游再规划修建磨子潭水库，以对付淠河喜怒无常的大洪水。

即便如此，洪水仍然高于预估。1969 年月 14 日 11 时 30 分，400 年一遇的特大洪水入库导致漫顶翻坝，洪水像啸聚山林的绿林好汉，骗腿跨过坝顶，又呼啸而去，持续时间长达 25 小时 15 分钟❷，整整一天一夜，洪水叫号，浊浪排空。漫坝时最大入库洪峰流量达到 12554 立方米每秒。这个流量的洪峰已经远远超出佛子岭水库的预估，更兼汛期蓄水不当，调度不力，最终导致漫坝。大洪水肆无忌惮跨过坝顶漫流而下，达到 1190 立方米每秒，漫坝水深达到 1.5米，幸而是混凝土大坝，坝体尚保持完整，变位亦属正常，否则后果不堪设想。但是坝水跳过坝顶倾泻而下，至两岸山坡和坝垛后部基岩遭到严重冲刷，18、19 号拱的老厂房顶和发电机损坏，上游磨子潭水库因照顾佛子岭蓄洪，泄量不足，也导致漫坝❸。

梅山连拱坝的情况还不一样。梅山工程于 1958 年下闸蓄水，并未见异常现象。1962 年 11 月 6 日凌晨，发现库水位突然回落，丢掉库水大约 17%，再勘察，不得了，右岸边坡岩基正在漏水。

这是水库工程的大忌，预示什么？什么可能都有，总是不祥。

不得已，1963 年初，只能放空水库检查，发现更多问题。

右岸坡 13 至 16 号拱后，23 处岩基漏水，漏水每秒达 70 立方米，其中 14号坝垛喷水。水平射程为 11 米，水头高达 31 米；13 号坝垛向下游位移增加 9.12毫米，水平位移增加 39.81 毫米，并有上抬现象；坝身出现 21 条裂缝，13～16号拱顶 11 条，拱台 10 条，其中 15 号拱冠裂缝自坝顶向下延伸 28 米，最大缝宽 6.5 毫米；13～16 号拱台与地基接触部位开裂，裂缝长 101 米，最大缝宽 17毫米，大多沿基岩裂隙面裂开，缓倾角裂隙错动 10 至 20 毫米；坝基扬压力增大，14 号支墩距拱顶 27 米处扬压力系数为 0.7，距拱顶 39 米处为 0.13❹。

❶　参见《佛子岭水库工程总结》（内部资料），佛子岭水库工程指挥部编，治淮委员会办公厅出版，1954.12，第 1 页。
❷　参见《霍山县志》，霍山县地方志编纂委员会编，黄山书社，1993.9，第 234 页。
❸　参见《安徽省志·水利志》，安徽省地方志编纂委员会编，方志出版社，1999.1，第 228-229 页。
❹　参见《水电水利工程风险辨识与典型案例分析》，王民浩主编，中国电力出版社，2010.6，第 351 页。

是什么导致如此重大事故呢？后来的调查报告有如是陈述：

地质分析认为，右岸建坝时清基不彻底，拱、垛局部处在弱风化岩体上；坝垛存在两面临空（下游、河床），岸坡较陡，垛间无横向隔墙支撑，岩体具有滑动空间；岸坡 NE 和 EW 向裂隙发育，且透水性好，帷幕未完全封闭透水性裂隙，岸坡及坝基无有效排水设施，在持续高水位的作用下，库水通过裂隙入渗，使陡倾裂隙面上的侧向渗透压力以及危险滑动面上的扬压力增大，当滑动力大于抗滑力后，引起事故发生。左岸 2 号垛基右侧岸坡较陡，垛基缓倾角裂隙分布面积较大，存在地质滑动条件，后期进行了重力墩和预应力锚索加固，改变了稳定条件。

设计上认为，对裂隙岩体渗漏变形认识不足，支墩间岩石用混凝土覆盖，但未设排水，防渗帷幕标准偏低，墩间无支撑刚度较小，施工中开挖较浅，保留了部分风化夹泥层和风化裂隙密集带等。另外，大坝结构在纵轴线方向上存在构造缺陷，支墩杆件在底部未与其他杆件互相连接，地质体对支墩除了垂直反力约束之外不能充分地提供其他方向上的有效约束，致使大坝在纵轴线方向上成为几何可变体，至少也是一个几何瞬变体系，为大坝留下了结构稳定性的重大缺陷导致事故发生。❶

这个结论太过专业，说的又是什么？通俗地讲，就是地基的地质出了问题。原来发现有问题，没当一回事。最终出了问题，还是大问题。

应该讲，梅山大坝坝基的地质条件比较好，都是花岗岩，岩石强度甚高。在做设计修正报告的时候，朱伯芳就发现，基岩的强度虽然高，但节理发育。这倒也不要紧，但是有一条大冲沟直抵右岸坝基，库水极易从这个地方渗入坝基。所以他建议，用混凝土把坝前暴露在冲沟中的基岩保护起来，以防止库水侵入基岩。

朱伯芳的这一建议还远不是经验使然，而是认真计算结果。他在计算的时候发现，拱坝的库水压力，随拱坝高度增加会成倍加大，基础内的裂隙在高压

---

❶ 参见《水电水利工程风险辨识与典型案例分析》，王民浩主编，中国电力出版社，2010.6，第351页。

渗透水流作用下，对裂隙具有劈裂作用，这种作用可能是缓慢和渐近的。因此，这就可能造成渗透水流对不连续岩体的物理力学特性产生时间效应❶。

只可惜，这个建议未被工程部采纳。

朱伯芳后来说起自己的意见未被采用这件事，也很平静。当时，工程管理军事化痕迹特别明显，他的意见先要让设计科长看，科长再送到技术处，由技术处再上呈到指挥部。不像现在那样严格，大家一起论证。当时指挥部就觉得这个处理方法会耽误工期，没有批准就没有做。

朱伯芳讲的处理方法，说起来简单，用混凝土保护，但做起来特别麻烦，就是后来坝工基础处理普遍采用的帷幕灌浆，费时费事费水泥，显然这与 20世纪 50 年代初期要千方百计节省水泥用量的倡导背道而驰，与多快好省的原则不符。而且在蓄水之后好几年内并没有什么异常，显然朱伯芳的建议多此一举。但用潘家铮先生的说法，这是没有留有足够的"余地"。

工程不留余地，库水当然也就不客气了。终于，蓄水四年多后，一库碧水突然像一个被惊吓的孩子一样缩脖子蹲下去。接着，大坝渗水、喷水，大坝位移、裂缝，大坝下面有一股神秘的力量在暗暗使劲，像抬轿子一样把庞大的支墩和拱面抬起来向前迈了那么一小步，一副睡眼惺忪拔腿要走的样子。

这个神秘的力量是什么呢？也就是事故之后测得梅山某些坝段的异常"扬压力"。

认识扬压力，在世界坝工界也有一个曲折的过程。

19 世纪后半叶到 20 世纪初的 50 年中，世界各国共修建有 70 座 30 米以上的混凝土重力坝，断面大体都简化为楔形，上游面直立或稍有倾斜，和早年建的水坝相比，断面明显减小。但这期间，有少数水坝莫名其妙失事垮塌。如法属阿尔及利亚的哈勃拉坝、法国的布泽坝、美国德州的奥斯汀坝，三座混凝土坝都是经过简化而减小断面的设计。大坝失事，工程师开始怀疑除了人为因素之外，是不是还存在有其他不可知的神秘力量呢？经过法、英、德各国专家多年探索，终于发现作用在坝体中一种重要而隐蔽的荷载——扬压力。原来貌似完整的混凝土内部布满连通的微小孔隙，另外还存在难以避免的裂缝。混凝土

---

❶　参见《高拱坝结构安全关键技术研究》，朱伯芳、张超然主编，中国水利水电出版社，2010.2，第 376 页。

坝与土坝的相似之处在于，库水在长期压力作用之下，能够渗入内部而从下游排出。压力水在渗透过程中，或遇到阻碍时，会对坝体产生作用力，它的合力有一个向上的分力，称为扬压力[1]。

这个扬压力被坝工工程师视为一种近似"幽灵"的存在，这个幽灵般的存在，会抵消坝体的重量，那些坝体断面较小的水坝，在这个扬压力的作用之下，常常会发生灾难性后果。哈勃哈水坝如此，布泽水库如此、奥斯汀水坝如此，梅山水坝的部分垛拱位移，也属于这种情况。

经过世界坝工工程师数十年的探索研究，对扬压力这个"幽灵"有了相当认识，而且也有了很成功的应对措施。佛子岭、梅山连拱坝虽属中国首批混凝土水坝，可也不能说就不知道有扬压力这回事。

其实，大坝之所以会迈步向前，扬压力不过是最后出现的应力，远不是元凶，产生这个应力的源头，还是朱伯芳刚开始分析到的那个发育节理。花岗岩在岩浆冷却过程中，随温度下降，产生一层一层垒叠的层理，这个层理实际就是构造薄弱环节。水库蓄水之后，这个层理就是定时炸弹，在长期水浸的情况下会滑动位移。

梅山连拱坝施工就是犯了这一个初级错误，在扬压力上栽了跟斗。

1963年，发生事故的梅山水库不得不放空库水进行加固处理。这时候，想起当年朱伯芳的建议。当初，朱伯芳建议把坝前的大冲沟用混凝土保护起来，同时还有一整套计算与处理方法。只是这个时候，朱伯芳已经离开治淮委员会，调往北京。人调往北京，资料还留在淮委设计院，翻箱倒柜好一阵寻找，终于找到了。打开当年的设计，前往梅山处理事故的专家不禁感慨，如果按朱伯芳这个建议处理坝基，哪里会出现这样的问题？

坝工界都知道，维修大坝远比建造大坝来得麻烦。在坝工界，有一个让工程师头疼的名词，叫作"补强"，实际就是对出问题的大坝工程进行强补，加强薄弱，补上漏洞，消除隐患，纠正错误。好不容易蓄起水来，现在要全部放空。地基出现问题，也只能全部放空。这还是其次，漏水、位移之后，大坝的各部分应力都发生了变化，一处出问题，处处需补强，补强之繁杂，甚于建一座

---

[1]　参见《千秋功罪话水坝》，潘家铮著，清华大学出版社、暨南大学出版社，2000.5，第50页。

新坝。

1962 年梅山连拱坝发生事故，右坝肩基岩裂隙突然大面积漏水，右岸各拱、垛位移增大，垛基上抬，拱、垛由于变形产生大量裂缝。1963 年放空水库进行加固处理，主要采取补强上游防渗帷幕，加强坝基固结灌浆，增加坝基排水孔，部分拱、垛空腔内填筑混凝土重力墩或浇筑支撑混凝土，增加垛基预应力锚索，坝身较大裂缝补缝，上游基岩裂隙灌浆等措施。再过不到 9 年，1972 年对左岸 4 号进行灌浆止漏处理；又过 13 年，1985 年，对 5 号垛基进行灌浆止漏；又过 9 年，1994 年至 1997 年，再对对两岸帷幕补强❶。一座大坝补强，前前后后牵牵连连要进行四次，持续时间长达 34 年。

这并不能说明朱伯芳就一定比别人具有先见之明。千里之堤，溃于蚁穴。现代大坝建筑技术进入中国，中国工程师刚刚掌握了混凝土筑坝技术，并且在某些方面达到世界先进水平，但又常常在细微之处犯常识性错误，恰恰在最不应该出现错误的地方犯了错误。

朱伯芳后来很感慨，20 世纪 50 年代，尤其是 1958 年"大跃进"之后，一大批水利水电工程纷纷上马，一味追求多、快、好、省。中国那时候穷啊，为了节省宝贵的水泥，一些不能忽略的技术程序被一减再减、被忽略，结果直接影响到大坝的安全。梅山水库之所以出问题，就是考虑到处理基岩费事费时费水泥未做处理才出了问题。

反过来讲，朱伯芳虽然不是先见之明，但至少说明，在工程实践中，朱伯芳对工程问题甚为敏感，而且认真。明知自己的方案可能不被采纳，仍然认认真真做了计算，提出处理措施。认真工作，工作认真，是成就朱伯芳的一个重要因素。

---

❶ 《水电水利工程风险辩识与典型案例分析》，王民浩主编，中国电力出版社，2010.6，第 351 页。

第四章　中国第一座拱坝设计

中国第一座混凝土拱坝名叫响洪甸

1955 年 8 月，朱伯芳调回治淮委员会设计院，开始长竹园水库的坝工设计。同时调回的，还有曹楚生和周允明。

长竹园水库，即后来的响洪甸水库。曹楚生调回来之后担任淮委设计院水工室副主任，朱伯芳、周允明分任响洪甸工程设计组组长。

长竹园水库工程，最早出现在 1951 年汪胡桢的《治淮方略》里。治淮委员会 1952 年的工程要点中，明确长竹园水库的具体计划，勘测队伍进入西淠河上游，坝址遴选、测量及水文测验工作也同时展开。

长竹园水库为什么成了响洪甸水库呢？说来也不复杂。1951 年秋，治淮委员会第一机动队勘测水库坝址，历时 4 年，先后共选择黄石冲、上响洪甸、下响洪甸、齐家大洼、王台子和长竹园共 6 个坝址。经过地质部水文地质工程局钻探勘察，从合理、安全、经济等数方面综合比较，决定采用下响洪甸坝址。于是最初规划中的长竹园水库也顺理成章变成了响洪甸水库了[1]。

此外，还需要多说两句。下响洪甸坝址，上距金寨麻埠镇 8 千米，下距六安独山镇 16 千米。地质主要是火成岩，呈南北向分布。岩石性质复杂，种类较多，各种岩石接触紧密且良好，节理虽较发育，但漏水率小，抗压强度大。[2]

此地质情况，是响洪甸建造重力拱坝的重要条件。响洪甸水库重力拱坝，将是中国工程师自己设计的第一座重力拱坝。

半年之后，另外一座薄拱坝——广东流溪河水电站也进入实施阶段。

直到 1955 年秋，淮委编制《淠河水库群规划报告》，正式确定先建响洪甸

---

[1]　参见《安徽省志·水利志》，安徽省地方志编纂委员会编，方志出版社，1999.1，第 232 页。
[2]　参见《安徽省志·水利志》，安徽省地方志编纂委员会编，方志出版社，1999.1，第 232 页。

水库。

　　响洪甸水库位于安徽省金寨县西淠河上游。规划之初，响洪甸水库将与佛子岭水库联合调度，共同灌溉淠河灌区660万亩农田。发电要服从灌溉，尽量减少无功弃水。灌溉时，主要由佛子岭放水，不足部分由响洪甸补充❶。

　　前面有交代，佛子岭水库为东淠河骨干工程，东淠河、西淠河在六安市附近会合之后便是淠河。

　　西淠河古称湄水、麻步川。也是一条不小的河流，后来测得，年平均径流量为33.1立方米每秒。在进入响洪甸库区之前，乌鸡河、青龙河、莲花河汇入，库区尚有毛坦河、石家河汇入。西淠河出库，便是两河会合处的六安市❷。

　　淠河出六安，在下游寿县有一处特别的水利工程——芍陂。芍陂与都江堰、灵渠、郑国渠并称中国古代四大水利工程。芍陂建于战国时期，由楚国令尹孙叔敖主持修建，距今约有2500年历史。古老尚不是特点，奇特之处在于，它是中国古代唯一的集水灌溉工程，主要补水来源恰恰是由其西南方来的淠河。若说中国古代四大治水奇迹，这座庞大的挡水工程可说奇迹中的奇迹。集水筑坝兴利避害，在以疏导为主的古代治水观念里，实在不可思议。该工程经过东汉、三国、隋、元历代修葺、扩展，后因各种原因萎废。1949年之后再行整治，传统集水方式并未改变，蓄水近万立方，至今发挥效益。

　　先建佛子岭水库，再建响洪甸水坝，遥对两千多年的芍陂工程，是不是一次穿越时空的古今对话？或者说，是现代筑坝技术向古人智慧的一次致敬？

　　坝址确定之后，就是比选坝型。比选方案有堆石坝、重力坝、空腹重力坝、重力拱坝四种，从安全、经济与工期诸因素考虑，选定重力拱坝。而响洪甸水库在建设过程中，设计随施工、地质情况和考虑发挥防洪效益有两次大的变更，已经跟初步设计有所不同。

　　初步设计为重力拱坝坝顶溢流，即在汛期让洪水从坝顶下泄。坝体内设泄洪和发电钢管4道，坝下游右岸建水电站厂房，另外在大坝东岸设计泄洪和发电隧洞各一条，另在东岸山凹处开溢洪道1条。❸

❶　参见《安徽省志·水利志》，安徽省地方志编纂委员会编，方志出版社1999.1，第229页。
❷　参见《安徽河湖概览》，安徽省水利志编辑室，长江出版社，2010.4，第29页。
❸　参见《安徽省志·水利志》，安徽省地方志编纂委员会编，方志出版社，1999.1，第233页。

响洪甸重力拱坝的建设与梅山水库有相似之处，先开导流隧洞导流，再筑围堰，清基开挖，分 24 个坝段，一期导流，一期完工。

工程进展还是很快的。

1956 年 6 月 4 日，导流隧洞开挖，7 月 21 日打通，10 月 15 日全部完成。

1956 年 10 月 23 日，上游围堰合龙断流，隧洞开始导流。

下游围堰于 1956 年 9 月 20 日开工，11 月 5 日完成。

很快就清基开挖，可在清理坝址山坡时发现，西岸坝头有 4 条大裂隙，决定修改设计，西岸坝头向下游移动 12 米，这样，就带动原设计的拱半径需要修改，半径由 162 米改为 180 米，使河槽部位坝体向下游移动约有 10 米，坝头方向改变之后，坝体可以牢固插入基岩。❶

这是设计第一次改动。第二次改动是在 1958 年 5 月 10 日，大坝 24 个浇筑块全部达到 140 米高程，这时候，工程指挥部接受朱伯芳他们提出取消溢洪道、增加坝体高程的建议，淮委批准同意，坝体再加高 3 米，至 143.4 米高程，这样响洪甸重力拱坝达到 87.5 米高程，总库容达到 20.85 亿立方米，蓄洪库容 9.03 亿方立方米❷。增高 3 米之后，可一举装下西淠河上游万年洪水。此次改动，也使响洪甸拱坝成为当时全国仅有的一座没有溢洪道的混凝土坝。平常泄洪的任务，就交给由导流隧洞改建的泄洪隧洞了。

响洪甸水库于 1958 年 7 月蓄水，于 1959 年底完成大坝接缝灌浆，而后期水电站安装稍迟了一些，直到 1959 年 11 月 7 日，第一台机组才并网送电，四号机组送电，则要等到 1961 年 4 月。其时，担任设计组坝工组组长的朱伯芳已经调往北京中国水利水电科学研究院去了。

响洪甸工程不尽详述，对朱伯芳而言，响洪甸工程是他第一次独当一面，担任坝工组组长，肩上的担子就不轻了。何况，这是中国人自己第一次设计一座拱坝。

曹楚生、朱伯芳、周允明这个设计团队有佛子岭、梅山的设计经验，尽管坝型不同，混凝土坝的设计方法却是相通的，朱伯芳他们由梅山到达淮委设计院，重力拱坝方案尚未确定，直到他们到达淮委设计院 4 个月之后的 1956 年

---

❶　参见《安徽省志·水利志》，安徽省地方志编纂委员会编，方志出版社，1999.1，第 233、234 页。
❷　参见《安徽省志·水利志》，安徽省地方志编纂委员会编，方志出版社，1999.1，第 230、235 页。

12 月，坝址、坝型最后确定下来。朱伯芳他们感到的是兴奋和挑战。作为坝工组组长的朱伯芳，很快进入角色。

佛子岭还没有建成，就移师史河岸畔的梅山工地；梅山水库尚未蓄水，再接响洪甸重力拱坝。这是一个时代的节奏，节奏快到让人目不暇接。其时，施工机械设备正从梅山工地迁来，技术人员、施工队伍正从梅山工地和其他陆续迁来，响洪甸工程指挥部正式成立，到 1957 年初，响洪甸工地已经会齐各路建设大军计 10572 人❶，又是一个沸腾的建设工地。

献 策 响 洪 甸

朱伯芳接手响洪甸设计工作的 1955 年，他还是一个 11 级技术员，相当于大学的助教。按说，处在这样的位置，尽心竭力搞好自己的本职工作就可以了，可是面对层出不穷的技术问题，朱伯芳显示出了一个工程师对待技术问题的担当与热情。

蚌埠不比佛子岭与梅山工地，调阅参考资料不像封闭的大别山腹地那样不方便，何况离南京很近，南京又有河海大学、南京水利实验处（南京水利水电科学研究院前身），这就不是方便了，而是方便得很。

经过佛子岭和梅山连拱坝设计，朱伯芳他们有了实践经验积累，对各种坝型的设计与计算也有了相当的了解。他清楚，包括现在要搞的响洪甸工程，虽然从中央到地方，强调要学习苏联先进经验，但苏联当时的水电建设水平其实并不高，具体工作还是学美国的多。欧洲那边的情况如何？尤其是意大利、法国、瑞士这些坝工大国的情况还很隔膜。从客观上讲，美国的坝工资料或者是萨凡奇当年赠送，或是赴美留学、实习的工程师从美国带回来，总还是有，但

---

❶   参见《金寨县志》，金寨县地方志编委会编纂，上海人民出版社，1992.4，第 182 页。

当年赴欧洲留学的工程师少之又少，学水利和坝工的几乎没有，所以欧洲的资料完全是一片空白。

在此之前，他也接触到过一些美国拱坝设计、计算的资料，对拱坝设计不能说不了解，只是觉得还过于烦琐。

有必要普及一下坝型知识。

正像黄万里先生在佛子岭专家会议上形象的比喻，重力坝如同一个莽汉蹲伏于地，靠自身的重量与地基的摩擦力来抵挡库水的水平推力，而拱坝则通过迎水的曲面将库水压力传递到两岸，所以拱坝的断面远比重力坝小。重力坝的坝高与底宽之比一般在 0.75 左右，而最薄的拱坝则可以小于 0.1，甚至更小，其节约工程量的效果自不必说，更因为拱坝的断面小，扬压力的不利影响也比较小❶。优点多多。

只是，拱坝对地基要求甚高，设计计算不像重力坝那样容易。正因为如此，坝工工程师对拱坝这种坝型情有独钟，因为它具有挑战性。重力坝的断面可以视作一根固定在地基上的悬臂梁，受水压力作用，每一个断面上的压力、剪切力和弯矩可以通过静力平衡条件计算出来，在结构学上，称之为静定结构，是最简单的一种。简单，当然是相对简单，重力坝计算各点的应力还是复杂的。

拱坝则完全不同，它是沿周边固接在地基上的一块壳体，沿水平切取截面，将得到一组支承在两岸上的水平拱；再沿垂直方向切取截面，又将得到一组支承在底部的悬臂梁。所以，拱坝是一座整体的、高度"超静定"结构，既要计算拱，又要计算梁。设计拱坝，首先遇到的问题是怎样计算它的变形和应力，这个就比重力坝复杂得多❷。

美国的拱坝设计与计算方法普遍采用"拱梁法"或"试载法"。其思路是：完整的拱坝可以视作由两套结构叠合而成，一套是水平的拱圈，另一套则是竖直的悬臂梁。库水荷载既通过拱，也通过梁的作用传达到两岸坝肩和地基上。河谷越窄、拱坝越薄，拱的作用就越大。相反，河谷越宽、拱坝越厚，梁的作用就越不可忽视❸。

---

❶ 参见《千秋功罪话水坝》，潘家铮著，清华大学出版社、暨南大学出版社，2000.5，第 55 页。
❷ 参见《千秋功罪话水坝》，潘家铮著，清华大学出版社、暨南大学出版社，2000.5，第 55 页。
❸ 参见《千秋功罪话水坝》，潘家铮著，清华大学出版社、暨南大学出版社，2000.5，第 56 页。

如何确定拱与梁在传递荷载时的分配比例呢？说起来就专业多了。可以设想将水压（及其他荷载）划为两部分，一部分作用在拱上，另一部分加在梁上，分别试算两者的变形。这种划分是人为的，所以对坝体上同一点，梁和拱的变形就不同。根据两者相差的情况，修改划分比例，重新计算，再次比较和调整，直到按拱和梁算出的变位走向一致，这就是合理的荷载划分，如此就可分别计算拱和梁的应力。由于这种计算要通过多次试算完成，所以称之为"试载法"，它一直是计算拱坝的重要方法❶。

试载法的原理看似很简单，但是实际计算工作极为浩繁。所以著名水电专家潘家铮先生感慨地说，当年完成一次完整的拱坝试载法计算，需要很多位有经验的工程师成年累月的反复计算。虽然人们也编了一些图表，利用手摇计算机，计算量之大和工作之枯燥仍令人望而生畏，如果最后获得的结果不能满足要求，需要改动拱坝的体型、尺寸，一切又得从头做起。

这是 20 世纪 50 年代初中国大坝工程师的共同感受。

朱伯芳接受响洪甸重力拱坝设计任务，就想，有没有一种简化的方法？一来，响洪甸工程指挥部已经成立，坝址、坝型确定，要求在短时间内拿出初步设计，时间根本不允许工程师试载来试载去做成年累月的计算；二来，朱伯芳在此之前阅读到的仅仅是美国的技术资料，而对欧洲国家的筑坝经验知之甚少，在遥远的欧罗巴河谷中修筑的拱坝是怎么设计和计算的？他想那一定有另外一番天地。

其时，设计工作已经开始，大家聚在一起用试载法计算，拱和梁的应力来回算，寻找拱梁之间的变位荷载，工作量大已是其次，更要命的是算不准。朱伯芳深苦其事。

从蚌埠到南京，不过一个多小时的车程。朱伯芳到南京，先到河海大学，但河海这边的外国技术期刊并不多，后转至南京水利实验处。那里有许多国外水工技术期刊，琳琅满目，朱伯芳大喜过望。只是，当时没有方便的检索手段，只能一册一册、一篇一篇看。朱伯芳在水利实验处的图书室里一待就是四五天。

---

❶ 参见《千秋功罪话水坝》，潘家铮著，清华大学出版社、暨南大学出版社，2000.5，第 56 页。

人家下午要下班，他屁股很沉，坐在那里根本没有挪窝的意思。他跟人家讲，你下班自管你下班，把门锁上，我自己在里头看——不会出什么事的。

来自治淮一线的工程师，又是深度近视的年轻人，或许是那股钻研劲头感动了管理员，只好锁上门把他关在里头。他在里面如饥似渴翻了四五天，终于在某一天早晨，把所有的期刊都已经阅读完了，笔记做了许多。

在对世界混凝土坝的发展现状，尤其是对欧洲那边的情况有了比较详细的了解以后，他惊奇地发现，欧洲许多国家的筑坝技术并不输于美国，比起美国建的水坝，西欧国家的水坝则显得精致而巧妙，尤其是拱坝、单曲拱坝、双曲拱坝，漂亮至极。美国大都是重力坝、重力拱坝，水泥用量多，厚而笨重，一副财大气粗的样子。而欧洲国家，尤其是瑞士那样的国家，水力资源丰富，但是小国，为了节省水泥，水坝则显得轻盈得多。西欧国家的拱坝设计，并不主要依靠繁复的计算，而是以结构模型试验为主，计算在某种程度上是一个校核、辅助的手段。欧洲每一个设计单位，都有一个很大的实验厅，专门做模型试验，非常下功夫，其优点也显而易见。

先说结构模型试验。

结构模型试验，准确地讲，应该叫结构应力模型试验，它其实还是起源于美国。1935 年左右，美国修建包尔德重力拱坝（即胡佛大坝），就进行了大量的结构模型试验，曾试用石膏、硅藻土、橡胶、沥青等二十多种原材料进行配合，最后认为石膏、硅藻土的弹性模量最小，质地均匀，容易浇制，其泊松比和拉压强度平均比值与混凝土接近，是较好的模型材料。美国在试验之前，是先造木模，然后浇制❶。

第二次世界大战之后，欧洲一些国家如意大利、葡萄牙、法国等也进行了许多结构模型试验。比较有名的，如意大利贝加木模型结构试验研究所创用的轻石浆为模型材料，它用浮石、水泥、水以及其他粉状材料拌制而成，弹性模量有较大的变化范围，物理力学性能均较稳定。还有葡萄牙、法国均有这方面比较成熟的经验❷。

模型试验的目的，是将原型的拱坝缩小到模型上，根据模型量得的应力，

---

❶　参见《拱坝的设计和计算》，汪景琦著，中国工业出版社，1965.11，第 441 页。
❷　参见《拱坝的设计和计算》，汪景琦著，中国工业出版社，1965.11，第 442 页。

再推算到原型。如以理论分析和模型试验相比，前者的已知条件是：结构的几何形状、材料的性质、边界条件和作用荷载，后者除已知各项条件外，还有模型的量测读数，但它必须通过模型相似律换算，方可求得应力。由于模型材料、加荷方法、量测技术等条件限制，有时不免产生一些误差，所以，理论分析常常与模型试验同时并进，以便取长补短。而且，为了提高试验精度，常常同时作两个相同的模型试验，或者浇制两种不同材料的模型进行，以便相互校核❶。

这就是模型试验的大致情况。

欧洲拱坝的设计主要依靠大型模型试验，只进行简单的理论计算，计算工作量很小，而且当时没有电子计算机，很难进行大规模的精确计算。所以，朱伯芳主张响洪甸重力拱坝也进行结构模型试验。

1955 年，中国还没有拱坝模型试验，朱伯芳认为中国有必要开展这方面的工作。

他写了两封信，一封寄往清华大学，一封发往大连理工大学。结果两家都有回信，愿意帮助响洪甸做这个结构模型试验。

考虑到清华大学的实验条件相对好一些，在北京也方便一些，响洪甸拱坝结构模型实验选在了清华。清华大学为此建立了中国第一个拱坝结构模型实验室。半年之后，流溪河拱坝也委托清华做模型试验。自此，各水利科学研究院和高校水利系陆续建设拱坝模型试验室，风行全国三十年之久。

安排好结构模型试验，朱伯芳回头又致信水利部，直接写给主持科技工作的水利部副部长冯仲云，说明西欧坝工技术在某些方面确实优于美国，由于我国对西欧坝工技术了解甚少，建议水利部组团赴西欧考察。这封信实际上就是在南京水利实验处阅读国外技术期刊的一个详细报告，朱伯芳还不厌其烦地在信后面附上西欧水坝的断面图和拱坝照片、西欧国家结构模型实验照片等等。

冯仲云副部长接到朱伯芳的这个建议，很快呈请水利部讨论，最后采纳了朱伯芳的意见。不久，水利部组成水利水电访问团出访西欧国家，专门考察西欧的坝工技术。代表团由水利部科技司司长高镜莹为团长，团员有黄文熙、周

---

❶ 参见《拱坝设计与研究》，朱伯芳，高季章，贾金生，厉易生著，中国水利水电出版社，2002 年。

太开、曹楚生等人，赴意大利、法国、瑞士考察访问，为期两月，回来之后，他们有一个很好的考察报告。

此一访问，打开与西欧坝工技术交流之门，中国坝工工程师远崇美国的技术格局从此打破，有了新的参照系统。代表团归国，水利部邀请两位意大利著名坝工专家马泽洛（Marcelo）和希孟查（Semenza）来华讲学。

只是，结构模型试验再直观、计算再简单，它仍然是可描述而不可能实现精确量化，并没有达到工程科学家们追求的极致境界。尤其是很难模拟渗流场、变温场及分块层浇筑施工过程，也很难满足相似律的要求。比方，在模拟混凝土水化热和徐变过程，就要求模型比例达到 1:1 来进行试验，周期长，成本大。后来，有限元法兴起，模型试验急剧衰落，到 21 世纪初，除了混凝土材料性能试验，以及地质力学及超载破坏性试验还需要它发挥作用之外，模型试验基本被淘汰❶。

这项由朱伯芳在国内较早提出，并大力推广的设计计算方法，终结者正是朱伯芳自己。

在南京水利实验处阅读国外技术资料，还引发了朱伯芳对拱坝技术问题的深入思考，这一系列思考最后形成论文《略论各种混凝土坝的经济性与安全性》一文，发表于《水力发电》1957 年第 2 期。

诚然，在朱伯芳的学术生涯中，这篇论文虽然发表较早，但无论从哪一个方面讲都不算太突出，朱伯芳后来编定的各种论文集和文选中，这篇论文常常不被收入。他在考察了西欧筑坝技术的发展情况之后，深有感触，在分析了各种坝型的经济性与安全性之后，他格外推崇拱坝的优越性。他指出，根据中国的实际情况，只要地质、地形条件允许，应该尽量选择拱坝这种坝型。

哪里知道，这篇普通的论文，在"文化大革命"的时候差点惹祸上身。

那已经是响洪甸重力拱坝设计工作的余绪。

---

❶　参见《混凝土坝理论与技术新进展》，朱伯芳著，中国水利水电出版社，2009.4，第 8 页；王仁坤《现代高混凝土拱坝设计技术与发展》，收入《大坝安全与技术应用》，水利部水利水电规划设计总院，中国水利水电出版社，2013.11。

隐秘的温度应力

确实，《略论各种混凝土坝的经济性与安全性》并不是朱伯芳发表的第一篇论文，虽然这篇论文体现着朱伯芳关于拱坝和拱坝设计计算的重要思考，但比起他第一篇论文来，就显得逊色了一些。

他的第一篇论文是什么呢？朱伯芳的第一篇论文，叫作《混凝土坝的温度计算》，这篇论文连载于《中国水利》1956年第11期和12期。一篇论文在行业内学术期刊连载两期，就足以说明该论文的分量。然而，这篇论文逐渐引起水利水电工程师的重视，并不因为论文本身，而是这篇论文诞生于成功的实践过程中，相当于又一份技术备忘录，分量很不一般。

注意到混凝土的温度控制问题，仍然开始于佛子岭。

朱伯芳在总结中国混凝土坝发展过程，如是描述佛子岭和梅山连拱坝裂缝带来的困惑。

……容易裂缝是支墩坝最主要的缺点，但人们对这个问题的认识是有一个过程的。20世纪50年代初，国外虽然发展了分缝分块、水管冷却、预冷骨料等温控方法，但混凝土坝温度应力的研究却是一片空白，因为缺乏温度应力指导，国外建造的各种混凝土坝实际上无坝不裂。笔者从1951年开始，亲自参加了佛子岭、梅山两坝的设计。这是我国自行设计的首批混凝土坝，我们这些搞坝工设计的同志，不但没有见过连拱坝，实际上任何坝都没见过。我们都出自土木系，也没有学过水工结构，更没有学过热传导理论，只好边干边学，当时正值抗美援朝战争，西方对中国进行封锁，我们尽最大努力收集资料；国外出版的《坝工学》等专著，对各种混凝土的温度应力完全未提及，美国垦务局内部出版的"技术备忘录"有一些外荷载作用下支墩坝应力分析的文章，但没有温度应力的论文，最后找到一本美国连拱坝施工招标文件，对于温控有两条措施：一、支墩分宽缝，在两旁支墩浇筑 15 天后填缝，以此解决施工期支墩温度应力问题；二、连拱坝拱筒在垂直于支墩上游面方面设诱导缝，三分之一剖面涂沥青，三分之二为完好混凝土，钢筋通过接缝。这两条措施，在佛子岭坝上都采用了。但除此之外，没有其他温控措施。关于基础温差、内外温差、上下层温差、年变化、寒潮、温度梯度、保温等名词，在当时能找到的所有文献中都没有出现过，初出茅庐的我们头脑当然也没有这些概念。

连拱坝很薄，拱筒厚度 0.50～2.0 米，支墩厚度 0.50～1.75 米，散热容易，但对外界温度的变化非常敏感，佛子岭连拱坝建成蓄水之后，裂缝较多。一部分是拱筒裂缝，支墩先浇筑，拱筒后浇筑，由于水化热温上升，拱筒在支墩的约束下产生拉应力。蓄水后，夏季气温很高，支墩温度也很高，水库下部水温低于气温，因此，拱筒温度低于支墩，产生拉应力，与早期温度应力与水压力自重等引起的拉应力叠加，拱筒出现不少裂缝；反过来，冬季气温低达 1.4 度，而水温 14.7 度，支墩温度低于拱筒，有的支墩也产生裂缝。另外，拱台直接浇筑在基岩上，且断面比较大，水化热温升较高，受到基岩的强约束，不少产生了裂缝。

吸取佛子岭坝经验，梅山连拱坝，拱筒诱导缝全部断开做成了正式的收缩缝，大部分靠近地基的混凝土是在冬季浇筑的，因此裂缝比佛子岭少多了，但还有一些裂缝[1]。

前面说过，梅山水库因为地基处理不当，最后不得不放空库水加以补强。其实，佛子岭也有过一次放空库水补强的经历。问题主要出在坝体裂缝上。

1954 年建成蓄水，1965 年放空库水清查补强，拱筒、垛头、垛身均出现程度不同的裂缝，然后凿槽补缝、涂防渗材料，再做加强拱，灌浆和坝基加固[2]，程序繁复，颇为麻烦。

两座混凝土坝都出现了裂缝，响洪甸一定不能重蹈覆辙，不搞温度控制

---

[1]　参见朱伯芳《我国混凝土坝坝型的回顾与展望》，发表于《水利水电技术》2008 年第 9 期。
[2]　参见《安徽省志·水利志》，安徽省地方志编纂委员会编，方志出版社，1999.1，第 224 页。

不行。

要知道，响洪甸重力拱坝为中国第一座重力拱坝，许多结构应力计算已经够应付的了，现在再加上温度控制，朱伯芳他们的忙乱程度就可想而知。主要是参考资料不足。

还好，朱伯芳在此前读到一些美国拱坝技术的参考书。当时，美国垦务局在备忘录的基础上，还分门别类，每一种坝型编辑有一本书，比方《重力坝》《拱坝》《支墩坝》等等，这套书在美国是公开发售的技术书籍，而且在不断地丰富过程中。只是，这套书全部介绍到国内，要等到 20 世纪 80 年代中期了。当时，还在水电总局上海勘测设计院的潘家铮总结美国垦务局 600 多份技术备忘录，一套在坝工界产生持久影响的《水工结构应力分析丛书》正在编写过程中，陆续出版，还未出全。

朱伯芳搜集到关于混凝土温度控制的资料，公开发表的文献只有这么几种，苏联别洛夫教授《自由墙温度应力计算》，马斯洛夫教授《刚性地基上浇筑块均匀温差弹性温度应力计算》，以及阿鲁久仰教授关于混凝土徐变理论的论文若干[1]。

需要说明的是，这些资料都是原版书。这些原版外文资料得来并不容易，包括朱伯芳自己要自修的数理力学课本，托同事到上海龙门书局买，自己到南京水利实验处图书室去看，还有写信给大学图书馆去借。渠道不同，源源不断。朱伯芳对最新的坝工科技前沿发展状况总保持着相当的热情。给他留下最深印象的，是去北京出差，经常光顾的一个地方，那里有许许多多最新出版的外文科技著作。

这个地方就是锡拉胡同的新华书店。

锡拉胡同的新华书店，是 20 世纪 50 年代许多学人记忆里一个非常温暖的地方。著名科技史专家许良英记得，在 1957 年之前，新华书店在锡拉胡同设有一个外文书籍专家服务部，里面卖外文原版书和影印书，有沙发座，还有很好的茶喝[2]。光顾锡拉胡同的，还有许多清华大学学生。因为 20 世纪 50 年代初，

---

[1]　参见朱伯芳、侯文倩、李玥《混凝土高坝仿真分析的混合算法》，发表于《水利水电技术》2013 年第 9 期。

[2]　参见《中国当代史研究·第 1 辑》，华东师范大学中国当代史研究中心编，九州出版社，2009.4，第 338 页。

清华大学用的教材都是影印的外文原版书，这些影印资料在锡拉胡同这里都可以买得到❶，而且不贵——主要是不贵。朱伯芳是这里的常客，每到北京，必到锡拉胡同，在他的记忆里，这间门面并不起眼，外头是正常营业，知道里面有影印资料的人很少，人家一见他到来，就主动让他进去挑。

这些外文原版书基本上是这样搜求而来。

但缺少美国的技术资料。美国的坝工技术资料尽管是公开的，但因为朝鲜战争，美国对中国实行技术封锁，根本进不来。直到 1955 年朱伯芳他们接手响洪甸重力拱坝设计，情形才有所松动。当时，像钱学森他们这一批 1949 年之后滞留美国的科学技术人员陆续回国，其中就有坝工工程师陶光允先生。

陶光允先生归国之后任职于水利部科技司，后调任黄河水利委员会。

朱伯芳 1956 年到北京出差，见到陶光允先生。陶光允先生回国时带回不少美国资料，他对朱伯芳来访甚是热情，最新的资料都让他看。其中有美国垦务局的《拱坝》《混凝土坝冷却》两本书，让朱伯芳喜出望外。他从陶先生那里借出来，当时还没有复印技术，只好拿到照相馆把重要的内容照了相，尤其是计算图表❷。这样来找寻资料、保存资料，就非常昂贵了。

《混凝土坝冷却》直到 1958 年才影印出版。

此书的优点是把数学物理方程中一维温度场的理论解做成几套曲线，让坝工技术人员对混凝土温度场的变化有所了解，此书的缺点是完全没有谈到温度应力，除了水管冷却，也没有谈到预冷骨料、表面保护等其他温控方法❸。

尽管曹楚生、朱伯芳、周允明他们已经有佛子岭与梅山混凝土坝的设计和施工经验，但响洪甸重力拱坝毕竟是中国工程师自行设计的第一座重力拱坝，而且他们也没有见过一座真实的重力拱坝，涉及的技术问题还是蛮多的。

前面说过，设计时根据朱伯芳建议，决定采用模型试验。应力分析方法，主要还是采用美国垦务局在胡佛大坝中使用的试载法，模型试验是百分之一的

❶ 参见《跋涉者：金怡濂》，赵建国、雷红英著，新华出版社，2008.1，第 50 页。
❷～❸ 参见朱伯芳、侯文清、李玥《混凝土高坝仿真分析的混合算法》，发表于《水利水电技术》2013 年第 9 期。

比例，主要是用来校核坝身计算应力❶。

这时候，朱伯芳通过自学掌握的数理力学知识有了充分发挥的天地。当时，广东流溪河薄拱坝也在设计过程中，也请清华大学做模型试验。主持流溪河薄拱坝设计的，是日后著名的坝工专家潘家铮先生，潘家铮专门就拱坝应力计算派人来响洪甸取经学习。更主要的，继响洪甸之后，流溪河薄拱坝也采用冷却水管进行温度控制，而且温度控制和水管冷却计算，在朱伯芳主持之下，已经有了理论解，算法简捷。

响洪甸施工中的水管冷却，用工程术语讲，叫作混凝土的人工冷却。具体到响洪甸工程，其冷却布置如下：

其一，靠近地基 10 米以下的混凝土部分，冷却水管采用直径 32 毫米时，垂直间距为 1.7 米，用直径 25 毫米时，垂直间距为 1.5 米，但不得使用直径 19 毫米的冷却管。第一层冷却管放在岩面上 10 到 20 厘米以内。

其二，距地基 10 米以上的混凝土部分，冷却管采用直径 25 毫米及 32 毫米时，垂直间距为 1.7 米，用直径 19 毫米时，垂直间距为 1.5 米。各管的水平间距为 1.7 米。

其三，在高程 125.0 米以上，由于坝身厚度较薄，故不设冷却水管。❷

响洪甸大坝是我国第一个自行设计的重力拱坝，有关拱坝的设计和施工，大体积混凝土的温度控制等，国内尚无实例，也没有技术资料可供参考。设计中一边学习、摸索，一边设计、修改，逐步掌握了拱坝体型与坝身应力的关系，拱坝计算方法与坝身应力、安全度的关系，坝身厚度、裂缝、收缩缝张开度、接缝灌浆、水库早期蓄水等与坝身应力的关系，以及坝肩的抗滑稳定分析。大体积混凝土的温度控制和防止裂缝的措施是关键问题。设计中得出了一整套温度计算公式，提出了温控的具体措施，沿坝轴线每隔 14～17.5 米设一横向收缩缝，布置接缝灌浆系统；坝内埋设冷却水管，利用河水在浇筑混凝土时和接缝灌浆前 2 个月，进行二期通水冷却措施。大坝设计过程中，还进行了结构模型

❶ 参见《国内外拱坝概况汇编》（内部资料），水利电力部第三工程局编，1978.6，第 211 页。
❷ 参见《国内外拱坝概况汇编》（内部资料），水利电力部第三工程局编，1978.6，第 211 页。

试验。经过 30 多年实际运行考验，坝身廊道内至今未发现有裂缝渗水情况。❶

　　《安徽省志·水利志》这样记载响洪甸拱坝的建设成就。

　　除此之外，响洪甸拱坝施工，还注意到初始温度控制，即避开高温季节浇筑，夏天高温时候就不再进行混凝土施工。当时知道有预冷骨料这回事，也就是在混凝土拌和前，对混凝土骨料——砂、石进行冷却，先将骨料放在皮带上用凉水冲，或者用冷气吹，再送入拌和楼拌和。这是控制混凝土初始温度非常有效的方法，但当时条件所限，没有可能对骨料进行预冷处理。不过，人工冷却水管和避开高温季节浇筑，加上从佛子岭就已经开始进行的详尽而细致的混凝土试验、混凝土施工方法，响洪甸拱坝混凝浇筑质量和效果甚佳。

　　20 世纪 90 年代，朱伯芳回访响洪甸水库，他看到坝内排水廊道里是干燥的，没有裂缝，滴水不漏。一般坝的排水廊道，有水是正常的，因为它专门供排水之用，以放缓地基和坝面渗水产生的扬压力。但响洪甸却是干的，地基、坝面都没有裂缝，没有漏水。

　　回过头来再说《混凝土坝的温度计算》。这篇论文已经不单纯是来自于具体工程实践的工程总结，它是在响洪甸工程实践基础上，站在更高层面对混凝土温度控制的思考与研究。

　　尽管朱伯芳收集到一些混凝土温度控制的资料，国外温度控制的方法也比较成功，理论上说得也比较清楚，但这些资料，同《混凝土坝冷却》一样，只谈温度对混凝土浇筑的影响，进而提出温度控制措施。事实上，导致混凝土开裂的元凶并不是温度本身，而是因为温度变化产生的温度应力使然。

　　朱伯芳晚年做学术讲演时谈到这段研究经历，他讲，当他第一次见到《混凝土坝冷却》等资料，美国工程师们只算大坝的温度，并不谈温度应力。只把数理方程简单地搬用过来，列一些表格和算例，提都不提温度应力这回事。

　　为什么讲温度应力？首先要搞清楚混凝土的凝固过程。混凝土是水泥与砂子、石子骨料按一定比例混合在一起，当水泥遇水之后，首先会有一个水化过程，最后变成水泥石，和砂子、石子这些骨料充分固结，获得相当强度。而强

---

❶　参见《安徽省志·水利志》，安徽省地方志编纂委员会编，方志出版社，1999.1，第 233 页。

度就靠水泥的水化，但水化的过程会发热，称为水化热。比方，混凝土的温度是 20℃，在水化过程中它会升高 15～20℃，温度上升很快，早期混凝土弹性模量小，升温引起的压应力很小，后期降温时，弹性模量很大，岩基不收缩，降温引起的拉应力很大，这样就产生一个温度应力。首期水管冷却就是要对付这个应力的。

混凝土坝在运行过程中，上游面要与库水接触，下游面直接接触空气，这样，两侧的温度会在一定时间段内降下来，后期上游面的混凝土温度等于库水温度，下游面等于空气温度，两侧的温差一般平均在 5～6℃，但在施工过程中，混凝土温度会达到 30～40℃，从内部 30～40℃ 到表面 5～6℃ 的温差，叫内外温差，会产生很大的拉应力，这个温度应力就会产生裂缝。

等等。

当然，提出温度应力是导致混凝土开裂的原因，还要待朱伯芳关于混凝土温度控制这一课题系统、全面地研究再深入下去，这篇论文不过是轻轻揭开隐秘的温度应力的一角而已。

不过，在这篇论文里，他对"温度场"这一概念进行过相当深入的分析。这篇论文意在阐明混凝土坝温度场的变化对坝体应力的巨大影响，坝体裂缝主要由温度变化而引起。作者引入偏微方程和拉普拉斯变换，首次对混凝土坝从开工到运行全过程温度场变化给出数学理论表达，列举对坝体温度场产生影响的重要因素，如当地气候条件、施工方法、水化热温升、水管冷却、预冷、浇筑层厚以及间歇时间等等。这篇论文标志着中国工程师第一次开始深入思考和研究混凝土温度控制问题，也第一次廓清混凝土坝裂缝产生的复杂原因。

他的思考，直抵世界坝工界在混凝土温度控制领域的一个巨大盲区，或者说，将世界坝工界对混凝土温控的认识带到另外一个层面。

十年之后，随着朱伯芳在这一领域的系统、深入、全面的研究，一套比较完整比较实用的大体积混凝土温度应力和温度控制理论体系和控制方法将建立起来，这在世界坝工界是首创。

不过，进展还是很快的。1956 年《中国水利》两期连载《混凝土坝的温度计算》，同年，《水力发电》杂志 12 期发表《上犹江水电站水工结构物中大体积混凝土浇制的初步经验介绍读后》，题目比较绕，感觉还是个读后感，其实是一篇论证明晰的论文。

上犹江水电站大坝是中国第一座空腹重力坝，1955 年开工建设。

先不说上犹江水电站，单说朱伯芳的论文。

这篇论文的行文风格，在日后许多论文中还会看到。大家一看文章，会以为朱伯芳是那种耿介且剑拔弩张的人，行文直抵核心，批评激烈而不留余地。其实，这是天大的误解。毕竟，一个工程师所有的研究与探索，最终还是要回到工程实践中去，不说具体工程，不说具体工程的失误，不涉及具体工程案例，不是隔靴搔痒吗？另一方面，案例也好，对具体工程的质疑也好，他总能站在一个更高层面深入思考，从而给出数理理论解，给出令人信服且有指导意义的解决方案。

这篇论文可视作《混凝土坝的温度控制》一文的延伸之作，深入探讨对温度场产生重大影响的因素。《混凝土坝的温度计算》里也提到过，但并不详细。这篇论文主要在探讨地基约束对混凝土水化温升过程中对温度应力的影响。

大体积混凝土在凝固初期，水化热温升很快，会达到很高的温度。在凝固初期，混凝土尚有相当的可塑性，虽然受到基础约束，只引起较低的压应力。但是混凝土凝固后期，已经充分硬化，随后坝体冷却，体积为之收缩，这时候，地基是不会收缩的，要自由收缩的混凝土在不会收缩的基岩之上受基岩的约束力，除了抵消凝固期间产生的压应力之外，还会产生比较大的拉应力。在这个拉应力作用之下，就会产生裂缝，而且与基础面正交，且贯穿整个断面，并不限于表面，此种裂缝对坝体安全构成一定威胁。如果应力集中，表面裂缝常常是贯穿性裂缝的诱因❶。

朱伯芳的这一认识，无疑是对构成混凝土温度应力因素认识的进一步拓展与深入，把混凝土温度控制从技术描述上升到理论的高度加以分析，并给出相应的计算公式，因地基约束力与混凝土水化热升降产生的拉应力有了理论解。

响洪甸上独当一面，温控理论向前推进，1956 年的朱伯芳关于混凝土温控的研究和卓有成效的实践应用，如果说马上引起了多大反响，有些言过其实，但是他简捷而深刻的论述与计算，是具有开创性的。这篇论文的价值也很快显

---

❶　参见朱伯芳《上犹水电站水工结构物中大体积混凝土浇制的初步经验介绍读后》，发表于《水力发电》1956 年第 12 期。

现出来，引起了水利、水电工程界的广泛重视。因为此前，大家虽然都知道温度控制，但是还没有认识到控制温度应力这个层面。漫说中国工程师没有认识到，世界坝工界也没有认识到。

1956 年，朱伯芳被评为安徽省先进工作者，与他在响洪甸具有创新性的工作密不可分。

此前，朱伯芳还被评为安徽省优秀共青团员、治淮功臣。

1957 年，担任团支部书记、团总支委员的朱伯芳的入党问题也在组织的考虑之中，已经跟他谈话，准备吸收他为预备党员。

这些荣誉，大致上还能够反映朱伯芳当年的精神面貌，二十七八岁，意气风发，壮志干云，还有属于那个好年月的阳光、天真、自信、单纯。

前面说过，朱伯芳喜欢照相，几乎是一个"照相狂"，那一段时间，有佛子岭工地集体合影和单独留影，有梅山工地集体和单独留影；有与同事的合影，还有与妻子易冰若谈恋爱期间的合影。一张又一张微笑而自信的面庞，身后或是合龙的围堰，或是施工中的坝垛，或是正在上升的拱面，或是高耸的混凝土输送架，或是零乱的脚手架。青山连绵，绿水欢歌，年轻的朱伯芳自信满满，伟大而具有开创意义的大工程与中国第一代年轻坝工工程师的青春面庞互为参证。

朱伯芳回忆起那段岁月，一方面为自己遇到这样的大机遇而感慨万千，另一方面则无限怀念那些毫无杂念、一心投入到工作中的日子。机遇好，环境也好，年轻的工程师们很快脱颖而出，汪胡老和俞漱芳这些老工程师自然欢喜无尽，为年轻人不断创造着施展才情与抱负的空间。1952 年，朱伯芳实习期满，定级为 12 级。1954 年移驻梅山水库工地，又调了一级，设计室只他一个，达到 11 级。到 1956 年，朱伯芳因工作突出，连调三级，达到 8 级。

从 1952 年开始，取消战时的"折实单位"，工程技术人员参照苏联的薪酬制度，分为工程师与技术员两种职称，技术员分八级，工程师亦分八级。1955 年发行新人民币，八级工程师月薪为 120 元。之后，工程技术人员职称略有调整，但到了八级，已经是相当了得。技术八级，也就是工程师可以达到的最高级，再往上便是高级工程师。

要知道，刚刚毕业的大学生，要走到八级工程师，至少需要 10 年，甚至更为漫长的时间。

八级工程师，再加上被评为安徽省先进生产者，可见当时淮委对朱伯芳工作的认可与赏识。

调 往 北 京

1957 年 11 月，朱伯芳从淮委设计院调往水利部下属的北京水利科学研究院。朱伯芳调往部属研究院的背景需要交代一下。

有大背景，也有小背景。

朱伯芳在治淮工地上，获得过许多荣誉，其中还有一个荣誉，叫作"向科学进军积极分子"。前面提到过，在淮委召开的"向科学进军"誓师大会上，朱伯芳还有一番豪言壮语。

"向科学进军"，正是朱伯芳调往北京的大背景。

"向科学进军"，也不是一个单位，一个行业的口号，而是 1955 年那一年的国家动员。

1955 年 11 月，由毛泽东主持，中国共产党中央委员会召开知识分子问题会议，成立由周恩来负总责，有彭真、陈毅、李维汉等参加的中央研究知识分子问题十人小组，通知各省、自治区、直辖市召开会议，讨论和研究知识分子问题。中央特别向北京、上海、天津、武汉等大城市提出，要调查了解新中国成立 6 年来知识分子的状况和知识分子政策在执行中的问题。周恩来更是亲自召集座谈会，广泛听取知识分子的意见。中央此举，意在充分调动和发挥广大知识分子在社会主义建设事业的积极性、创造性，克服在知识分子使用、待遇上的不合理现象❶。

接着，1956 年 1 月 14 日至 20 日，中共中央在北京召开知识分子问题会议。

---

❶　参见《科技发展与创新成就》，孟艾芳编，山西教育出版社，2013.1，第 19 页。

这是一次"文化大革命"前召开的一次空前盛大的关于知识分子会议，参加会议的有中央委员、候补委员，省、市、自治区党委和省、直辖市党委负责人，中央各部委负责人，各全国性群众团体党组负责人，全国重点高等学校、科研机关、工厂、矿山、设计院、医院、文艺团体、军事机关党委负责人，共 1279 人[1]。其规模仅次于 1978 年召开的全国科学大会。

会议由刘少奇主持，周恩来做主题报告。在这个报告里，周恩来提出"向科学进军"的口号。他指出："科学是关系到我们的国防、经济和文化各方面的有决定性的因素。"在科学技术的巨大和迅速进步面前，我们已经落后，"我们必须急起直追""我们必须赶上这个世界先进水平"。

这次会议的动员效果也是明显的，"向科学进军"，热潮涌动，全民动员。

1956 年 2 月 24 日，中共中央政治局批准成立了国务院科学规划委员会，国务院副总理陈毅任主任。1956 年 11 月国务院副总理聂荣臻接替陈毅任科学规划委员会主任。中央调集了全国 600 多名各门类的科学技术专家，于 1956 年 12 月完成了《1956—1967 年科学技术发展远景规划》，包括《1956—1967 年科学技术发展规划纲要》《国家重要科学任务说明书和中心问题说明书》《基础科学学科规划说明书》和《1956 年紧急措施和 1957 年研究计划要点》等。[2]

在科学而宏大的规划指导之下，第一批国产汽车 1956 年出厂，第一架喷气式飞机 1956 年起飞，第一座长江大桥——武汉长江大桥 1957 年通车，第一座原子反应堆和回旋加速器 1958 年投入使用，大庆第一口油井 1959 年出油，第一枚近程导弹 1960 年发射成功，第一颗原子弹 1964 年爆炸，世界首次人工合成牛胰岛素 1965 年发明……[3]

中科院院长路甬祥曾撰文评述，这是同期包括发达国家在内的全世界最成功的科技规划[4]。

这是大背景。小背景呢？小背景与大背景紧密相关。

"向科学进军"，各行各业被动员起来，热情高涨，信心满满，从国家部委到省级科研机构，研究室升为研究所，研究所合并为研究院。

---

[1]　参见《科技发展与创新成就》，孟艾芳编，山西教育出版社，2013.1，第 20 页。
[2]　参见《科技发展与创新成就》，孟艾芳编，山西教育出版社，2013.1，第 21 页。
[3]　参见《科技发展与创新成就》，孟艾芳编，山西教育出版社，2013.1，第 21 页。
[4]　参见《科技发展与创新成就》，孟艾芳编，山西教育出版社，2013.1，第 21 页。

在此之前，水利部直管的科研部门只有南京水利实验处和天津水利科学研究所，1956 年，为加强水利科学研究，水利部于 1956 年成立北京水利科学研究院，院领导为黄文熙、张子林、谢家泽。科研人员来源大致由三部分构成，抽调南京水利实验处一半人员，大约 100 人；天津水利科学研究所遭水淹，全部迁京合并；还有水利部从事科研的一部分人。

在张光斗教授的努力下，1955 年，中国科学院和清华大学合办水工研究室❶。

另外，燃料工业部在水电科学试验所的基础上扩建，1956 年成立水电科学研究院，原华东水电工程局覃修典来京任院长。下设水工、土工、结构、电气 4 个研究室。❷

1958 年，国家科委认为，以上三个单位的性质大致相近，业务或有重叠，宜合并集中力量形成科研拳头。经过多次协商，各方都同意合并，组建水利水电科学研究院，简称水科院。

1958 年，电力工业部水电总局局长李锐据理力争，在庐山会议上面陈毛泽东，论及水电发展对中国能源工业的重要性。随即，在南宁会议上中央确定"水主火辅"的电力建设方针，水利部与电力工业部合并为水利电力部。水电合一，两个口上的科研单位合并也在情理之中。

合并后的中国水利水电科学研究院，由中国科学院与水电部共同领导。张子林任院长，副院长黄文熙、谢家泽、苏一凡、覃修典。水科院分南北两院，院址在景王坟，也就是今天位于北京车公庄西路的中国水科院北院，还有玉渊潭边的南院。

1957 年 11 月调朱伯芳来的，还是水利部的北京水利科学研究院。

推荐朱伯芳的，是汪胡桢先生。

朱伯芳后来听说，当时，水利部成立北京水利科学研究院筹备处，原拟请汪胡桢担任该院院长。负责其事的，是水利部主管科技的冯仲云副部长。汪胡桢到筹备处了解情况，筹备处的人介绍说，水利科学研究院拟成立水工、土工、水资源、泥沙等研究所，力争把国外回来的留学生都充实到这个科研机构里来。

汪胡桢听此介绍，对未来的水利科学研究院提了两点意见，第一，中国的大江大河洪水流量大，土石坝没有溢洪功能，大型水电站工程，以混凝土坝型为主，将来中国要建筑大量混凝土坝，建议水利科学研究院成立研究混凝土坝的结构研究所；第二，国外留学回来的留学生固然宝贵，但他们都是在大学里读学位，没有参加过实际工程设计和施工，缺乏实战经验，水科院更需要网罗具有实践经验的科技人才。

他向水科院推荐了两个人，曹楚生和朱伯芳。两个人出大学校门第一天，就在治淮工地上，历佛子岭、梅山、响洪甸三座混凝土坝的设计与施工，整整六年，已经有相当丰富的实践经验，并且在解决技术难题方面显示出卓越才华。这些汪胡桢当然是了解的。

根据汪胡桢的意见，北京水利科学研究院决定成立结构材料所，也同意调曹楚生、朱伯芳，很快发商调函至淮委设计院。事实上，汪胡桢在推荐两个人的时候，心里也清楚两个人调离淮委设计院，将对正在建设的响洪甸工程影响很大，曹楚生是设计室副主任，朱伯芳担任坝工组组长。果然，商调函到达淮委设计院，淮委不同意，不放人。水利部派科技司高镜莹司长前往淮委协调，协商的结果，是淮委先放人入京；作为对淮委的补偿，水利部再分配一批大学生给淮委。

但事有波折，水利部一位领导提出，调人这么困难，两个不能都给水科院啊！

结果，曹楚生被调到北京水电设计院，水科院只调来朱伯芳一个人。

1957年底，朱伯芳调到中国水利水电科学院结构材料所，这一年，朱伯芳29岁，仍然是一个意气风发的年轻人。至少，没有在治淮工地那种舒畅心情了。

淮委工地上那么多工作突出的年轻技术人员，为什么单单是朱伯芳？

从组织层面考察，安徽省先进生产者、优秀共青团员、治淮功臣、"向科学进军"积极分子，入党积极分子，这些荣誉当然是组织考量时的重要依据。但毕竟还不能说明问题。

蔡敬荀是比朱伯芳早一年到治淮工地，中央大学毕业，后来担任治淮委员会主任。他回忆当年朱伯芳调任中国水科院那一段经过，他讲，当时来到淮委的大学生何止百千，整个华东地区高校土木系、水利系的学生都来了，朱伯芳在那一代治淮大学生中，天资高、勤奋是出了名的，好多复杂的问题他能解决。

朱伯芳来自江西乡下，没有什么家学呀背景呀这些，现在看来，是很适合做青年学子的榜样的，是勤奋成就了今天的朱伯芳。

蔡敬荀说，朱伯芳这个人在治淮工地上，就是埋头学习、埋头工作，也不张扬，做了那么多事情从来不讲，直到 1956 年才给他记了一功。实际上他平时的努力与贡献大家都是看在眼里的。当时，朱伯芳在水电界广有影响，发表了几篇论文，他在混凝土温控领域已经有所建树，当时在建水电站有好多派人到淮委设计院找朱伯芳帮助解决问题。调到北京之后，他在这方面钻得更深。

确实，1951 年，同朱伯芳一同到达治淮工地的大学生何止百千，仅他们交大土木系就 50 多人，经过六年的实践历练，同学们都在成长。正如汪胡桢如数家珍说到的那样，治淮工地这所大学堂确实培养了一大批中国水利人才。他们在管理、施工、设计、规划等等方面各有所长，但像朱伯芳这样将实际工作与理论研究结合得如此紧密者，且很快有所成就，怕还是凤毛麟角。

毕竟，地处北京的科研机构平台高、视野广、天地大，对朱伯芳而言是再好不过。反过来讲，朱伯芳对调往北京工作，似乎也觉得在自己人生这道大方程中，这是题中应有之意。前有《混凝土坝的温度计算》发表，1957 年再有《有内部热源的大块混凝土用埋设冷却水管冷却的降温计算》发表，前者首次系统地计算从施工期到运行期的混凝土坝温度场和温度应力，后者成功解决有内部热源的混凝土水管冷却问题，给出相应理论解。两篇论文对水利、水电工程混凝土坝建筑的意义自不待言，直到今天仍然为水利工程界引用和应用，而对朱伯芳而言，意义亦非同寻常。

这是因为，两篇论文不独是朱伯芳对工程技术问题经验的总结，而且是对他的研究能力、自学能力的一次检阅。两论文中所用到的偏微方程、运算微积分、复变函数、特殊函数、积分方程、差分方程等数学工具，都是他利用业余时间自学得来。

这些高等数学科目，即便是大学的数学系也未必囊括，有些则只是概念性、方法性介绍，并不能深入。一方面，来自于工程具体实践中的种种问题，迫使朱伯芳必须尽快掌握更便捷、更强大的数理计算方法，另外一方面，朱伯芳好像对数理表达有一种与生俱来的领悟能力，自学能力也特别强。他晚年回忆自己当年自学的情景，说每一次拿到新的计算方法，那种阅读快感与自学带来的享受,简直就如同看小说那样精彩。

这种能力从中学时代就体现出来,最终帮了他的大忙,使他能够将工程实践遇到的复杂技术问题,上升到一个更高层面去思考与研究。

两篇论文一方面让国内水利、水电界都认可了朱伯芳是一位具有相当潜力的工程技术新秀,另一方面也让朱伯芳认识到自己从事科研工作可以有一番建树,信心倍增,感觉到他是可能解决一些比较复杂的科研技术问题的。一条清晰的、通往科学殿堂的路就这样从脚边慢慢延伸出去。所以,他对到北京工作信心满满,对自己能做一名高水平的水利工程师和科学家充满期许[1]。

只是,由佛子岭到梅山,荒山野岭工作了数年,调回到淮委设计院总部刚刚安顿好家,这又要到北京去工作,不方便之处还是有的。

此时,朱伯芳已经是两个孩子的父亲了。

此时,朱伯芳进入了而立之年。远在江西余江故里,母亲一个人操持着一个家;二弟弟仲芳已经是一个壮劳力,在田里劳动;三弟弟毓芳尚小。1953 年,朱伯芳亲自护送 7 岁的毓芳到武汉,跟着父亲朱祖明在武汉读小学。父亲担任武汉水利学院副教授。所谓上有老,下有小,他都得操心。

此次北来,情况却没有预想的那么好,至少,没有在治淮工地那种舒畅心情了。

小　浪　漫

朱伯芳的夫人易冰若,是朱伯芳在余江中学时候的同学。1943 年朱伯芳转到余江县中学读初二,一直到 1946 年转学到南昌中学高二,两个人在余江县中

---

[1]　参见朱伯芳《生平记事——从大学四年级学生到中国工程院院士的经历》,发表于《水力水电技术》2014 年第 7 期。

学同学了整整三个年头。可那时候，都是十六七岁的孩子，男女生之间连话都没讲过，遑论交往。

然而若说两个人不了解也不准确。当年同学的时候，易冰若坐头一排，朱伯芳个子小，坐在第二排，一门心思埋头学习，学习成绩好得不得了，当年班上同学就称朱伯芳为"赣东才子"，易冰若怎么不了解？

只是，他们再次相逢，已经隔了将近十年。

十年之后的 1954 年，当年的少年同学都成了大男大女。易冰若中学毕业，后来就读江西革命大学余江分校，那是一所 1949 年之后中国共产党培养干部的学校，毕业之后就职于余江县平定小学。按说，易冰若跟朱伯芳同年，1928 年生人，到 1954 年，虚 27 岁，漫说在余江县，就是在更大些的城市，比方南昌、上海，这个年龄无论如何不能说小了。用现在的话讲，叫作"大龄青年"。一来，易冰若是知识女性，哪里甘心循着市井男女的模子，男主外女主内活一辈子？二来，那时候的社会风气，一个年轻人若是不上进不努力，多少是与时代不合拍的，读书，求职，忙于奔波。这样，就把自己的终身大事耽搁了。然而，给外人的印象，倒好像她很挑剔似的。家里催，邻里劝，与今天家长着急子女婚事的情形别无二致。

在此之前，朱伯芳在佛子岭工地曾有过一段恋情。

1951 年，华东地区高校水利系、土木系学生赴治淮工地实习。除朱伯芳他们上海学生外，还有青岛工学院一批学生。其中一位姑娘，与朱伯芳同年。青岛工学院学生在治淮工地实习一年之后，1952 年，提前毕业，正式分配到各治淮单位。

这位姑娘分配到佛子岭工地技术室设计组，搞水文计算，与朱伯芳同在一个办公室，两个人很谈得来，待要确定关系，朱伯芳才知道这位姑娘的家庭成分很复杂，父亲有严重的政治历史问题，现在正在监狱服刑。朱伯芳望而却步，一段感情遂无疾而终。

当年余江县立中学的一位同学，知道易冰若的情况，对她讲："我给你介绍一个人吧。"

易冰若说："是谁？"

同学说："你认识的。"

易冰若说："是哪一个？"

同学说："朱伯芳！"

易冰若马上张大嘴："哇，朱伯芳！"

朱伯芳，"赣东才子"，前后桌同学三年。她对朱伯芳的印象还停留在遥远的 1946 年，现在是什么样子？不甚了了。

20 世纪 50 年代的男婚女嫁，虽说新《婚姻法》颁布，倡导自由恋爱，但一切程序还循着古礼。

话说当年，如今八十多岁的易冰若还记忆犹新。两人见面，朱伯芳是一脸纯真，话语不多。但架不住昔日的老师和同学都说朱伯芳好，都称赞这个人，好得没办法。易冰若心里已经有了主意：既然如此，还挑什么？就他啦！

几十年后谈起这一段，易冰若说："虽然是同学，但毕竟互相不熟悉，我没到过他家，他也没到过我家。"

朱伯芳憋不住，说："我是去过你家的，怎么没有去过？"

时隔这么多年，易冰若倒仿佛遇到一道谜题，不知道自家老头儿在说什么。

原来，当年朱伯芳和易冰若就读余江中学，学校里只有两个半大学生，实际上全城里也只有这两个半大学生，朱祖明算一个。知识分子寥若晨星，说话能说在一起的人自然不多，朱祖明平常往来的人就很少了，这些人中，易冰若的父亲算一位。

易冰若的父亲在县城的医院里应一份差，做司药，其实家境殷实，不全靠这份薪水。他经常请朋友们到家里小聚，平日坐在一起打牌聊天。学校里如果有事，或者谁来找朱祖明，总问朱伯芳。朱伯芳自然知道父亲在哪里，代为跑腿前来唤父亲回去，所以不止一次光顾过易宅。只想不到，若干年后竟然成为易家的乘龙快婿。

一切都是缘分，过程来得也简单。朱伯芳留下来的黑白照片里，有一部分是与易冰若恋爱期间的合影，朱伯芳着月白衬衫，表情幸福，易冰若长辫垂肩，皓齿明眸；两人相偎，深情款款。或夕照流光，或朝阳和煦，春去秋来，寒来暑往，河水里是他们俩的倒影。显然，恋爱期间，朱伯芳曾带着自己未来的妻子不止一次到过正在施工的佛子岭和梅山工地。

朱伯芳自豪地把自己的未婚妻带到令自己自豪的大坝工地，并没有其他意思，但显然，易冰若被这些伟大的工程震撼到了。

她意识到，此番穿嫁衣，洞房里等待她的不只是一位实在而博学的郎君，还有郎君身后宏伟的事业。

易冰若毅然辞去在余江县平定小学的工作，随朱伯芳由赣入皖，担任了淮委设计院的一名实验员。而且，她心甘情愿把一切家务都承担起来，让朱伯芳能够安心读书、做学问。

这样的日子不是坚持了一天两天，一月两月，而是一生。

1955 年 7 月，他们在淮委所在地蚌埠成婚。

1956 年 4 月，他们的女儿朱慧玲出生。1957 年 11 月，朱伯芳奉调北京。1958 年 11 月，儿子朱慧珑出生。两个孩子出生，夫妻两地分居，易冰若只身在蚌埠，又要上班，又要看顾孩子，实在照顾不过来，将自家老母亲从老家余江接到身边帮忙顾看。母亲这一来，又从蚌埠跟到北京，一直待了五年，照顾两个孩子，到 1963 年才回到余江县去。

第五章 初入京华与大坝裂缝

乍暖还寒

1957 年 11 月，朱伯芳奉调北京水利科学研究院，他被分配到结构材料研究室。妻子还在蚌埠，春节要回家探亲。过罢春节，再来北京上班，已经是 1958 年。水电部水利科学研究院完成三家合并，更名为水利水电科学研究院，原来的结构材料研究室并入水利水电科学院结构材料所。

合并的水科院，全称为中国科学院、水利电力部水利水电科学研究院，是一个非常庞大的科学研究机构，计有水文研究所、河渠研究所、水工研究所、土工研究所、结构材料研究所、水力机电研究所、水利土壤改良研究所、水利史研究室计八大研究机构，党委、院办、科技处 3 个行政机构，还有仪器研究工厂共 12 个单位，全院职工达到 461 人，其中 35 岁以下职工有 382 人[1]，也就是说，这座全新水利水电科研机构的人员构成，大都是像朱伯芳这样的年轻人。

合并后的水科院人才济济，黄文熙、钱宁、肖天铎、林秉南、张光斗、方宗岱等这些水工界泰斗级人物名列其中，新入列的朱伯芳多少有些茫然。不说全院，就是在他将供职一生的结构材料所，全所 30 多人，就有 11 位国外回来的留学生，8 个留苏，2 个留美，1 个留日。他呢，不过是一个大学还没毕业的"土包子"，没有任何留学背景。

当时，结构所所长为留苏学生赵佩钰。赵长朱 6 岁，1922 年生人，籍贯河南省固始县，1943 年毕业于北京大学工学院土木系。1951 年赴苏联莫斯科建筑工程学院研究生部学习，获副博士学位。1955 年回国，任燃料工业部水电科学

---

[1] 参见《智者乐水——林秉南传》，程晓陶、王连祥、范昭著，中国科学技术出版社，2014.3，第 67 页。

研究院副总工程师，三家合并成立水利水电科学研究院后，任结构材料所所长。赵佩钰是朱伯芳调任北京之后的第一个上级，对朱伯芳倒是很看重。

结构材料所成立有 6 个研究组，朱伯芳为第四组副组长。第四组组长为留美归国的专家朱可善先生，专门研究混凝土预应力结构。朱可善先生后来调重庆建筑学院，终身从事建筑教育工作。朱伯芳在混凝土温度应力和温度控制研究方面已有进展，专攻这一方向。

赵佩钰看重他，并不意味着别人也了解他。准备同他一起调水科院的曹楚生，因为水利部领导一句话，未能调到水科院，被安排到了电力部北京水电设计院，而推荐朱伯芳到北京从事科研工作的汪胡桢，据说准备到水科院担任院长，临阵却被抽调到三门峡担任总工程师去了。

朱伯芳等于是只身来京，从淮委设计院到了北京的水科院。他进入水科院从事科研工作的理由，是有相当的实践经验，但到底拥有什么样的实践经验？除了汪胡桢和曹楚生，怕是谁都说不大清楚，也不可能清楚，大家清楚的倒是，他是一个大学只读三年的工程师。

这就有了朱伯芳来北京之后的第一个挫折。

1957 年 11 月，朱伯芳前来北京报到，人事部门通知他到办公室。到了人事部门，主管人事的同志跟他讲：你年纪轻轻，怎么可以是八级工程师？这个不合适。

也不征求他的意见，更不看他的工作能力，不由分说，1956 年破格连升三级提到 8 级工程师的朱伯芳，一到水科院变成了 9 级。直到 1961 年再调级，才又调回到 8 级。

8 级和 9 级工程师的职称工程师的薪酬相差还是有的，8 级工程师月薪 116元，9 级 100 元，相差 16 元。今天看来，16 元的级差算不得什么，但在那个年代，一个刚刚参加工作定级的干部也就 23 元，16 元已经是一个不小的数目，可以养活一家人的。两地分居，两个孩子，两个落魄"地主"家庭还需要接济，对朱伯芳而言，16 元就更不是简单的数字了。

不由分说，莫名其妙。朱伯芳心里当然委屈，想不通。这个 8 级工程师无疑是因为工作突出而获得的奖励，又不是没有道理，不符合程序，凭什么降一级？

想不通，感到委屈，可朱伯芳没有说什么。

他又能说什么？

他后来讲到这段经历，说他们那一代知识分子，服从组织的观念还是很强的，从来不会对组织提什么要求，更不可能对组织决定有什么异议。但没有异议并不意味着理解，不就是因为自己没有留学背景嘛，不就是认为自己水平不高嘛。那是放在过去，如果放在今天，放在今天年轻人身上，结果可能大不一样，可以另觅高枝，可以跳槽走人，可以炒了单位鱿鱼。

事实上，朱伯芳当时也完全有可能到其他单位去，比方北京水电勘测设计院这样的单位。

只是，"服从组织"观念很强的那一代知识分子，尽管有这样的机会，居然没动过这个心思。相反，刚来水科院的遭遇，反倒成为倔强的朱伯芳钻研科学技术的某种动力。

降级使用已是其次，1958年春天，一场意想不到的批判突然降临到朱伯芳头上，则完全在他的人生经验之外，没有任何思想准备。

当时，后来的水利水电科学研究院还未组建完成，朱伯芳一调到北京，即如饥似渴四处寻找技术资料。毕竟是首都，毕竟是专门的水利科研单位，阅读到国外最新技术资料还不是难事，他发现，他那篇发表于1957年的《有内部热源的大块混凝土用埋设冷却水管冷却的降温计算》论文，里面提出的理论解，国外工程技术界还没有提出来过，属于原创。他想，外国人又不懂中文，而这个问题是工程实际中存在的重要问题，是不是可以翻译成英文在国外发表？

当时一切都向苏联老大哥学习，一边倒，与西方国家的技术交流非常少，管道也不多，尚有许多来自组织层面的限制。朱伯芳于是写了一个报告，向院方请示可否翻译为英文在国外发表。当然，请示是一方面，至于翻译，朱伯芳自己就可以操刀。

该请示报告先交给当时的室主任，再由室主任转呈院长。

只是，这份请示报告石沉大海，好几个月没有得到答复，刚开始还跃跃欲试准备动手翻译自己文章的朱伯芳也兴致渐少，直至全无。

哪里知道，这份请示报告正在某个地方悄然发酵，直到1958年4月才最终爆发。

他这个请示报告赶上了一场为 1958 年"大跃进"造声势的"拔白旗、插红旗"运动，他的请示报告和他本人当作水科院的第一面"白旗"被拔了起来。

1958 年 3 月 3 日，中共中央下发《关于开展反浪费反保守运动的指示》，指示说，在运动过程中会不断出现惊人的奇迹，出现同各种平日难以达到的先进的速度和先进的指标，要树立起各种先进的指标，要树立各种先进的典型和旗帜。该文件正式提出树立旗帜问题。在随后召开的成都会议上，毛泽东在陶铸发言时插话道：对许多错误思想，党内要做严肃斗争……思想阵地，你不插旗子，他就插旗子。这是毛泽东对"插旗子"的一次明确表述。

紧接着，这一年 5 月 8 日，中国共产党第八次代表大会第二次会议，毛泽东在讲话中提出，我们要学习列宁，要敢于插红旗，越红越好，要敢于标新立异。标新立异有两种，一种是插红旗，是应当的；一种是插白旗，是不应当的。红旗横直是要插的，你不插红旗，资产阶级就要插白旗。与其让资产阶级插，不如我们无产阶级插。资产阶级插的旗子，我们就要拔掉它，要敢插敢拔。5 月 23 日，毛泽东再次强调插红旗，辨别风向。你不插，人家就插。任何一个大山、任何一亩田，看到哪个地方没有旗帜，就去插，看到白旗就拔。灰的也得拔，灰旗不行，要撤下来，黄旗也不行，黄色工会，等于白旗。任何大山上、小山上，要经过辩论插上红旗。

随后，6 月 1 日，《红旗》创刊号发刊词强调，要更高地举起无产阶级革命红旗，并提出："毫无疑问，任何地方，如果还有资产阶级的旗帜，就应当把它拔掉，插上无产阶级的旗帜。"

从此，全国各地贯彻八大二次会议精神的同时，迅猛地开展了声势浩大的"拔白旗、插红旗"运动。❶

散布在全国各地的水利、水电工地的运动似乎慢了半拍。一来，工期紧张，运动势头再猛也不能影响到施工进度；二来，工地正在用人之际，过早"卸磨杀驴"势必影响到工程建设。全国水利、水电工地的"插红旗、拔白旗"运动直到 1959 年才陆续展开，此时，全国性的运动已经呈强弩之末，来得快，结束

---

❶ 参见《〈中国共产党历史〉第二卷·注释集》，中共中央党史研究室第二研究部著，中共党史出版社，2012.5，第 113-114 页。

得也快，到 1958 年 11 月基本上就结束了❶。

水科院不一样。一来得地利之先，地处京华；二来不是工程工地，无耽误工期之虞。还在八大二次会议召开之前，全院已经开始"插旗、拔旗"动员。当时虽然没有"拔白旗、插红旗"的具体提法，但向某种思想展开斗争，与代表某些阶级利益的人做斗争的调子是定了的。

1958 年 4 月底，八大二次会议召开前夕，水科院开大会，大会主席不点名指出：有人的文章已经在《水利学报》发表，还要求译成英文寄到国外去发表，这不是名利思想是什么？

话音一落，朱伯芳坐在下面，心顿时揪紧，汗涔涔而下。这不是说他还是说哪个？散会之后，人们还在窃窃私语，讨论大会主席这是说的哪个。前去询问大会主席，莫不义愤填膺："名利思想如此严重的人是谁？"

大会主席："朱伯芳嘛，还有谁！"

朱伯芳更是无地自容，灰头土脸。但心里还想不通。我不过是请示一下，你同意便同意，不同意就不同意，决定权在你的手里，何至于闹到全院大会上？再说，科技人员发表一篇论文，即便翻译成英文，它还是论文，这就犯了天条啦？

想不通，很委屈，不容他辩解。

不久，全国性的"拔白旗、插红旗"运动席卷全国，大学校园、工厂学校，甚至农村里都有成千上万的"白旗""灰旗""黄旗"被拔。在水科院，朱伯芳的"名利思想"自然升级为现成的"白旗"，一时间，批判朱伯芳"名利思想"的"拔白旗"大字报铺天盖地贴了出来。紧接着，结构材料所还专门召开了一个批判会，针对朱伯芳的"名利思想"进行专场批判。朱伯芳在室里的批判会上做了检查。检查当然是深刻的，当然也是违心的。

所幸，1958 年初开始的这场"拔白旗"运动，还不像后来"文革"时期那样来得激烈和残暴，还讲温良恭俭让，会上唇枪舌剑一番，会下要群众"交心"，虽然让人心力交瘁，被斗者倒不必受皮肉之苦，上纲上线也有限。否则，你要求翻译成英文在外国发表，给你安上一顶"里通外国"的大帽子，非罪即恶，

---

❶　参见《〈中国共产党历史〉第二卷·注释集》，中共中央党史研究室第二研究部著，中共党史出版社，2012.5，第 113-114 页。

非死即伤，怎么得了？

这样的经历，远在他的人生经验之外。应该说，在朱伯芳 30 年的人生经验中，虽然有过战争环境下颠沛流离、家园被焚，有过少年求学的冻馁之苦，也有过大学校园穷学生穷愁苦厄，总体上来说，还算少年得志，顺风顺水，他哪里见过这个？

不过，大字报，批判会，倒让同事们认识到这面"白旗"到底是怎样迎风招展的。到组织批判会的 1958 年 5 月之前，进入而立之年的朱伯芳已经在《水利学报》等专业刊物上发表有 10 篇有分量的技术论文，还不包括他撰写的《佛子岭工程总结》部分章节和作为内部资料印行的混凝土温控技术资料❶。这样的成绩，在同侪中不能说是最突出的，但做一面旗帜，尺幅足够，绰绰有余。

一年之前，在淮委是连提三级的安徽省先进生产者，大家都欣赏的青年才俊，团总支委员、团支部书记，已经谈话准备入党的积极分子，一到北京报到即被降一级工资，隔两月又是水科院第一个被揪出来的"白专道路"典型。

天壤云泥，落差如此之大。

大会点名，大字报揭批，最后是全所的批判大会。在批判大会上，朱伯芳被责令做自我检查。检查做到半道，朱伯芳不禁失声痛哭。

一腔热血，兑得千般冤屈，何求何忧，哪个知晓？痛哭失声，锥心痛骨。这是朱伯芳一生中唯一一次痛哭。

玉渊潭水沿单位的东墙边静静流过，表面平静如熨，河底潜流涌动，比莽莽大别山区的淠河千年洪水来袭还要惊心动魄。

初到北京，即遭遇"拔白旗"，故都的晚春气候，对他这个南方来客而言，多少有些不适应。他意识到，此前在治淮工地上那种顺遂而热情洋溢的技术、研究环境不可能再有了，以后的研究之路可能更加沉闷和困难重重。至于有多困难，他看不到，事实上别人也看不到。说白了，自己不可能像在治淮工地那样得到重视与赏识，一切只能靠自己的努力了。

明显的后果倒有两个。

一是，从此之后，朱伯芳被当作了水科院的"白专道路"典型。朱伯芳后

---

❶ 参见中国水利水电科学研究院档案室藏《朱伯芳档案》1959 年职工档案表。

来很苦恼，尽管当时多次被评为先进生产者，一旦有风吹草动，他就被点名或不点名敲打一番。"白专道路"、资产阶级思想、名利观念，桩桩件件都是罪，都是被当作批判对象的理由。更何况，此后的朱伯芳，发表论文日积月累，是水科院里最多的，科研成果也甚丰，理由就更充足了。

20 世纪 70 年代后期，他经常与借调北京的潘家铮两个人交流，潘长朱一岁，也是没有留学背景，也是在工程实践中成长起来的新中国第一代大坝工程师。说起运动中的遭遇，潘家铮实际要比朱伯芳更凶险，相同的倒是，一遇风吹草动，都会被第一个揪出来当批判对象。水电口的大部分人都知道，运动一来，上海勘测设计院的潘家铮，北京水科院的朱伯芳，肯定跑不了。为什么？因为大坝结构科技研究，他们是中国最厉害的两个人。

后果之二，本来就内向的朱伯芳更加内向，曾经的优秀共青团员、治淮功臣、安徽省先进生产者、向科学进军积极分子，从此之后，除了谈论技术问题，在公众场合沉默寡言，老沉持重。1959 年超过 30 岁自动退团，已经准备吸收为预备党员这码事似乎从来不曾有过。不写日记，不留除了学习、论文之外的只言片语，他尽量避免触碰到政治这根红线。诚然，不能说，这就是消极，这就是落后，而实在是他怕太多的干扰，影响到自己的事业。

何况，这干扰的动静也实在是太大了，承受不得。

因为此前 1957 年的"反右"运动，让朱伯芳见识了政治运动的凶险，所幸朱伯芳尽管有"名利思想"，但在治淮工地有一大堆荣誉，总算没有划进去，躲过去了。

当年水科院划定"右派"，有的人既没有言论，也没有行动，结果划成了右派。后来朱伯芳才听说，每一单位都有"右派"指标，必须完成。他听着都有些后怕。

水利、水电口更是严重，老上级俞漱芳调回北京之后，每一次运动都躲不过，从"三反"时候就是大老虎，再是右派，后是反动学术权威，1969 年被斗被批，受尽凌辱，自杀身亡。朱伯芳耳闻目睹，当年熟悉的技术人员被打成右派之后，流放青海、甘肃，饿死、冻死者甚多。

远在淮委，也是有指标，许多没有言论也没有行动的人被打成右派。

听爱人易冰若讲，他在蚌埠宿舍的对门是一位女同志，家庭出身不好，父亲有历史问题，母亲没有工作，家里就靠这个中专毕业的女儿每月寄钱养活，但因为她平常喜欢穿黑衣服，右派。

另外一位，同爱人易冰若在同一化验室一位男同志，家在农村。1958年回乡探亲，回到单位后跟同事们聊天，大家问他说家里怎么样啊？该同志唉声叹气：苦啊！就因为这么一句话，右派。

如此这般，哪里能掉以轻心？

影响这般那般，说到底还是影响到科研本身。这一事件的直接后果是许多本该是最前沿的科研成果最后花落他家，成为别人的东西。朱伯芳曾在一篇文章里举过两个本人亲身经历的例子。

其一，1960年，朱伯芳在全国三峡科研会议上提交《黏弹性介质内地下建筑物所受山岩压力》一文。过去隧洞设计中普遍采用的普氏公式，计算方法和结果不尽合理，他提出考虑山岩流变和地应力等因素的新方法。但论文收入科研会议文集之后，直到1965年才正式出版。后来，朱伯芳在阅读国外资料的时候，赫然发现国外在1964年才第一次发表这方面的论文。1965年出版的会议论文集，发行范围有限，莫说在国外，即便在国内的影响也很小。朱伯芳感慨，如果在1960年向国外投稿，至少1961年就可以发表。这不是"好曲已为人唱尽"的伤感，而是"起了大早，终落人后"的遗憾。❶

其二，从1976年开始，朱伯芳致力于拱坝优化的攻关科研，取得了一系列成果。其中，关于优化过程中，应力分析是一个关键问题。过去国外采用应力展开法进行分析，需要迭代十到二十次才收敛。1981年，朱伯芳提出内力展开法，论文发表于《水利学报》。10年之后的1991年，朱伯芳赴东京参加一个国际会议，一位美国学者竟然在大会上说内力展开法是他提出来的，朱伯芳即席发言指出，中国工程师在十年前就已经提出过这个方法。但是，人家一口咬定，他没有见过。❷

不敢向国外投稿，到后来自然就没了这个意识，其阴影多年不散。朱伯芳告诫年轻人：重要的成果最好及时在国外发表，否则，本来属于我们的首创权，可能归于外国人了。

---

❶　参见朱伯芳《科研工作一夕谈》，发表于《中国水利》1992年第4期。
❷　参见朱伯芳《科研工作一夕谈》，发表于《中国水利》1992年第4期。

父 亲 之 殇

朱伯芳在 1958 年遭遇到人生的第一次挫折，但比他更触霉头的，是他的父亲朱祖明。还有他远在余江县的一家人。

或许是因为小时候在奶妈家长大，且由祖父带大的缘故，朱伯芳对父亲、母亲总感到隔着一层。参加工作之后，只在 1953 年送弟弟毓芳到武汉读书时才第一次回家。然后，成婚，女儿和儿子出生，工作繁忙，每月按时寄一些钱给家里，跟家里联系就少了。

1958 年，得到家里传来的消息，在武汉水利学院担任副教授的父亲朱祖明去世了。

这凶信来得太突然，到底是怎么回事？具体细节他直到晚年也没有搞清楚。但是，父亲落难，最后死去的原因他还是知道的。

磨难起于江汉，原因始于故园。前面说过，朱伯芳故乡兰田畈一带，下朱村、墙圈里朱家、湖头朱家、株林朱家几个村子都姓朱，朱姓素来为兰田畈大宗族，田亩肥沃，人口繁衍，其次为张家。朱张两大宗族，因为农田灌溉、道路通行等缘故，两个宗族之间或多或少有些矛盾。

宗族矛盾，其实不止于兰田畈，也不止于余江县，赣东各县历来因为争水等发生千人以上的械斗比比皆是。而且，宗族矛盾往往随政治局势变迁一触即发，"文革"时期余江县曾经发生过宗族矛盾色彩甚浓的武斗事件。流血已属平常，两方或有死伤❶。

兰田畈朱张两族矛盾并不鲜见。在 1949 年之前，清代和民国时期，地方政府为避免两大宗族发生矛盾，朱姓聚居的几个村落划为一个乡，张姓聚居的

---

❶　参见《余江县志》，毛惠人、李贵发主编，江西人民出版社 1993.1，第 33 页。

村落划为另一个乡，两乡并列，不相往来，矛盾消弭。

可是 1949 年之后，行政区划重置，除了株林朱家，包括下朱村在内的三个朱家与另外两个张姓村落合并成立马岗乡。而下朱家等朱家村落又都在血吸虫疫区，这时候人口锐减，已经不复大姓气象，张家两个村子却不在疫区，人丁兴旺，乡政府由张姓人执掌。这时候，平时积攒的宗族矛盾就显现出来。

两大宗族百年积怨、仇隙的暴发点选在朱伯芳家。

为什么呢？他家不独在朱姓家族声望最高，就是在白塔河两岸数乡，这样的人家也少见。唯一的秀才出在他家，第一个大学生出在他家，上海交通大学土木系第一名还是出在他家，孙祖三代，风水占尽，还有天理吗？而张家却差一点，全家族里只出过一个初中毕业生。

这是一。第二，读书人家，讲礼说理，不似乡间莽汉，将矛头对准他们，他们也反抗不到什么地步，说白了就是好欺负。

在 1949 年之前，父亲在江西省公路局做帮工程师，但有可能，常常惠及朱姓亲族；自家身份特殊，在县境内有些声望，平常朱家遇到什么不平之事，少不得出面帮忙调停❶。这样，张家对他父亲早就恨之入骨。不把朱祖明搬倒，张家人就出不了这口气。出不了这口气，张家认为在地方上终究出不了头。

重置行政区划之后，张家人掌权。土改分田，本来落魄的朱家被扫地出门，搬到白塔河边一座四面漏风的场屋里，仲芳辍学回乡劳动，老秀才朱际春下世，但张家仍要穷追猛打，非要置朱祖明于死地不可。其时，朱祖明正在南昌农业专科学校担任副教授，土改运动过后不久，一封反映朱祖明"劣迹"与地主出身的信函由马岗乡政府寄住南昌农业专科学校，好在朱祖明的历史清楚，虽然短期担任过国民党县党部组织部部长，但身上并无血案，抗战之后基本上以教书为生，并没有什么劣迹。南昌农专还算开明，并没有将这封信当回事，也没有处理朱祖明。

1953 年，院系调整完成，南昌农专部分专业被调整到武汉水利学院，朱祖

---

❶　参见中国水利水电科学研究院档案室《朱伯芳档案》，1955 年自传。

明随校由南昌迁往武汉，仍任副教授。朱祖明只身前往武汉，安顿好之后，考虑到小儿子的学业，于是决定让小儿子毓芳来武汉就学，朱伯芳也是在那一年护送母亲和弟弟前往武汉。

平安的日子并未过多久，1957 年"反右"开始，机会终于来了。张家已经掌权的给武汉水利学院写了一封信。旧事重提，老调重弹，国民党党部官员，地主出身之类。武汉水利学院接到这封揭发信，院里原来隐藏着这样一个有严重历史问题的漏网分子，也不做调查研究，二话不说，褫夺教职，开除出院，立即送往潜江农场劳动改造；妻儿取消城市户口，遣送回余江老家。

朱祖明遣送潜江农场劳改，将近一年杳无音信，1958 年下半年，等来了他的死讯。朱祖明去世之后，就地火化，骨灰寄回故乡。白发人送黑发人，朱家老母悲痛欲绝。一年前夫妻分别，执手相看，现在捧在手里的却是一抔轻灰。

朱祖明去世那一年，刚刚 51 岁。

父亲的死，对朱伯芳肯定是不小的打击。尽管父亲朱祖明在他的印象里非常模糊，记忆里的童年，总是年迈而慈祥的祖父，贫穷而温和的奶娘，还有白塔河边的一个个村落，有时候，父亲简直可以忽略掉的。但是，越到晚年，朱伯芳越是想起父亲，或者说，他的人生道路和人生选择，与父亲的联系特别明确。比如，自己的数理天分，显然与父亲的教育有很大关系，自己在成长过程中，还是得到过父亲勖勉与帮助的。如果没有做帮工程师的父亲优渥的收入，他的青少年会黯淡许多，还有，自己性格的养成，显然有很多父亲的影子在。

他没有亲见父亲落难进而死亡，但他格外留意上海劳动大学、北平大学的历史，企图从这些泛黄的资料记载和回忆文章里寻觅到父亲的影子，常常翻拣关于潜江农场的记述，企图找到父亲当年被劳改的蛛丝马迹。尽管得到的信息如此零碎，不能还原父亲短短 51 年生涯的全部，但大背景他还是清楚的。1957 年，劳改、农场、审问、批斗、检查、超强度劳作，这些来自别人遭遇叙述中一个个词语最后拼接起来，在那样的年代，在那样的环境之下，父亲死亡也不难想象。

最后得出的结果每每让朱伯芳伤心且难以接受：父亲大半是瘐毙而死。

但这个结果大抵接近真实。朱伯芳在翻检相关资料，知道所谓"劳改农场"是一个什么样的地方，到那个地方的"右派"们会有什么样的生存状态，会有什么样的待遇和遭遇。而父亲从年轻时就患有严重的胃病。抗战军兴，父亲之所以不能随省公路局转移到后方去，就是因为这顽固的胃病，不得不辞职返乡养病。这病似乎为家族性遗传，祖父有，朱伯芳自己也有，折磨他半生。这样的体质，在劳改农场能有什么好结果呢？

父亲之死，对朱伯芳的性格是有所改变的。此前在治淮工地那个阳光、向上、活跃、单纯的朱伯芳已经成为昨日风景，而立之年的朱伯芳虽不至于老气横秋，但总归是显得老沉持重。他参加过新中国最早的三座混凝土高坝设计与施工，有丰富的实践经验，而大家也更愿意将他看作一位饱经沧桑的老工程师。一入水科院，依院里人与人互相之间的尊称习惯，他被大家称为"朱工"。

年纪轻轻的"朱工"。

父亲之死留下来的阴影，在余江乡下漫长的日子里还在慢慢扩展，已经是地主家庭，再加上父亲是瘐毙的劳改分子，母亲和两个弟弟在故乡生活的艰难就可想而知了。仲芳早早回乡劳动，做了一辈子农民。而毓芳才十几岁的孩子，在余江县读到初中，因为家庭问题被迫辍学回乡做务农。

朱伯芳后来回乡，遇到当年余江中学的同学，同学曾做过毓芳的老师，跟他盛赞毓芳学习成绩如何好、脑子如何好，一点也不输他这个当年的"赣东才子"，如果继续读高中，考大学是不成问题的，将来前途不可限量。只是，眼前这个小自己近20岁的弟弟，却已把祖祖辈辈的生活因袭得差不多了，只是一个老实巴交的农民。同情弟弟的同时，朱伯芳设身处地想，如果自己不是1948年上大学，放在1949年、1950年是什么样子？会不会像两个弟弟一样终老田亩？他这样的病躯，他这样的高度近视，更不可想，下场一定会很惨。

直到20世纪80年代初，父亲平反昭雪。再过十年，朱伯芳作为中国工程院院士，为故乡白塔河灌区改造工程多有贡献，县里为感谢他，将小弟弟毓芳安排到灌区管理局当了工人。

父亲去世，作为家里长子，朱伯芳的负担就加重了。

委曲求全"高块浇筑"

朱伯芳所在的北京水科院结构研究所，总共 11 位同事有留学背景。他所在的第四组，组长朱可善先生是留美归国的四级工程师，相当于现在的教授级高工，而他仅仅是一个九级工程师，相当于现在的中级职称中档，悬殊如此，再加上一面"白旗"飞来罩顶，进入角色、确定课题显然还需要一段时间。毕竟，北京不是蚌埠，水科院不是淮委设计院，一切都需要重新适应。

很快，他就被鼓励到了。拔"白旗"实则为大跃进清除思想上的障碍，"白旗"拔净，跃进蜂起，举国上下，城市乡村，一派生机蓬勃，朱伯芳深受鼓舞，觉得中国百年来积贫积弱，是该奋起直追，到了"翻身"时候了❶。

此时，一大批水利水电工程上马，跃进速度可谓快马加鞭，从新安江水电站到刘家峡工程，从上犹江水电站到古田水库工程，各地的大中型水利水电工程建设中出现的一些严重违背科学规律的事情让朱伯芳颇为困惑。虽然不至于对整个运动产生怀疑，可他毕竟是有六七年工程实践的工程师，心里不免打起了鼓，而且事态的发展到了让朱伯芳瞠目结舌的地步。

且容慢慢道来。

还需要回到 1956 年底发表在《水力发电》杂志上的《上犹江水电站水工结构物中大体积混凝土浇制的初步经验介绍读后》。

前面说过，这篇文章是朱伯芳对混凝土温度应力分析和温度控制思考的进一步延伸，或者是更加精细化计算，带有很强的学术性。作者针对的是上犹江大坝的"高块浇筑"方法，但并不纠缠具体工程的具体做法，而是指出一个为

---

❶　朱伯芳《生平记事——从大学四年级学生到中国工程院院士的经历》，发表于《水力发电技术》2014 年第 7 期。

坝工界普遍忽视的问题，并给出相应的理论解。

上犹江水电工程，在 20 世纪 50 年代风起云涌的水电建设高潮中，只能算是一个中型工程，由上海水电勘测设计院负责设计。该坝坝型为空腹重力坝，是国内首座把水电站厂房布置在坝内的水电站，但它的最大坝高只有 67.5 米，坝顶长 153 米，分为 10 个坝段，坝内布置有 4 台水轮机组，总装机容量为 6.0 万千瓦。❶

上犹江水电站从 1955 年 3 月正式开工，到 1957 年第一台机组发电，仅用了 2 年 8 个月时间，比原定工期提前两月。提前的秘诀，就是采用"高块浇筑"这种新的浇筑方法。

什么是高块浇筑呢？就是打破传统混凝土大坝施工分层浇筑的"小块、低块"浇筑，集中力量，先浇筑一个坝段。在传统混凝土坝工施工中，混凝土浇筑一般是分层浇筑，浇筑层也不厚，一般在 1.5 米到 3 米之间，等到逐个坝段浇完一层，再返过来再浇另外一层，也就是说，在一期工程中的大坝基本上是平均上升的。完成一个浇筑层有一定周期，混凝土在这个周期之内，在辅助降温措施之下，会完成自然散热。但高块浇筑法严重忽略混凝土温度变化规律，浇筑厚度一下子达到 6 到 10 米，甚至更高。这样，显然是蛮干，不利于混凝土温度控制，立起模板也很困难。

朱伯芳也指出，在使用低热水泥及采取强力预冷或水管冷却有效措施以保证不发生裂缝的条件下，加大浇筑高度是非常有利的❷。而且在几十年之后，随着低热微胀水泥开发，粉煤灰加入、碾压混凝土技术成熟，高块浇筑也未必不是一种好的方法。如几十年后的 1993 年，黄河万家寨水利枢纽大坝施工即采用低热微膨胀补收缩混凝土，高块浇筑达 6 米厚获得成功❸。但混凝土温度场是一个很复杂的过程，温度控制也同样很复杂，不等于一个工程成功，就可以运用到所有工程中去，何况，几十年之后的成功范例也不过 6 米。

而上犹江的"高块浇筑"却没有任何温控手段，行政命令强行实施。就上

❶　参见《江西省水利志》，江西省水利厅编，江西科学技术出版社，1995.10，第 317 页。
❷　参见朱伯芳《上犹江水电站水工结构物中大体积混凝土浇制的初步经验介绍读后》，发表于《水力发电》1956 年 12 期。
❸　参见《1991—1998 水利科技重点项目——水利技术开发基金项目成果汇编》，陈明忠主编，水利部国际合作司与科技司编，中国计划出版社，2002.12，第 197 页。

犹江的具体情况而言，在 1956 年，工程要求一年完成 10 万立方米的浇筑任务——在今天看来，10 万立方米的混凝土不算什么，但在当时已经是一个庞大的数字，而工地的机械化程度并不高，大多由人工操作，按照过去小块低块浇筑的老方法，很难完成这样的任务。于是施工者就在浇筑上做起了文章，打破常规，搞大块、高块混凝土浇筑[1]。

上犹江的混凝土高块浇筑法，被认为是混凝土坝施工的一大创举，工程建设局撰文介绍：在气温 4 到 25 度条件下，每次可浇高 6 到 10 米，并认为继续增加浇筑层厚度是"发展方向"[2]。上犹江工程沿着这个"发展方向"，高块浇筑最高达到了 13 米[3]。

朱伯芳利用拉普拉斯变换法计算，给出混凝土坝稳定温度场和浇筑过程中温度变化的理论解。稳定温度取决于当地气候条件，在没有冷却措施时，由于日照影响，浇筑温度略高于日平均气温，水泥水化热的温度上升主要受浇筑层厚度及间歇时间的影响[4]。

根据朱伯芳的这个理论解计算会发现，当浇筑层达到 6 到 10 米的时候，自然散热非常之少，具体到上犹江工程，当气温在 4℃时，混凝土最高温度为 21℃；当气温达到 25℃时，混凝土最高温度要达到 42℃，其温度如此之高，难免发生裂缝。

上犹江经验介绍称："经过三两个月观察，结果情况良好，没有发生裂缝，证明了大体积浇制在技术上是可能的"，朱伯芳指出，三两个月对于大体积混凝土而言，仅仅是降温的开始，远不是结束，三两个月并不能说明问题。他通过计算发现，当气温不变时，为了散去 90% 的热量，坝厚 20 米单向散热的时间为 33.2 个月，坝厚 10 米单向散热时间为 8.3 个月，而 20 米乘以 10 米厚的大体积混凝土双向散热，也需要半年的时间。即便像上犹江重力坝，内部全部挖空，其散热时间也绝不可能在两个月内完成，很难保证这座大坝今后不会陆续

[1]　参见《中国人留学苏俄百年史》，黄利群著，中国文史出版社，2002.6，第 204 页。
[2]　参见朱伯芳《上犹江水电站水工结构物中大体积混凝土浇制的初步经验介绍读后》，《水力发电》1956 年 12 期。
[3]　参见《古田溪水电工程混凝土重力坝高块浇筑法》，闽江水电工程局编，水利电力出版社，1959.12，第 19 页。
[4]　参见朱伯芳《上犹江水电站水工结构物中大体积混凝土浇制的初步经验介绍读后》，《水力发电》1956 年 12 期。

出现裂缝。❶

所以他建议，或者降低浇筑速度，充分用层面散热，或者采取强力预冷等办法，两者取其一，可以使发生裂缝的可能降到最低。

总之，这种经验远不是什么"发展方向"。长此以往，有害无益。

朱伯芳在 1956 年对"高块浇筑"的批评意见，已经给出了相应的理论解，有非常简捷的计算公式，工程师本来可以很方便地计算出大体积混凝土在浇筑时的散热情况，而且，该计算方法在响洪甸工程中已经得到很好的应用。上犹江大坝在日后的监测中，也确实发现有裂缝、基础扬压力不同程度增加等问题，从 1962 年到 1966 年进行过几次补强处理，情形才有所改观❷。

这并不意味着朱伯芳有着先见之明，他也是经过佛子岭与梅山两座混凝土坝在温控方面的教训才开始注意到这一问题，并将这一问题上升到理论高度加以分析，有扎实的理论支撑。切肤之痛，痛之犹深。所以他看到上犹江工程关于"高块浇筑"的经验介绍时才这样敏感并能切中要害。

只可惜，当时并没有工程师对这个问题有足够的重视。或者说，对于这个问题，完全是一个盲区，许多人对朱伯芳的意见不以为然。

为什么呢？

因为"无坝不裂"。

在坝工界，这几乎是一个常识、通识。哪里有混凝土不裂缝的？进而成为铁律。既是铁律，便成常态。于是大坝建成蓄水，不隔几年补强也成常态。当时的说法叫作"填平补齐"，也叫完善"尾工"。补强所耗的时间，远大于建设工期。中国第一座自行设计施工的大型水电站——新安江水电站，建成工期用了 3 年，补强收尾则花费了 5 年时间❸。

其实，即便"无坝不裂"，世界坝工界还是与之抗争了几十年，分层浇筑、预冷骨料、冷却水管、混凝土拌和加冰、表面保温，诸般如此。以胡佛大坝为标志，大坝工程师们在理论、实践上都做了相当努力，亦有长足进步。朱伯芳对温度场、温度应力的研究，无疑对已有的混凝土温度控制理论是有突破和开

❶ 参见朱伯芳《上犹江水电站水工结构物中大体积混凝土浇制的初步经验介绍读后》，《水力发电》1956 年 12 期。
❷ 参见《江西省水利志》，江西省水利厅编，江西科学技术出版社，1995.10，第 318 页。
❸ 参见《春梦秋云录》（第二版），潘家铮著，中国水利水电出版社，2000.12，第 153 页。

创意义的。

只是，大家习以为常，"大跃进"红旗猎猎招展，习以为常之后，就是不管不顾，多快好省，放卫星，争第一，仅"高块浇筑"一项已经让朱伯芳目不暇接。

1958 年，上犹江筑坝队伍转战古田溪水电站，"高块浇筑"果然当作"发展方向"进而发扬光大。如果说，上犹江工程的高块浇筑，是因为客观条件限制不得而已经采取的应急措施，且最高浇筑 13 米，坝也不高，还不至于产生大坝工程师最怕看到的贯穿性裂缝，那么到了古田溪工程就不一样了。这样所谓打破常规的做法已经涂上了浓浓的政治色彩，谁反对，就是跟"大跃进"过不去，就是反对"大跃进"。

这里的古田溪水电站，指的是现在古田溪四级梯级开发的第一级。古田溪水电开发，早在国民政府资源委员会时代就已经列入计划，几经波折，最终夭折，直到 20 世纪 50 年代中期才开始实施。

第一级水电站分为两期开发。一期为引水隧洞和地下厂房，其设计甚是巧妙，在进水口上游筑临时性溢流式木框坝，以壅高水位，不需筑混凝土拦河坝。装机容量 1.2 万千瓦，于 1956 年正式发电。此一期工程，为中国最早的引水式地下厂房水电站❶。

二期工程其主体为混凝土重力坝、土坝、进水口建筑物的加高、厂房和调压井的混凝土衬砌，混凝土坝高 58 米，最大坝高 71 米，当年设计装机为 4 台1.2 万千瓦的机组，共 5 万千瓦。该工程于 1958 年 2 月浇下第一方混凝土，到1959 年 5 月大坝全部浇筑完成，历时一年又三个月基本建成。❷

混凝土"高块浇筑"的发扬光大，就在二期工程。

这个办法是在大坝开始浇筑之后的第 7 个月开始实施的。高块浇筑，就是一个坝段，分若干次浇筑到顶，再浇筑第二个坝段，两岸同时升高，最后合龙接缝。刚开始，高块浇筑的高度为 23.2 米，已经超出此前上犹江大坝 13 米，后来再创造 36 米的高块浇筑纪录，36 米热度未减，41.5 米的浇筑纪录又创造

---

❶　参见《古田溪水电工程混凝土重力坝高块浇筑法》，闽江水电工程局编，水利电力出版社，1959.12，第 4 页。

❷　参见《古田溪水电工程混凝土重力坝高块浇筑法》，闽江水电工程局编，水利电力出版社，1959.12，第 4 页。

出来，到 1959 年 1 月，最后创造出 45 米的高块浇筑"世界纪录"。[1]

这已经不是技术问题，而是政治问题，纪录伴随着"大跃进"口号节节攀升。

"大跃进"号角劲吹，全国水电工程局展开竞赛，但要把整个工程的上升速度提高谈何容易？集中全力提高一个坝段的上升速度并不难，于是"高块浇筑"很快成为全国水电工程的竞赛项目。

不独古田溪水电工程，古田溪还摽着一股劲，与其他工程在竞赛，要保持"卫星"记录。刚开始浇筑 23.2 米时，远在浙江的新安江水电站工地听闻古田溪工程创造了全国纪录，发出挑战，计划要创造 36 米的高块纪录[2]，这个消息把古田溪工程吓得不轻，赶紧迎头赶上。

刚把新安江甩在后面，又听说柘溪水电站也闻风而动，也采用高块浇筑方法施工，最大浇筑块面积达 500 平方米，最长达 58 米，高块一般 6 到 9 米，最高达 22 米，最高日浇筑量为 4000 立方米[3]。

古田溪大胆应用的高块浇筑，当然也考虑了一些简易的温度控制措施，比如夏季施工，有骨料场、混凝土运输线加盖篷布、洒水冷却，还往混凝土中添加冰块，更主要的方法是在混凝土中加入块石和毛石，最大比例可加入 30%，以减少水泥用量，控制混凝土温升[4]。

古田溪高块浇筑的经验在各大坝工地，主要是水电工地影响甚广，持续数年，后来因为容易引起裂缝才逐渐降温，不再推广。

新安江放言计划要浇筑 36 米高块并没有实现，没有实现的原因不是没有胆量，而是水泥不足。1958 年 11 月底，新安江工程坝体施工采用全仓面大体积高块浇筑，最高浇筑块为 33 米，最大浇筑块为 26584 立方米[5]。仅仅浇筑完

[1] 参见《古田溪水电工程混凝土重力坝高块浇筑法》，闽江水电工程局编，水利电力出版社，1959.12，第 5 页。
[2] 参见《古田溪水电工程混凝土重力坝高块浇筑法》，闽江水电工程局编，水利电力出版社，1959.12，第 5 页。
[3] 参见《江河纪事——中国水电建设百年实录》，杨永年编著，四川科学技术出版社，2013.12，第 235 页。
[4] 参见《古田溪水电工程混凝土重力坝高块浇筑法》，闽江水电工程局编，水利电力出版社，1959.12，第 19 页。
[5] 参见《杭州全书·钱塘江水电站》，龚园喜、刘军著，王国平总主编，杭州出版社，2013.12，第 11 页。

40 天，坝体混凝土就发现了严重的质量问题。更兼学习古田溪块石填放之法，毛石添加量居然能达到 120%[1]，已经到了无法无天的地步。急得工程局总工程师潘圭绥跳到基坑里大怒：你们要这样干，把我和基岩浇在一起！而设计总工程师潘家铮则写了 100 多张大字报贴出去，卷好铺盖卷准备挨批斗。

远在西北的刘家峡水电站也不甘落后，1958 年 9 月开工，1960 年 5 月开始浇坝基混凝土，在没有任何温控措施的情况下上，大坝采用长条高块浇筑。原设计要求仓面控制在 400 平方米以内，浇筑高度不超过 3 米，还要有相应的制冷措施，这些保证质量的技术措施当时被批判为保守思想。时值夏季，仓面增到 1000 平方米，浇筑层高达 10 米，既不制冷，亦无温控，浇筑的混凝土产生裂缝。当时拌和能力不足，平仓和振捣无法跟上，辅助企业和拌和系统还没有投产，就进行了大规模混凝土浇筑。生产能力每小时不足 100 立方米，要供应 1000 平方米的浇筑仓面。运输途中砂浆流失，为了节约混凝土，仓内又加入大量毛石，致使浇筑成的混凝土质量很差。

1961 年经济发生困难，被迫停工。1962 年，水电部组织质量检查团对工作进行检查，对已浇筑混凝土要求采取补救措施，后来进行灌浆处理，但一些部分仍达不到质量要求。

1964 年工程复工，经水电部批准，决定将已经浇筑的主坝 8 万立方米混凝土、右岸副坝 4.9 万立方米混凝土和厂房顶拱混凝土 5000 立方米全部炸除，重新浇筑。[2]

为解决刘家峡工程技术问题，朱伯芳曾不止一次前往刘家峡出差，长则一月，短则半月。当然这是后来的事情。

回到古田溪一级二期工程。古田溪高块浇筑正酣，全国各工地纷纷效仿，其实水电总局也不大放心。他们找到水科院，希望帮助解决"高块浇筑"的温控问题。

因为朱伯芳在佛子岭、梅山、响洪甸三座混凝土坝设计施工中的贡献，水电系统都知道他是国内混凝土温度控制方面的专家，水电总局的黄育贤、张昌龄都

---

[1] 参见《春梦秋云录——浮生散记》（第三版），潘家铮著，中国水利水电出版社，2012.9，第 147 页。

[2] 参见《江河纪事——中国水电建设百年实录》，杨永年编著，四川科学技术出版社，2013.12，第 101 页。

十分欣赏朱伯芳在混凝土温度控制方面的研究与探索。所以，他们派一位高级工程师前来结构所，希望派人前往古田溪解决高块浇筑中遇到的温控问题，求的是结构所，其实还是冲朱伯芳而来。当时，结构所派关英俊、朱伯芳前往古田溪。

朱伯芳心里暗暗叫苦。他本来就对这个高块浇筑持反对意见，从上犹江到古田溪，由十多米，一下子浇到 40 多米，6 米高的混凝土块已经散热很难，何况 40 多米？简直就是蛮干。而且，水电总局也似乎不愿意碰"高块浇筑"这根高压线。觉得有问题，就是不便说。他们请朱伯芳前往，其实就是在不否定"高块浇筑"的前提之下，解决温度控制问题。

水电总局的担心不是因为有道理，而是已经出了问题。

其实工地并不是没有注意高块浇筑引起的裂缝问题，在混凝土凝固散热过程中，质量检测还是很严的，质量检查时用超声波深度探测发现，第五坝段下游面出现长达 46 厘米左右的裂缝，第六坝段下游面也有 30 厘米的裂缝[1]。从当年检测记录来看，他们的检测分 6 批次共 5 个检测点，6 次检测，共有 7.8 厘米以上 16 条大的裂缝[2]。而创造"高块浇筑"全国纪录的第 18 坝段，则据说"表面只有仔细观察时，才能发现有个别发丝状的细微裂缝，关系不大，不会很深"，遂没有进行深度探测。

靠超声波探测，探测出的是表面裂缝，而事实上，超声波探测也仅能探测出表面裂缝。大坝内部的裂缝，还需要其他手段，需要钻孔取样才能到，仅靠超声波无法奏效。何况浇筑层面积都在 250 平方米至 300 多平方米之间，甚至更多，内部温度下降，需要多年的时间方可趋于稳定，这样的高块浇筑，后期内部不产生裂缝的可能性极小。

好在古田溪一级二期的混凝土坝高也就 58 米，即便产生裂缝，通过灌浆固结等方法还是好处理的。朱伯芳离京赴闽途中还心存这样的侥幸。

朱伯芳原已吃惊于 48 米高的"高块浇筑"，到了现场才看到，由上犹江工程带过来的"高块浇筑"法，已经演变为"多层仓面高块浇筑"了，简直有些傻眼。

---

[1] 参见《古田溪水电工程混凝土重力坝高块浇筑法》，闽江水电工程局编，水利电力出版社，1959.12，第 39 页。

[2] 参见《古田溪水电工程混凝土重力坝高块浇筑法》，闽江水电工程局编，水利电力出版社，1959.12，第 40 页。

这个创举也只有在"大跃进"那样的环境下能创造出来。异想天开，果然天开。分层逐坝段浇筑，每一层在 1.5 到 3 米之间的传统浇筑法被斥为"老框框"，古田溪此"高块浇筑"，把浇筑层的高度增加到 18 米左右，内部温度根本无法散发。

古田溪水电站从第 18 坝段开始，连续搭建起三层仓面的脚手架，分层浇筑，三仓到顶。脚手架林立，横七竖八，工地上的人知道这是大坝工地，不知道的人还以为是古代攻城现场模拟。

朱伯芳到了工地之后，难免以专家的身份说几句。他声音洪亮，语速也快。这样搞是违反常识的嘛，对提前工期没有任何意义嘛，立模还那样困难。你浇起一个坝段并不等于就可以蓄水发电，还得浇下一个坝段啊！混凝土施工之所以分出十几个坝段，就是为了各坝段轮流浇筑，每个坝块在两次浇筑之间有间歇时间，可以利用这个间歇时间散热，这样浇筑没有意义嘛。

可是，"高块浇筑"已经涂上政治色彩，是"大跃进"的跃进产物，主政者已经自信到听不进去任何意见的地步，饶是你朱伯芳声音洪亮、振振有词，难挡我跃进步伐。

当年，古田水电站"高块浇筑"的影响并不局限于水电工程，已经被树为大跃进的典型。其先进事迹收入全国工业、交通、基建、财贸方面社会主义建设先进集体和先进生产者代表大会办公室编的《执行总路线》一书。古田经验，被一再拔高，上升到了无以复加的地步。

古田水电站筑坝工区职工的英雄事迹，生动地说明了：世界先进水平，在目光如豆、有右倾保守思想的人看来，永远是高不可攀、望尘莫及的；但对于具有敢想敢说敢做的共产主义风格的中国工人阶级来说，却没有什么做不到的事情；世界先进水平也是可以赶上和超过的。他们在党领导下大胆创造、大胆革新，终于创造出一次连续浇捣 45 米的纪录，超越了世界先进水平。学习他们的经验，最重要的就是要学习他们这种崇高的共产主义风格。他们的经验还说明：要成功地革新技术，创造奇迹，光敢想敢说敢做是不够的，还必须有科学分析的精神，把勇往直前的英雄气概和钻研技术的科学分析工作结合起来。我们需要的敢想敢说敢做是以马克思列宁主义思想为指导的，是建立在科学分析、实事求是的基础上的。我们需要科学分析是在敢想敢说敢做的精神指导下，既充分估计事物的物质条件，也充分估计到人的主观能动性。在这里，敢想敢说敢做在任何时候都占着主导地位。那种借口科学分析而不敢大胆想、大胆干的右倾思想必须坚决反对。我们必须在党的领导下，高举总路线的红旗，发扬敢想敢说敢做的共产主义风格，继续破除迷信，解放思想，打破陈旧的习惯，启发人民群众的聪明才智。只有这样，才符合社会主义建设总路线的精神❶。

你计算的温度应力不是保守是什么？你标榜的美国垦务局混凝土温控措施不是迷信是什么？五月拔白旗，九月赴八闽，朱伯芳戴着一顶"右倾思想"（非右派）的帽子，已经是惊弓之鸟，面对被拔高到这个地步的工程措施，他也婉转提过一些意见，希望尽量采取工程措施，降低温度应力，避免裂缝产生。可是，工地领导根本听不进去，他也没有办法。

古田水电站筑坝工区的典型材料里有这样一段，庶几可以透露朱伯芳他们，尤其是朱伯芳的窘境。

这个工程于 1958 年 2 月底动工建筑后，职工们在工区党委的领导下，发挥集体智慧，苦干巧干，创造了一个又一个的新纪录。一是，我们采用了土洋结合的办法，木结构组立模板，创一次连续浇捣 23.2 米和 45 米的高块浇捣纪录，超越了世界先进水平。二是，在筑坝中，埋放了大量毛石。平均毛石埋放率达到 18%，多块最高是 48%。由于大量埋放毛石和掺用塑化剂，为国家节约约三万多吨水泥，并且加快了浇捣的进度，这种高块浇筑和埋放毛石的方法，经水利电力部和水利电力科学研究院等单位科学鉴定，适用结果（疑为排印错误，著者），大坝质量良好，并确定为今后加快水电站大坝建设和节约水泥的方向……❷

大坝质量良好，确定为今后加快水电站大坝建设和节约水泥的方向。工程

❶ 参见《群众智慧大无穷，筑坝技术登高峰》编者按，福建省古田水电站筑坝工区陈建飞，收入《执行总路线（上）——先进集体经验选编》，全国工业、交通、基建、财贸方面社会主义建设先进集体和先进生产者代表大会办公室编，工人出版社，1960.3。
❷ 参见《群众智慧大无穷，筑坝技术登高峰》编者按，福建省古田水电站筑坝工区陈建飞，收入《执行总路线（上）——先进集体经验选编》，全国工业、交通、基建、财贸方面社会主义建设先进集体和先进生产者代表大会办公室编，工人出版社，1960.3。

局自我总结，自吹自擂，根本无视科学规律。

不过，在古田溪水电站出差，他还是尽力提出一些温度控制的措施，并给出相应的计算方法，使这座不高的混凝土大坝不至于产生致命的贯穿性裂缝。当时还是九级工程师的朱工，人微言轻，也只能做到这个程度。

无功而返。

一辈子都愤懑不已。

丹 江 口 上

调入水利水电科学研究院的最初几年，朱伯芳在结构所第四组承担相当的科研任务，还频繁地被水电部水电总局抽调，前往各地大坝工地解决具体技术问题。出差的频度高，而且出差持续的时间长，往往一走就是一月两月，1960年前往丹江口水库，一去竟然有半年时光。

其实，每一次出差的心情，虽然不像前往古田溪出差那样委曲求全，但也好不到哪里去。因为，或受单位指派，或受水电总局之邀出差，大部分情况下是工程出现了问题，大部分情况是在大坝施工过程中，忽视混凝土温度控制而出现了裂缝，甚至比裂缝危害更大的工程事故。

这里面，最大、最烦难的工程莫过于丹江口水利枢纽工程。1960年初，朱伯芳参加水电部丹江口水利枢纽工程质量检查科研组，前往丹江口水库❶，他在那里需要待上半年时间，这个小组的最后重担也就主要落在他的身上，因为丹江口工程的混凝土温度控制出了大问题，这里面，除了"高块浇筑"的流行病，还有其他复杂的原因。他这个温控专家责无旁贷。

---

❶ 参见文伏波《丹江口工程施工中的质量检查活动》，收入《湖北文史资料•丹江口史料专辑》（1992年第4辑，总第41辑），政协湖北省委员会文史资料委员会编。

话还得从头说起。

也只能简单说。

丹江口水利枢纽，位于湖北省丹江口市汉江与其支流丹江汇合口下游约800 米处，该工程是新中国成立之后国民经济第二个五年计划中的重点工程。该工程不仅是治理汉江的关键性骨干工程，还将为正在筹划中的南水北调中线工程提供调水水源。

不同于古田溪、上犹江工程，这是一座接近 200 米的高坝！

这个关键性工程 1958 年 9 月经国家批准正式开工，按 1958 年 5 月审定的规模建设，即坝顶高程 175 米，正常蓄水位 170 米，电站装机容量 72.5 万千瓦[1]。这样大的规模，如此大的体量，在当时算是巨型水电工程，原定 1960 年 5 月全部建成，然而，从开工到第一台机组发电，却用了整整十年时间。

这座工程始终得到中央高层和湖北省党政领导的高度重视和关怀，湖北省省长张体学亲任丹江口工程局主任，实际上是工程总指挥长，长江流域规划办公室主任林一山、河南省副省长彭笑千任副主任，规格甚高[2]。

规格甚高，规模甚大，建设场面也有着 1958 年那个特殊年代特有的气氛。工程一开工，工地上只有 900 人，到 11 月围堰施工，人数突增至 1.62 万人，仅一个月后，人数猛增至 8.70 万人。张体学向周恩来总理汇报工程实施情况之后，来自湖北、河南两省的建设大军迅速达到 10 万人。[3]

周恩来指示是：全部工程分两步走。第一步在 1959 年汛期前把大坝修建到能起滞洪作用，10 月 1 日以前修到 137 米高程，装机一台向国庆 10 周年献礼；第二步在 1960 年 5 月以前全部建成。[4]

大跃进、大兵团、军事化，丹江口水利枢纽工地一派热火朝天，很快快马加鞭、难以回缰。当年主持丹江口工程设计的文伏波院士做如是回忆：

工程上马于"大跃进"年代，不可避免地带有一些激进的时代特征。如在

[1] 参见《长江志・卷四・治理开发》（上）长江水利委员会长江勘测规划设计研究院编，中国大百科全书出版社，2004.1，第 119 页。
[2] 参见《中国水力发电史（1904—2000）》第四册（第一稿），中国电力出版社，2007.5，第 190 页。
[3] 参见《中国水力发电史（1904—2000）》第四册（第一稿），中国电力出版社，2007.5，192 页。
[4] 参见《中国水力发电史（1904—2000）》第四册（第一稿），中国电力出版社，2007.5，192 页。

施工方案上，长江委做出的设计是机械化施工，但实际进行时，湖北省制定了"政治挂帅，加强领导，依靠群众，自力更生，土洋结合，以土为主，先土后洋"的指导方针，没有施工准备阶段，在极短的时间内即组织了鄂豫两省的十万民工，带着极为简陋的工具和少量机械投入施工。在工期上，设计中提出的是在"二五"计划中开工，四年零三个月内完成。但由于受"大跃进"影响，工期一再压缩，致使计划中的施工程序和施工布置也不得不随之改变，数万民工在汉江两岸组成左翼和右翼兵团，同时作战，工程进度虽快，但质量难以保证。可以说工程的指挥和施工从一开始便打乱了设计中的施工部署和施工进度，土法上马，万箭齐发，手忙脚乱。❶

设计与施工矛盾突出，工期一再压缩，大兵团作战；土洋结合，以土为主；施工机械严重不足，技术工人少，新手多；混凝土生产、浇筑操作不熟悉；再加上一再加码抢进度，施工质量就可想而知了。1959 年 6 月和 7 月，湖北省先后组织两次质量检查，发现 1958 年 11 月开工以来历时 7 个月，右岸大坝浇筑的 15 万立方米混凝土，许多达不到设计要求，且均匀性差，初凝冷缝、蜂窝较多。没有散热措施，混凝土入仓温度超过允许温度较多，担心以后产生裂缝。❷

之后，1959 年 7 月，水电部又派出 44 人的质量检查组到工地，成员中还有三名苏联专家，长江委员会办公室林一山、孙晓春、李镇南均为成员。但是因为一期右岸工程施工量小，不宜做出确切评价。检查组的意见与湖北省检查组的结论并无太大差别，总之是混凝土浇筑质量不会太高。关于混凝土温度控制，虽然冷却设备缺乏，但已有的制冰设备闲置一边未投入使用，敦促其尽快投入运行。然后提出若干要求，提高质量认识，施工、设计单位职责明确，建立健全质量检查专门机构和保证工程质量的措施及制度等等。❸

问题出现在二期工程。

---

❶　参见文伏波《回顾丹江口工程的设计工作》，收入《中国共产党与三峡工程》一书，陈夕主编，中共党史出版社，2014.11。

❷　参见文伏波《丹江口工程施工中的质量检查活动》，收入《湖北文史资料·丹江口史料专辑》（1992年第 4 辑，总第 41 辑），政协湖北省委员会文史资料委员会编。

❸　参见文伏波《丹江口工程施工中的质量检查活动》，收入《湖北文史资料·丹江口史料专辑》（1992 年第 4 辑，总第 41 辑），政协湖北省委员会文史资料委员会编。

1960 年，丹江口工程进行第二期施工。此前，庐山会议召开，原定反冒进，转而反右倾，挖出所谓以彭德怀为首的"反党集团"。会议精神传达至工地，工地党委已经头脑发热，此时再度升温，提出"大反右倾，大鼓干劲，大挖潜力，掀起一个以大坝为中心的施工高潮"，全年混凝土浇筑定下指标，必须达到 160 万立方米。

有此高标准，也顾不得许多，水电部检查组的决议被高指标抛到一边，集中全部精力完成这一高指标任务，正在建设的机械化施工砂石系统、混凝土拌和运输系统、制冷系统等基础施工手段放缓建设，大兵团蜂拥工地，靠人力手推车、皮带运输浇筑，水泥中掺入过量烧黏土，混凝土预埋石块没有统一指挥，只看埋入数量。1960 年、1961 年两年浇的混凝土中，架空、狗洞、蜂窝、冷缝、低强、裂缝等事故超过一期施工的混凝土。❶

朱伯芳参加的水利电力部检查科研组就是在二期工程出现严重问题之后来到丹江口工地的。

也是来救火的。

1959 年冬到 1960 年初，汉水与丹水会合之处，连遭寒潮袭击，骤然降温，已经浇筑的混凝土出现大量裂缝，尤其是大坝关键部位 9 到 11 坝段基础楔形梁裂缝，以及第 18 坝段出现的贯穿性裂缝，文伏波形容之为"好比整个坝体竖着砍了三刀"❷，直接威胁大坝安全，如不及时处理，后果不堪设想。

丹江口二期工程事故惊动了中央高层，水利电力部迅速组织检查科研组，实际上就是工作组，派驻工地帮助解决问题。朱伯芳作为混凝土温控专家，在工地上一待就是 5 个月。他一方面要找出事故原因，另外一方面还在帮助确定温控措施。

这个过程其实还很复杂，水电部的工作组还要会同设计、施工单位共同协商解决问题，也就是说，工作组并不起主导作用。三方坐下来，意见并不一致，争论得很厉害。

三方共同去北京汇报，中苏专家会商，争论仍然激烈，最后，关于 9 到 11

---

❶   参见文伏波《丹江口工程施工中的质量检查活动》，收入《湖北文史资料·丹江口史料专辑》（1992 年第 4 辑，总第 41 辑），政协湖北省委员会文史资料委员会编。

❷   参见文伏波《回顾丹江口工程的设计工作》，收入《中国共产党与三峡工程》一书，陈夕主编，中共党史出版社，2014.11。

坝段基础楔形梁的补强方案总算达成一致，但关涉到混凝土温度控制标准，是按常规薄层浇筑还是高块浇筑，还有裂缝的危害性等重大技术问题，在认识上还存在着很大差异，尤其是温控措施❶。朱伯芳他们的意见和建议一时还不能为大家所接受。

关于丹江口工程事故处理的争论，还有一个收获，就是促成 1961 年 9 月在武昌召开有全国专家参加的混凝土裂缝学术会议。主题仍是丹江口工程，争论依然激烈，但比北京中苏专家会商会议更进一步，认为只要从施工质量、控制温度、原材料、结构方面重视，是可以做到不裂缝的❷。

1961 年 10 月，水利电力部致电湖北省委，建议由水电部与湖北省委共同派出工作组，认真检查丹江口质量问题。1961 年 11 月，水利电力部副部长冯仲云带领水电部、湖北省组成的工作组近 70 人到达丹江口，其中有高镜莹、李维弟、黄育贤、覃修典、杨贤溢、曹乐安、朱宝夏等当时全国著名的水利水电专家。工作组夜以继日工作了 20 天，提出书面报告，指出丹江口工程质量事故的严重危害，必须妥善处理，才能保证大坝安全❸。

在朱伯芳看来，混凝土浇筑块裂缝，其产生的原因很复杂，丹江口大坝 18 坝段的裂缝，是属于表面冷却引起的裂缝，寒潮频繁来袭是其罪魁，往往一次大寒潮过后，就会出现一批裂缝；另外一个因素则是年温变化，夏季浇筑的混凝土块，到了冬季，表面温度急剧下降，而内部温度仍较高，也容易引起裂缝。丹江口 18 坝段的侧表面长期暴露，在气温骤降的作用下，出现表面裂缝，以后逐渐增深，最终形成致命的贯穿性裂缝。同样情形，还出现在柘溪水电站第 1、第 2 坝段❹。

这样的贯穿性裂缝威胁到大坝安全，补强处理的工作量很大。9 到 11 坝段的裂缝在高程 85 米以上浇筑混凝土时铺设钢筋，并在 99.60 米至 105 米高程将 9 到 11 号坝段 1 至 4 号坝块并仓，将坝块连成一个整体；19 到 33 号坝裂缝处理则更加"保险"，干脆在迎水面前加做一块底宽 9 米、顶宽 5 到 6 米的防渗板，

---

❶～❸　参见文伏波《丹江口工程施工中的质量检查活动》，收入《湖北文史资料·丹江口史料专辑》（1992 年第 4 辑，总第 41 辑），政协湖北省委员会文史资料委员会编。
❹　参见《大体积混凝土温度应力与温度控制》（第二版），朱伯芳著，中国水利水电出版社，2012.8，第 327 页。

既可防渗，又具防震和增加稳定作用❶。这就相当于给出现事故的坝段披盔带甲，但求万无一失。

产生贯穿性裂缝的 18 号坝段怎么处理的呢？原来的 18 号坝段为溢流坝段，只好改为非溢流坝段，进行补强处理。

丹江口工程因为这个事故一波三折，停工整改，曾有下马之虞，从 1960 年事故出现之后，混凝土浇筑便停了下来，直到 1964 年才复工建设。其间，工程一直受到毛泽东、周恩来、李先念等党和国家领导人的高度关注。1968 年第一台机组发电。而全部建成，则要等到 1974 年。

朱伯芳从 1960 年开始，数次出差到丹江口工地，为事故之后的补强处理以及复工之后的大坝温控做了大量计算，丹江口工程经过补强、整改之后，逐渐走上正轨。文伏波后来回忆：

自此之后，遵照周总理的指示，设计施工通力合作，设计方面抓紧科研设计工作，加强机械化施工的附属企业设计和施工组织设计。施工方面抓紧精简队伍，双方合力搞好质量事故的检查及机械化施工准备，水电部也派出科研组来工地共同研究改进原材料、混凝土拌和、浇筑、保养等一系列工艺流程，修订制度规范。1962 年底长办提出了大坝补强轮廓方案报告上报水电部，据此，设计施工认真地细致地进行了大坝补强处理工作。到 1964 年机械化施工准备工作基本完成，有了保证质量的物质手段。本年 12 月恢复大坝混凝土浇筑，队伍作风大有转变，质量第一的观念深入人心，自复工到完建，大部时间处在"文化大革命"的混乱时期，虽然"怀疑一切""打倒一切"之风盛行，但对质量第一以及相应的规章制度却没有人敢于破除打破。大坝质量良好，蓄水运行至今 20 多年，经历过几次大洪水考验，没有发现什么隐患，大坝安如磐石……❷

文伏波这个回忆写于 1992 年，里面提到的水电部科研组，就有朱伯芳的

---

❶ 参见《中国水力发电史（1904—2000）》第四册（第一稿），中国电力出版社，2007.5，第 199 页。
❷ 参见文伏波《丹江口工程施工中的质量检查活动》，收入《湖北文史资料·丹江口史料专辑》（1992 年第 4 辑，总第 41 辑），政协湖北省委员会文史资料委员会编。

身影在。再过十多年，南水北调中线工程启动，丹江口水利枢纽再一次成为中国水利工程界关注的焦点。丹江口大坝加高，是南水北调中线工程的关键性工程，要在原坝高基础上加高 14.6 米。老坝体已经充分冷却，新浇筑混凝土与老坝之间结合的温控问题成为技术难题，此时，已经在国内外坝工界广有影响的朱伯芳将带领他的团队，受国务院南水北调办公室委托，再次莅临丹江口。

需要说的倒是，1960 年初，朱伯芳在丹江口全身心投入工作，其时正值隆冬，混凝土大坝都架不住寒潮来袭产生了裂缝，朱伯芳也病了，而且病得不轻。十多万民工齐聚工地，一切都为"大坝元帅升帐"而让路，施工条件十分艰苦。当时，当地正流行肝炎，有过血吸病史的朱伯芳的肝已经受过一次损伤，这下子旧病也来凑热闹，旧疾新瘟，重叠而至，别人染上之后，休息几个月也就好了，他便显得特殊，到医院检查，属于迁延性肝炎，就是慢性肝炎。顾名思义，所谓迁延，说白了就是不知道什么时候能够痊愈。

医生诊断无误，朱伯芳在 32 岁染上的肝病，陪伴了他半辈子，一直到 70 岁那一年才彻底痊愈。巧的是，在这个时候，他关于混凝土温度应力与温度控制研究再出成果，"无坝不裂"的世界性难题解决在即。

支墩坝更易裂缝

如果说，丹江口水利枢纽工程的裂缝是"大跃进"冒进的结果，那么，朱伯芳参与解决的另一座工程的大坝裂缝问题就不那么简单了。

这座工程，就是远在东北的桓仁水电站。

桓仁水电站，在辽宁省桓仁县境内，位于鸭绿江支流浑河中游，是规划中浑河梯级开发大型水电站的第一级，也是龙头水库电站。选择的坝型是支墩坝中另一种坝型——"大头坝"。

1958 年"大跃进"高潮，总路线、"大跃进"、人民公社，"三面红旗"猎猎飘扬，"跃进"东风劲吹，东北水电大干快上，最后一片乱局。桓仁水电工程乱象更甚，野蛮施工，争放"卫星"，设计总工程师抗议不起作用，闯进施工现场卧轨，不让混凝土车通过。

朱伯芳前脚被水电部抽调前往解决丹江口裂缝，后脚又赴寒冷的东北来解决桓仁水电工程的问题。这时候，已经是工程开工之后的 1961 年。

降低坝高，降低正常蓄水位，施工局面通过补强与修正，已经大为改观，过去掺有烧白土的混凝土挖除的挖除，灌浆的灌浆，工程质量已与 1958 年不可同日语。但仍然问题很多。

到 1961 年，在已浇混凝土的 14.3 万平方米的暴露面上，共查得大小裂缝 2030 条，其中长度达 15 米、宽度大于 0.5 毫米的较大裂缝占裂缝总数的 9%。裂缝最大长度 20 米，最大宽度 2 至 3 毫米，最大深度 3 到 6 米。这些缝破坏了大坝的整体性，严重影响大坝的正常运行和安全。❶

在朱伯芳看来，桓仁水电大坝此时众多的裂缝与施工质量的关系并不太大，粗糙、野蛮的施工方法只是加重了裂缝发生、开张的程度，问题不止是有没有大跃进、有没有急躁冒进，这种坝型选择本身就有问题，尤其是在寒冷地区采用这种坝型。

坝型为什么会采用"大头坝"，而后来由双支墩改为单支墩呢？当然是为了节省水泥。另外，按照已有的施工经验，大头坝，包括其他支墩坝不像重力坝那样厚，利于施工期降温。当初佛子岭、梅山大坝在选择坝型的时候，利于温控也是考虑之一。但朱伯芳对两座大坝在这方面的经验和教训有切身体会，他经过计算发现，其实支墩坝这种坝型虽利于散热，但并不利于温控，或者说，混凝土的温度控制更为复杂。

为什么呢？

这就又要回到 1957 年朱伯芳关于温度应力的思考上。在研究连拱坝温度应力规律之后，朱伯芳发现，大头坝也并不容乐观。大头坝介于支墩坝与重力坝之间，其断面比连拱坝要厚，比如柘溪大头坝，头部水平尺寸达到 16 米乘以

---

❶　参见《水工混凝土建筑物裂缝分析及其处理》，邓进标、邹志晖、韩伯鲤等编，武汉水利电力大学出版社，1998.12，第 77 页。

14米，施工期内部水化热无法向侧面散发，混凝土最高温度与实体重力坝相差无几，如遇到寒潮，难免产生表面裂缝。蓄水之后，库水温度低，大头内部温度高，在表面产生拉应力，这一拉不要紧，表面裂缝扩展为大的劈头裂缝，危害极大。而桓仁地处东北，冬季气温甚低，施工期已经产生大量裂缝❶。

所以，朱伯芳认为，因为支墩坝结构单薄，对气温变化十分敏感，在寒冷地区是不适宜建造支墩坝的。而在南方气候比较温暖的地区，采取一定措施之后，支墩坝做到不裂缝或少裂缝还是比较容易的。

朱伯芳关于桓仁水电站大头坝的认识，当然有其严格的计算与扎实的经验做支撑。只是当时还没有人能够意识到，常常把裂缝的责任归咎于技术之外的其他原因。其他原因，比如狂热的政治运动，比如狂热的政治运动之下的野蛮施工，但大体积混凝土裂缝问题是自有其规律可循的。

但不管怎么说，桓仁水电站的裂缝已经产生，而且工程的裂缝成为水电建设史上的一个典型案例，朱伯芳前往桓仁水电站出差，也只能做事后的补强加固的工作。根据桓仁水电站的具体情况，后来长春水电勘测设计院主持设计，采用在大坝上游面涂贴改性沥青无胎油毡，并在油毡外现浇混凝土保护层的防渗补强❷。这是另外一个话题，处理起来也颇费周折，不赘。

---

❶　参见朱伯芳《我国混凝土坝坝型的回顾与展望》，《水利水电技术》2008年第9期。
❷　参见《水工混凝土建筑物裂缝分析及其处理》，邓进标、邹志晖、韩伯鲤等编，武汉水利电力大学出版社，1998.12，第77页。

第六章　首创混凝土坝温度
应力理论体系

大　背　景

除古田溪、丹江口、桓仁水电站，朱伯芳还参与解决新安江、刘家峡水电站这些重点工程的技术难题。

他到工地的身份当然是混凝土温度控制专家，然而因为有佛子岭、梅山、响洪甸三座中国最早的混凝土大坝的建设经验，坝体应力计算、地基应力分析、坝体抗震分析等等，凡是关乎混凝土坝的技术问题他几乎都参与过。他在 20 世纪 50 年代末到 60 年代初的若干论文中，有《大头坝纵向弯曲的稳定性》《地震时地面运动相位差引起的结构动应力》《拱坝、壳体和平板的振动及地面运动相位差的影响》《论混凝土坝的抗地震问题》《关于混凝土坝基础断层破碎带的处理及施工应力问题的商榷》等等，从理论层面来探寻混凝土坝应力规律与应力机理，但这些论文的论述与精细计算，莫不与具体的工程问题相对应。

让他揪心的，莫过于大坝的裂缝问题。不被工程师重视的温度应力，被工程主政者轻视甚至忽略的温度控制，还有习以为常、触目惊心、危及大坝安全的一条条裂缝，客观上对朱伯芳和他的团队深入细致研究大体积混凝土温度应力与温度控制起到了非常大的促进作用。

无坝不裂，这是世界性难题。正因为无坝不裂，工程师习以为常，裂多裂少，全凭经验，更凭运气。包括混凝土裂缝，也包括大坝结构应力、地基处理、抗滑稳定、滑坡浪涌等等太多太多的问题横在中国工程师和科学家面前，需要逐一破解，走出困局。

有些问题，耗尽科学家和工程师半生心血，才露出冰山一角，需要几代科学家和工程师合力求证，才最后得解。所以，在国际坝工界，许多工程师不禁

浩叹：坝工学与其说是一门科学，不如说是一门技艺。❶

以混凝土温度控制为例，国际坝工界也是吸取许多教训之后才逐渐认识到，从胡佛大坝（包德尔大坝）开始的水管冷却、柱状分块措施，再到后来的拌和水加冰、骨料预冷却，探索出一些温度控制的措施，并且在冬季施工、混凝土保温方面做了相当有益的探索，但是有的效果好，有的效果差❷。混凝土筑坝技术先学美国，再借鉴西欧，似乎已经站在了巨人肩膀之上，但真正的坝工科学还远未真正建立起来。中国工程师任重道远。

如果说，"大跃进"初期，年届而立的朱伯芳曾经激动甚至积极，那么"大跃进"三年之后，朱伯芳一心向"无坝不裂"的世界性难题发起挑战，其实也有着浓烈的时代背景。

他有一种紧迫感。

从 1958 年到 1960 年间，全国大中型水电工程集中上马，仅 1958 年一年，全国大中型水电工程开工就达 55 座之多，到 1960 年，大中型水电工程开工数达到 63 座，装机总容量达到 1256 万千瓦。比 1949 年全中国水电装机容量的 16 万千瓦，"跃进"了近 78 倍。❸

这是新中国新一次水电发展高潮，给中国的大坝工程师提供着千载难逢的用武之地，中国混凝土筑坝技术也因此跃上了一个新台阶，许多工程的混凝土大坝高度达到和超过 100 米。

新安江水电站，坝高 107 米。三门峡水电站，坝高 106 米。柘溪水电站，坝高 104 米。新丰江水电站，坝高 105 米。刘家峡水电站，坝高 147 米。乌江渡水电站，坝高 165 米。一些中型水电站的坝高也超过百米，比如湖南镇水电站，坝高也在 129 米。❹

这些大中型水电站分布在中国版图的大江大河之上，巨龙被缚，野马回缰，激浪驯服，水流冲击水轮机，将巨大的电能输送到全国的城市和乡村，工厂和田野。

这样的成就，得益于 1958 年 1 月的"南宁会议"，毛泽东拍板确定，"水

---

❶ 参见《千秋功罪话水坝》，潘家铮著，清华大学出版社、暨南大学出版社，2000.5，第 73 页。
❷ 参见《水工混凝土结构的温度应力和温度控制》，朱伯芳、王同生、丁宝瑛、郭之章著，水利电力出版社，1976.9，附录 1-3。
❸ 参见《治国录——毛泽东与 1949 年后的中国》（3），陈冠任编著，中共党史出版社，2014.1，第 775 页。
❹ 参见《中国水力发电史（1904—2000）》第一册（初稿），中国电力出版社，2005.1，第 134 页。

主火辅"为今后中国电力发展的方针。是年 2 月 11 日，水利部与电力部合并，成立综合性的水利电力部，为的就是贯彻"水主火辅"方针。三个月之后的 5 月 11 日，《人民日报》头版头条以《中国开始向电气化迈进》为题，全面报道全国各地水电建设的"大跃进"形势。55 座大中型水电站开工建设，到 1960 年，共有 63 座大中型水利水电工程上马❶。

大中型工程如此，小水电也不甘落后。到 1958 年年底，地无分南北，水无论丰歉，全国小水电星罗棋布，遍地开花。偏远的青海有了数座小水电，辽阔的内蒙古有了小水电，高寒的西藏建起小水电，干旱的山西也有了小水电，四川、山东、辽宁、黑龙江、安徽、浙江、福建、广东、广西、云南、湖南、湖北、河南、河北等等富水省份自不待言，大大小小，坝型不一，土洋结合，方式各异，全国共建成小水电 5586 处，装机容量达到 15.03 万千瓦。❷山庄窝铺被点亮，万年荒沟被唤醒，此种情景赋予作家灵感，创作热情如泉如涌，编成电影叫作《我们村里的年轻人》。当时水电建设的口号是"先上马，后加鞭"，上马加鞭，跃进速度可见一斑。

客观地讲，水电工程大规模开工上马，中国的水电建设水平上到一个新台阶。前面所述百米高坝是成就之一；装机容量在 20 万千瓦以上的水电站有 25 座，刘家峡水电站为自行设计、制造和施工，装机容量超过 100 万千瓦，此为成就之二；混凝土施工机械化水平提高，此为成就之三；科学技术研究与应用进步甚大，其重要标志就是水利水电科学研究院成立。

"水主火辅"方针指引，"大跃进"运动推进，水利水电工程建设掀起高潮，"大跃进"三年上马 63 座大中型水利水电工程，加上 1958 年之前开工和建成的流溪河、新安江、古田溪一级一期、以礼河二级和三级、龙溪河四级等等十余座水电工程，全国大中型水利水电工程已达 80 余座。❸

到 1960 年前后，水电建设大起之后骤然大落，许多项目下马，工程事故增多，工程质量下降，有的不得不停工、返工，甚至废弃。"大跃进"三年，63

---

❶ 参见《治国录——毛泽东与 1949 年后的中国》(3)，陈冠任编著，中共党史出版社，2014.1，第 775 页。
❷ 参见《治国录——毛泽东与 1949 年后的中国》(3)，陈冠任编著，中共党史出版社，2014.1，第 775-776 页。
❸ 参见《中国水力发电史（1904—2000）》第一册（初稿），中国电力出版社，2005.1，第 140 页。

座大中型工程上马，到 1961 年，陆续有 36 项缓建，规模达到 969 万千瓦，占到"大跃进"开工规模的 77.8%。❶

全国水利水电工程大起大落，不过是"大跃进"给工业、农业和整个国民经济造成的恶果之一，或者说是恶果之一端。三年"大跃进"，造成国民经济比例严重失调，基建规模过大，粮食缺乏，通货膨胀，市场供应紧张，人民生活困难，全国人民和整个国家的国民经济将度过 3 年漫长的"三年自然灾害"。❷

水利水电工程的大起大落，原因多多。地方电力负荷估计偏大，提出过于巨大的电力要求，导致大批工程上马；大批工程上马，基建投资猛增，远超国力，破坏了国民经济比例关系，大批工程复又停建；天灾人祸，建设资金及原材料、设备极度缺乏，效率低下；规划设计并不成熟，求电心切，边勘测、边设计、边施工"三边"工程仓促上马，导致开工后出现重大问题；先上马，后加鞭，追求进度"放卫星"，忽视工程质量，不得不下马；对水库移民和淹没认识不足，对困难估计不足，移民费用严重偏低，导致一直不能施工。❸

林林总总，诸般如此。

所有原因归结起来，其实还是缺乏科学的精神：宏观上没有科学规划，具体工程缺乏科学的规范。

在这种情况下，中共中央决定对国民经济实行"调整、巩固、充实、提高"的方针，国民经济逐渐转入新轨道。❹

具体到朱伯芳所在水利水电科学院，他们能够在八字方针的指导之下，根据"大跃进"工作出现的一系列科学和技术问题展开细致而深入的研究。朱伯芳带领的混凝土温度应力和温度控制研究小组，继续他从 1956 年即开始的混凝土温度控制研究。

翻捡朱伯芳 1964 年之前的论文，关于混凝土温度应力分析和温度控制的计算与分析的论文占到大多数。除了 1957 年调任北京之前的《上犹水电站水工结构物中大体积混凝土浇制的初步经验介绍读后》《混凝土坝的温度计算》《有内部热源的大块混凝土用埋设水管冷却的降温计算》之外，尚有：

❶　参见《中国水力发电史（1904—2000）》第一册（初稿），中国电力出版社，2005.1，第 140 页。
❷　参见《科学发展观的历史考察》，张葆春著，经济日报出版社，2014.7，第 75 页。
❸　参见《中国水力发电史（1904—2000）》第一册（初稿），中国电力出版社，2005.1，第 140 页。
❹　参见《科学发展观的历史考察》，张葆春著，经济日报出版社，2014.7，第 75 页。

《建筑物温度应力试验的相似律》《国外混凝土坝分缝分块及温度控制的情况与趋势》《混凝土坝施工中相邻坝块高差的合理控制》《对宽缝重力坝的重新评价》《混凝土坝施工中相邻坝块高差的合理控制》《数理统计理论在混凝土坝温差研究中的应用》《重力坝和混凝土浇筑块的温度应力》数篇。

值得注意的是，朱伯芳关于徐变对非均质黏弹性结构的应力与位移的研究有了开拓性突破，《在混合边界条件下非均质黏弹性体的应力与位移》是一篇非常重要的论文，该文发表于 1964 年。

这批论文，是朱伯芳和他领导的研究小组的一批科研成果。这些关于混凝土温度应力和温度控制的内容，后在 1964 年结稿、1966 年交付出版社的《水工混凝土结构的温度应力和温度控制》一书中出现。

梳理出的朱伯芳此一时期的论文，大致上能够反映出作者数年之间思考和探索混凝土坝工技术，尤其是混凝土温度应力和温度控制的脉络，这些研究成果将构成《水工混凝土结构的温度应力和温度控制》一书的精华。事实上，这些论文关于混凝土温度应力的精细化计算与分析，已经代表了这一研究领域的国际领先水平。

从事科学研究工作的人都知道，单篇论文的原创意义要强于系统庞大的专业著作。列一个论文发表的时间表是容易的，看起来似乎也平淡无奇，然而，任何一项成果的取得，任何一个理论解的推导，浸透着研究者多少辛劳与乐趣，一般人想象不出。

朱　工

由中国科学院和水利电力部共管的水利水电科学研究院发展非常之快，在很短的时间内就成为中国水利水电科学研究的中枢机构。到 1966 年，水利水电科学研究院经过 8 年发展壮大，全院职工由建院之初的 461 人，增加到 1148 人，其中技术干部 594 人，占总人数 51.7%❶。在国家部委和党政军机关"大院"林立的首都，拥有千人的水利水电科学研究院"大院"也够庞大。

当时的水科院大院和今天的格局大致相同，不是一个独立大院，而是由合并前的水利部水利科学研究院，与燃料部水电总局水电科学研究院原址构成。水利部水利科学研究院位于北京车公庄西路 20 号，习惯上称为"北院"，合并之前，仿苏俄风格建起办公大楼，至今仍是中国水利水电科学研究院的地标性建筑；燃料工业部水电总局设立的水电科学研究院则位于复兴路甲一号，玉渊潭公园旁边，习惯上称为"南院"。

结构材料所因为是在水电科学研究院结构材料研究室基础上组建，所以三家科研单位合并为水利水电科学研究院之后，一直在"南院"。跟中国所有的机关大院一样，大单位，小社会，出门便是单位，下班便是回家，家和单位都在一个大院里。

朱伯芳住的是南院家属院的两间平房，外加四分之一间的储藏室。每一间房子有 14 平方米左右。1956 年，北院曾盖过几栋家属楼，一个单元里住几户人家，共用厨房与卫生间，非常拥挤。刚调北京，院里曾分给他一间，他一看这个情况，就没有要。平房的条件差，可毕竟比单元楼要多几个平方米。多几个平方米对朱伯芳的意义就太大了，一来他的书多，可以归置在一起；二来，还可以腾出一块相对清静的地方学习、思考、推导、撰写论文。

南院的平房条件确实差，可比起当年佛子岭、梅山工地用竹子和茅草搭建的临时工区房就不知道好到哪里去了。地面不平，他买了一些水泥抹了抹，再用旧报纸糊一下顶棚，总算有了家的模样。

朱伯芳调任北京，夫人易冰若随之也被安排到结构材料所实验室做实验员，从安徽调到北京，做的工作与淮委设计院相同。两口子都要上班，朱伯芳经常出差在外，只能将易冰若的母亲也带到北京帮着照顾家庭。这样，一家五口人，住在不到四十个平方的平房里，当然就局促了。但在当时的北京，这样的居住条件虽不能说好，但绝不能说坏。一家如此，家家如此，见怪不怪。

---

❶　参见《辉煌五十年——中国水利水电科学研究院组建 50 周年纪念（1958—2008）》（内部资料），2008.8。

20 世纪五六十年代，"大院"遍及京城和各大城市，每一座"大院"因为性质不同，会呈现出不同的"大院"文化景观，氛围、节奏、秩序、色彩、口头禅，甚至弥漫在空气中的气味都不同。以相互之间的称呼为例，每一大院里会传达出每一大院的文化内涵。

水科院是科学研究机构，大家见面，互称"某工"，朱伯芳被称为"朱工"，夫人易冰若则被称为"易工"。大家都是工程师，或以工程师自期并自许，"某工"这样的称呼，虽然呈现出来的是专业特色，却也有传统秩序里称公道老的恂恂古风，相互客气，也是相互尊重。

正如朱伯芳后来回忆，且不说水科院，就是在结构材料所里也是人才济济，有留学背景的工程师有 11 位之多。朱伯芳没有留学背景，大学还没有读完，甫入水科院，职称由八级工程师降为九级，后被"拔白旗"。在人才济济的水科院，他的风头并不很健，再加上多病体弱，简直称得上平凡。

朱伯芳在 1960 年之前，频繁出差，一走就是半月十天，甚至几个月，当时中国在建的混凝土大坝工地几乎都留下过他的影子。这些，当年在水电工地施工的组织者和设计人员都还留有记忆，但水科院大院里的人并不知情。回到水科院，他又几乎循规蹈矩，少言寡语，上班下班，仍然不能引起大家太多关注。他像其他同事一样，承担着研究小组的科研任务，同时还是丈夫、父亲，取水、买粮、备冬天的大白菜、拉蜂窝煤，莫不亲力亲为。只是大家发现，朱工在做这些琐碎事情的时候，只要有一点点空隙，他手里总拿着一本书。

这样在闹市里苦读的镜头在 20 世纪 80 年代初，随着徐迟的《哥德巴赫猜想》洛阳纸贵，曾是一代求知若渴的青年景仰的生活情景。但在 20 世纪 50 年代，至少在水科院这样一个工程师云集的大院里，毕竟不奇怪，只是大家都好学，没有到朱伯芳这种地步。或者，大家更愿意将此视为朱伯芳低调生活态度的表现之一。

大院虽然是一个庞大的科研机构，烟火气还是很浓的。当年，朱伯芳的女儿慧玲和儿子慧珑随母亲和姥姥定居北京，两个孩子都还小，大的刚刚懂事，小的牙牙学语。这个充满着天伦之乐的家庭，也是水科院大院气氛一个小小缩影。

朱慧玲回忆"文革"前他们家的生活，谈的是父亲对她姐弟俩的教育，可以从一个侧面还原当年的生活状况。

当年，院里的孩子也多，南院又在玉渊潭边，当年还空旷得多，被水泥丛林包围是很后来的事情。那真是孩子们的乐园。朱慧玲带着弟弟和大院里的孩子们每天在外头疯着玩，很晚才回去。

朱慧玲回忆起当年，说她当年就是一个男孩子性格，和南院的一群小孩子跑，打打闹闹。有一次在外头掉进一个泥坑里，从坑里爬起来已经是一个泥猴。回家父亲一看，大惊：女孩子怎么可以这样子，将来可怎么办啊！

父亲这样担心，也采取相应措施。那时候朱慧玲不过是四五岁的样子，朱伯芳并不是严厉的家长，倒不是老秀才家出身就有封建思想，他只是觉得女孩子应该有女孩子的样子。女孩子应该是什么样子？反正不是眼前这个样子。朱伯芳上街买了毛线，让四岁的女儿学织毛衣。他给女儿布置任务，任务也不重，每天织两寸，织好两寸，可以到外面玩。

四岁的孩子怎么可以干这种活？小手儿拿着毛衣针，拿龙架虎，以为比你们建城墙那样厚实的大坝更容易？也是慧玲给姥姥撒娇，姥姥也不忍心让这小人儿做大人活计，趁女儿女婿两口上班帮着慧玲织好两寸放在一边。奈何老太太和小姑娘手上的力道差别太大，两寸毛衣拉在手里的感觉就不一样了。朱伯芳回来检查，上手拉一拉，问女儿：这是姥姥织的吧？

这还用问？答案在问话里。但做父亲的说："今天可以啦，明天不可以啊！"

织毛衣之外，还买来棉线织手套，这样下来，朱慧玲知道做完事情才可以出去玩的，而且慢慢地，对待手里的事情开始专注、开始认真、开始琢磨，开始懂得一些事情。到上小学，每逢周六，父亲让她帮妈妈做家务，打扫卫生，拖地，洗衣服，涮尿盆，什么都干。干完活之后，会有惊喜，让她穿上漂亮的衣服到外面玩去，去溜冰场、游泳池、公园。

再后来，干脆买一块花花布回来，让她自己蹬缝纫机做花裙子。你喜欢做成什么样子就做成什么样子，父亲母亲并不过问，也不指责。丑一些他们会笑，做漂亮合身了，他们还会笑。

从七岁开始，朱慧玲就开始做饭炒菜，承担起家里购买粮油杂货的任务。那时候粮、油、糖，甚至芝麻酱都是凭票供应的，粮本和各色购物本、证、票就揣在她身上，俨然小管家。小学是在羊坊店小学，离木樨地的南院有三站地远，粮店就在小学旁边，每天放学，可以买五斤粮食回家，从此朱伯芳就不必排队去了。

朱伯芳少年时期，祖父、父亲对他基本上也是放养式管理，他做什么想什么，并不怎么过问。对待子女，他也同样不怎么过问，朱慧玲说，父亲对她放权，甚至有些放任。这当然是对老朱家遗传基因很放心，学习差不到哪里去，只要按时完成作业老师不找家长就成。家里置买粮油的钱也放心地交给女儿，他只嘱咐女儿，粮本不能丢，购物本不能丢，这两样东西要看紧了。这两样东西如若丢了就麻烦了，钱丢一点没关系。

慧玲还真的丢过两回东西，一回是一只买芝麻酱的盒子，另一回丢过八块钱。丢物且丢钱，小姑娘自是忐忑，可做家长的居然视而不见，像没发生过一样，不批评，不戳穿。实在憋不住，朱伯芳这样说女儿："不错，没把那个粮本和购物本丢了，这就很好——下次注意就行了。"

朱慧玲的回忆固然是水科院朱家的家风与家教，可从一个侧面能够看出"朱工""易工"工作还是蛮紧张的。朱慧玲记得，她上幼儿园，总是第一个被家长送来，最后一个被家长接走。父亲每天早上四点钟起床，或是学习俄语、日语，或是翻检资料，总之是手不释卷，埋首书海。

从佛子岭时代开始，朱伯芳已经养成利用下班时间学习的习惯，或恶补数学力学，或学习俄语、英语，数十多年雷打不动。到北京安家，两个孩子长大，女孩子慧玲已经淘得像个男孩子，男孩子慧珑当然也不肯落后，姐弟俩相差两岁，玩着玩着就吵起来。女儿仗着自己是女儿，理占三分，弟弟仗着自己小，又寸分不让。两个孩子吵，朱伯芳也不管，分歧在争吵过程中自己会解决。

家里每天热闹得紧，朱伯芳下班之后雷打不动的四个小时学习时间就大打折扣。他只能调整战略，晚上学习两三个小时，很快就寝，早上四点起床，或在家里读俄文，或穿过家属院到到结构材料所办公室去学习。凌晨四点钟，还很早的，在水科院，怕只有朱伯芳一个人才知道，鸟儿在清晨发出第一声清脆叫声的准确时间。到别人陆续来上班，他已经在办公室里学习了四个小时。即便是出差丹江口染上肝病，医生一再叮嘱他，必需每天上半天班，休息半天，他也不曾停下来。

也不仅是朱伯芳，朱伯芳带的团队都有这样的习惯。当年出差在丹江口，王同生、丁宝瑛他们也都去了。那年夏天特别热，鄂北的气温高达 40℃，工地既无制冷设备，又无冷饮祛暑，连电风扇都没有。朱伯芳和王同生他们每天晚上还要看几个小时的书。窗外溽热难当，屋内汗流浃背。整个夏天，天天如此。❶

这个习惯，或者说是朱伯芳"钟摆"，不是摆动一天两天，而是一辈子，直到晚年都如此。

有一次，儿子朱慧珑携太太由美国回国探亲，太太不知道朱伯芳早起这习惯，早上四点钟忽然推醒身边熟睡的朱慧珑，说外头听见有动静，是不是门没有锁好进贼了？朱慧珑侧耳倾听，复又放心躺下，对太太讲："这是咱爸起来学习的，他每天都这样。"

朱伯芳晚年说起自己的学习，对自己的学生讲，他初在京华待了十多年，没有到过八达岭长城这些地方。一次都没有去过。

按说，朱伯芳并不是一个古板到对名山胜水非常漠然的人，相反，对名胜古迹颇有兴致。当年赴上海参加高考，要途经杭州，曾流连于西子湖畔湖光山色，潮涌如奔钱塘江，钟声悠扬灵隐寺。他常常跟人说起杭州西湖风光，便是此行留下来的印象。何况，他还喜欢摄影，佛子岭上，梅水坝前，响洪甸水库，一群年轻大学生稚气未脱，英姿勃发，他的笑容像那个时代一样纯真和向上。

京华十载，他竟未去过长城，当别人利用周末去城郊远足，他正提着一只暖壶和两个馒头前往北京图书馆的路上，他将在那里以自己的方式度过礼拜天整整一个白天。

说起这段经历，别人啧啧称奇，朱伯芳倒不以为意，如实答来："实在是舍不得时间。去一趟八达岭，来回一天；到一趟颐和园，也是一天。几个一天下来，多少时间浪费掉了？"

这样的学习安排效果当然是明显的。1961 年，他托人找来当时北京大学数学力学系的全部课程表一对照，惊喜地发现，从 1951 年开始坚持自学，北京大学数学力学系的课程，除了微分几何没有学过，其他课程全部自学完成。

为什么选择北京大学数学力学课程做参照呢？道理很简单，北大的数学力

---

❶　参见朱伯芳《科研工作一夕谈》，《中国水利》1992 年第 4 期。

学系，在当时国内是最强的。这个参照具有相当的权威性。

北京大学数学力学系的训练甚为严格，1955 年起为 5 年制招生，1956 年开始一直到"文革"开始的 1966 年，则按 6 年学制招生。❶

也就意味着，朱伯芳经过整整十年自学，完成了北京大学数学力学系 6 年的全部课程与数理训练。岂止如此，他所学过的数学和力学知识，有的还不在北大数学力学系的课程设置里面。

他在一篇文章里列过一份自学清单。

1951 年至 1955 年：坝工学、混凝土学、弹性力学、板壳力学、结构动力学（抗震）、工程数学。

1955 年至 1961 年，塑性力学、粘滞弹性力学、混凝土徐变理论、混凝土性能、热传导理论、断裂力学、热力学、积分方程、偏微分方程、积分变换、变分法、复变函数、数值计算方法、矩阵、张量、概率论、数理统计、随机过程。等等。❷

工程设计，尤其是土木工程设计，工程师的数学力学知识结构，常常是随着工程具体技术问题走的，千般寻找，突击恶补，解决完题如释重负，不可能深入下去，往往浅尝辄止。1961 年的朱伯芳，通过自学完成的数学力学训练，已非一般工程师可比，在水科院也属罕有。诚然，也同一般土木工程师一样，朱伯芳绝非为学习而学习，其获得知识的动力莫不源于具体工程技术的困惑，他会将单纯的工程技术问题上升到一个理论高度加以考量，或者，单纯的工程技术问题被朱伯芳完全放在一个全新的理论视野里了。

更何况，参加过新中国最早的三座混凝土大坝的设计和施工，这样的知识构成显然意义非凡。

所学，皆因有所用，这样自学得来的知识显得驳杂而庞大，有时候很难判断他的学术背景与学术体系，大致属于"野路子"。野路子，正路子，条条道路通向具体工程。朱伯芳的知识体系与知识结构，几乎都与混凝土坝和混凝土结构应力相契合。

1987 年，贾金生和饶斌考取朱伯芳第一批博士生，来北京参加考试，一看

❶ 参见《近代力学在中国的传播与发展》，武际可编著，高等教育出版社，2005.11，第 156 页。
❷ 参见朱伯芳《科研工作一夕谈》，《中国水利》1992 年第 4 期。

朱伯芳的招生简章，有些犯难。一般考试，范围都很集中，多深多难的考题都在体系里面。朱先生考的相当分散。数学，考微积分、线性代数、复变函数、变分法，五个数学分支同时出现在考题里；力学，结构力学、材料力学、塑性力学、弹性力学，几大力学分支都要考。这些在朱伯芳的知识结构里属于应有之题，但对于参加考试的人来说，复习起来就很难了。贾金生和饶斌两个都很感慨：这不是朱先生要求学生太高，而是他本人的门槛就高。❶

上班，出差，日常，朱伯芳在水科院里人们的印象中基本属于那种循规蹈矩的人，除了在组里认真工作，跟人交往也不甚多，说起技术问题、计算问题声音洪亮，平时则沉默寡言，比沉默的大坝更加沉默。寒来暑往几年下来，这个并不特别引人注目的"朱工"还是不由分说进入大家的视野。他领导的混凝土温度应力研究小组很快脱颖而出，成为结构材料所里出成果最多的一个研究小组，他和小组里的丁宝瑛、王同生、郭之章四人被称为结构材料所的"四大金刚"。❷朱伯芳领导的这个团队，把混凝土温度应力和温度控制的研究做到国际领先水平，因而这个团队也是水科院公认的具有国际领先水平的一流团队。

前面说过，朱伯芳调任水科院之后，被分配到结构材料所，结构材料所下设六个专业组，朱伯芳在第四专业组，留美归国的朱可善先生任组长，主管预应力混凝土结构研究，朱伯芳任副组长，主管混凝土坝温度应力。朱伯芳的小组以3个大学生为主，3个中专生做助手，共7人。3个大学生就是"四大金刚"中的丁宝瑛、王同生、郭之章。

小组虽然有科研专攻方向，却还不是单纯的学术研究机构，除了混凝土温度应力分析和温度控制，还承担有相当具体的科研攻关任务。从朱伯芳这一时期发表的论文来看，温度控制之外，还有地基基岩处理、抗滑稳定、大头坝纵向稳定、坝体抗震、岩体压力、混凝土徐变等内容，这些论文所论述的问题也绝不仅仅是从理论到理论的纯学术研究，都是在频繁出差各大中型水电工地时遇到的各种具体的工程技术问题。

当然，应该注意到，这些论文所涉及的内容，朱伯芳在日后漫长的日子里还将继续探寻下去，包括混凝土温度应力和温度控制理论在内，他在好多领域

❶ 中国工程院院士采集工程贾金生访谈。
❷ 中国工程院院士采集工程王国秉访谈。

已经做了具有开创性的工作。

频繁出差，还参加各种工程的审定与工程咨询，朱伯芳和同事们的工作压力实际不小，每天工作都在 12 个小时以上，被各种各样的技术问题纠缠。

此种压力不独朱伯芳他们有，这种工作节奏其实是每一个水电工程师的工作常态。工程师们感慨，即便把一天二十四小时都用在计算上，都嫌不太够用。心无旁骛，分身乏术。所以，面对朱伯芳这样既从事具体工程设计，又著述等身、成果浩瀚的大师级人物，工程师们都惊叹不已，简直非人，简直天人转世。

1964 年，朱伯芳领导的混凝土温度应力小组完成《水工混凝土结构的温度应力与温度控制》一书初稿。

1966 年 5 月，书稿定稿，出版社排出清样，朱伯芳校订完成，准备付印。

同月，"文化大革命"爆发，这本国际上第一部混凝土温度应力和温度控制的专著的命运就可想而知。书稿被放在出版社，朱伯芳后来去问，说是找不到了，丢了。8 年之后的 1974 年[1]，编辑惊喜地告诉朱伯芳，清样找到了。其时，朱伯芳正从三门峡回北京出差，他听到消息也同样惊喜，将清样拿回来，再行修订增益。而著作问世，则要等到 1976 年 9 月。

十年过去了。

首创混凝土坝温度应力理论体系

混凝土坝温度应力理论体系的建立

全世界的混凝土坝实际上是无坝不裂，如何解决大坝裂缝是一个世界性难题。经过佛子岭、梅山和响洪甸三个工程的实际锻炼，朱伯芳具备了一定的实

---

[1]　参见《水工混凝土结构的温度应力与温度控制》，朱伯芳、王同生、丁宝瑛、郭之章著，中国水利电力出版社，1976.9，前言。

际经验，通过刻苦自学，掌握了较好的数学力学基础，而且治淮六年实践，感觉到自己具有一定的攻坚能力，因而他决定向大坝裂缝这个世界难题进行冲击。后来的事实证明，这个决定是正确的，但也是艰难的，经过多年的努力，解决了这个难题，取得了消灭大坝裂缝的重大胜利，但付出的劳动也是巨大的。他们在混凝土大坝温度应力方面进行了以下工作。

（1）建立了混凝土大坝温度应力的精细算法和软件。

1955 年在混凝土坝温度控制方面只有美国悬务局 1949 年出版的 *Cooling of Concrete Dam* 一本书，此书完全没有接触温度应力，只介绍了温度场的一维解法，依靠这本书，当然无法解决混凝土坝的温度应力问题。

他首次把有限单元法引入混凝土坝的温度应力，建立了基于有限元法的混凝土坝温度徐变应力精细计算方法，当时如果有计算机语言的话，就会接下去把计算程序编出来，但当时还没有计算机语言，用二进制方法编制计算程序，1+2=3 都要走十几步，编制有限元计算程序的工作量非常大，当时宋敬廷还在工地混凝土浇筑队劳动锻炼，朱建议设计院把宋调来与他合作，编制了五个有限元程序，其中混凝土坝温度徐变应力计算程序，可以考虑气候条件、施工进度、温控方法和材料特性，计算混凝土坝从施工到运行各时期的应力，如果发现拉应力超过允许应力，可以采取措施把过大的拉应力降下来，从而避免了裂缝。他 1974 年在全国水利水电计算技术交流会上发表了计算方法并无偿公布了计算软件，使我国混凝土坝温度应力计算水平大幅度提高，实际上达到了当时国际领先水平。不但三峡、乌江渡等一系列大型混凝土坝采用他们程序计算，许多中型工程也应用他们的程序进行计算。

（2）首创混凝土大坝温度控制三准则。

朱伯芳提出混凝土坝温度控制三准则如下。

准则一"全面控温、长期保温"。在混凝土坝施工过程中，往往来一次寒潮就出现一批裂缝，施工人员在大坝的顶面工作，当然最容易发现这些裂缝。因而当年曾流行一种看法：裂缝出现在龄期 28 天以内，28 天以后无须保温。这种看法当然是错误的，实际上温度应力最大、最容易出现裂缝的时间是当年和次年冬季遇到寒潮时，因而他提出"全面温控、长期保温"的正确理念，提出利用泡沫塑料进行表面保温，施工方便，价格低说廉，效果很好。

准则二"早冷却、小温差、慢冷却"。过去传统是在接缝灌浆之前进行一次冷却，把混凝土温度从最高温度降低到坝体稳定温度，然后进行接缝灌浆，温差大，冷却时间短，拉应力大，易裂缝。朱伯芳提出"早冷却、小温差、慢冷却"的温度控制准则，在浇筑新混凝土时即开始水管冷却，水温与下层老混凝土的温差不超过 5℃，水温逐步降低，在接缝灌浆前使混凝土温度降低到坝体稳定温度，因此，冷却时间长，降温速度慢，在不影响坝体接缝灌浆时间的前提下，大幅度减小了温度应力。

准则三"适当控制冷却层高度"。如果在接缝灌浆前混凝土温度仍超过坝体稳定温度，需要进行二次冷却，这时需要控制冷却层高度，如果冷却层太薄，因上下两面都受约束，约束作用大，易裂缝。朱伯芳建议冷却层高度ΔH 不宜小于浇筑块宽度 L 的 0.40 倍，即

$$\Delta H \geqslant 0.40L$$

实践经验表明，上述温控三准则对于混凝土坝的温控防裂是十分重要而且有效的。

（3）建立拱坝温度荷载的正确计算方法。

1985 年以前，拱坝温度荷载采用美国垦务局经验公式计算，该式具有下述缺点：①没有考虑上下游温差，②没有考虑坝址气候条件。

朱伯芳提出拱坝温度荷载新的计算公式如下：

$$\left. \begin{array}{l} T_m = T_{m1} + T_{m2} - T_{m0} \\ T_d = T_{d1} + T_{d2} - T_{d0} \end{array} \right\} \tag{1}$$

式中：T_m 为拱剖面平均温度；T_d 为拱剖面等效上下游温差。

计算中不但考虑了坝体厚度，还考虑了上下游温差和当地气候条件，这套计算公式已为我国拱坝设计规范采用，应用多年，效果良好。

（4）提出各种水工结构的温度应力计算方法。

朱伯芳提出了重力坝、拱坝、支墩坝、船坞、水闸、隧洞、地基梁等各种水工建筑物温度应力计算方法，发表温度应力论文 61 篇。

（5）提出库水温度计算公式。

库水温度是混凝土坝运行期的重要边界条件，以前没有计算方法，朱伯芳提出了一个较好的计算公式如下：

$$T(y,\tau)=T_m(y)+A(y)\cos\omega(\tau-\tau_0-\varepsilon) \tag{2}$$

$T(y,\tau)$ 为水深 y 时间 τ 的水温，计算简便，符合实际观测资料，获广泛应用。

（6）出版混凝土坝温度应力著作三本。

（i）朱伯芳，大体积混凝土温度应力与温度控制（1999 年 1 版，2012 年 2 版）；

（ii）朱伯芳，王同生等。水工混凝土结构的温度应力与温度控制（1976 年）（本书于 1966 年交稿，由于"文化大革命"的冲击，推迟到 1976 年出版）；

（iii）Zhu Bofang（朱伯芳），Thermal Stresses and Temperature Control of Mass Concrete，Elsevier，2014，New York。

其中第 i 本书，多次被评为全国建筑专业被引用最多的十书之一。

在 1995 年以前，只有美国恳务局编著的 Cooling of Concrete Dam 介绍了一些简单的温度场计算方法和苏联发展的嵌固板和自由墙的一维温度应力计算方法，对于二维和三维的混凝土温度应力基本处于空白状态。经过他的系统工作，建立了完整的混凝土温度应力理论体系，在其指引下，我国已在世界上首次建成数座无裂缝混凝土坝，解决了混凝土坝裂缝这个世界性难题。

回过头再说《水工混凝土结构的温度应力与温度控制》这本书。

"文革"爆发，出版搁浅。一搁就是十年。十年之后出版，朱伯芳在原稿基础上增加了两章。其时，朱伯芳已经离开北京，在三门峡黄河边的大安村钻研有限单元法解决具体问题，另一部重要著作《有限单元法原理与应用》正着手撰写。增加的两章分别为第七章"计算混凝土温度场的有限单元法"和第十三章"计算温度应力的有限单元法"，还在个别章节里加入了有限单元法计算，使这部关于混凝土温度应力和温度控制的著作内容更为饱满。

有限单元法对混凝土坝的应力分析的意义，在后面要专章说道。

即便撇开后面加进去的有限单元法计算，1966 年定稿的《水工混凝土结构的温度应力与温度控制》依然拥有庞大的构架，全书共 25 章 158 节，另外还有"国外混凝土坝裂缝概况""国外一些混凝土坝温度控制情况""国外混凝土坝分缝分块及接缝灌浆温度""国外混凝土坝冬季施工实例"四个附录，计 70 余万字，工程可谓浩大。

这是朱伯芳带领他的团队向"无坝不裂"的世界难题第一次冲击的成果，

世界上关于混凝土坝温度应力的理论体系从这本书开始建立起来。

从 1960 年开始，也就是在全国水利水电工程，尤其是水电工程在 1960 年前后进入低潮，国家开始"调整、巩固、充实、提高"，朱伯芳领导的科研小组不再像救火队一样无序，说不定什么时候就被抽调到水电部工作组，拔腿就走，归期无定。现在，科研环境相对要好些，他们开始着手总结和分析前数年间中国混凝土坝的温控措施和裂缝产生的原因。也是在这几年间，朱伯芳给出一整套混凝土坝温度徐变应力的具体而实用的计算方法，使这部著作具有了灵魂性指导和结构性支撑，世界现代坝工领域混凝土温度应力和温度控制的理论首次建立起来。

尽管这部著作问世被推迟了十年，由于朱伯芳已发表多篇论文，中国工程师能够拥有一套实用的混凝土温度应力和温度控制的计算方法却并不迟。朱伯芳的关于一期冷却水管的计算方法、关于相邻坝块高差合理控制的计算方法、关于建筑物温度应力试验的相似律、关于重力坝和拱坝混凝土温度应力的计算方法、关于混凝土温度徐变引起的应力与位移的定理证明等论文早已发表，为坝工工程界认可并广泛采用。

此时，温度应力，这个遍布于混凝土内部的隐秘应力，像迷走神经一样不可捉摸的事物，经过朱伯芳他们抽丝剥茧，追踪梳理，开始呈现出它的规律性。

在大体积混凝土中出现的裂缝，按其深度不同，一般可分为贯穿裂缝、深层裂缝和表面裂缝三种。不论哪种裂缝，都有温度应力在里面兴风作浪。

混凝土产生裂缝的原因有多种，主要是温度和湿度变化，还有混凝土的脆性和不均匀性，以及分缝分块不妥当和结构形式不合理。除此之外，有原材料不合格（如骨料碱性反应）、模板走样、基础不均匀沉陷等等。原因种种，其实主要还是温度与干缩。❶

为什么呢？朱伯芳在 1956 年、1957 年发表的几篇论文里已经阐述得非常清楚，在这部著作中，有进一步分析。

混凝土硬化期间，水泥放出大量水化热，内部温度不断升高，在表面引起拉应力。

---

❶ 参见《水工混凝土的温度应力与温度控制》，朱伯芳、王同生、丁宝瑛、郭之章著，中国水利电力出版社，1976.9，第 1 页。

后期降温过程中，受地基或老混凝土约束，又会在混凝土内部出现拉应力。

拉应力超过混凝土的抗裂能力时即产生裂缝。

钢筋混凝土的拉应力，主要由钢筋来承担，混凝土只承压应力。但大坝工程多是素混凝土，素混凝土没有配置钢筋，如果结构中出现拉应力，则须依靠混凝土自身承受，因此在设计中，要求不出现拉应力或者只出现很小的拉应力。但智者千虑，必有一失。在施工过程中，从最高温度冷却到运行期的稳定温度，往往在混凝土内部会引起相当大的拉应力；运行期外界气温和水温变化仍然会引起拉应力。

温度应力无处不在，温度变化对大体积混凝土结构应力状态影响之巨，有时可以超过其他外部荷载所引起的应力之总和。故而掌握温度应力变化规律，对进行合理的结构设计甚为重要。

他们曾对国内某重力坝孔口应力做过研究，按照产生应力大小排列，各种荷载依次为：温度、内水压力、自重、外水压力。不独如此，温度应力要比其他各种荷载应力的总和还要大。❶

根据温度应力发展过程与引起温度应力的分布规律，这本专著对温度场有详尽分析。根据当地气候条件、施工方法及混凝土与水泥热学特性，按热传导原理进行计算，最后将问题归结于在给定边界条件和初始条件下求解一个热导方程。

然后，根据已知的温度场去分析温度应力。这是一个甚是庞大而复杂的工作，在比较简单的情况下才能得到理论解，而大多数情况下需依靠数值计算。

在分析温度应力的过程中，应充分注意到徐变对温度应力的影响，一般采用松弛系数法进行计算。

朱伯芳从 1962 年开始，即注意到徐变对非均质结构应力重新分布的问题，1964 年，他发表《在混合边界条件下非均质黏弹性体的应力与位移》，提出并证明在非均质结构中徐变的两个定理，使得长期困扰工程界的徐变对非均质结构的应力与影响问题在理论上得以厘清。

---

❶ 参见《水工混凝土的温度应力与温度控制》，朱伯芳、王同生、丁宝瑛、郭之章著，中国水利电力出版社，1976.9，第 2 页。

什么是非均质结构的徐变呢？

工程师们都知道，混合结构是工程上广泛采用的结构形式，钢筋混凝土、预应力混凝土和钢木混合结构等等均属于非均质结构。而建筑材料中，混凝土、石膏、木材等等大都具有徐变特性，因而结构内部的应力将随时间而重新分布。另外，许多结构内部可能是均质的，但它要支撑在弹性支座上，边界条件是混合的，这种结构的内部应力也会随着时间而重新分布。因此，徐变引起的应力重新分布是普遍情况。❶

徐变，是时间与应力合谋的结果。徐变亦称为"蠕变"，20 世纪 50 年代，国外学者即开始注意这一问题，但一直没有得到很好的解决。

混凝土由水泥、砂、石子和水构成，在载荷作用之下，混凝土不仅产生弹性变形，而且会随时间增长而产生非弹性变形，此种随时间而产生的变形即为徐变。

徐变为非弹性变形，即与弹性变形不同，弹性变形是在加载之后瞬间发生，卸载后即全部恢复。徐变变形则在加载后随时间的推移而逐渐发生，即便卸载，也只能部分恢复。

国外有的大坝在运行 30 年之后，仍然产生贯穿性裂缝，就是由于徐变对混凝土大坝的应力有所改变所致。而具体到工程实践，引起徐变的因素很复杂，大致有几类：加荷龄期和持荷时间、加荷应力、荷载性质、湿度、水泥品种、骨料、水泥用量、水灰比诸般，这些都可以影响徐变，而徐变引起的松弛亦有规律❷。掌握徐变对混凝土温度应力的松弛对混凝土防裂有相当意义。

在这个大的理论框架之下，他们有一番系统而复杂论述。这些论述依靠甚为密集的计算来支撑。朱伯芳在叙述中，将这项工作称之为"精细计算"。

精细到什么程度呢？限于传记文体，不必赘述，仅以"混凝土的徐变与应力松弛"一章为例。

此章分为 18 节，分别为：

---

❶ 参见朱伯芳《蠕变引起的非均质结构应力重分布》，《建筑学报》1961 年第 1 期。

❷ 参见朱伯芳《蠕变引起的非均质结构应力重分布》，《建筑学报》1961 年第 1 期，22 页。变形保持不变时，结构内应力受徐变的影响随时间减小的现象称为"松弛"。将此应力随时间衰减的过程绘成曲线即为松弛曲线，并将松弛且任一时刻的应力与初始应力的比值定义为松弛系数。

"常荷载作用下混凝土的应变",给出弹性模量及常荷载作用下徐变的计算方法与公式;

"变荷载作用下混凝土的应变",简化积分公式,给出变荷载作用下应力应变计算方法与公式;

"混凝土的应力松弛",给出求解松弛系数计算方法与公式;

"长期荷载作用下混凝土的侧向变形",给出全部侧向变形表达式;

"复杂荷载作用下混凝土的变形",给出混凝土在正应力、剪应力及温度变化的作用下,混凝土应变的表达式。

"关于徐变度的试验资料和经验公式",总结国际力学界对徐变度的试验与计算成果;

"关于均质弹性徐变的两个定理",给出均质弹性体在第一类边界条件、第二类边界条件下的两个定理;

"关于非均质弹性徐变及混合边界条件的两个定理",给出刚性基础上非均质弹性体在第一类边界条件、第二类边界条件下的应力与位移两个定理;

"计算徐变温度应力的松弛系数法",根据上两节的四个定理,给出徐变温度应力的松弛系数计算方法与公式;

"松弛系数的计算",给出松弛系数的计算方法与计算表格;

"徐变应力分析的初位移法",讨论徐变应力对超静定应力的影响,并给出计算方法和数值解;

"徐变应力分析的初应变法",讨论非均质结构,在不满足比例变形条件的情况下,采用初应变法分析其徐变应力,并给出计算方法和数值解;

"初应变计算方法",考虑到上节提出的初应变和初位移计算法,在使用计算机求解时,将占用大量存储单元,寻找新的初应变计算方法,并简化原有计算;

"晚龄期混凝土简谐应力分析",将微分方程描述黏弹性体的简谐振动,将这一方法推广运用于以积分方程描述的弹性徐变理论中,得到弹性徐变体简谐应力分析的普遍方法;

"晚龄期均质混凝土结构中温度应力的松弛与变化",用拉普拉斯变换求解均质混凝土结构徐变应力;

"晚龄期非均质混凝土结构的弹性徐变应力"，亦以拉普拉斯变换求解非均质混凝土结构徐变应力；

"混凝土徐变引起的拱坝应力重新分布"，给出在稳定温度、正弦变化准稳定温度作用下拱坝应力重新分布的计算方法；

"弹性徐变基础梁的应力重新分布"，用拉普拉斯变换方法结合弹性基础梁的级数解法解决弹性徐变基础梁应力重新分布，避免传统的文克尔梁计算的缺陷。

诸般如此。

经过这样浩大而精细的计算，最后给出适合工程实践的具体温控措施，计为：坝体分缝分块、混凝土水管冷却、混凝土预冷、冷却方法的选择及制冷容量计算、混凝土的保温和养护、混凝土冬季施工、防止裂缝措施的综合分析，分门别类，共计七章。

这是这部著作背后真刀真枪的东西，要应用到具体工程中指导实践，同时反过来这又要接受实践的严格检验。无疑，貌似操作规程的一系列温控措施，实际上还意味着相当量的庞大细致计算。

尽管这部混凝土温度应力与温度控制的奠基之作，一直在寻求简化、实用、有效的计算方法，但如若是非专业人士去阅读，简直是在数字、公式、定理，在经典数学、力学构成的林莽间披荆斩棘、翻山越岭，从差分法到微分方程，从偏微方程到拉普拉斯变换，算法种种，在理论上一步之遥的突破，其实还远隔千山万水。即便是专业人士，面对如此浩繁的推导与计算，也需要下一番功夫才能掌握。

朱伯芳的公子朱慧珑博士是中国微电子研究所首席科学家，从美国回来，曾想把父亲的专业学问搞搞清楚，但是捧读厚厚的几本专著，几章下来就望而却步。

倒是朱伯芳乐在其中。晚年，他跟学生们说起当年自学的经历，他讲："我学数学没有什么障碍，就像看小说一样很快乐。同样，推导、计算、证明也是一个充满乐趣的过程。"

完成于 1964 年，定稿于 1966 年，出版于 1976 年，这部书稿从完成到出版经历了 12 年时光。经过 12 年问世，固然具有某种象征意味，被推迟问世的

10 年，闭关锁国 10 年，世界科技风起云涌发展，这部著作仍然能够引领世界先进水平，仍然在混凝土温度应力和温度控制研究领域具有开创和奠基意义，朱伯芳首创了混凝土坝温度应力的庞大理论体系。

撇开其学术意义，撇开对工程实践的具体指导意义，重新检视这部具有拓荒性质的科技著作，无疑是在阅读一部合唱总谱。那是来自冰冷的混凝土内部的声音，各声部此起彼伏，各音程宽窄高低，协调、均衡、协调，众声喧哗，形成盛大的交响，冰冷的混凝土在集体倾诉。

混凝土温度应力与温度控制理论体系建立，混凝土以全然不同的面目呈现在工程师面前，仿佛发现一位朝夕相处的朋友，还有一段鲜为人知、令人称奇的身世。

说是一套庞大的理论体系，其实并不烦难，许多困扰工程师多年而不解的问题在这里顿时豁然开朗，实用，简易，符合实际情况。大家发现，这部著作的每一个论述、推导、证明，莫不与具体的工程技术问题一一对应，更不用说具体算例。

是的，所有的问题都来自于工程。这一部著作，包括此前所有的学术论文，都体现出朱伯芳科学研究的原则方针。他自己总结为：来自生产，高于生产，用于生产。也就是说，问题来自于工程，再提升到更高层面加以剖析研究，形成理论，复又运用于工程实践，指导具体工程实践。

这是他科学研究的原则方针，其实也是朱伯芳日后科学与技术研究的一个特点，进而形成一种研究方法，被坝工界视为一个独特的学派。

这部著作对水工结构从施工期到运行期所遇到的一系列疑难问题做出了理论解答，为促进大坝裂缝问题的解决做出了重要贡献。但书中许多理论问题的解答要用到土木水利系的学生没学过的高等数学，一般土木水利系毕业的学生很难看懂全部内容。在这些地方，朱伯芳给出理论解的详细图表和算例。读者在看过算例之后，利用图表就可以进行计算。其中许多图表后来列入混凝土设计规范。

这部著作出版后，1999 年被译为日文在日本出版，2003 年再版。2009 年，修订出第二版；2016 年，由作者执笔翻译为英文在美国出版，同时清华大学出版英文版。

关于宽缝重力坝和腹拱坝的争论

朱伯芳科学技术生涯六十多年，论文发表有 250 多篇。即便不是专门家，即便是门外汉，阅读他的论文，只要耐心下来、心静下来，能体会到与作者一种倾听和倾诉的关系。他的论文其实是一种有温度的叙述，抽象公式的推导和论证，与具体工程中某一部件出现的问题有着清晰的逻辑联系。而行文与论述之间，还会体会到作者的性格，直接，直入主题，不拐弯抹角，也不会拐弯抹角，甚至，能体会到作者砰砰的心律，会被这种完全陌生的激情所感染，进而产生共鸣。有时候，又会突然返回到世俗的社会里，为作者的直接、不拐弯抹角的言论隐隐担心。

说白了，他的许多论文是会得罪人的。

事实上，也得罪了不少人。

有的人虚怀若谷，对朱伯芳的科研成果甚为服膺，并从朱伯芳这里得到启示，对自己的认识进行修正和补充；有的人墨守成规，故步自封，那就是另外一回事了。

他的论文有时候字句铿锵，矛头直指，甚为凌厉，一个在生活中可以沉默寡言的人，在论文里其实是诤言频出的一条耿直汉子，根本不顾忌他质疑的技术问题背后，实际上还有组织者、决策者、实施者，当然，也有许多人付出心血的研究与实践等等。技术背后，绝不仅仅是技术。

当然，科学技术问题，是砥砺、切磋、商榷，剑戟往来，方可精进，朱伯芳也不可能顾忌到此外的其他因素。

早期论文，仅举两例。一篇《上犹江水电站水工结构物中大体积混凝土浇制的初步经验介绍读后》，针对的是当时代表"发展发向"的高块浇筑；一篇

《对宽缝重力坝的重新评价》，针对的是当时流行的宽缝重力坝提出质疑。

高块浇筑前面已经说过，朱伯芳质疑，别人可以不顾，工程实践本身的教训已经很深刻。而宽缝重力坝在20世纪五六十年代甚为盛行。朱伯芳统计了一下，除了1958年开始复建的黄坛口水电站与三门峡水电站大坝为实体重力坝之外，其他重力坝都是宽缝重力坝，甚至是大宽缝重力坝。当时比较典型的，如丹江口大坝和新安江水电站大坝，都是宽缝重力坝。

1965年，与朱伯芳有深厚友谊的坝工专家潘家铮先生《重力坝的设计与计算》正式出版，建立起重力坝的结构应力计算体系，这部巨著可视作中国坝工理论的开先河之作和奠基之作。潘家铮先生在这部著作里，最后一章即专门论述宽缝重力坝的设计和计算。

什么是宽缝重力坝？潘家铮先生是这样解释的。

重力坝在结构上有悬臂式、铰结式或整体式，这是专业结构术语，必不深述。但不管哪一种结构形式，相邻坝块都是紧靠在一起的，因此可统称为"实体重力坝"。相对于实体重力坝，宽缝重力坝是一种兴起时间并不长的新重力坝坝型，通俗地讲，称为"空心重力坝"，与实体重力坝相比，宽缝重力坝相邻坝段间不仅仅留了一条伸缩缝或工作缝，而且留设有占有一定空间的"宽缝"，仅在上游段或上游及下游段，宽缝才闭合而形成一个相衔接的"头部"。宽缝重力坝各坝段通常都是独立工作的。有时为了在岸坡上坝段的侧向稳定性，或为了加强横缝间的阻水能力，也有在头部横缝间进行灌浆封堵的。但由于接触面较小，这种灌浆处理在结构上的作用要比相应的实体重力坝为小。[1]

说得再通俗一些，宽缝重力坝，就是在重力坝的内部有一个空腔，这个空腔就是一般意义上的宽缝。新安江水电站拦河坝为宽缝重力坝，两端为实体重力坝。拦河坝宽缝的宽度，已经达到大坝总宽度的40%以上。因此，称为"大宽缝重力坝"。[2]

概念并不重要，重要的是此种坝型的优长之处。潘家铮先生总结：

第一，可以减低扬压力，节约坝体混凝土量。

---

[1]   参见《重力坝的设计与计算》，潘家铮著，中国工业出版社，1965.6，第595页。
[2]   参见潘家铮撰《自力更生之花——新安江水电站》，收入《科学大众》，1964年第11期，第415-417页。

第二，根据不同地质情况调节混凝土量。

第三，增加散热面，有利于混凝土的温度控制。

第四，便于检查和维护。

好处不止此四端，留设宽缝之后，提供大量空间，在适当解决交通、照明、通风和防潮问题后，这些空间亦可合理加以利用。❶

潘家铮先生的《重力坝设计与计算》一书虽然出版于 1965 年，不过，他关于宽缝重力坝的论文显然早于著作；朱伯芳的《对宽缝重力坝的重新评价》发表于 1963 年。当然，不能说朱伯芳的文章就一定是针对潘家铮先生论述的，之所以特别提出潘家铮先生的论点，是因为潘家铮先生同朱伯芳一样，也是一位有着丰富工程经验的大坝工程师。他参加过新中国水电第一坝——黄坛口水电站的设计与施工，主持过海南东方水电站的修复与重建，主持过流溪河双曲拱坝的设计，担任新安江水电站设计副总工程师、现场设计代表组组长、总工程师。《重力坝设计与计算》出版的时候，潘家铮与水电部上海水电勘测设计院700 多名同事移师大西南，策马骑行在锦屏崇山峻岭间，在雅砻江边展开西南水电群开发的庞大构思。

潘家铮先生对宽缝重力坝的论述当具有代表性、权威性。

再看看朱伯芳的《对宽缝重力坝的重新评价》，把此种新坝型的种种好处否定得一塌糊涂，宽缝重力坝不仅不具备种种好处，且有致命缺陷。

关于散热问题。

散热，这是过去认为宽缝重力坝具备的一个最重要优点，也正因为如此，此种坝型被大量选用。但恰恰相反，宽缝重力坝不仅散热并不容易，而且在温度控制方面存在着严重缺点。

混凝土控制的主要内容是基础温差、内外温差和接缝灌浆前的坝体冷却。混凝土浇筑以后，水化热温升发展很快，大部分热量在龄期 7 天以前产生的，水化热在距离暴露表面 2 米以外的地方很难散出去；而宽缝重力坝的厚度一般在 12～15 米之间。因此，除去表面一层外，坝内广大范围内的水化温升和最高温度并不会由于宽缝的存在而有所降低。

---

❶　参见《重力坝设计与计算》，潘家铮著，中国工业出版社，1965.6，第 597 页。

单纯依靠宽缝的散热并不能使坝体在规定时间内冷却到坝体稳定温度，而仍然必须埋设冷却水管。

由于有了宽缝，混凝土暴露表面大量增加，在寒潮或低温袭击之下，裂缝的机会反而会大大增加。

言之凿凿，且有实例佐证。

丹江口重力坝为宽缝重力坝，由于当时管材缺乏，在某些坝段内没有埋设冷却水管，结果发现坝体温度未能降低至稳定温度，只得事后在坝内外钻孔通水冷却。苏联布拉茨克宽缝重力坝，混凝土温度迟迟不能降至灌浆温度 2 度，最后只得提高到 11 度灌浆接缝，结果反而对大坝内部应力产生不利影响。

仍然是苏联布拉茨克宽缝重力坝，施工期浇筑层为 3.0 米，水泥用量为每立方米 200 到 270 千克。实测混凝土内部最高温度：冬季浇筑的为 31.5～38℃，夏季浇筑的为 40～45℃，当地年平均气温为 −2.7℃，基础温差达到 40℃以上。混凝土内部与外界最低日平均气温之差达到 46.2～76.5℃，因而产生大量裂缝。

而且，由于宽缝重力坝暴露面积大、时间长，要全面保护并不易做到，何况保温层的隔热作用只对寒潮等短暂的降温有一定保温效果，而对一年四季长期温度变化的保温作用并不是太大。此外，在雨、雪水作用之下，保温层的保温作用也会降低。为求得比较有效的保温措施，只有把宽缝完全封闭起来；但在施工过程中，混凝土不断上升，宽缝逐步形成，要随着混凝土的上升而经常封闭宽缝，事实上不易做到。而实体重力坝则不存在这样的问题，由于老混凝土会被两边的新混凝土所掩蔽，只要在混凝土浇筑以后的短时期内进行保护即可。因此，实体重力坝的温控实际上比宽缝重力坝更容易，也更可靠。

在相同气候条件下，宽缝重力坝的基础温差与实体重力坝并无差别，但内外温差则远较实体重力坝为大，且不易防护，更增加产生裂缝的机会。特别是在基础约束范围内的混凝土要长期暴露在空气中，易于产生贯穿性裂缝，那将是灾难性的。

关于基础扬压力。

扬压力是大坝的主要荷载之一。在世界混凝土筑坝史上，开始没有意识到这种荷载的存在，许多工程吃过大亏，后来为处理这种隐蔽的应力，工程师们煞费苦心，也提心吊胆。一般认为，宽缝重力坝由于宽缝内岩石表面是敞开的，便于排水，不存在扬压力的作用，基础内的扬压力也会随之渗透出来，因此，宽缝重力坝的基础扬压力较实体力坝为小。但是，根据朱伯芳的实践经验，实体重力坝的基础面上设置互相连通的纵横排水廊道，在基础内设置排水孔，并设立抽水站，实体重力坝的基础扬压力也可以大大减小。

相反的例子，前面提到的梅山连拱坝蓄水之后发生坝墩位移事故就很说明问题，单纯依靠敞开的岩石表面并不能有效地降低岩石内部节理裂缝中的扬压力。连拱坝的基础岩石暴露远大于宽缝重力坝，尚需要设置排水系统，何况宽缝重力坝？

关于节省投资。

重力坝的混凝土体积主要决定于大坝的抗滑稳定性。以往由于假定宽缝重力坝的基础扬压力较小，一般可以比实体重力坝节省混凝土 7%～10%。

且不说岩石表面设置纵横排水廊道和排水孔，实体重力坝的基础扬压力也可降低，两种坝型在扬压力方面的差别还可以减小，这样下来，宽缝重力坝在体积上并不会因此而减小。即便可以减小，在施工过程中，宽缝重力坝侧面面积大，需要的模板比实体重力坝要多出二分之一到三分之二，而且模板的支撑结构比较复杂，消耗的劳动力又会增加。尽管可以节省混凝土，但从整体上考量，其实并不经济。

关于整体性。

宽缝重力坝与实体重力坝相比，虽然重力坝是按照各坝段独立作用设计，各坝段在计算上的安全系数可能大致相同，但由于基础条件及施工质量种种因素差别，各坝段的实际安全系数并不一致。坝的破坏总是从最薄弱的坝段开始，对于实体重力坝而言，由于横缝上做有键槽并进行接缝灌浆，各坝段联结成为一个整体。最薄弱的坝段可以得到相邻坝段的帮助，其实际的安全系数将有所提高，对于在两岸陡坡上的坝段而言，实体重力坝在顺坝轴方向的侧向稳定性比宽缝重力坝为好。

关于施工。

实体重力坝表面积小，模板较少、支撑结构简单；在实体重力坝施工中，门式起重机及卡车可以直接在混凝土顶面上行驶，而宽缝重力坝则必须在宽缝上架桥。

另外，从人民防空角度考虑，实体重力坝没有空腔，比宽缝重力坝更为安全；在混凝土数量相等的条件下，宽缝重力坝的水平断面转动惯性矩较大，因而坝体刚度较大，对坝体应力是有利的。

从诸方面考察，宽缝重力坝并不优于实体重力坝，甚至有其致命缺陷。而且宽缝重力坝其实也并不是一种太新的坝型，如果其具有显著特点，问世几十年理应取代实体重力坝，但考察世界坝工现状并不如此。瑞士早年建造的狄克逊坝是宽缝重力坝，而近年在旧坝下游建的大狄克坝却采用的是实体重力坝。美国 1940 年以后在宽广河谷建造的混凝土坝，基本上都是实体重力坝。

这篇文章之凌厉可见一斑。这篇文章在当时的坝工界反响很大，当然争议也很大。不过，随着时间的推移，朱伯芳的意见逐渐为工程决策、设计和施工单位所接受，宽缝重力坝这种坝型也不被推广。

1987 年，已经是电力工业部总工程师、中国科学院学部委员的潘家铮在重新修订他的《重力坝设计》时，吸收朱伯芳的意见，并多有发凡拓展，就宽缝重力坝充实了许多关于温度控制方面的内容。

诚然，朱伯芳的这篇论文，最有说服力的还是温度应力和温度控制，这是被当时工程领域忽视的，可这个恰恰是要害。而潘家铮先生所首创的大宽缝重力坝，主要是考虑到降低基础扬压力，据此创立的"抽排理论"则一直在坝工建设中具有恒久而有效的指导意义。

朱、潘两位在热火朝天的坝工工地上走出来的结构大师，日后还有很好的合作。

另一种情形就不一样了。

这是一个具体工程，一个新的坝型。

工程叫作葠窝水库大坝，亦称参窝水库。工程位于辽宁省辽阳市兰家区安平乡、辽河支流太子河中游。

这是一个地方性工程，着手准备相当早，1951 年开始，地质部太子河地质队及浑太水库工程局，先后做过地质工作。1951 年 4 月至 1952 年 9 月，东北水利总局钻探队在参窝水库坝址钻孔 53 眼，计 1274.43 米。❶

---

❶ 参见《辽河志》第 2 卷，水利部松辽水利委员会编，尤志方主编，吉林人民出版社，2000.12，第 140-141 页。

待到实施阶段，已经进入"调整、整顿、充实、提高"的 20 世纪 60 年代中期，"文化大革命"前夕。

参窝水库原设计采用实体重力坝，但后来某大学水利系正式提出报告，建议改为腹拱坝，主持其事的则是当时具有相当权威的中国科学院学部委员，而且是中国科学院学部主席团成员。

当时朱伯芳并不知道这个工程，也不知道这个设计方案的具体细节，直到要审查方案他才吃了一惊，参窝水库大坝从实体重力坝改为腹拱坝。

腹拱坝是一种什么坝型呢？通俗地讲，就是在重力坝的肚子中间掏出一个大洞子，形成拱应力来抵消坝体的水压力，是谓腹拱坝。命名倒贴切形象。

学术化的描述为：挖除混凝土重力坝内部应力较小部位的混凝土，使之形成拱形孔，并将部分混凝土填在坝踵和坝趾，使水压和自重作用下的坝体形成压在地面上的拱，平面轴线保持直线，并在平面上布置成拱形轴线以增强抗滑稳定。❶

不管描述如何晦涩，这种坝型的原理其实和宽缝重力坝大同小异，应该讲还是一种很新颖的坝型。它能够较好地解决厂房与泄洪布置上的矛盾，改善坝体应力与坝内孔口应力，减少前期基坑水下工程量，利于加快工程进度，减轻围堰负担。根据地质地形情况，又可布置为重力坝腹拱坝与拱形腹拱坝。❷

该校水利系在 1958 年即开始腹拱坝这种坝型的研究与试验，取得了相当成果，并且在中南地区有两座坝高分别为 66 米和 110 米的腹拱坝正在施工❸。

根据该校建议书，即将实施的参窝水库大坝也将采用这种坝型。

组织参窝水库工程设计的是水利部水电总局，朱伯芳作为混凝土温控专家受邀参加审查会议。

但他到了会议上才发现，除了该校主持设计的人之外，外请的专家只有他一个。显然，方案是准备通过的。如果有争议，按照水电总局的惯例，会多请

❶ 参见《拱形腹拱坝》，湖南省水电勘测设计院、清华大学水利工程系腹拱坝研究组，《清华大学学报》，1973 年 12 月。《腹拱坝的研究与实践》，清华大学水利系光弹实验室，《水利学报》1980 年第 1 期。
❷ 参见《拱形腹拱坝》，湖南省水电勘测设计院、清华大学水利工程系腹拱坝研究组，《清华大学学报》，1973 年 12 月。
❸ 参见《拱形腹拱坝》，湖南省水电勘测设计院、清华大学水利工程系腹拱坝研究组，《清华大学学报》，1973 年 12 月。

几个专家前来"会诊"。意图很明显,审定会并不是讨论该坝型可行不可行,而是讨论如何施工的。

朱伯芳一边仔细阅读可行性报告,一边听主持设计的权威做介绍。据介绍说,这个坝的设计,除了计算之外,还通过光弹实验进行验证,虽然在坝踵和拱顶会产生拉应力,但还没有突破临界点,勉强可以通过。这个坝型没有问题。

朱伯芳一边听,一边在那简单计算,最后坐不住了。

轮到他发言,他说:报告里只计算了自重力和水压力两种荷载,完全没有考虑温度应力。不提温度应力不等于没有温度应力。这种坝型,如果在南方建造,问题不是太大,但是在东北地区,不考虑温度应力怎么可以?东北地区年气温变化很大,冬季非常寒冷。气温加上混凝土水化热的温度要达到35℃,而年平均气温为6℃,坝体本身的稳定温度为5℃。从35℃降到5℃,这个温差产生的拉应力将达到每平方厘米40千克,而且受拉的范围甚广。这个拉应力将远不是混凝土本身的抗拉强度所能承受,混凝土自身的抗拉强度不过每平方厘米19千克,超过了好几倍。

人家介绍才不过十五六分钟,朱伯芳滔滔不绝讲了有半个多小时。

他最后说:"参窝水库大坝,不宜采用腹拱坝方案,宜另选。"

他话音一落,提出建议的权威专家就说:"你说寒冷地区不能建腹拱坝,但地处北欧的奥地利不就有成功的案例吗?"

朱伯芳很平静:"奥地利那个坝的孔口特别小,是用来排水的,你这个方案孔口如此之大,几乎整个都挖空了,暴露面很大,怎么能同日而语?"

建议方据理力争,朱伯芳平静应答。组织会议的水电总局一言不发。这些年水电事业起起伏伏,无坝不裂,事故频发,温度应力和温度控制,是再也不能忽视了。不发言,其实已经是态度,他们显然同意朱伯芳的意见,心里是有数的。不然,组织会议的人也会发表自己的意见,但他们没说话。会议形成了大权威与朱伯芳一对一的较劲格局,这对于朱伯芳显然是不利的,如果多几个人发言,情况就好多了。

水电总局很快表态,审定会次日,水电总局专门发文件,否决了参窝水库大坝腹拱坝方案。

事实上,朱伯芳在陈述自己的意见之前,他颇犯踌躇,犹豫再四,甚是矛盾。一来，自己是一个八级工程师，提出建议的是科学院学部委员，一级教授，坝工权威。级别上差了七八级，自己的意见一旦说出来，这个方案肯定要打折扣，反对无疑是对的，可岂不是对权威的冒犯？但是，如果不说，外头专家就来他一个人，将来签不签字？明明知道温度应力是个大问题，如果签了字，将来大坝开裂，损失就太大了，他这个温控专家哪里跑得了？

方案否决，他还天真地以为，他是帮了权威的大忙，如果这个工程出现什么问题，对他的声誉也不太好。事实确也如此。但事后若干年，经历一些事情，朱伯芳才意识到，他的一番意见，确实开罪于人了。

倒是潘家铮了解朱伯芳，在以后的日子里，潘家铮参与一些工程设计和审查工作，遇到技术难题，往往会想："找朱伯芳商量去！"潘家铮进而讲：

当然朱伯芳同志也有缺点，有的同志说他比较傲慢，不易相处。其实，和他长期相处过的人都会知道，他秉性耿直，说话坦率爽快，从不隐瞒自己观点，也不会"虚与委蛇"。和他相交，可能在学术、技术问题上会有争论，但他从来不在肚子做文章，在背后搬弄是非、算计人。在别人有困难时也会毫不犹豫地加以援助，这也是许多中国知识分子的共同特性。❶

诚哉斯言。

潘家铮是了解朱伯芳的。

最后，参窝水库采用混凝土实体重力坝型，最大坝高90.3米，坝长532米，设计正常蓄水位96.6米，总库容7.91亿立方米，1970年11月开工，1972年11月建成。

但是，因为建设于"文革"时期，再加上寒冷地区施工，质量还是有些问题。

水库建成后，据1971年末至1981年11月坝体裂缝调查，共发现大小裂缝641条，绝大多数属表面裂缝，其中有104条纵、横缝相互贯通。所有裂缝均出现在坝基主干断层下盘稳定岩体上，与坝基地质构造无因果关系。

---

❶ 参见潘家铮《我所知道的朱伯芳院士（一）》，《朱伯芳院士文选》序言，中国电力出版社，1997.7。

<h1 align="right">"下楼出院"</h1>

1960 年到 1964 年，不独朱伯芳他们的研究小组，就是中国水利水电科学研究院所有的研究机构，都拥有一个相对宽松的科研环境。结构所的"四大金刚"的名声也是这个时期扬出去的。

能够赢得比较宽松的科研环境，"调整、巩固、充实、提高"的政策当然是指导方针，更重要的，全国 77% 多的在建水电工程停工缓建，出差相对少了一些，有相对充裕的时间。紧活急活少，当然出差就少了。

完成《水工混凝土的温度应力和温度控制》初稿，朱伯芳给自己的小组提出两个研究目标，一为有限单元方法和程序的研究，二为混凝土断裂力学研究。

朱伯芳早在 1960 年左右在国外学术文献中看到过新出现的有限单元法，这种新出现的计算方法的强大计算功能引起他极大兴趣，他决定将这种有效而强大的计算方法搞清楚，尽快应用到工程实践中去。

混凝土断裂力学在 20 世纪 20 年代才刚刚兴起，到 1960 年，国际上才有比较系统的研究。对混凝土断裂力学的研究，是更进一步认识混凝土特性与规律的一个突破口。但当时，比较系统的研究在国际上也是刚刚起步，还是相当前沿的课题[1]。

日后漫长的科研生涯证明，朱伯芳对前沿的、先进的科研成果和研究方法有着相当的敏感性。

有限单元法、混凝土断裂力学齐头并进，"四大金刚"信心满满，准备继建立混凝土温度应力和温度控制理论体系之后，再往前迈进一步。岂止迈进一步，两个课题拿下来，混凝土温度应力与温度控制将拥有更加完善、更加完整

---

[1]　参见《混凝土的强度和破坏译文集》，水利水电科学研究院译，水利出版社，1982.5。

的理论体系。

乘《水工混凝土的温度应力和温度控制》之余威，朱伯芳他们"四大金刚"着手科研准备工作，混凝土断裂的试验模具都已经做好了，剩下的工作，都交给了他们的智慧、心血和时间了。

可是，这样相对宽松的科研环境并没有持续多长时间，1965年春天，一场"设计革命"运动席卷全国各大科研单位，具体做法是"解剖麻雀、下楼出院"。运动一来，原计划泡汤，结构材料所决定，朱伯芳的课题组全部"下楼""出院"，离开北京，打发到刘家峡水库"解剖麻雀"搞"设计革命化"，朱伯芳他们刚刚做好的混凝土断裂试验模具只好弃置不用。

朱伯芳他们不知道，就在他们潜心组织研究混凝土温度应力和温度控制的时候，水科院围墙外已经热闹喧天，一场"社会主义教育"运动和"四清"运动在全国轰轰烈烈开展起来。

"社教"运动也好，"四清"运动也罢，都是在"千万不要忘记阶级斗争，不要忘记党内产生修正主义"的警示下展开的，运动之中，有着很浓重的"左"苗头。这个大背景不必交代太多，因为从1962年开始的这场全社会的运动还没有波及科研单位，朱伯芳他们的《水工混凝土的温度应力和温度控制》还可以从容结稿、修订。

据当时主管勘察设计工作的国家经委主任谷牧回忆，在科研单位开展"社教运动"还是缓了一步。因为全国从事设计研究工作的机构能够拥有今天这样的格局，实在不易。想当初，1949年，全国土木、建筑事务所加起来的专门人员尚不足1000人。到1952年，在政务院财政经济委员会要求各大行政机构财委，迅速建立起专业设计队伍，当年专业设计人员2万人，到第一个五年计划结束的1957年，达到15万人。到1964年，全国勘察设计单位共250个，其中中央各部直属的170个，职工总人数达到23万人。

这些勘察设计单位，集中有大批技术人员，在实践中逐步掌握了大型工业建设项目的设计技术。包括新中国从零开始的混凝土筑坝技术和水电站建设，大庆油田、淮南煤矿新矿井，以及后来的攀枝花钢铁基地等，都是中国工程师设计的。

所以，谷牧深情地讲："新中国的建设事业，他们是立了功的。"❶

在这种情况下，谷牧很为难。"社教"运动已经在全国城乡铺开，设计院怎么办？不搞不行，像农村、工厂那样"扎根串连、划分阶级"搞，又不行。到底怎么搞，心里没谱。到 1963 年冬天，有设计单位提出"设计革命化"的问题，要求设计人员思想革命化、设计单位组织革命化、工程设计工作革命化。主要内容是要求设计人员下楼出院，到建设现场与工人一起，在参加劳动中深入调查有关情况，测绘有关图纸，做出多快好省的设计方案。❷

这样，勘察设计部门"设计革命化"作为"社会运动"的一个有机组成部分在全国设计单位开展起来。这个意见得到毛泽东的首肯，同时也同意谷牧提出的意见，谷牧在送呈毛泽东的报告中提到："设计工作革命是当前社会主义革命运动的一个重要内容。要以主席思想为指导，彻底揭发和清除资产阶级思想的影响，打破苏联框框的束缚，总结出一套适合我国情况和符合多快好省要求的设计工作办法来。在今后三个月内主要是揭发设计思想、设计方法上存在的问题，为开好明年 2 月全国设计工作会议做准备。至于设计院划阶级、整顿队伍等方面工作，可以在这段工作以后的适当时机再进行。"❸

这个意见，实际上还是出于要保护知识分子不受运动冲击的考虑，曲径通幽，煞费苦心。大致背景，不必多说。

但是运动开始之后，仍然不免有一刀切、上纲上线这样左的痕迹。

比方"下楼出院"。

提供经验的单位认为，从事设计工作的知识分子，大多数是从"家门"到"校门"，再到"机关大门"的"三门干部"。这种干部存在着"脱离政治""脱离实际""脱离群众"的"三脱离倾向"。进而指出，这些人"争名图利，好大喜功，标新立异，为自己树立纪念碑"，他们的设计"高、大、洋、全、古""洋、贵、飞"等等，实质上都是资产阶级思想在设计工作中的表现，是修正主义思潮在设计中的反映。❹

❶ 参见《谷牧回忆录》，谷牧著，中央文献出版社，2014.9，第 207 页。
❷ 参见《谷牧回忆录》，谷牧著，中央文献出版社，2014.9，第 208 页。
❸ 参见《谷牧回忆录》，谷牧著，中央文献出版社，2014.9，第 209 页。
❹ 参见《中国建筑 60 年（1949—2009）历史纵览》，邹德侬、王明贤、张向炜著，中国建筑工业出版社，2009.10，第 65 页。

比方"解剖麻雀"。

按照中央部署，设计革命运动分三步走：第一步，发动群众揭发问题；第二步，选择重点设计项目，解剖'麻雀'，分析设计思想、设计方法上存在的问题；第三步，根据揭发出来的问题，改革规章制度。[1]这一"解剖"不要紧，一些设计单位都发生过一些无聊透顶的人揭发自己同行的事件，牵强附会，罗织罪名，笑话百出，把设计中本来没有的事情指为罪证。在图纸里发现"双十""青天白日"图案啦，在论文里发现修正主义、崇洋媚外啦，[2]等等，不赘。

1965 年 3 月，全国设计工作会议召开，拉开全国性技术革命运动的序幕。是年 8 月，国务院出台《设计工作五十条》，中央部委下属科研院所 70%的技术人员下到建设工地一线，技术革命运动轰轰烈烈开展起来。[3]

水利水电科学研究院的"下楼"是真下楼，"出院"也是真出院，并没有出现太离谱的事情。全院各所干部大部分下到基层工地。水科院的技术干部正在壮年，设计革命化之前已经很革命化，长年辗转于江河湖海之间，并不以为苦。连钱宁这样的老专家也不例外，随同泥沙所到达郑州，住在黄河水利委员会的职工宿舍里"解剖麻雀"。不独水科院，像汪胡桢这样已经年过六旬的老人，还带着一帮年轻人，亲临黄河北干流的山西碛口，规划勘测水电工程。

结构材料所搞试验的一部分留下来，因为工地没有试验设备，其余的人则都要"下楼""出院"，朱伯芳课题组一竿子打发到正在恢复施工的刘家峡水电站工程工地。朱伯芳一行到来，简直就是现场设计人员，不仅温控，不仅混凝土应力，还有杂七杂八的事情，忙得不可开交。

这倒难不倒朱伯芳他们，无非是恢复 1960 年以前频繁出差工地的日子。苦就苦在，长期驻扎工地"解剖麻雀"，计划开展的科研工作毫无头绪。也不独是朱伯芳他们的混凝土温度应力研究小组，水科院各所的科研计划都因"下楼出院"不得不中断，一耽误就不止十年八年了。

朱伯芳准备开展的有限单元法研究推迟了整整十年，而由他提出的混凝土断裂力学研究也推后整整十年。拖后的不是朱伯芳个人的学术科研工作，而是

[1] 参见《谷牧回忆录》，谷牧著，中央文献出版社，2014.9，第 209 页。
[2] 参见《中国建筑 60 年（1949—2009）历史纵览》，邹德侬、王明贤、张向炜著，中国建筑工业出版社，2009.10，第 65 页。
[3] 参见《谷牧回忆录》，谷牧著，中央文献出版社，2014.9，第 209 页。

国家在这方面研究工作被一再拖后，本来能够领先世界的科学技术课题完全被这场技术革命运动打断。

苦日子还在后头。

一 声 叹 息

1965 年三四月，"下楼出院"。朱伯芳和同事们离开水利水电科学研究院大楼，走出大门，走出北京，远赴刘家峡水电站工地，在那里待上将近一年时间。许多"麻雀"尚待解剖，技术革命运动戛然而止——进入 1966 年，"文化大革命"运动如春雷隐隐，由远及近。

朱伯芳对政治运动不大关心，他对政治运动有一套自以为保险的办法，那就是"最小势能原理"。当一个体系中势能最小的时候，就能够保持这个体系的平衡。低调，不闲扯，甚至不留技术论文之外任何文字，朱伯芳小心翼翼尽最大可能保持这个"最小势能"，以期与政治运动保持一定距离。只是，他不关心政治运动，政治运动对他关怀备至。

其时，"文化大革命"还没有在全国范围内爆发，"五·一六"通知下达还有一段时间。朱伯芳从刘家峡工地出差回到单位，吃惊地发现，关于他的大字报已经贴得到处都是。

"势能"还是没能够保持到最小。他自以为，他自己的论文全部是 x 加 y，全是算例，你抓我一点把柄还真不容易。他想错了。

这就回到他在 1957 年发表的论文《略论各种混凝土坝的经济性与安全性》。朱伯芳做梦都想不到，这一篇论述混凝土拱坝种种优越性的文章，竟然成为罪状。大字报指出，九年前的《略论各种混凝土的经济性与安全性》表面上论述的是混凝土拱坝的优越性，实则在宣扬帝国主义的核威慑，为苏、美两个帝国主义国家宣传原子弹的威力。

由拱坝而核威胁，由混凝土到原子弹，这是怎么回事？原来，朱伯芳的这篇论文里有这样一段话，他在谈到混凝土坝的安全性时，涉及大坝工程国防安全的问题，他讲："第二次世界大战中，德国的两个重力坝曾遭轰炸，炸弹落在水库内爆炸，两坝均被毁……至于原子弹和氢弹，则似非任何人工建筑物所能抵抗得了，只有加强主观防空力量才是上策。"

就是这么一段话。

进入 20 世纪 60 年代，中苏关系破裂，战云密布，人防成为重点工程，尤其是大坝工程必须考虑的重要因素，而拱坝因为其结构不同于重力坝，更易受到攻击，所以朱伯芳有这样一段论述。他讲的是 1943 年，盟军向纳粹德国发动大规模空袭，其中水坝是重点轰炸目标。5 月 16 日至 17 日，盟军 19 架轰炸机对德国鲁尔峡谷中的莫奈、埃代尔水坝发动攻击，两座水坝被炸毁，溃坝引发水灾，给德国造成相当大的损失。❶

学术问题，有不同意见可以坐下来讨论，写文章商榷，可"文革"前夕已经完全没有了这种正常的学术讨论环境，鸡蛋里挑骨头，上纲上线已成风尚。你不批别人，别人就会反过头来批判你。朱伯芳说，揭发批判他的那位同志，其实学问做得还不错，当时那个"左倾"盛行的政治环境，人人自危，也没有办法。

朱伯芳后来很无奈地说起这段经历，他讲："实际上是什么呢？因为批我比较保险，我一个八级工程师，论文又最多，'拔白旗'有我的份，现在要打倒权威更有份。你若是批判一个领导，相当于赌博，万一领导翻了身，还不给你穿小鞋？"

话是这么说，虽不至于感到大难临头，但处境艰难是可以想见的，同事揭发批判，造反派紧跟其后，运动刚开始的一段时间，朱伯芳是水利水电科学研究院重点冲击批判对象。结构所所长赵佩珏一向欣赏和关心朱伯芳，见了他也只能用眼神来表示安抚。

不过，事情很快有了转机，并不是因为朱伯芳的"罪责"太轻，而是"五·一

---

❶　参见《第三帝国的灭亡》，（英）戴维·乔丹（David Jordan）著，吕胜利、姚宝珍、王姝琦译，中国市场出版社，2014.1，第 133 页。

六”通知下达之后，造反派很快发现，他们把朱伯芳当作批判对象并没有多大意思。根据"五·一六"通知精神，"文化大革命"斗争的主要对象是党内走资本主义道路的当权派，朱伯芳虽然"劣迹"斑斑，毕竟非党非派，有多少油水？批判的矛头直指赵佩珏一干"当权派"，被批被斗被夺权，朱伯芳惊魂未定，却奇异地被晾在一边。造反派已经对他毫无兴趣。这倒好，朱伯芳的处境反而因此有所改善。

改善也只是没有人再贴他的大字报，让朱伯芳最为痛心的，是没能像以前一样读书、科研，筹划中的科研计划先被"设计革命化"运动搅得七零八落，"文革"一来，就什么也谈不上了。他是惜时如金的人，怎容得如此虚掷光阴？

"文革"一步一步深入，风声一日紧似一日。

1967年1月，中共中央、国务院、中央军委、中央文革小组发出《关于人民解放军坚决支持革命左派的决定》，同时决定，对水利电力部实行军事管制。1967年7月，军代表进驻部属水利水电建设总局、水利水电科学研究院。水电总局除少数几个人管生产之外，其余的人全部参加"斗、批、改"，对全国各地的水利水电工程的管理基本陷于停顿，水电工地武斗兴起，混乱不堪。水利水电科学研究院大同小异，科研工作停顿，科技刊物停刊。阵地丢失，论文无处发表，朱伯芳和水科院同事的论文目录出现长达十年的空白。

让朱伯芳他们始料不及，到了1969年，中国共产党"九大"召开，说是要贯彻"要认真搞好斗、批、改"的最高指示，水电部军管会竟然决定，撤销各直属设计院，全国八大设计院下放到工程局或地方。只有东北水电勘测设计院和成都水电勘测设计院两家拼死抗争，才得以保留下来。

水利水电科学研究院呢？水电部军管会同时决定撤销水利水电总局和水利水电科学研究院，水利水电科学研究院人员，除部分造反派和工人留守，其余人员分别下放。1969年到1970年，水利水电科学研究院1000多号人被下放到三门峡工程局、刘家峡工程局和渔子溪工程局。最后一批人员于1970年9月下放，被下放到山西省忻县专区，专区又把这批科研人员与海河设计院的下放人员搭配，分配到专署14个县水利局，每县两个人。❶

---

❶ 参见《中国水力发电史（1904—2000）》第一册（第一稿），中国电力出版社，2005.1，第165页。

"文革"之前千辛万苦建立起来的科研队伍，仿佛一夜之间星散各地，全院经过十多年建立起的占地 2.5 万平方米共 36 个试验室和完备的试验装置、仪器设备遭到严重破坏。❶

混乱与动荡把朱伯芳送到人生的初秋。1969 年，朱伯芳 41 岁。他身体羸弱，高度近视，肝病缠身。水科院撤销，留京无望，北京城外天地广阔，三门峡、刘家峡、渔子溪，另外还有五七干校，选择余地倒是挺大。刚开始，军管会有意让他到水电部"五七"干校。

水电部"五七"干校开始共有两处，一处位于黑龙江省北安县小兴安岭下的北安电业局农场，建于 1968 年的 10 月；另一处位于宁夏回族自治区的青铜峡水电工地。后来，北安"五七"干校撤销，人员分流至河南省的平舆和青铜峡干校。❷一大批老专家和"牛鬼蛇神"都得被安置到这样艰苦的地方。像林秉南这样的老专家，水科院撤销当月，就同水电部 221 人来到了河南平舆干校。❸

大致说来，干校里集中的，都是一些老弱病残的老专家和有各种各样"问题"的"牛鬼蛇神"。部属"五七"干校，虽然还有做不完的检查，开不完的批斗会，但毕竟不会复制在北京机关里那种剑拔弩张的氛围，相对宽松一些。苦的是，在这里，专业、业务、科研工作全部停止，不论男女老少，一律从事体力劳动，修建"校舍"，掘土烧砖，养猪饲牛，种地开荒，一切都是白手起家。这些高级知识分子远离现代实验室，被彻底送回到农耕社会。

军管会让朱伯芳到五七干校，倒没有恶意，一来考虑到他的身体状况，到其他水电工地怕吃不消，二来，到干校，全家下放，户口可以不动，以后还可以回到北京。只是，"五七"干校全是体力劳动，病体支离，如何能够吃得消？以后可以回到北京，但这个"以后"到底在多后的地方？谁都不知道。思来想去，朱伯芳决定到三门峡去。

水利水电科学研究院下放到三门峡工地，不包括家属总共 120 人。这 120 人下放在三门峡工程局，当然还有重要任务。120 人，就是 120 户人家，老老

❶ 参见《中国水力发电史（1904—2000）》第一册（第一稿），中国电力出版社，2005.1，第 165 页。
❷ 参见《那些年，他们在五七干校》，如蓝著，中国文史出版社，2015.1，第 143 页。
❸ 参见《智者乐水——林秉南传》，程晓陶、王连祥、范昭著，中国科学技术出版社，2014.3，第 94-95 页。

少少加起来，队伍就相当庞大了。庞大，而且庞杂。

这一回，不是平常出差，而是倾巢出迁，再不回来了。

下放前夕的水科院大院是乱得不能再乱。大院里，除了下放家庭忙忙碌碌的身影，下来就是收破烂的各色人等。朱家住在南院平房，家具、行李、生活日常用品要打捆托运，最让朱伯芳放不下的，就是满屋子的书。哪本都舍不得丢，哪一本都该带着。全带走，不可能，丢下的，不忍心。

满怀离愁，一腔别绪。一册在手，摩挲再四。

朱伯芳口中念叨，这个还是有用的，这还是有用的。拿起一本，叹一口气。末了，他发现自己的眼睛湿了。

朱慧玲、朱慧珑两姐弟，一个满13岁，一个刚11岁，少不更事。听说要离开北京到外地去，欢喜得不得了，勤勤快快帮父母亲收拾东西。举家要下放，住的房子军管会要收回。姐弟两人帮父亲整理那些书，整理了有半个月，朱慧玲记得，总共整理出有23平板车的书，收破烂的把秤直接放在门口，单等姐弟俩把一捆一捆的书和杂物送出来。最后，还剩下43箱。

此时，少年人哪里知道父亲心里的苦？

朱伯芳亲自操刀，找来许多包装木板，钉了几十个大木箱子，把能带走的书全部装箱。朱慧玲数了数，总共43箱。当他们到达三门峡驻地，水科院两个姓朱的人最引人注目。朱伯芳是一个，另外一个是水力学专家朱咸。民工卸车的时候，两个人的木头箱子把民工们累得够呛，以为是什么东西，结果都是书，遂成话题。

行囊收拾停当，已经是1969年11月，120多户人家要离开北京，到那个让朱家姐弟充满好奇与新鲜感的三门峡去。朱家姐弟和其他孩子一样欢声雀跃，他们要离开北京，到三门峡安家去啦！陌生意味着未知，未知就等于冒险，这些，对孩子们是永远具有吸引力的。

离开北京，军管会特意派单位的车把下放的人送往火车站。由今天的复兴路出发，向东要穿过长安街。十里长街，车行得很慢。到达天安门广场，不知道是有意还是无意，车子开得更慢，车轮依依不舍一尺一尺辗过。朱慧玲惊奇地发现，满车的叔叔伯伯和阿姨们都默不作声，有的人在哭，大部分人在流泪。一车愁绪，半厢唏嘘。

这时候，朱慧玲听见父亲长长叹了一口气，唉——

朱伯芳侧身望窗外，新华门过去了，天安门过去了，人民大会堂过去了，历史博物馆过去了，脑海里故宫墙垣上特有的红颜色还残留一些，北京一点一点留在身后，北京火车站越来越近。

"我们还会回来的！"

朱慧玲听父亲这样说。

第七章　有限单元法五个
程序一本书

"水电城"大安

……三门峡市和三门峡大坝工地相互发出的力量与光辉，我们在出发到大坝工地上、三十多公里的路上逐渐地体会出来了！这条平坦宽阔，绿树成荫、曲折地穿过黄土高原的大路，就是输送大坝建筑器材的大动脉。大路两旁，是高高下下的梯田，农民们在忙着春耕，牛儿在亲切的吆喝声中，曳着犁在陡峭的山头来回地慢走。渐渐地大安村在望了，一幢幢的"工人之家"，在阳光下闪烁着整齐的白色的屋顶。最后，我们穿过许多土坯造成的棚屋，迤逦地到达河滩上的工程局。❶

大安，就是水科院下放干部被安置的地方。不过，这是十年前，也就是1959年冰心先生笔下的大安。十年前，这是一个掀动诗人诗情的地方，郭沫若来过，贺敬之来过，郭小川来过，叶圣陶来过。尤其是贺敬之那首诗，还被选入中学课本。时代咏歌，一时绝响。朱慧玲与朱慧珑将要在大安的中学课本里读到。

展我治黄万里图，先扎黄河腰中带。神门平，鬼门削，人门三声化尘埃！望三门，门不在，明日要看水闸开。责令李白改诗句：黄河之水"手中"来！银河星光落天下，清水清风走东海。

但姐弟俩读到这篇课文，肯定是另外一种心情。

大安村，就是贺敬之诗里"黄河腰中带"的三门峡大坝上游不远处，现在

---

❶　参见冰心《奇迹的三门峡市》，收入《冰心全集》第 4 册《文学作品 1958—1961》，卓如编，海峡文艺出版社，2012.5。

属于三门峡市滨湖区的一个社区，位于三门峡水电站大坝上游八九里的黄土坡上。冰心走后十年，朱伯芳他们来了。而且他们住的也将是冰心笔下的"工人之家"。

高高下下的梯田还在，忙碌的农民还在忙碌，"工人之家"可不是当年的工人之家了。

所谓"工人之家"，不过是当年建设三门峡水电站时工程局施工队伍住的临时工棚。这种临时工棚朱伯芳再熟悉不过，当年佛子岭、梅山工地的临时工棚还是用竹子搭起来的，那里保存着他许多美好的记忆，也是他科学研究生涯迈出第一步的地方。但此时，面对即将安家的"工人之家"，朱伯芳无论如何都无法感到亲切。

眼前的"工人之家"已经好几年没有人住，人去屋空，荒草没膝，破破烂烂，一派衰败。连那些老鼠见了人都不害怕，扬起头看看他们就各自忙自己的事情去了。

被安置在大安村的人，除了朱伯芳他们的水利水电科学研究院，还有北京勘测设计院的下放干部，还有后来零零星星陆续被打发来的"牛鬼蛇神"，比如清华大学水利系的"基地"，就有教授黄万里先生于1971年来到这里。

黄万里先生身躯伟岸，再加上他与三门峡工程扯不断的恩怨情仇，在大安这个地方很显眼，他被安排打扫工区的厕所❶。

几部分人，按照来源不同，被安置在大安村不同区域的"工人之家"，连职工带家属，合起来有一千多人。好在当地的"工人之家"足够大，跟佛子岭、梅山一样，曾是一座功能齐备的"水电城"，容纳这么多人来不在话下。

原属水利水电科学研究院的人员，被安置在大安村北侧靠近三门峡库区一侧，是以前工程局医院的所在，大致还可以看出原来医院的格局，门诊部、住院部、病房、手术室，甚至太平间，总共38排土坯房。房子倒是不少，可安顿一百多户人家仍然显得紧张。朱伯芳虽然40岁出头，但在那一拨人里已经算岁数大的，刚开始给他分得还靠前一些，但他一看不行，只有两间房子。两间房子四口人住倒是不成问题，问题是需要辟出一间来放他带来的43箱书啊！

---

❶　参见《长河孤旅：黄万里九十年人生沧桑》（全新修订版），赵诚著，陕西人民出版社，2012.3，第153页。

带队下放三门峡的，是后来担任水科院院长的陈炳新，岁数比朱伯芳要小，对朱伯芳敬重。朱伯芳将自己的困难一讲，陈炳新就将他往后靠了靠，将第38排的三间房给了他。只是到后来，当地的同学告诉朱慧玲，她家住的第38排后边，就是当年医院的太平间。

"水电城"的建筑，大部分在大坝蓄水发电投入运行之后将被拆除，是工地的临时建筑。大安村的"工人之家"建成已经十多年，属于超期服役，朱伯芳尽管对这种建筑并不陌生，但其糟糕情形还是出乎他的预期。

每一排房子要安顿几户人家住，没有顶棚，一抬头就可以看到屋顶。这倒难不倒有大坝施工经验的朱伯芳，在房顶找平，沿着水平线钉上钉子，然后在房梁上再钉若干木桩，拉起铁丝方格，再糊覆报纸。这样，一来是美观，二来是保暖，土坯房顿时焕然。哪里想到，上面的房架子都是相通的，老鼠、蝙蝠在夜间可往来穿梭，如履平地，甚至会掉下一只蝎子来，生态环境倒蛮好。无奈，一层报纸上再糊覆一层。地面全是黄土泥，买一点洋灰，把地面抹抹平，总算是安顿下来了。

不论是水科院，还是北京院，这帮工程技术人员下放三门峡工程局，也就是水电工程十一局，任务很明确，就是接受劳动改造，被一竿子赶到三门峡大坝工地参加劳动，跟一线工人劳动一般无二。一般工程技术人员尚且如此，"牛鬼神蛇"就更不用说了。

混凝土温控专家朱伯芳则被分配到工地的木工厂，接受木工师傅再教育，做木匠。朱伯芳小个子，多病体弱，高度近视，年纪也大些，工人师傅哪里不知道这些知识分子被打发到这里干粗笨体力活是胡闹？所以对朱伯芳也没有什么硬的要求，分配他干一些力所能及的活，能干多少干多少。

朱伯芳这个木匠要当到1970年的11月，整整一年。

他们干活的地方就在三门峡水电站的大坝工地。其时，大坝下闸蓄水投入运行将近十个年头，问题层见错出，到朱伯芳他们一竿子赶到水电工程十一局，三门峡大坝工程似乎还远远没有结束的意思。因此，他们每天工作的地方叫作"坝头"，坝头距大安村有八里多地的样子。在20世纪50年代施工的时候，修筑有一条小铁路，连接"坝头"工地与三门峡市，以利各种物资供应。这条小铁路每天来回有两趟车挂有客运车厢，运送职工上下班，大安是途中一个停驻小站。朱伯芳他们每天早上六点半起床，七点半乘车前往工地，到下午五点钟才能回来。每天一趟火车，准时准点，日复一日。只是，这样机械重复的节奏常常为晚上工地的政治学习打破，晚上七点半学习结束，误了火车点，他们就得从"坝头"踩着窄窄的铁轨走八里多路回家。

月亮在三门峡水库中落有倒影，铁轨反射出两道光亮向前延伸，像刀锋一样划破夜的黑暗。

朱伯芳虽不是苦孩子出身，也是吃过苦的。尤其是像朱伯芳他们这一代经历过国破家亡和战火离乱的知识分子，对生活并没有太多的要求，尽管不像公文宣传材料上说的那样，能吃苦耐劳，能藐视困难云云，但对待艰难困苦基本上能够泰然处之。

朱伯芳晚年回忆起在大安的那一段生活，说，生活比北京好！

这让人油然想起他回忆余江县中学，说那里挺好，为什么呢？吃饭管饱！

朱伯芳有血吸虫病旧疾，出差丹江口又染慢性肝炎，他对自己的身体还是格外在意的，没有好身体，什么也谈不上。朱伯芳所谓的"生活比北京好"，并不是说大安村的生活条件有多好，而是食物调配相对宽裕从容一些。

北京十年，供给制运行已经成熟，吃穿用度都是凭票供应。大安村当然也不是化外之地，其实也好不到哪里去。朱慧玲、朱慧珑两个孩子离开北京来到大安还新鲜了几天，很快，新鲜和兴奋刚刚破土而出，就被山区生活的沉闷、贫瘠、单调、灰色的生活给没收得一干二净。

朱伯芳和易冰若是大人，且在工地上工，每月供应 32 斤，两个孩子是学生，每月 23 斤，其中 70% 是粗粮，30% 是细粮。肉、油，每人每月半斤。买粮还好些，每月总能按量供应，买油、买肉就苦了。姐弟俩到了供应日子，早上四点钟就得起来排队到供应点，他们到达的时候，还有比他们起得更早，摆个石头在那里排着。从四点钟一直等到八点钟供应点开张。要命的是，就这样排三四个小时，能不能买上还是另外一回事。供应点不像粮店，经常断货，卖着卖着就不够了，供应点开张不一会儿，门口还有好长的队在那里排着，里面就喊：没货啦！

尽管这样，大安的生活还是比北京要好些。大安是当年的水电城，农村的集市却奇异地保存下来。每到集日，货品丰富。鸡、鸡蛋、生猪、山货，甚至还有粮食，都是交易的内容。只要有钱，副食品倒不成问题，这在北京是不敢想象的。朱伯芳他们这一批下放干部刚来的时候，东西相对还便宜，一块钱可以买到十二颗鸡蛋，后来大安集中的下放干部一天天多起来，农民们发现，过去工人们在的时候，交易不大顺当，工人们跟农民的生活也没有多大区别，而自从下放干部涌入，这些"牛鬼蛇神"主顾似乎很有钱，很能"杀货"，每一集的东西都可以卖出去。所以到后来，东西就慢慢贵起来。尽管贵，还是比北京好得多。

春天，桃花汛如期而至，三门峡水库要放空库水，这是岸边农民们大喜的日子。每一年黄河边的农民要趁水库放水，成群结队到河边捞鱼，当地人称之为"围鱼"。有一天，慧玲放学回家，看到集市上有位农民面前放着三条黄河大鲤鱼在那里卖，每条都在二三斤以上，心中就一动。爸爸妈妈是南方人，来到三门峡还没吃过鱼呢！她上前问询，鱼论条不论斤，每条六块钱。

来到三门峡，跟在北京一样，13 岁的慧玲仍然执掌家中的"财政大权"，买米买面是分内事，回家炒菜做饭也是分内事。慧玲踌躇再三，下狠心掏六块钱买了其中一条。

之所以踌躇，不是不敢买，而是，六块钱在 20 世纪 70 年代初真是一笔不小的巨款，能抵得上今天的多少钱！和她一起回家的还有四五位女同学，大家看她这样子，惊讶得嘴都合不拢。自作主张花这么一笔巨款买一条鱼，家长说不定怎么责怪呢。

大家这样一说，慧玲心下也有些忐忑。

回到家里，朱伯芳看见自家女儿拎回一条鱼，很是高兴，待得知女儿买鱼的过程，他却怪女儿：怎么才买一条，为什么不三条都买回来？三条都买回来多好！

身处大安，有自己的教训在前，他格外关心儿女的身体，在吃的方面相当大度。他这一怪怨，让女儿感动。举家来到三门峡，父亲夏天的单衣和冬天的棉衣，几年都没有更新过，棉衣的袖子和胳膊肘那里都破得露出了棉花他也不管不顾，冬天戴一顶解放帽，帽檐都塌得松松垮垮，说他衣衫褴褛有些过，但如要走在大街上，若不是戴副深度眼镜，将他认成一个叫花子毫不奇怪。慧玲心疼父亲。

　　生活区只有一个供水点，其实也就是一个水房里装有一个水龙头，家家户户在下班或工闲时担桶前来取水，很不方便。苦的是冬天，大安在三门峡水电站施工期间，就有一个制煤厂，原来就是供应工程局职工的，但1969年一下涌来这么多接受"劳动改造"的下放人员，生产能力根本不能满足冬天取暖需要。没有办法，只能到三十公里之外的三门峡去买。怎么买呢？由工程局出面，可以乘工地的小火车去，利用星期天分批去买。先借来架子车，将架子车搬到小火车上，到了三门峡买好蜂窝煤，再倒到架子车上，推着架子车到火车站，把架子车抬上车运回大安。一天可以运送两次。朱伯芳如此，其他老专家也不例外，个个都是壮劳力。

　　1972年，朱伯芳利用出差的机会带姐弟俩回北京探亲，两个孩子就住在北京的舅舅家里。他们被表弟表姐带着逛北京的名胜，这些熟悉的地方突然让他们感到特别陌生。两个少年感到，他们已经是彻底的外地人了。

　　原来，父母亲在哪里，家才在哪里。他们的家，在三门峡，在大安。

　　就这样子，朱伯芳他们在大安要住到1973年。

　　1974年，设计院搬到三门峡市内，直到1977年他们再回迁北京。

悲 壮 三 门 峡

　　朱伯芳在木工厂做"木匠"的时间持续了不到一年时间，被抽调到水电工程十一局成立的勘测设计研究大队（后更名为勘测设计研究院），下设勘测、设计、科研几个队（后更名为所），科研所由陈炳新负责，人员则是过去水利水电科学研究院的老底子。下面又分若干组，有水工、结构、材料、水文、泥沙、水轮机抗磨几个组。朱伯芳被安置在结构组。归口做科研，意味着接受再教育与劳动改造结束。

把这些从北京来的下放干部收拢起来，工程十一局意识到这些科研人员从事体力劳动是人才浪费是一方面，更重要的是他们有了任务。

什么任务呢？

任务当然就在眼前的这座"万里黄河第一坝"——三门峡水电站。

此时的三门峡水电站，已经完全没有了"展我治黄万里图，先扎黄河腰中带"的豪迈与激情，像一位病人一样躺在手术台上。

朱伯芳他们受命参与三门峡水电站二次改建工程。

三门峡工程，一言难尽。三门峡工程的总工程师又是汪胡桢先生，汪胡桢先生堪称朱伯芳、曹楚生他们的伯乐，所以，提及三门峡工程，朱伯芳还是有感情的，惋惜之情溢于言表。

尽管在朱伯芳的技术生涯中，三门峡工程的建设过程是一段题外话，但有必要做简略交代。

三门峡工程，从规划、设计、蓄水发电到运行，赞扬、期许、质疑、反对、咒骂、清算之声一直伴随始终，直到今天仍然不绝于耳。客观地讲，三门峡工程的成功与失误、经验与教训，实际上是中国水电发展史的微缩本，说来就话长了。

三门峡工程兴建的初衷并不是为了发电，其主要目的，是要防治黄河中下游的洪水灾害。它是新中国在黄河上修筑的第一座混凝土大坝，中国人把根治黄河的梦想都放在这座大坝上，所以又称为"万里黄河第一坝"。

黄河水患，为害千年。灾害频繁，不绝史乘。黄河长达 5464 千米，仅穿过黄土高原的中上游地区，比较大的一级支流多达百条，秋水时至，百川灌河，百多条支流切割、侵蚀黄土高原，挟带着天文数字量级的泥沙下泄，黄水漫漶。到达下游的时候，千百年来没有固定河床，大变大迁，下游地区只能靠筑堤挡水被动防治水患，以至于形成今天下游地上"悬河"的景观。从上古时期的大禹治水开始，产生过许许多多杰出的水利专家，同时，因治黄不力而身败名裂的水官远多于前者，有的王朝甚至因为黄河水患而最终走到尽头，大多数时候，只能将水患大小和来去归于鬼神，年年祀神祭祖，年年央告河伯。

这是一条高度成熟的河流，它博大、温情、厚重，但又复杂、多变、乖戾、阴晴无定，连毛泽东这样的伟人面对黄河也是沉吟再三，没有写过半句豪言壮语。

三门峡工程就在这个时候被推上前台。

推向前台的三门峡工程仍然属于根治黄河规划中的一部分。

背景略去，时间表如下：

1949 年到 1953 年，水利部黄河水利委员会和燃料部水电总局先后组队对黄河及支流进行查勘和整理资料。

1952 年，两部都向中央提出聘请苏联专家组来中国帮助制订黄河规划。经两国协定，决定将黄河综合规划列为苏联援助我国经济建设的重大项目之一。

1954 年 1 月，苏联政府派出的专家组到京，120 多位中苏专家组成的庞大查勘团用了 4 个月时间从兰州查勘到入海口。同时，国家成立了黄河规划委员会，在苏联专家指导下，按苏联模式编制《黄河综合利用规划技术经济报告》，于同年 10 月完成。

该《规划》甚是宏大，黄河干流上将建 46 座拦河坝，在支流上建 24 座水库。这样，黄河的洪灾完全避免，泥沙被拦截，下游河床将刷深且稳定，河水从此变清，46 座梯级还可以装机 2300 万千瓦，年发电 1100 亿千瓦时，引黄灌溉面积扩大到 1.16 亿亩，轮船可以从入海口通至兰州。

三门峡工程是这个庞大规划中的第一期工程。

1955 年 7 月，苏联专家帮助制订的《规划报告》在一届人大二次会议上表决通过。中方委托苏联国家水电设计院列宁格勒分院进行三门峡工程的设计，中方提出设计任务书，配合工作、提供资料。应该说，苏联专家对这项国际工程甚是重视，做了大量分析、设计、比较和研究试验工作，当然，也考虑到黄河泥沙淤积问题。他们对三门峡工程也是有感情的，1960 年，苏联政府撤专家回国，许多在工地的专家还一脸困惑十分不解：究竟发生了什么事？最后恋恋不舍依依惜别。

苏联方面提供的初步设计方案如果放在中国的南方或者苏联本土的伏尔加河上没有什么问题，但是这个倾注他们心血与智慧的方案却是放在中国的北方大河之上，从一开始就有反对和质疑。

黄万里先生提出不同意见，他将三门峡工程从规划到设计的思想总结为

"有坝万事足，无泥一河清"，沉痛指出这种设计思想会造成严重后果。❶

　　黄万里先生之后，再有刚出校门的温善章数度上书水电部和国务院，反对三门峡建"高坝大库"，建议按"低坝滞洪排沙"的原则进行规划设计❷。

　　两个人的反对意见，不仅为许多国内专家所认同，而且也引起决策高层的疑虑与担心。只是，"黄河清"的呼声与期望还是占了上风。1957 年 2 月，初步设计方案通过，1957 年 4 月，三门峡工程破土动工。

　　1960 年 9 月 14 日，三门峡工程竣工，下闸蓄水。一座高 106 米，长 731 米的混凝土大坝屹立在万古洪荒的三门峡口。

　　几百万年咆哮的河水顿失滔滔，一改怒颜。库水慢慢上升，岸边上欢声雷动，锣鼓喧天，泪作倾盆——黄河水果然清了，狭窄的河谷平湖现出，波光粼粼，一望无际，诗人们当年预言的人间仙境真实出现在人间。

　　高兴了没多久。

　　高兴了仅仅一年多。

　　三门峡工程蓄水运行仅仅一年多，黄万里、温善章们的预言应验了，甚至比他们的预言更加糟糕。

　　一年多之后，水库内泥沙猛淤 15.3 亿吨，上游来沙的 94% 淤在库内，潼关河床高程抬高 4.31 米，渭河口形成拦门沙，渭河入黄受阻。库水与渭河洪水叠加，关中平原渭河两岸 25 万亩、5000 人被水围困。如果再按设计蓄水位 350 米水位运行，关中平原势将难保，西安、咸阳危在旦夕。为了减淤，大坝不得不降低水库水位，首台 15 万千瓦发电机组披红挂彩运行不到一个月，失去发电高水头，顿时一片死寂。后来被拆除安装到丹江口水电站。

　　1962 年 4 月，全国人大会上，陕西代表甚为激愤，言辞激烈，提出降低三门峡水库水位的议案，甚至把状告到毛泽东那里。

　　1962 年 3 月，水电部组织召开"三门峡水库运用方式讨论会"，会议决定，三门峡水库的运用方式由原设计的"蓄水拦沙"改为"滞洪排沙"，除发生特大洪水和凌汛期，汛期打开闸门敞泄。国务院当下批准这一方案。这就等于放弃了"黄河清"的梦想，但这也仅仅是权宜之计。

❶ 参见《悲壮三门峡》，靳怀堾著，作家出版社，2013.3，第 69-70 页。
❷ 参见《悲壮三门峡》，靳怀堾著，作家出版社，2013.3，第 69-70 页。

　　事情拖到 1963 年，库区泥沙淤积已经达到 50 亿吨，直逼西安、咸阳。关中平原不仅是中国西部的大粮仓，更是中国西部的轻重工业集中的地区。三门峡规划的失误已经显现，再不解决，后果严重。

　　这就有了三峡门工程第一次改建，这座强壮的大坝不得不躺在手术台上。1964 年，由国务院总理周恩来主持，召开治黄会议，专门讨论三门峡工程问题。会议最后决定，开凿两条排沙隧洞，将水电站第 5 到第 8 共四个进水管改建为排沙管。是谓"两洞四管"增建工程。

　　不必详说两洞，也不必细讲四管，两洞四管，泄沙量有限，仍是权宜之计。

　　头一次改建工程之后，潼关以上库区和渭河仍然继续淤积。1967 年遇丰水丰沙年份，黄河水倒灌渭河，渭河口 8.80 千米的河槽全被淤死。1968 年渭河华县防护堤决口，造成大面积淹没，渭河下游一片泽国。

　　就这样，三门峡工程再次被推上手术台，有了它的第二次改建。

　　这个时候，水利水电科学院的下放干部刚刚来到三门峡，朱伯芳他们正在大安村用报纸糊顶篷，准备安家。也就是 1969 年的 12 月，国务院批准，打开溢流坝段 1 至 3 号导流底孔；电站 1 至 4 号机组进水口降低 13 米，改建为低水头径流电站。

　　三门峡大坝在施工过程中，底部留设有 12 个导流底孔，这些底孔在大坝建成之后已经用混凝土填塞。刚开始准备打开溢流坝段的 3 个，到 1970 年，再准备打开剩下的全部 5 个，利用溢流坝段的 8 个导流底孔增大排沙量，降低蓄水位，电站改为 5 台 5 万千瓦机组发电。总发电量不足原设计的五分之一。

　　溢流坝段先开挖的 3 个底孔位于表孔之下，混凝土封堵，有闸门，如何开挖封堵混凝土，是难题，如何在泥沙严重淤积的情况下拉起闸门，更是关键。到 1970 年 6 月，3 个底孔混凝土成功开挖，闸门顺利拉起。导流底孔也未做加固，先行过水。

　　坝头上改建工程正在紧张进行，其时朱伯芳还在木工厂当木匠。一帮水科院的专家却在干体力劳动，无用武之地。

　　到了 1970 年的 7 月，当要打开剩下的 5 个深孔下的导流底孔，问题就复杂得多了，8 个孔并不在一个水平面上，也就是说，它们在坝体分布高低不同，

1 号到 3 号导流底孔为单层过水，位于上方，4 号到 8 号底孔位在下方。❶上方打开，再打开下方，双排底孔同时泄流，应力变化就非常复杂了，打开之后应力肯定改变，安全度如何？应力又如何变化？均是未知数。

这样，水利水电科学研究院原来的强大科研力量就凸显出来了，尤其是朱伯芳这样有丰富工程实践经验的专家，更是弥足珍贵。用人之际，休问出身。到工程后期的 1973 年，连黄万里先生这样的大"右"派，也受"上面"指示，停止打扫厕所，前往三门峡上游潼关、渭河下游叩关问河，考察水文和泥沙情况。❷

打开底孔这样一个看似简单的改建工程，却无不涉及水工、土木、泥沙、结构、材料、温度应力等等技术因素。改建也好，增建也罢，相当于坝工工程建成之后的"补强""尾工"，补不胜补，尾无长短，其复杂程度常常超过新建工程。

何况三门峡！

多少年之后，上到钱正英这样的老领导，下到深受泥沙淤积之苦的陕西地方党政领导，无不感慨：我们在三门峡交的学费太多太昂贵！

在这样的大背景下，也是为了安置从北京水电设计院和水电科学院下放来的近千名干部，水电工程十一局成立十一局勘测设计研究院，下设勘测队、航测队、设计队和科研所。科研所长为陈炳新，副所长张启舜、黄永权，科研所又下设有水工、岩土、结构、材料、水轮机抗磨砺几个研究组，朱伯芳担任结构组组长。

十一工程局非常重视这个新成立的设计研究院，虽然不能像北京那样拥有完备的试验、实验条件，毕竟还划给专门的办公地点。办公地点位于大安另一侧的一条山沟里。过去，那里也是一片"工人之家"，三门峡蓄水之后，这片"工人之家"被库水分割开来，居然形成了几个半岛。从家属区入沟到"岛上"来上班，有一里多路，也另有一番滋味。大家每天在沟里进进出出，甚是和谐，仿佛回到 1960 年环境宽松的小阳春天气。

---

❶ 参见《黄河三门峡水利枢纽志》，黄河三门峡水利枢纽志编纂委员会编，中国大百科全书出版社，1993.3，第 139 页。

❷ 参见《长河孤旅——黄万里九十年人生沧桑》（全新修订版），赵诚著，陕西人民出版社，2012.3，第 154 页。

科研所的课题甚多，朱伯芳任结构组组长。科研所承担论证三门峡二期改建工程打开 8 个底孔之后的水力学问题、下游消能、一期工程新开的两条隧洞运行情况，以及打开 8 个底孔之后高水位坝体应力问题。结构组论证分两摊，朱伯芳用数理方法计算，而另外一部分同志则在三门峡搞原型观测，即打开 4 号底孔与相对应的上部 1 号深孔做双层孔泄流试验，埋设了好多仪器，观测会不会影响到大坝安全。

原科研所所长陈炳新回忆，朱伯芳在计算打开底孔应力释放所引起的应力变化时，已经开始采用有限单元法计算，效率很高。他的计算与原型观测计算的结果基本一致，底孔打开后不会影响到大坝安全。

经历了 1965 年的"设计革命化"，又经历了"文化大革命"、单位撤销，原水利水电科学研究院的下放工程技术人员被耽误了四五年功夫，接到三门峡改建工程论证任务，大家都非常努力，孤岛之上的科研所基本上没有什么试验条件，他们或在坝头搞原型观测，或者跑到郑州黄河水利委员会的勘测设计院去做模型试验。没有条件，千方百计创造条件。

陈炳新回忆起那一段时间，多少年之后仍显兴奋，朱伯芳倒是轻描淡写，没有多说。三门峡二期改建工程，朱伯芳可能认为，作为温度应力专家和温控专家，他不过是做了分内之事。

但是说起三门峡和围绕三门峡长达半个多世纪的争议与争论，他还是非常痛惜。他讲：三门峡工程的失败，没有失败在工程技术上，工程技术上在当时的历史条件与技术条件下，还是非常成功的，若说失败，就失败在规划上，而规划上的失败，又失败在对黄河的泥沙认识上。

诚然，当初黄河流域的开发和三门峡工程的设计工作都委托给苏联专家去做，苏联专家在这项国际工程的规划和设计过程中，不可谓不用心，不可谓不用力，然而黄河不是第聂伯河，也不是伏尔加河，苏联专家根本没有在泥沙含量达到天文数字量级的河流上设计施工的经验，正如潘家铮先生所言，是"所托非人"。而国内的泥沙科学也刚刚起步，对河流泥沙的认识并不比对混凝土的认识多多少，甚至还不如对混凝土的认识。

尽管如此，三门峡大坝施工过程，有汪胡桢、李鹗鼎这样具有丰富实践经验的专家担任总工程师坐镇指挥，在当时的技术、施工条件下，三门峡重力坝的质量非常之高，诞生过许多对后来重力坝建设产生深远影响的技术创新。

若说起三门峡大坝的设计和施工，朱伯芳虽然未曾与闻其事，但与他是有些关系的。三门峡大坝混凝土浇筑，吸取佛子岭和梅山连拱坝的施工经验与教训，全部采用水管冷却。苏联专家在设计水管冷却的时候，特别指出：水管冷却的计算方法采用中国的朱伯芳方法。❶

同时，一期、二期改建工程也催生一批技术革新成果，如"三门峡枢纽改建与泥沙处理""混凝土爆破开挖技术""大型预制钢混凝土发电机风罩"等，分获国家或有关部委科技大奖。❷

朱伯芳他们参加二期改建工程之后，实际上并没有彻底解决三门峡库区淤积问题，新问题，老问题，意想不到新情况层出不穷。三门峡工程的最后得到解决，要等到黄河上游、中游龙羊峡、万家寨等大型水电站和下游小浪底水电站建成，形成全流域调控机制，最后到 2000 年，将 12 个导流底孔全部打开，才标志着三门峡这座万里黄河第一坝的起死回生。

如果细讲起来，足可以写一部大书。

有限单元法五个电子计算机程序

三门峡水电站二期改建工程的论证告一段落之后，新成立的科研大队依然存在，并且还将更名水电工程十一局勘测设计院。1979 年，这个勘测设计院成建制迁往天津，成立水电部天津勘测设计院。❸这个临时动议成立的勘测设计

❶ 参见《朱伯芳院士文选》，朱伯芳著，中国电力出版社，1997.9。代序二。
❷ 参见《悲壮三门峡》，靳怀堾著，作家出版社，2013.3，第 151 页。
❸ 参见《水电十一局志（1955—1995）》，中国水利水电第十一工程局志编纂委员会编。内部发行，1995.10，第 382 页。

研究大队的实力确实令人侧目。

1972 年，三门峡工程改建工程基本完成，8 个导流底孔全部打开并投入运行，忙碌的勘测设计大队忽然显得很清静。

说清静，也是相对于改建工程正在进行时那种紧张节奏而言，其实大家手里或多或少有工作要做。比方，在三门峡改建工程之后，陈炳新主持出过一个论文集，总结改建工程中的科研成果。❶

但朱伯芳很不适应，他回忆说，改建工程结束那一段时间，他们每天按时上班，但无事可做，于是只好聊天、下棋、看报纸。工作节奏确实是慢多了，时光仿佛也慢了下来。

当然，还有别的原因。当时的水电十一局勘测设计院尽管有实力，但是实验、试验条件很差，又地处大安这样一个偏远地方。尽管是"文革"时期，全国还是有一些在建工程的，一有技术问题，他们会到设在南京的水利科学研究院，会到郑州的黄委会勘测设计院和长江水利委员会科学院去，还有一些大学里保留了试验室，没有谁会主动找到山沟里来。❷

在朱伯芳的人生观里，科研与工作是两个同等重要的构成，他容不得放任自己浪费一分钟时间，更很难适应这样一种温吞水一样的工作环境。没有科研任务，没有科研设施，三门峡十年，也确实有一些人散散漫漫把自己荒废了，钱一分不少拿，活干多了还有政治风险，哪个愿意下功夫自讨苦吃？但朱伯芳受不了这个。更何况，三门峡改建工程，他也只是起了一些"敲边鼓"的作用，并没有把自己的能力发挥出来。

在日后的许多回忆文章中，朱伯芳都谈到 1972 年开始的这段经历，苦闷、彷徨肯定是有的，苦闷、彷徨还来自内心的紧迫感。"文革"爆发，他 38 岁，到 1972 年，已经是 44 岁的中年人了，这样下去显然是不行的，真耗不起。他决定"找米下锅"，找一些课题来做。

说是"找米下锅"，其实早有想法。

1960 年，朱伯芳在国外一份资料上面看到有限单元法这种新兴起的数值方

---

❶ 参见院士采集工程陈炳新访谈。
❷ 参见《生平记事——从大学四年级学生到中国工程院院士的经历》，朱伯芳，《水力水电技术》2014 年第 7 期。

法，已经预感到这种新兴方法对解决具体工程技术问题的强大计算能力。只是，这种新兴的数值方法是随着计算机技术的进步应运而生，当时中国的计算机技术也是刚刚起步，有限元方法的应用还有待进一步推进。1964 年，朱伯芳在完成《水工混凝土温度应力与温度控制》课题之后，就把有限单元法和混凝土断裂力学列为小组后续研究的课题。"下楼出院"、"文革"开始、"宣扬帝国主义原子弹威胁"风波、水科院解散、举家下放三门峡，朱伯芳再拣起 1964 年就定好的课题，已经是 8 年之后。

也是考虑到自己在计算分析方面的功底，研究有限单元法，把有限元法尽快应用到实际工程中，不必试验设备，在书桌上就可以完成，这个选题的操作性还是蛮强的。更何况，他早就意识到，有限元方法引入工程实践中之后，将会产生无限的可能性。

他自己也可能没有意识到，这一偶然的选择，将朱伯芳送到他自己第二个学术黄金期。封闭的三门峡大安村，将是一代结构大师再次出发的地方。

有限元法的提出，并不是出自数学家之手，而是由工程师在生产实践基础上提出来的，最后再由数学家进一步完善，成为一个新兴而有效的数值方法。❶

张光斗先生在 1997 年为朱伯芳《有限单元法原理与应用》（第二版）所写的序言讲得比较清楚，引于下：

在近代工程科学的发展中，由于飞行器、船舶、车辆、机械、水坝、桥梁、房屋等工程设计上的需要，固体力学始终受到人们的重视。在 20 世纪 40 年代以前，虽然已提出了变分法、差分法、松弛法等计算方法，但它们只能用于分析形状简单的结构。对于实际工程中很复杂的结构，事实上很难进行比较精确的分析。当时在设计上往往只进行一些近似的分析，然后依靠设计者的经验、已建工程的类比、模型试验和适当加大安全系数等办法来保证工程的安全。40 年代中期电子计算机出现以后，人们首先想到用计算机求解杆件结构力学中力法与变位法的基本方程，形成了矩阵力和矩阵位移法，效果不错。在类似思想的指引下，到了 50 年代中期，人们提出了有限单元法，把连续介质离散成一

---

❶　参见冯康《有限元方法》，收入《有限元方法及其应用》，计算技术研究所三室编，中国科学院计算技术研究所，1975.12 月。

组单元，使无限自由度问题转化成有限自由度问题，再用计算机求解。这一方法可用以分析形状十分复杂的结构，所以它一出现就受到人们普遍的重视，很快扩展到固体力学的各个分支，又从固体力学扩展到流体力学、热传导学、电磁学等各个领域，发展成为一个十分重要的工程计算方法。

有限单元法的优点是：1. 可以分析形状十分复杂的、非均质的各种实际的工程结构；2. 可以在计算中模拟各种复杂的材料的本构关系、荷载和条件，例如可以模拟岩体中的渗流和初始地应力场、混凝土的不均匀温度场等，这些因素在物理模型中往往是难以模拟的；3. 可以进行结构的动力分析；4. 由于前处理和后处理技术的发展，可以进行大量方案的比较分析，并迅速用图形表示计算结果，从而有利于对工程方案进行优化。由于具有上述优点，有限单元法在工程设计和研究中得到了广泛的应用。❶

具体到工程设计计算，过去计算固体应力都用差分法。差分法算一维的应力很方便，但到二维、三维空间就比较麻烦了，因为差分法算的网格是矩形的，而大坝设计网格都是三角形的，所以它常常显得是无能为力。有限单元法计算的网格是三角形的，它可以把庞大而复杂的结构化成一个个三角形去计算，就不存在这个问题。有限单元法计算方法简化，但计算量同样特别庞大，没有计算机技术的进步，有限单元法也将无从谈起。

有限单元方法的应用甚为广泛，今天，不仅工程、制造，还有人竟然用有限元方法分析相声、小说乃至戏曲对受众的影响度，进而优化故事结构，甚至可以编出程序模仿诗人写诗，模仿记者写报道，等等。总之，特别神奇就是了。

这时候，一个正在三门峡坝头工地怀抱风钻干苦力活的年轻人进入朱伯芳的视野。朱伯芳找到这位浓眉大眼的年轻人，问他：你愿不愿到勘测设计大队跟我一起搞一些科研工作？

大眼睛年轻人叫宋敬廷，是原水利水电科学研究院水文所的工程师，1963年毕业于厦门大学数学系，同年分配到水科院。他是一名印尼归国华侨，当时也就 30 岁出头，下放到三门峡工地，黄土高原的烈烈长风将身上带着的椰风海

---

❶　参见《有限单元法原理与应用》（第二版），朱伯芳著，中国水利水电出版社，1998.10，张光斗序言。

韵吹得荡然无存。

　　站在朱伯芳面前的宋敬廷，与一个民工无异。1969 年下放三门峡，整整三年劳动在坝头工地，打混凝土，抱风钻，爬高搭脚手架，什么体力活都干过。谁都不会以为他是从水科院下放来的科技人员。但朱伯芳了解他。宋敬廷毕业的厦门大学数学系，课程设置都是理论数学，力学、结构这些课程并未接触过，分配到水文所，也是搞水文计算，与结构并不搭界。1964 年，水电部办班培训计算机技术，宋敬廷参加了。之后，宋敬廷就是水科院首批计算机操作人员。当时，全国也没有几台计算机，水科院就有一台国产的 103 计算机，宋敬廷利用这台计算机编程进行过水文计算。之后，之后就"下楼出院"了。之后，就下放到三门峡工地。

　　宋敬廷那个时候也苦闷，国家花钱培养自己大半天，从南洋回来带回来的是一腔报国心愿，现在天天干体力活，所学无所用。听朱伯芳说"找米下锅"的计划，大眼睛里有了神采：我愿意。

　　从工地调一个年轻人回勘测设计大队，当然还有一套组织人事程序，这个过程并没有什么繁难，主持其事的陈炳新是水科院的旧人，支持朱伯芳的工作。这样，宋敬廷就顺利调到勘测设计大队，做了朱伯芳的助手。

　　宋敬廷后来很感慨，他讲：如果不是跟着朱先生搞科研，再在工地干上五六年体力活，把知识都丢光，到 1978 年能不能回北京的老单位还是另外一回事。

　　1978 年，宋敬廷回到恢复之后的水利水电科学研究院，筹备计算机室，后担任室主任、计算机所所长。

　　再回头说有限单元法。

　　1960 年，有限单元法在国际上才刚刚兴起，中国数学家和工程师几乎是与国际同步，开始从数学方面对这种方法进行研究。中国科学院计算机所的冯康、黄鸿滋对此有了比较深入的研究，崔俊芝、杨真荣等已经编制了平面有限元程序。他们为推广有限元方法做了相当多的工作，而且所编制的程序无一例外都是解决具体工程力学计算问题的。例如崔俊芝在 1964 年编制的第一个平面有限元通用程序，为刘家峡水电站解决了许多力学问题❶，杨真荣关于动力问题

---

❶　参见《力学院士崔俊之》，收入《牧野风·新乡人物卷》，邢亚平主编，河南美术出版社，2007.12。

的有限元法，王苠贤、张学峰、李志欣将有限元法在飞机结构分析中的应用等等❶。但是中科院计算机所这些成果和正在进行的工作还处于保密阶段，知道的人并不是太多。而且，中科院计算机崔俊之、杨真荣他们所编制的这套通用程序并没有考虑不稳定温度场和徐变，所以计算的结果仍然不符合工程实际情况。这也不难理解，朱伯芳的《水工混凝土温度应力与温度控制》一书，此时还静静躺在出版社仓库的某一角落里。水工界在计算温度场的时候还是用的差分法，应力计算仍然用影响线。搞工程的不知道有限元，知道有限元的不知道温度场，两张皮。

朱伯芳与宋敬廷合作，着手编制的第一个程序，就是用有限元计算不稳定温度场的程序，然后是考虑温度变化、徐变和施工过程计算混凝土坝应力程序。

两个人的合作还是相当好的。公式推导与计算机程序框图设计当然主要由朱伯芳来搞，计算机指令程序由宋敬廷来实现。宋敬廷不懂结构、力学，刚开始跟不上朱伯芳的思路，朱伯芳并不着急，指导宋敬廷读弹性理论，从最基础的应力应变开始，逐渐搞通弹性力学，这样，宋敬廷就逐渐能对朱伯芳推导的公式和他的框架意图心领神会。

说起来是这么回事，具体落实成为计算机程序，对于宋敬廷而言，一点不比在坝头工地干体力活来得更轻松。好在他学的就是这个，干起来不能说得心应手，至少乐在其中。

为什么呢？今天计算机编制程序，有 Fortran 语言、有 C 语言等等计算机高级语言，用一台个人计算机坐在那里敲敲键盘就可以实现，随心所欲，每一步都可验证。但在 1972 年，用的是二进制方法编写指令，仅 1＋2＝3，就要编十几步，就是一条一条指令，将这些指令逐条输入计算机，要在纸带上打孔，一个程序下来就是好大几坨子纸带盘。

北京有一家 738 厂，属于当时的四机部，位于酒仙桥，他们那里有计算机，一台计算机要安置起来，需要占地很大的一间房子。所用的元器件都是电子管，还没有采用晶体管，更谈不上集成电路。复核的时候，把纸带一盘一盘装在计算机上，计算机通过纸带上面的孔来阅读指令，再进行计算。

---

❶   参见《有限元方法及其应用》，计算技术研究所三室编，中国科学院计算技术研究所 1975.12 月。

　　大安的勘测设计大队不独没有这样的计算机，朱伯芳推导公式，确定程序框架之后，需要宋敬廷把程序手写下来，到北京去打孔、验算。这样，在推导公式和编制程序之外又多了一个活，需要不断到北京出差，到北京738厂去打孔计算。

　　738厂当时最先进的计算机型号为DJS-6，也称之为"108乙"机。这个厂子还不错，朱伯芳他们来计算的时候，也很支持，不收取任何费用。但是，只能在人家中午休息的时候才能调试他们的程序。这样一来，每一次出差，打孔连带计算，加起来的时间就很长了。更何况，酒仙桥离市区又远，位于今天北京东四环外，当时就是郊区，有时候只能住在小招待所里等着。夏天怎么也好说，到了冬天可就苦了。

　　后来，打听到汉口一家工厂生产筑孔机，单位就买了一台专供朱伯芳他们使用。之后，打孔工作就可以在三门峡完成了，节省了不少时间。

　　打孔是一个非常细致的活，孔与孔之间都有着严密的逻辑联系，一个孔打错，后面的全错，需要重新来过。打孔、检查、验证，一旦发现有误差，就回头一个孔一个孔检查，就特别麻烦，那就不是一般的工作量了。好在宋敬廷也正年轻，三年劳动别的无所收获，倒锻炼下一副好身体，浑身有使不完的劲，又兼敬重朱先生的勤奋与敬业，他尽最大努力实现朱先生的安排。朱先生搞这些工作单位没有谁安排他去做，可是他搞得特别扎实，完全是实事求是的，每一项研究没有空对空的那一套，都是要解决工程中的具体问题的。所以宋敬廷对这样烦琐的工作从无怨言。

　　宋敬廷后来回忆这段日子，他讲：当时帮助朱先生的人也有，但我是主要的，可见他对我还是比较信任的，做的工作他很满意。❶

　　可是天长日久这样下来，也有发毛的时候。比方，有的时候，朱伯芳在设计计算框架的时候可能自己觉得不太周密，宋敬廷那一头又领会有误，编出来的程序就与原来的设想有出入。这就要查，就要改，查出来再重新打孔。小改还不要紧，宋敬廷倒很乐意去干，要命的是推倒重来，大改。朱伯芳的思路又特别快，一个新想法冒出来，整个程序就要大修大改。就像一部电影后期已经

---

❶　参见《院士采集工程　宋敬廷访谈》。

完成，导演突然想起某一人物角色应该反转，某一个情节需要调整，这样，从编剧到剧组会烦到什么程度？宋敬廷的烦躁跟这个也差不多。这时候，宋敬廷会发毛、生气。朱伯芳倒是一副好脾气，慢吞吞跟他讲：改吧改吧。到合作后期，宋敬廷就慢慢适应了这种情况，说改就改。

宋敬廷还年轻，出差北京算不得什么事情，但朱伯芳就不同了。朱伯芳的身体一直不大好，又有慢性肝炎。北京已成异乡，出一趟差对他的病躯考验不小。程序有出入，宋敬廷可以帮忙，自家的身体不好，就只能自己注意了。

宋敬廷讲过一个细节。他们每一次出差，朱先生一定要带一只煤油炉。临行之前，朱先生要将煤油炉结结实实钉在一个木箱子里，怕在旅途损坏。倒不是这只炉子有什么特别，实在是对他太重要了。到了北京，一般住在水电部的招待所里，吃饭也就在招待所打饭吃。每一次打回来，他要将馒头或者米饭在炉子上重新热一下，既可以保证吃一口热乎饭，又能把食堂里做的饭二次蒸馏，饭食可以变软和一些，利于下咽。

大约持续了四五年，那只笨重的装煤油炉的木头箱子是朱伯芳出差时的必备行李。

"文革"前曾是结构所同事的王国秉讲过一个细节。朱伯芳到北京出差，故交不多，王国秉没有下放，还留守水科院，两人见面不少。朱伯芳和宋敬廷来北京编制混凝土温度应力有限元程序那一段时间，朱伯芳口腔溃疡，老也好不了。去医院检查，医生怀疑他得的是口腔癌，医生没有明说，朱伯芳还是知道了。病人知道自己可能得的是绝症，心理压力肯定不小。就在那种情况下，朱伯芳竟然也没有放弃手头的工作，把混凝土温度应力有限元程序硬撑着拿了下来。❶

继建立不稳定温度场和温度徐变应力的有限元程序后，朱伯芳和宋敬廷合作，再编制出渗流、弹性厚壳、复杂基础三个有限元程序。

就是这样的身体状况，就是这样艰苦的封闭的大安，朱伯芳为自己的科学研究开辟出别一番天地。前面尽管关山重重，毕竟是站在一个新的高度上了。

---

❶ 参见《院士采集工程 王国秉访谈》。

这五个程序对于中国水利水电工程的设计与施工的意义实在太大。

《有限单元法原理与应用》

除了五个有限元程序，在三门峡的十年中，朱伯芳的另外一项重要成果，是日后在水利水电工程界被引用最多，且作为许多理工科高校有限单元教材的《有限单元法原理与应用》一书。

又是一部厚书。

全书 73 万多字。关于写作这部著作的情形，朱伯芳在这部著作的第二版前言中称，这部书从 1973 年就着手写作，1975 年完成。完成的地点，是黄河三门峡工地一间土坯砌筑的工棚。❶

朱伯芳序言里提到的"工棚"，就是他在大安的家里。他利用业余时间在家里完成了这部 79 万字的巨著。

大安的家前面已经说过，情况还好，但也与"工棚"无甚异同。但地处"孤岛"上的勘测设计研究院的办公条件就很差了。土坯工棚，倒是当年研究院的标准建筑，不独朱伯芳如此，其他人都在里面办公。可是条件实在是太差了，宋敬廷记得很清楚，那个条件差到什么程度呢？顶棚不必说没有，老鼠不必说常来光顾，地面就是一层夯实的黄土，莫说水泥，砖都没有铺一块，写字台都放不平，需要在桌腿那里支好多东西才能放平稳，两年下来，宋敬廷才发现他的办公桌下竟然被自己踩出一个硕大的土坑。

五个有限元程序编制出来，当时全国还没有一个与水工工程结合得如此紧密的应用程序，名声很快不胫而走，陆续有当时在建的大工程找上门来计算。

"文革"中间，尽管说全国的水电水利工程陷入混乱，但还是有一些大工

---

❶　参见《有限单元法原理与应用》（第二版）前言，朱伯芳著，中国水利电力出版社，1997.8。

程正在建设，比方刘家峡工程、乌江渡工程。

　　有限元程序计算功能强大是一方面，更为重要的是，他们编制的五个有限元程序是可以进行仿真计算的。可以高效地看到计算结果，更可以清楚地看到应力变化过程，这对水工设计和施工的意义就太不一般了，简直就是革命性的突破。

　　也如张光斗教授所言，拿过去传统的数值方法计算，对于复杂的固体力学问题，只能求得近似值，好多工程的设计与施工，一凭工程师的经验，二凭已建工程对比，不可能进行精细化计算。有限元程序应运之后，情形就不一样了，它标志着坝工设计、施工由近似的数值计算开始迈向现代的精确模拟。换句话说，作为近代科学的结构力学，此时已然插上了以计算机技术为标志的现代科学翅膀。朱伯芳完成了近代科学与现代科学的联姻。

　　先找来的，是已经于 1963 年就发电运行的双牌水电站。

　　双牌水电站倒不是一座大型工程，位于湖南省双牌县，是建设在湘水支流潇水之上的一座中型工程，系双支墩大头坝，坝高 58.8 米，长 311 米。这座水电站是潇水四级开发中的一级，是一座兼发电、航运、灌溉为一体的季节性调节水库，1958 年开工建设，1961 年投产，1966 年全部建成。❶

　　怎么找到三门峡呢？因为出了问题。问题出在基础地质上面。

　　这个工程的坝址为泥质砂岩、板岩夹层地基，坝基处存在五层夹层，呈 7 到 20 度角向下游倾斜，夹层物主要为板岩碎片夹有岩粉，充填有黄色黏土，且与三条垂直断层互相切割，情况比较复杂。这是直到 1971 年要进行加固处理时才补充勘测查明的情况，此前基础之下的情况并不明了。1966 年，运行五年之后，在大头坝的 6 号与 7 号坝段间的扬压力测孔测得压力偏高，渗出黄色物，渗流量加大，初步判断，系该部位已经发生机械管涌，原来做的灌浆帷幕已然失效，并有继续恶化的趋势。同时，溢流坝挑水鼻坎下游河床受多年泄洪冲刷，冲坑甚深。到了 1971 年，冲坑最大深度达到 18 米之巨，坝基下游基坑出现临空面，坝基有沿夹层滑动的危险，不采取措施加固处理，大坝就会"开步走"。❷

---

❶　参见《江河纪事——中国水电建设百年实录》，杨永年编，四川科学技术出版社，2013.12，第 230 页。

❷　参见《中国水力发电工程（水文卷）》，潘家铮、何璟主编，中国电力出版社，2000.6，第 302-303 页。

双牌支墩坝的情形与当年的梅山水库情况差不多。

加固工作慎之又慎，要先行计算两个出问题坝段基础的抗滑稳定，于是他们找来了。要进行刚体极限平衡的等安全系数法和非线性有限元法进行复杂的计算，计算成果最后用模型试验加以验证。

朱伯芳、宋敬廷的程序为他们提供了大量计算成果，派上了用场。

与双牌坝计算同时，三门峡 8 个导流底孔打开后的监测仍在进行，他们又对三门峡导流底孔打开之后的温度应力、徐变应力进行仿真计算，其结果与埋设仪器记录数据相吻合。

接着，是乌江渡水电站。乌江渡水电站说来话长，这座大型水电站建设的三起三落，地质情况之复杂，是动乱时期中国大型工程建设的一个典型。1970 年仓促上马，1973 年又因工程质量不过关停工，乌江渡工程的问题，惊动到中央高层，下马废弃的呼声很高。其他不说，单说地质。

乌江渡的地质情况在当时的在建水电工程中，是特殊的不能再特殊、复杂的不能再复杂。

两岸岩溶发育，断裂密集。大坝两坝肩附近洞穴甚多，总体达到 8 万立方米；左岸有部分地段在河床以下 200 米下方仍有溶洞；大坝下游还有一条甚为粗壮的地下暗河。较之溶洞、断裂、地下河，各种各样的断层和破碎带更是数不胜数。处理这些复杂地质，需要高压帷幕灌浆，灌浆长度以数十万米计。[1]

乌江渡工程这种复杂的地质情况，在地质上称之为喀斯特地形，也称为石灰岩地形。通俗地讲，乌江渡大坝是一座建在"大漏斗"上的工程，如此复杂的地质情况，此前从来没有遇到过。

1973 年，乌江渡工程复工，负责施工的水电工程八局做了大量的科研工作，这里涉及大坝温控、复杂地基的抗滑稳定、渗流场应力计算等等，朱伯芳他们开发的几个有限元程序再次派上用场，提供了大量计算成果。[2]

接着，仓促上马，后又经历停工、复工的葛洲坝工程也找来了，天津海港船坞混凝土开裂需要加固，也找来了。等等等等。朱伯芳和宋敬廷编制完程序

---

[1]　参见谭靖夷《乌江渡水电站建设的基本经验》，《水力发电》1983 年第 3 期。
[2]　参见水利电力部第八工程局《乌江渡水电站大坝基础处理研究》，收入《贵州省科技成果汇编（1976-1877）》，贵州省科学技术情报研究所编。内部资料。

之后，显得非常忙碌。

其实，这是大家都愿意看到的场景。有限单元法一次一次开始展现其强大的计算功能。用今天的话来讲，就是科研真正转化为生产力。

《有限单元法原理与应用》出版之后，许多人为之惊奇。惊奇之一，当然是朱伯芳能在如此艰苦的环境中完成如此系统的有限单元法论著；惊奇之二，是朱伯芳深厚的数学理论功底，他能够把尚处于前沿的数值方法，讲得如此透彻而且实用。旁征博引，蔚为大观，既总结国内外关于有限单元法研究的最新情况，亦有自己结合水工工程的计算成果。

此书并不是国内最早介绍有限单元法的著作。在此之前，中国科学院计算机研究所已经有相关的译介著作，也有他们为各种工程搞的有限元计算；直到20世纪80年代中期，高等院校因为教学需要，出版有几部有限单元法讲义和论著。20世纪70年代，学术环境遭到严重破坏，学术交流、出版几乎无从谈起，科研工作倍受冷落，成为结结实实的小众行为。所以，新兴的有限元研究、程序开发，往往只闻其名未见其身。不管怎么说，一些有良知的科学家和教育工作者都在艰苦的环境里坚守着阵地，做了相当有益的开拓性工作。

比方，上海交通大学在"文革"之前翻译的英国齐基威茨著《结构和连续力学中的有限单元法》，于1973年出版；挪威霍拉和贝尔主编的《有限单元法在应力分析中的应用》，1978年由国防工业出版社翻译出版。此后，中国科学院计算机所、湖南大学等高校也分别编有有限单元法的教材和应用程序，并出版有论文集。

虽非国内最早介绍有限单元法著作，但朱伯芳的《有限单元法原理与应用》在1979年出版，十年浩劫，百废待兴，它在中国工程、教育、科研领域的意义马上凸显出来。朱著《有限单元法原理与应用》70多万字，较之其他同类著述要厚实得多——当然，厚，绝不是理由，系统、详细、内容扎实才更重要，而更加注重实用则更为重要。

朱伯芳在前言中开宗明义讲：

这是为我国水电、土建等专业工程技术人员而写的一本书。它系统地介绍了有限单元法的基本原理及其在工程问题中的应用。

　　本书取材，力求实用。对于有限单元法的基本原理，着重阐述基本概念及推导计算公式所必需的原理和方法。至于收敛性问题，只说明一些主要结论，不做详细推导。对于在实际工程中有用的计算方法，进行了全面、系统地阐述，并力求讲述清楚，给出具体计算公式，以便读者掌握必要的计算方法，俾使在实际工作中加以应用。

　　在写作方法上，尽量做到由浅入深，先易后难，便于自学。例如，先讲杆系结构，后讲连续介质；先用直观方法讲述平面三角形单元，待读者建立初步的力学概念后，再讲述比较严密的能量方法。❶

　　……

　　正如前言中所说，这部书无意对有限单元法在理论数学方面进行探索和研究，而重在实用，由浅入深。他讲"原理"，一般具有高等数学基础的工程师也可以掌握，更注重"应用"表述，让工程师们很快能够运用到工程实践中去。

　　《有限单元法原理与应用》出版，不久就被包括中国科技大学、河海大学在内的许多高校用作教材。许多数学力学系的教师反映，朱伯芳先生的《有限单元法原理及应用》是所有有限元法教材中最注重实际的一本书，所以它通俗。一般理论数学要将深奥的原理讲得浅近易懂，是一件特别麻烦的事情，但是朱伯芳能由浅入深，由理论迅速导向实际应用，这是需要一位科学家精深的理论数学修养做底子的，并非一般学院派专门家可能为者。

　　比方，一般有限单元法的教材，一开始就要讲变分法，从数学的角度切入，从力学那里来，再回到力学去。朱伯芳是搞工程出身的，有限单元法的来龙去脉还是了解的，但他考虑的是让更多的工程师掌握这种新的数值方法，尽快应用到工程中去。

　　在构思这部著作的框架时，他决定不从变分法开始讲，因为一般工程师对变分法并不熟悉。他倒是学过的，但他学过不等于别人学过。这部书先讲一维的桁架，一个杆件不就是一个单元吗？一个结点不就是一个平衡方程吗？这个是可以用有限单元法算的。一维之后，再拓展到平面，三角形的平面问题，三

---

❶　参见《有限单元法原理与应用》前言，朱伯芳著，水利电力出版社，1979.8。

角形边界受力，根据虚功原理把边界的力变成结点力，建立结点平衡方程，求逆即得到解答。平面之后，是三维，先讲线性，再讲非线性。如此从直观概念入手，循序渐进，逐步深入。之后，再讲有限单元法在工程中的应用，水利、土木工程中的流体力学、土力学，包括抗震，动的、静的都讲到。这样的内容，是其他有限单元法著作所没有的。

正如他晚年回忆自己自学数学时候的情景，他对数学颇有兴趣，甚至乐趣。这么些年下来，由青年而中年，由毫无经验的技术员，再到全国有名的结构专家，每接触、自学一种新东西，就像一位碎步快跑到门外迎接一位朋友一样，他会心，他喜悦，他享受。舍此，任何一种计算方法对于大多数人而言，也只是擦肩而过的路人。

前面也说过，在完成《有限单元法原理与应用》一书的同时，1974 年 4 月，朱伯芳又把《水工混凝土结构温度应力与温度控制》一书的书稿加以补充。在第二篇"混凝土温度场"中，加入第七章"计算混凝土温度场的有限单元法"，计 6 节；在第三篇"混凝土的温度应力与干缩应力"中加入第 13 章"计算温度应力的有限单元法"，计 9 节。这两章的字数并不多，但用有限元法来计算混凝土温度场与温度应力内容的增补，使得混凝土温度应力和温度控制理论体系更加完备。

《水工混凝土土结构温度应力与温度控制》，还有《有限单元法原理与应用》，一出版于 1976 年，一出版于 1979 年，大致上可视作是朱伯芳 50 岁之前科学技术研究的成果总结，更让初心不改的朱伯芳在偏远的三门峡，因终有所成而松一口气。所以说起三门峡将近十年时光，朱伯芳总用一句话来总结：三门峡十年，五个程序一本书！两本书出版之后，二十多年畅销不衰。

1998 年 2 月，承电力出版基金委员会资助，朱伯芳以 70 岁高龄改写《水工混凝土结构温度应力与温度控制》一书，以《大体积混凝土温度应力与温度控制》出版。1998 年 7 月，受水利图书出版基金委员会资助，朱伯芳改写《有限单元法原理及应用》一书，改写内容多达 70%，是为该书的第二版。两书出版之后，一印再印，成为水利水电行业被引用的最多两本图书。

倒是有一点值得注意。在《有限单元法原理及应用》一书的第二十二章"结构最优设计"。在这一章中，他在讨论利用有限单元法来分析各种结构应力和位移的基础上，引入数学规划方法，着重强调最优化设计的概念，并指出这是结构设计现代化的一个方向。他结合支墩坝和拱坝的优化设计，给出相应的优化设计方法。

这一章节，可以看作是朱伯芳关于有限单元法研究与推广的内容。实际上，这一章节恰恰是他在完成五个程序和一本著述之后，在三门峡开拓的另外一个全新的研究领域。宋敬廷记得，当时关于拱坝优化的程序设计在三门峡已经开始，将这一研究领域进一步深化、细化，最后形成成果，则要等到朱伯芳由三门峡回到北京之后了。

已经到了 1977 年，五个程序一本书，载着朱伯芳到了 50 岁的边上，关于拱坝的优化研究刚刚起步。而恰恰在这个时候，一个学术黄金时代正在等着他，只是他当时还没有意识到。

父　亲

潘家铮先生在一篇回忆文章里谈到，1976 年 10 月，由水利部牵头，召开一个全国拱坝计算技术研讨会，朱伯芳与一些专家与会集中讨论拱坝设计与建设问题。潘先生以幽默的笔调提那个特殊年代、特殊岁月里朱伯芳先生的一个侧景。

这个月，"四人帮"被粉碎。

当时，潘家铮在"文革"中被关了 4 年"牛棚"，1970 年"解放"之后赴西南雅砻江边建设磨房沟水电站，1972 年与老专家马君寿一起"借调"水电部对外司。经历过"文革"十年浩劫之后的中国水利水电工程师们，招旧部，邀新朋，千方百计想方设法为中国水利水电事业的进步与发展蓄积力量。1976 年 10 月在北京召开的全国拱坝计算技术研讨会便是其中一例。

其时，"四人帮"粉碎，但消息还未曾公布，潘家铮先生已明显感到外面的政治空气有些异样，他想从全国四面八方赶来的同行那里获取更多信息，岂知，这些星散于全国各地水电工地的老朋友们知道得并不比他更多。他看到，朱伯芳正埋头准备他的厚壳有限单元的发言稿。

需要指出的是，《有限单元法原理与应用》第十章、十一章、十二章，分三章专门讨论弹性薄板和薄壳、厚板与厚壳的有限元分析计算，给出经典的壳体理论计算公式。后来，这篇发言稿又经朱伯芳扩展加工，形成论文《弹性厚壳曲面有限单元在拱坝应力分析中的应用》，与宋敬廷联合署名，发表于 1979年第 1 期的《水利水运科学研究》杂志上。

他正专心于此，外面发生了什么他怎么会知道？况且如此敏感的政治事件，他躲都躲不及。当潘家铮明确告诉他毛主席身边的坏人被清除之后，朱伯芳才感到事态严重，拿笔的手一个劲发抖。

这倒不是说朱伯芳对政治不关心，而是这个消息来得太突然。他预感到，这个消息至少或多或少可让自己身处的环境改变一些的，只是期许可能并不是太大，愿望也不是太强烈。1971 年"九·一三"事件发生，正在三门峡工地木工厂里劳动的他并没有感到太多的震惊，但之后十一工程局不是把他们收罗起来成立了勘测设计研究院吗？否则，"五个程序、一本书"的成果根本不可能。

大概也超出朱伯芳的预想，1977 年 10 月的改变来得如此迅速。全国拨乱反正，揭批"四人帮"，这一年的年底，高考制度恢复。这一年，一双儿女都参加了高考。

这让朱伯芳欣然，也纠结。

儿子朱慧珑那一年 18 岁，正好高中毕业。

20 世纪 70 年代一段时期，高中教育曾经普及到乡镇一级，大安村作为水电工程十一局的一个工地，大安中学是子弟学校，属于完全中学，但教学质量就差多了。

这一年，儿子朱慧珑参加高考，找老爹做填报志愿参考，朱伯芳才突然觉得自家的儿子突然长这么大了，多少有些意外在里头。

1969 年，朱家迁往三门峡，朱慧珑才是 11 岁。慧珑又是顽皮的孩子，好动，活泼，家里所有的玩具他玩过几下之后，总要拆开，看看里面的究竟。

也是朱家的传统，父亲对儿子过问比较少，任其自由发展，野蛮生长。看儿子把玩具拆解开来，朱伯芳不生气，也不责怪，引导他说："能拆了是本事，能原样子装回去才更有趣。"

到后来，朱伯芳出差给儿子买玩具，并不买成型的东西，而是买一些小零件回来，让儿子自己组装。当时的工资也不多，110元，要招呼日常生活，远在江西余江的两家老人还要接济，月月还要汇钱回去，买太多玩具简直奢侈。慧珑的动手能力就这样一点一点培养起来，最后到了野心勃勃的程度，连朱伯芳都暗暗吃惊。

比方，朱伯芳买回一只小马达，慧珑会自己动手装配一只小轮船，再将马达装上去做动力，居然把小轮船拴根绳子在三门峡水库里放，只是跑了没多会儿就自己沉了下去，幸好手里有根绳子牵着。自己制作风筝、模型飞机，他居然懂得计算平衡，春风里的黄河岸边，朱慧珑的风筝飞得最高，他制作的航模飞得最平稳、时间最长。

慧珑稍大一点，朱伯芳发现儿子居然制作钢钻、钳工台，取两只玻璃烟灰缸在那里天天钻，小家伙蛮有心计，玻璃烟灰缸放在水里，在底子上钻孔，一日两日，锲而不舍。询问方知，原来是要制作一只台灯。台灯制作蛮花工夫，用了有一两个月光景规模初具。朱伯芳担心他不懂得电路，嘱咐他一定弄好开关，每一步都过来检查一下有没有安全问题。尽管如此，台灯还是在开关上出点点故障，但慧珑没敢告诉老爹，怕他担心，自己弄好了。

小小的冒险还不止此一端，到初中毕业快上高中，孩子们时兴玩火柴枪，大安的孩子们称之为"砸炮枪"，当然都是自己制作，结构粗陋，聊胜于无。但当孩子会自己制作砸炮枪的时候，朱慧珑已经开始用钢管装配火药枪，自己配火药，有一次还不小心给玩着了。当然，这些都瞒着父亲。有一段时间，他甚至捉摸着自己制造土子弹。当然功败垂成，很快高考了嘛。

朱慧珑的玩性特别大，除这些制作之外，乒乓球、羽毛球打得也好。朱伯芳出差北京，买回许多英文书让姐弟俩读，只见姐姐慧玲认真读，他早就玩得没影了。朱伯芳也不怎么管，儿子能有个好身体比什么都强。好玩还真帮了大忙，在大学期间他得过校羽毛球冠军，在北师大读研究生的时候，曾获得过北京市高校羽毛球比赛团体第三名。

但他注重在一些点上教导孩子。当时，全国的学生课余读物很少，只有《航空知识》《无线电》一类科普刊物，慧珑订阅了几年，但好多都看不懂。比方，航空器的发动机如何推动航天器？自己制作的轮船为什么沉底？父亲就告诉他，有些东西不费什么力气就可以想清楚，有些东西需要花上几十年的工夫才可以想清楚。但重要的是，一定要保持好奇心，有持续的好奇心不容易，而没有好奇心，很难有高质量的工作。

朱慧珑后来谈到他在大安这段成长经历，联想到现在许多老师、家长对孩子们的教育，特别感慨。

他说："自己就是一个喜欢在玩的过程中掌握技能的人。现在有许多孩子玩游戏，许多家长都不喜欢孩子们这样玩。但是，这些孩子在玩游戏的时候会生长出什么东西？他们形成了技能，对他们以后是会有影响的。他们喜欢的东西不让他们做，他们不喜欢的东西反而让他们每天去做，这是一种资源浪费。我们每一个人都要问问自己，我们是不是真正地关心他们？是不是让他们发挥了自己的潜能？是不是给他们设定了许多框框？能让他自由发挥就让他自由发挥，人类本来就是在不断地自我发挥自我探索中不断前行的，我们可以用我们认识规范他们的一部分，不能规范他们的全部。如果规范了他们的全部，他们就不会有自己的发挥、不会有超越。在他成长的过程中，先给他30%的规范，然后再给他70%的规范，等他到了社会上才发现：这个社会怎么会是这个样子？如果这样的话，就说明我们对他们的教育是失败的。如果他进入社会，感到越来越轻松，这个教育就是成功的。尤其是青春期处于叛逆阶段的孩子，应该尽早地给他提供一个让他做决定的机会，现在你还可以承担责任，等他走向社会之后你就无法承担这个责任了。所以让小孩尽早地练习做决定，是一个很好的事情。

"父亲从来不过多的管我们，我玩我的，他看他的书，实际上就是给了我们自己做决定的机会。如果管得太死，实际上就是把我做决定的机会给剥夺了。"

1977年底的高考，朱慧珑让父亲参考填报志愿。父亲让他报计算机专业，显然，他的这个意见与当时正在搞有限单元法研究有关系，朱伯芳告诉儿子，计算机将来在科技方面会发挥很大作用。

朱慧珑报考了当时在中国名声甚著的中国科技大学，但录取他的不是计算机系，而是化学系。朱慧珑接到通知，只是以为自己分数不够高，没有被计算机系录取。到校才知道，当年中国科技大学是提前招生，科大把全国的尖子生过一遍，然后才轮到其他名校。化学系的同学大部分都没报化学系，甚至连中国科大都没有报，但被录取了。

1977 年，停止十年的高考制度恢复，十届高中毕业生齐聚考场，录取率奇低，而偏处三门峡工程工地一隅的大安学校更是收获寥寥，全校应届毕业生只有几个被录取，朱慧珑是唯一的本科大学生。但大安学校却轰动了整个三门峡市，因为朱慧珑的高考成绩在三门峡市名列前茅。

儿子这边顺风顺水，女儿朱慧玲就有些曲折，让朱伯芳很操心。

还是 1973 年底，慧玲初中毕业上高中，学校忽然通知，凡是家庭成分不好的学生不能够进入高中。慧玲一下子慌了，土改时她的曾祖父被划为地主成分，这可怎么办？

那天朱伯芳正在三门峡坝头工地工作，慧玲从大安镇走七八里路去找父亲，找到父亲的时候，天已经黑了，而且下着大雪。听女儿讲这个情况，朱伯芳马上收拾东西与女儿冒雪返回镇上，因为学校第二天就要确定升入高中的名单，事情必须在今夜办妥，否则，慧玲只能失学。

那趟从坝头到三门峡市小火车已经误过，父女俩只能沿着铁轨步行，一路上大雪纷飞，父女俩的身影在旷野里像两只飘零的影子。朱伯芳身体不好，高度近视，只能凭借雪花的微光映照着铁轨一步步往前走，跌跌撞撞，摸黑回到大安镇，朱伯芳已经连摔了两跤。好在总算及时赶到学校，跟领导说明情况，女儿得以顺利进入高中。

已经是国家机关司局级干部的朱慧玲回忆起这段经历，几度哽咽。父亲活了一辈子没有求过人，这是他第一次求人，因为自己的女儿。

还有第二次。

1977 年，恢复高考，朱慧玲也上了考场。但没有考上。在大安中学，朱慧玲同样是学校的尖子生，可一上考场就蒙了。也难怪，其时，慧玲已经离开校园整整三年，身份是河南省陕县一个小村落的插队知识青年，还是知青队的队长，并担任村上的中学代课老师。

1977 年高考失利，朱伯芳很着急。1977 年高考结束，1978 年的高考将在半年之后举行，只有半年时间。朱伯芳写信给女儿，让她回家复习准备考试。慧玲特别为难。为什么呢？自己是知青队长，点上有一二十位知青同伴，已有不少人回家复习准备高考，她这个队长若一走，就等于带头领着大家回去。她不敢回去。

其实当时的大队领导还没有说什么，她自己就先退缩了。朱伯芳很焦急，大队让不让女儿回来复习尚是未知数，还需要做女儿的思想工作，两头说服，朱伯芳决定亲自往陕县知青点去一趟。

从大安到陕县知青点，需要坐火车先到三门峡市，然后乘一个小时的汽车，再坐到陕县县城，到知青点，只能靠步行了。朱伯芳一路行来，山道两侧，荒秃秃的土塬，牵牵连连，断不了线，望不到头。

父女俩先找校长请假，再找大队书记说清情况。校长准假，书记同意，慧玲随父亲回到家里安心复习。

半年之后的1978年，朱慧玲考取广州外国语学院。

早在 1974 年，水电工程十一局勘测设计研究院迁往三门峡市，三门峡市区的勘测设计研究院有专辟的职工家属院，让朱伯芳欣喜的是，子女相继考上大学之后，他居然分得一套七十多平方米的楼房，在当时，这已经是相当好的条件了。在北京十多年都没有住到楼房，在偏远的三门峡居然住上了，自来水、煤气甚是方便，而且可以有足够的空间独立辟出一处放置书桌。知天命之年，也是真知天命，朱伯芳甚至已经做好了在三门峡市颐养天年的打算，把自己的后半生就打发在这里。

只是，1978 年的这份欣喜还没有在三门峡市区那间屋子里酝酿成完整的晚年规划，这一年的年底，一纸调令又将他调回了北京。这个时候，远在北京的中国水利水电科学研究院正式恢复建制，星散各地的科研力量重新被召集回来。成立不久的水电十一局勘测设计研究院也被拆分，大致根据 1969 年以来的人员流向，大部分迁往天津，成立水电部天津勘测设计院，十一局勘研院撤销。

十年前，朱伯芳离开北京前往三门峡，在经过天安门时曾有一声叹息：我们还会回来的！

这个预言莫非是朱伯芳有先知先觉吗？也不尽然。朱伯芳他们这一代知识分子，其成长背景、成长经历、取得的成就与经过的曲折，无不与家国联系在一起，这扎根在灵魂深处的家国观念，不管在什么时候、在什么情况下都不可移易的。

话说回来，当时调他们回去的，虽然是过去水利水电科学研究院，经过十年动荡的岁月，说是恢复，无异重建。人员星散，实验、试验设备严重破坏，其中也充满了曲折。

1975 年，水利电力部决定重组建"水利电力部科学研究院"，下属包括原电科院、水科院、电建所、情报和模型厂等单位。直到 1978 年 5 月，中国共产党十一届三中全会召开，全国科学大会召开，根据中共中央关于恢复科学技术研究机构的精神，水电部下达《关于成立水利水电科学研究院和干部任职的通知》，任命张光斗为水科院院长，鲁平任党组书记，"文革"前做副院长的于忠、覃修典仍任副院长❶。

经过十年浩劫，每一位工程师心里肯定是波澜起伏，尤其是朱伯芳，内心的不平静可以想见。但容不得他想太多，一方面，回迁、重建是一个非常繁复而艰难的过程，另一方面，在三门峡已经确定的许多课题还等待着他去进一步深入研究。比如温度应力，比如拱坝优化，开创的许多新的研究领域尚待丰富、丰满，进而立起来，站得住，能够转化为生产力。

正如想不到"四人帮"一朝被粉碎，这一切都来得如此突然，如此壮阔，一个新时代扑面而来，无论是对国家，还是对朱工本人，都如此。

---

❶ 参见《中国水利水电科学研究院组建 50 周年纪念（1958—2008）》，内部资料。

第八章　拱坝优化领先世界

复杂而优美的拱坝

朱伯芳在总结三门峡十年，总说"五个程序，一本书"，当时的助手宋敬廷却说，应该是六个程序，第六个程序是"拱坝优化设计程序"。只不过，这第六个程序的编制在 1978 年处于开创阶段，要完成它，要待到回北京了。

朱伯芳为什么在搞有限单元法在工程中应用的同时，会选定拱坝优化这一课题呢？

在后来谈治学科研的文章中，朱伯芳对自己的科研工作有一个总结，他说他在工作中，一直掌握有两个原则。其一，务实，不断研究和解决实际工程中存在的问题，自己的研究成果要让具体工程受益；其二，要创新，不断开创新技术、打开新局面。

虽然说得比较概括，十分朴素，可这些年来，他就是这样坚持下来的。

先从拱坝建设说起。从 20 世纪 50 年代开始，1959 年建成的 78 米高的流溪河水电站、1961 年建成的 88 米高的响洪甸重力拱坝，是中国现代混凝土拱坝建设史的具有开先河意义的两座里程碑工程。然后，建成于 1970 年的猫跳河上的窄巷口双曲拱坝，高 54.77 米；建成于 1973 年的石门双曲拱坝，高 88 米；建成于 1976 年的泉水双曲拱坝，高 80 米。等等[1]。

截至 1988 年，全世界兴建高度在 15 米以上的拱坝达 1592 座，其中中国 753 座，占到 47.3%[2]。在朱伯芳正在开展拱坝优化研究的时候，湖南耒水上的东江拱坝、雅砻江上的二滩拱坝、第二松花江上的白山拱坝等一些大型水坝也

---

[1]　参见朱伯芳《拱坝筑坝技术》，收入《中国大坝建设 60 年》，贾金生主编，中国水利水电出版社，2013.1

[2]　参见朱伯芳《拱坝筑坝技术》，收入《中国大坝建设 60 年》，贾金生主编，中国水利水电出版社，2013.1。

在论证和设计过程中。

拱坝不同于重力坝。如果做一个不恰当的比喻，重力坝如同莽公子，不惧大野风吹，天顶地床；拱坝则是娇小姐，需要绣楼静处，闺阁善养。拱坝对地质地形条件的要求相对苛刻，只要地质地形条件允许，其坝体单薄，可以大大节省工程量，这是最经济也是最好的一种坝型。

江河之上可建拱坝的坝址并不多，一址难求。一旦发现这样的坝址，工程师莫不欣喜若狂，绝不肯轻易放弃。

朱伯芳参加过中国第一座重力拱坝——响洪甸拱坝的设计、施工工作，并担任坝工组组长。前面谈过，他在对国外拱坝建设资料进行过一番考察之后，还写了那篇引火烧身的《略论各种混凝土坝的经济性与安全性》，在这篇论文中，作者已经表达他对拱坝这种坝型的经济性与安全性的认识，并指出，根据中国的国情，相对于重力坝和其他坝型，拱坝更具经济性，可以大大减少水泥的使用量。

从这个意义上讲，朱伯芳对拱坝早就情有独钟。

另一方面，拱坝的设计和建设对工程师富有挑战性，这种挑战性自有其乐趣在。

朱伯芳跟学生们谈起当年做拱坝优化选题的时候，他讲起过搞拱坝优化的动因。

当时到北京借助别人的计算机校核有限元程序，调试间隙，有一次到中国科学院科技情报所查资料，看到资料里有一篇英文论文，内容就是关于拱坝优化的。他很敏感地意识到拱坝优化问题的重要性。

重力坝的优化比较简单，参数少，坝体形状简单，变量比较少，画一条曲线就出来了，只要把地质地形条件搞清楚，不管谁来设计，其剖面其体形都差不多，差别在于省出 2% 到 3% 的样子。拱坝则有 50 多个变量，在没有优化程序之前，都是靠人工算的，先给定一个假定的剖面，可以设计很厚，也可以设计很薄，然后对其进行应力和稳定计算，检查所设剖面是否满足设计规范的要求。如果满足，即加以采用。如果不行，就修改断面再算，如此反复，最后才能够搞出一个差不多的方案。

过去一个工程往往要用两三个月甚至更长，才能拿出最好方案。其实这个最好方案并没有达到最优，也是筷子里头拔旗杆，从数学角度来看，这样得到的方案，至多是一个可行的方案，但不一定是一个良好的方案。如果设计工作做得更细致一些，也可以多几个比较方案，从中选择一个，但所得到的还是几个比较方案中相对较好的方案，而真正的最优方案可能被遗漏。更何况，这样一来，工作量就成倍地增加了，几个比选方案全部做下来，要花上半年甚至更长的时间。

正因为如此，从浩繁无比的数字星空中理出一个头绪，从无序中找到有序，在复杂里找出捷径，对于工程师来说既是挑战，更隐含着无穷的智慧乐趣。

1957 年，朱伯芳第一次接触到西欧各国坝工资料的时候，就被这种单薄而优美的混凝土建筑深深迷住了。这是何等巧妙的建筑，单薄而劲挺，优美而刚健，仿佛是江河大地本身一个浪漫异常的构思。也许，其灵巧的身姿就应该与蕴含其中的智慧成正比。

从这个意义上讲，朱伯芳对拱坝同样情有独钟。

不独朱伯芳，有着丰富实践经验的水电工程师对拱坝都感兴趣。

一个典型的例子便是湖南的东江拱坝。东江拱坝位于湖南省耒水之上，坝址为 V 字形山谷，地质条件甚好，是建设拱坝的良好坝址。1977 年，水电部组织人马前往论证，大家都力荐拱坝方案，当时，还是"借调"水电部外事司的水电专家潘家铮先生也应邀参与其中。本来是一个很明白事情，但是主政者为了保险，不出意外，属意于重力坝。是重力坝还是拱坝？论证会上相持不下，潘家铮先生与电力部的地质、设计专家一再申辩，总是定不下来。最后，潘家铮先生在论证会上慷慨陈词，终于说服主政者下定决心建薄拱坝。这样，东江薄拱坝方案才定下来。❶

之所以说这一个插曲，是因为此例与朱伯芳开始搞拱坝优化的时间表相差不多。拱坝优化，难就难在对 50 多个变量的计算。过去的拱坝应力计算，多用拱梁分载法，计算起来特别麻烦。其时，朱伯芳已经对有限单元法有深入的研究，并在实际混凝土温度应力和结构应力方面取得一系列成果，拱坝应力分析将因为有限单元法强大的计算能力而更精确。

---

❶ 参见《春梦秋云录——浮生散记（第三版）》，潘家铮著，中国水利水电出版社，2012.9，第 333 页。

早在 1957 年，朱伯芳就建议用模型试验来确定拱坝的结构应力，这种模式风行三十多年，也取得了相当成效。中国最早的两座拱坝——流溪河双曲拱坝和响洪甸重力拱坝即取用这种方法。正如前文所述，模型试验尽管有这样那样的优点，但仍然只能给出坝体应力，当然可以多做几个模型，从中选择一个较好的体形，但不可能对体形进行优化。后来朱伯芳把响洪甸、东江这两座在当时堪称代表中国拱坝最高水平的拱坝做优化算例计算，结果发现，响洪甸在原设计基础上仍然可以节省 10.8%的混凝土方量，东江薄拱坝仍然可以节省出16.9%的混凝土方量。❶

1976 年，朱伯芳提出建立拱坝优化的数学模型，结合计算机技术开发拱坝优化程序。刚开始，正如朱伯芳他们一开始搞混凝土温度应力和温度控制那样，许多人都不以为然。

1969 年国际方面发表关于拱坝优化的第一篇论文，并没有运用于工程实践。为什么呢？因为其数学模型脱离实际。它用一个多项式表示拱坝中间的变化，用另一个多项式表示拱坝厚度的变化，这种数学模型在理论上是可行的，但全世界没有一座拱坝采用这种模型，因而也没有实用价值。此后数年，再没有发现相关的论文发表。❷

国外如此，朱伯芳这个课题能进行下去吗？

国内呢？1976 年尚是一片空白。朱伯芳的这个科研方向相当于向一个全新领域拓进。

朱伯芳是有拱坝实践经验，他的数学力学功底好，对开拓拱坝优化有充分的信心。

信心是一回事，做起来又是另外一回事。朱伯芳后来谈到他开始搞拱坝优化这段经历时说，具体开始研究拱坝优化，他充分考虑到拱坝设计中的各种复杂因素，尽量让建立的数学模型合理而且实用化。至于运用到实际工程中，还要假以时日，但那个时候他就计划，要有步骤地从小型拱坝的应用开始，逐步应用到中型、大坝和特大型拱坝中去。❸

---

❶ 参见朱伯芳《拱坝优化十年》，《基建优化》1987 年 2、3 期，与厉易生、张武、谢钊联名发表。
❷ 参见朱伯芳《拱坝优化十年》，《基建优化》1987 年 2、3 期，与厉易生、张武、谢钊联名发表。
❸ 参见朱伯芳《科研工作一夕谈》，《中国水利》1992 年第 4 期。

优 化 团 队

说起来特别让人感慨。

1978 年底，上了大学的朱慧玲和朱慧珑姐弟俩寒假回家，已经知道他们家迁往三门峡市区，可以由合肥、广州乘火车直接到郑州，再由郑州直接到三门峡，不必到三门峡坝头的大安镇了。那一个寒假，中国北方寒意正浓，姐弟俩欣喜地发现，他们家居然住进了单元楼，而且还蛮宽敞。可是，过不久，他们就不得不再次帮年过五旬的老父亲打包行李，准备北归，回北京去。

行囊再打点，书箧几十箱。这一回收拾行装，与十年前的心情显然不一样了。十年前仓皇南来，十年后满载而归。朱伯芳告诉姐弟俩："我们无法左右大形势，但可以左右自己的小环境。你运动来运动去，总是有间隙的，我可以利用这个间隙学习研究啊！"

仿佛自己就是拱坝本身，水压力，自重，温度升降产生应力，但通过自身姿态调整，尚可挖掘无穷潜力。人生观、世界观、价值观，归根结蒂是可操作的技术性问题。

朱伯芳带回北京的，五个程序一本书，还有正在进行的拱坝优化课题。几乎没有什么过渡，他的拱坝优化课题像是从三门峡那里迁回的一株植物，在北京的春天里很快就舒枝展叶，有了自己的姿态。

拱坝优化这个课题从三门峡带回到水利水电科学院，虽然在宋敬廷协助下已经展开过一些研究，比如建立起计算拱坝的一维有限元数学模型，并完成程序编制，比如还有此前关于温度应力、薄壳厚壳有限元分析数值分析做底子，这个课题的前景当是诱人的，但它还仅仅是一个刚刚走出深巷的孩子，待他发育、长成，成为一个顶天立地的男子汉，还有很长的路要走。

到 1979 年，朱伯芳和宋敬廷将自己关于拱坝优化的成果整理出一部分，拱坝计算一维有限元程序已经开发完成，双曲拱坝优化数学模型正在建立。在那个科学的春天，他的科研环境跟那个时代合拍，也有相当大的改善。

1979 年，朱伯芳在担任水科院结构所课题组组长的同时，确定为中国水利水电科学研究院首批硕士生导师。1987 年，朱伯芳再被确定为中国水利水电科学研究院首批博士生导师。

1979 年，厉易生考取朱伯芳的硕士研究生，他是朱伯芳的第一个硕士研究生；1987 年，贾金生和饶斌考取朱伯芳博士研究生，他们是朱伯芳的第一批博士生。接着，许平、谢钊、胡平等一批青年学子或跟朱伯芳读学位，或来到朱伯芳担任主任的研究室。有这样一个"优化"到极致的团队支撑，朱伯芳提出的拱坝优化等一系列具有开创性的课题得以深入、展开和开花结果。

毫无疑问，朱伯芳是中国水工混凝土结构理论的奠基者和开拓者之一，不过，正如水工建筑是集合了水文、地质、土木工程等学科的复杂系统工程，任何一项成果的取得，无不包含着许多人的共同努力。从 1958 年开始，朱伯芳的混凝土温度应力和温度控制研究，到 20 世纪 70 年代开始的有限单元法研究，都有协作团队在支撑，配合默契，心领神会。

再回到 1979 年。其时，朱伯芳的拱坝优化研究已经在国内坝工界有了一些影响，而且受到广泛的关注。因为这个时候，看到朱伯芳搞的拱坝优化前景不错，一些勘测设计院和高等院校也开始拱坝优化研究工作，大家都注意到拱坝优化对整个坝工建设将起到的革命性推动作用。所以，关于拱坝优化，当时无论是水电部科技主管部门，还是一线设计部门，对这个课题还是充满期待。

与朱伯芳合作开展优化研究的，还有黎展眉和张壁城，他们的合作甚有成效，研究成果最后形成《结构优化设计原理与应用》一书于 1984 年出版。

这将是一部对优化起指导意义的著作。

关于黎展眉，需要多说几句。

她经历坎坷，但是一位事业心非常强的工程师。

黎展眉，1931 年生，出自湖南湘潭黎氏家族。少时受过严格的家学训练，诗词俱佳。1949 年参加解放军，担任文化教员。1955 年转业后，以高中一年级学历考取清华大学水利系，在校期间被错划为右派，1961 年毕业之后分配到贵州最艰苦的水电站施工工地参加劳动。在逆境中，单位不给开具外出证明，无法获得坝工科技资料，她自编油印刊物与外界交流坝工技术，坚持自学数学力学，十多年间，以柔弱之躯，长驻工地，先后担任十多个中小型水利水电工程技术负责人，到 20 世纪 70 年代末期，她已经在砌石拱坝设计施工和科研方面颇有造诣。❶

浪迹江湖，风雨曾经，倦鸟知还。忆登临几处，长堤古道，秋风依旧，满目斓斑。云淡风高，栏杆遍倚，望断烟霞凝碧山。流连处，听青峰一曲，空负红颜。闲愁懒说般般，看风景、依稀原莽间，恐青山更湿，琵琶莫鼓，长门谁赋？剑铗羞弹！宠辱无惊，逢迎且拙，蜗角何须知马班？烟波里，叹流年逝水，心叩禅关。❷

这是黎展眉在 1976 年填的一阕《沁园春》，"琵琶莫鼓，长门谁赋，剑铗羞弹"，何其怅然茫然！它几乎是那一代报国无门的知识分子的精神写照，引起很多人的共鸣。

1980 年，得潘家铮先生推荐❸，黎展眉因为在拱坝方面丰富的实践经验与造诣，成为朱伯芳拱坝优化课题的合作者之一。

需要指出的是，朱伯芳在开始进行课题研究的时候，很明确地指出研究需要解决好的几个问题。简言之，就是先易后难，优化服从于工程实际，符合规范要求，着力推广应用。总之，课题的最终目的就是要服务于实践。❹

拱坝，表述起来不过是众多坝型之一种，但其剖面有很大的自由度，同是双曲拱坝，也有单心圆、三心圆，甚至五心圆的不同坝型，更大一些的工程，根据应力情况，还有抛物线、对数螺线双曲拱坝，还有离散几何模型和混合几何模型，坝体断面随应力不同需要不断改变厚度、改变曲率，姿态多多，不一而足。宜由简而繁，由易而难，先由中、小型拱坝优化开始，逐步深入。

---

❶ 参见《韵藻清华：清华百年诗词辑录》（下），王存诚编，清华大学出版社，2011.4，第 635 页；另见韩春勉《江湖漂泊即生涯——记我国女坝工专家黎展眉》，载《中国工程师》，1997 年第 1 期。
❷ 参见《韵藻清华：清华百年诗词辑录》（下），王存诚编，清华大学出版社，2011.4，第 635 页。
❸ 参见潘家铮《酬引玉女史》，《潘家铮全集》（第十八卷），中国电力出版社，2016.8。
❹ 参见朱伯芳《拱坝优化十年》，载《基建优化》1987 年第 2、3 期，与厉易生、张武、谢钊联名发表。

1981 年 2 月，朱伯芳与黎展眉联合署名发表《双曲拱坝优化》一文，建立起建在对称河谷和非对称河谷的拱坝数学模型，提出逐步逼近法的优化方法。

用此方法编制出对称河谷 Fortran 语言通用程序，将坝高、河谷宽度、设计荷载、允许应力、坝体及基岩的弹性模量、允许倒悬坡度等基本数据输入计算机，只用 3 分钟左右的运算即可求得给定条件下上双曲拱坝的最优设计剖面。

1982 年，朱伯芳提出两个拱坝满应力设计方法，即冻结内力法和浮动应力指数法，利用这两个方法，可以自动确定拱坝坝体厚度，达到节省工程投资、加快设计进度的目的。

1983 年，朱伯芳针对满应力设计优化方法收敛速度比较慢问题，从力学概念出发，再提出松弛指数的计算方法。用此方法，可根据结构本身的力学特性，比较合理地确定满应力的松弛指数，从而加快收敛速度。

1984 年，朱伯芳与黎展眉联名再发表《结构优化的两个定理和一个新解法》。

定理一：对于由轴单元、薄膜单元和受弯单元组成的结构，如存在最优解，则它必定出现在可行域边界上。

定理二：如不考虑性态约束，只考虑非负约束，目标函数（体积、重力或造价）将在原点取最小值。但在设计点从可行域内部趋近于原点过程中，结构的应力或位移等物理量将逐步增大，在达到原点以前，必然会碰到性态约束边界，故原点不可能是满足全部约束条件的最优解，最优解只能出现在约束边界上。

根据证明的这两个定理，提出结构优化的新解法——边界搜索法。

简言之，对于结构优化问题来说，其最优解必定出现在可行域边界上，而不可能出现在可行域内部。因此在求解结构优化问题时，不必到可行域内部去搜索最优解，只要在可行域边界上搜索，可以把搜索范围从一个多维空间减小到约束曲面上。基于两个定理，把原来的约束极值问题转化为无约束极值问题，因而可用比较简单的无约束优化方法求解。

根据此优化方法编制的程序计算，当设计变量不断改变时，坝体形状、造价、应力等也随之改变。以坝体体积为目标函数，约束条件包括最大压应力、最大拉应力、最小中心角和最大倒悬等。优化对象不仅有断面尺寸，还包括坝体几何形状。经过测试，同体积坝体优化，用常规复形法求解，要运算 4.89 分钟，而用边界搜索法则只需要 1.43 分钟。

同年，朱伯芳再发表《双曲拱坝设计中的几个问题》，标志着朱伯芳拱坝优化课题在取得第一阶段研究成果基础上，再向纵深深入。他进一步给出五心圆双曲拱坝、抛物线双曲拱坝、离散几何模型和混合几何模型，针对各种拱坝各自的特点，提出通过设计变量的缩减得到几种不同几何模型的方法，给出两阶段优化方法和边界搜索法。

1984 年，朱伯芳发表《结构优化中应力重分析的内力展开法》，针对在大型结构的优化设计中，绝大部分计算时间用于结构的应力重分析而进行 12 到 20 次迭代的问题，提出内力展开法。传统的应力展开法，重复分析的次数多，也就是迭代次数多，收敛速度慢，而采用内力展开法，只需要进行 2 次迭代即可收敛，而且第一次迭代的误差往往已在 5% 以内，可节约大量计算时间。

梳理 1979 年至 1984 年朱伯芳团队的拱坝研究成果会发现，拱坝优化实则是一个非常复杂的庞大计算系统，每一步前行，山重水复，柳暗花明，复又山重水复，峰嶂千叠，曲径通幽。每建立一个数学模型，每提出一个优化方法，无不是披荆斩棘，拓荒而进。

其时，尽管国际上的拱坝优化有文章而无实践，在国内，朱伯芳第一个拱坝优化，但看到拱坝优化有很好的经济效益、可以赚钱，很多高校和科研单位都投入力量搞拱坝优化，竞争激烈。最终朱伯芳搞得最成功，并获得国家科技进步奖。数学模型也好，优化方法也好，朱伯芳的拱坝优化思想有什么特殊之处吗？

他的第一位硕士生厉易生讲，考上朱先生的研究生之后，对数学力学和数学规划这一套完全不熟悉，就是跟着导师走。但是导师深厚的数学功底和对科技信息的敏感每每让他钦佩。有一次，需要搞一个算例，朱伯芳告诉他，去中科院科技情报所那里找，国外的什么杂志，什么文章，哪里有算例。他到那里一找，果然就找到了。他感慨地说："朱先生的脑子就是一座庞大的数据库"。

搞拱坝优化，朱先生出算法，出公式，他跟着搞。后来他发现，国外的拱坝优化论文虽然比国内发表早十年，但国外的方法是先给出拱坝的中心厚度，然后再一点一点逼近以实现优化，而朱先生一开始站的起点比较高，是从拱坝设计实际应用出发的，用拱冠梁剖面与水平曲线来设计程序，按照设计过程引入变量。即把任意形状的河谷分为 7 层，然后算坝体的拱和梁上面的应力分布，这个就很接近工程实际。而他的每一个算法既符合工程实际，又领先于世界水平，这个程序任何设计单位拿去，不必熟悉复杂的数学模型和优化计算，拿去就可以用。

一切都还需要回到实践中来。1981 年，他们开发出第一代对称河谷拱坝优化 FORTRAN 通用程序，就开始举办培训班进行推广。这毕竟是刚刚兴起的一项新技术，如何操作还是其次，优化效果如何？能否满足规范要求？一切都是问号。

生产力——以瑞垟拱坝为例

话说到 1984 年，拱坝优化研究已经进行了整整 5 个年头，朱伯芳他们对优化程度进一步完善，已经编制出几套拱坝优化应用程序。

也是机缘。1984 年，当时隶属于浙江省丽水地区的龙泉县，有一座小型水电站正准备施工。这座水电站位于龙泉县瓯江上游瑞垟溪上，是瑞垟溪水电二级开发中的一级，就是瑞垟水电站。

瑞垟拱坝由当时的丽水地区水利水电勘测设计院负责设计，他们来北京对这个水电站进行开工前的最后审定，朱伯芳也参加了这个审定会。其时，拱坝优化的第一阶段研究工作已经有了成果，在业内也有一定的影响。朱伯芳看了他们的设计之后，觉得这座工程的优化余地特别大，就对他们讲："不要着急，我们最近开发出一套拱坝优化的程序，帮你们优化一下。"

这么大的专家主动要给一座地方性工程帮忙，当然求之不得。

于是，中国第一座采用结构优化设计的混凝土拱坝就诞生在瓯江边上。

瑞垟水电站，电站装机容量为 12000 千瓦，工程枢纽由拦河坝、输水隧洞、压力管道、电站厂房等水工建筑物组成，拦河坝设计为单心圆双曲拱坝，最大坝高 54.4 米。❶

当时，朱伯芳团队正好编制出一套"非对称三心圆拱坝优化程序 ADOD"，被命名为"ADOD-84Ⅱ"。这一套程序适用于双曲拱坝优化，拱圈平面形状可以是单心的，也可以是三心或五心圆拱，设计变量相应为 14 到 26 个。具体到瑞垟拱坝，只需要 14 个变量即可确定四层拱圈的几何参数，并假定这些参数沿坝高方向为三次曲线变化。在进行插值计算之后，就可以求得拱厚、拱冠梁上游曲线及下游拱半径沿高程变化的解析式。拱坝的体型由此确定。❷

接下这个任务，朱伯芳责成厉易生主持瑞垟拱坝的优化计算任务。其时，厉易生已经完成硕士研究生学业，留在水利水电科学研究院结构研究所，正式成为朱伯芳团队的成员之一。

瑞垟拱坝就这样成为中国第一座利用结构优化技术设计的混凝土拱坝，在坝工建筑史上的划时代意义自不待言，它的名字将频繁地出现在中国现代坝工史叙述中。但是，每每叙述，总是寥寥数语。幸好，厉易生在完成瑞垟拱坝优化任务之后，有一份详细的技术总结报告，当年优化的细节被完整地保留下来。

优化需要做以下几项工作。

确定目标函数。取坝体体积作为目标函数，即优化的目标是寻求坝体体积为最小的设计方案。

确定约束函数。为保证安全和施工方便，瑞垟拱坝在优化过程中，对设计方案中梁、拱的压应力和拉应力，拱端法线和地形等高线的夹角，最小坝顶厚度，允许上游面、下游面倒悬度，最大坝底厚度，施工期允许拉应力，拱冠梁下游底最大坡角，拱冠上游、下游面曲线共 12 项做了具体约束。优化过程中，在满足 12 项约束条件下，解出变量，使坝体体积为最小值。

进行应力分析。应力计算采用一维有限元法，取拱冠梁作为直接分析对象，拱圈的作用是为拱梁提供了连续的弹性支撑，基本未知量包括径向位移和扭转

❶　参见厉易生、范修其《瑞垟拱坝优化设计》，载《水利水电技术》1985 年第 8 期。
❷　参见汤博雄《拱坝优化设计在瑞垟水电站中的应用》，载《水力发电》1992 年第 7 期。厉易生、范修其《瑞垟拱坝优化设计》，载《水利水电技术》1985 年第 8 期。

位移，所以实际上是一种考虑扭转的拱冠梁法。

最后是优化方法的确定。先用罚函数法把约束极值化为无约束极值，取约束函数的负对数函数作为罚项。为了加快收敛速度，把罚函数和部分一次逼近法结合起来。

接下来就可以进行优化。

优化进行过两次。初步设计方案坝体混凝土用量为 3.82 万立方米，这是优化的初始方案，当梁的允许拉应力取每平方厘米 15 千克时，得到优化方案一，坝体体积优化至 3.05 万立方米。这个优化结果比原设计少了 0.77 万立方米，这已经是一个不俗的优化结果。但是，把优化结果用多拱梁程序验算发现，这一方优化结果仍有潜力可挖，于是把梁的允许拉应力提高到每平方厘米 16.5 千克，进行二次优化，得到优化结果二，优化后的体积达到 2.65 万立方米，比原设计混凝土方量减少 1.2 万立方米，节省 30.6%。❶

然后又是一轮复杂的验算，优化方案最终确定。

瑞垟拱坝的优化结果让所有的人都很振奋，节省混凝土方量 30.6%，而且经过优化，坝体更加优美，优化之后，坝体断面底宽 13 米，顶厚 3 米，底宽较优化前有所增大，但随着坝体升高，厚度很快收缩，到正常蓄水位时，厚度收缩为 3.7 米。优化过程中，用一维有限单元法应力分析和多拱梁法进行应力验证，坝体各部位的应力状况良好。同时，浙江省水利水电科学研究所同时进行水工模型和结构模型试验，验证优化后的设计是合理的。❷

优化之后的设计，除了比原设计减少混凝土方量 30.6% 之外，对传统设计无疑也是一次革命性的颠覆。瑞垟拱坝按传统设计，用传统的方案比较，前前后后做了 30 多个方案，然后再用拱冠梁法程序计算应力，又花了两个多月时间，最终得到认为比较合理的可行方案。但是朱伯芳他们团队的优化设计，仅用了一周时间，就得到了最优方案，设计的效率不可同日而语。❸

优化后的拱坝剖面与原设计相比，上部、中部的拱厚明显减薄，下部三分之一厚度迅速加大，整个拱厚曲线是一根下凹曲线，优化结果一出来，好多人

❶ 参见厉易生、范修其《瑞垟拱坝优化设计》，载《水利水电技术》1985 年第 8 期。厉、范文中，计算优化后瑞垟拱坝坝体减少 31%，朱伯芳《拱坝优化十年》为 30.6%，数据采用后者。
❷ 参见汤博雄《拱坝优化设计在瑞垟水电站中的应用》，载《水力发电》1992 年第 7 期。
❸ 参见厉易生、范修其《瑞垟拱坝优化设计》，载《水利水电技术》1985 年第 8 期。

开玩笑说，这像个"扫帚形"！厉易生一看，也笑了，剖面确实像一把立在墙角的扫帚。

这个最优方案显然是计算机自己的选择，结果甚是奇异，完全超出预想。但厉易生却觉得，从力学角度分析，这个形状有出人意料的优长之处：对梁，下凹曲线和等强度梁的概念是一致的；对于拱，虽然中上部厚度减薄，但拱的分配荷载也相应减少，并不增加拱的最大应力；至于对坝肩稳定的影响，由于中上部厚度减少，拱端推力也相应减少，所以定性地看，对坝肩稳定可能还会有些好处。从几何形态分析，这种"扫帚形"剖面必然节约混凝土方量，因为河谷形状总是上宽下窄的，坝体上部薄一些可以省很多，底部厚一些，却增加不了多少混凝土量。

这个优化结果还意想不到地颠覆了一个传统拱坝设计观念。一般认为，拱坝的厚高比一直是衡量一个拱坝厚薄的主要参数，厚高比大小与混凝土方量成正比。薄拱坝、拱坝、重力拱坝实际上就是厚高比的不同。瑞垟拱坝原设计的厚高比为 0.22，优化之后反而增加到 0.24。这就说明，用厚高比这个概念来衡量拱坝是不是节省混凝土，是有问题的，反而不如取拱坝二分之一处的厚度与坝高形成的比值来衡量更加保险更加合理。

按照优化设计方案，瑞垟拱坝于 1984 年开始建设，1987 年建成投产，节省资金 70 万元。其间经过数次洪水考验，至今运行良好，被评为浙江省优秀工程。1984 年的 70 万元，对于一个地方性工程来说，真金白银省下来，意义就不一般了。

瑞垟拱坝作为中国第一座按优化设计建设的开山之作，几乎完胜，也成为现代优化设计的一个经典案例。

从 1984 年诞生中国优化设计第一坝，到 1987 年，也就是朱伯芳开展拱坝优化研究和结构优化设计整整 10 周年。这期间，他们对全国 20 多座拱坝进行了优化设计。其中 10 座比较典型。10 个工程坝高为 30 到 157 米。其中响洪甸、东江、石门拱坝为已建工程之外，其他 7 座均为在建工程。3 座已建工程允许应力采用最大应力，其他 7 座均为设计单位提供。对中小型拱坝，在优化阶段的应力分析一般采用一维有限元法，最终方案用多拱梁法或三维有限元法校核，一般与一维有限元计算结果吻合得比较好。对于大型拱坝，在优化过程中即采用三维有限元法或多拱梁法。

最终优化结果如次。

贵州南哨拱坝，坝高 30.0 米，优化前后减少体积 16.8%。

贵州翁坑拱坝，坝高 32.0 米，优化前后减少体积 24.3%。

贵州大水溪拱坝，坝高 44.0 米，优化前后减少体积 10.0%。

山东黄溪河拱坝，坝高 55.0 米，优化前后减少体积 36.7%。

四川龙塘拱坝，坝高 58.1 米，优化前后减少体积 36.4%。

江西七星拱坝，坝高 69.0 米，优化前后减少体积 36.4%。

江西铁炉拱坝，坝高 71.8 米，优化前后减少体积 23.8%。

3 座已建工程优化结果为：

安徽响洪甸重力拱坝，坝高 79.4 米，优化前后减少体积 10.8%。

陕西石门拱坝，坝高 85.0 米，优化前后减少体积 5.8%。

湖南东江拱坝，坝高 157.0 米，优化前后减少体积 16.9%。❶

拱坝优化设计十年，成绩不能说多，但绝不能说少，这是迈出的坚实的第一步。朱伯芳如是总结十年优化的成果。

一、拱坝优化用非线性规划方法求出拱坝最优体形，据我们所做的二十个工程统计，平均可节省坝体工程量20%，经济效益显著。并可把拱坝体形设计所需时间，从过去的几个月，缩短到一周左右，工作效率也明显提高了。

二、拱坝优化能否应用于实际工程，关键在于数学模型是否实用化了。我们在国际上首先把拱坝优化应用于实际工程获得成功，就是因为我们建立的数学模型是合理而实用的。主要有两条，第一，在建立拱坝优化的几何模型时，我们没有像国外文献那样追求数学上的优美，而是走实用道路，即采用五心、三心、单心圆拱坝和抛物线拱坝，这些体形是工程人员所熟悉的，也是经过实践考验的，通过优化，选择合理的参数，使工程量得到节约。第二，约束条件立足于设计规范和设计传统，人工设计中的体形选择阶段所考虑的主要因素，我们的数学模型都已包括了，因而求得的最优体形可以满足设计上的要求。

❶　参见朱伯芳《拱坝优化十年》，载《基建优化》1987 年 2 期，与厉易生、张武、谢钋联名发表。

三、在拱坝优化的求解方法方面，国外一般是把目标函数和约束条件全部线性化，然后用序列线性规划法求解，一般要迭代 12 到 15 次。我们提出了按内力展开、按荷载展开、两阶段优化、设计变量变换等方法，一般只要迭代 2 次，计算效率大幅度提高。❶

拱坝优化十年，其实标志着中国现代坝工设计的一场革命正在静悄悄开始。

有限元等效应力法

1987 年 4 月，国际拱坝学术讨论会在葡萄牙的科英布拉举行，朱伯芳在大会上提出"有限元等效应力法"，为有限元法应用拱坝计算铺平了道路。

有限元法可以考虑大孔口、复杂基础、分期施工、不规则外形等多种因素的影响，其计算功能远比常规的拱梁分载法强大，但有限元法应用于拱坝应力分析的时候，大家发现近基础部分存在显著的应力集中现象，算得的拉应力远远超过混凝土本身的抗拉强度，但在实际工程中，拱坝基础岩体内存在着大小不等的各种裂隙，应力集中现象将有所缓和，并不像计算结果那么严重。如何考虑计算中应力集中的问题，是有限元法应用于拱坝应力计算的一个难以突破的"瓶颈"。朱伯芳提出有限元等效应力法，即按实际情况用有限元方法算出坝体应力之后，在半径方向沿断面积分，求出弯矩、剪力、轴力等内力，再用材料力学方法计算应力，这样一来就消除了应力集中影响。经过二十多座拱坝的应力计算，用此方法得出的结果，应力处于可控范围内。但是拉应力比用传统的拱梁法还是略大一些，约大 25%。朱伯芳经过分析，建议允许压应力不变，

---

❶　参见朱伯芳《拱坝优化十年》，载《基建优化》1987 年 2 期，与厉易生、张武、谢钊联名发表。

把用传统拱梁分载法的允许拉应力 1.20 兆帕适当放宽，有限元等效应力法改为 1.50 兆帕。

有限元等效应力法，后来为拱坝设计规范所采用。

拉西瓦与小湾拱坝的优化

1987 年之后，来找他们优化的工程络绎不绝，水利水电科学院内部招待所一时间人满为患，住满了来自全国各地工程局和设计院的设计人员，等着做坝体优化，拱坝优化似乎才刚刚拉开一个序幕。

"七五"国家科技攻关鉴定朱伯芳主持的拱坝优化课题，鉴定结论认为，此课题从数学模型、求解方法，到具体工程应用，都领先于世界水平。1988 年，他们的"拱坝优化方法、程序与应用"获得国家科技进步二等奖，列为国家重点新技术推广项目。

1987 年，拱坝优化课题进行到第十年头，从 1984 年开始应用于拱坝设计，已经完成二十多座拱坝工程的优化设计。按照朱伯芳的规划，优化设计循序渐进，由小而大，由简单的三心圆、五心圆，再扩展到抛物线等复杂曲面拱坝设计。

1987 年 8 月，西北勘测设计研究院来了，他们带来一个高拱坝优化项目。这就是黄河上游的拉西瓦拱坝。

拉西瓦工程对黄河上游水电开发意义甚大。

黄河上游水电开发，早在 1958 年就已经开始，到 20 世纪 90 年代，形成所谓"龙李刘盐八大青"七大控制性骨干工程，即龙羊峡、李家峡、刘家峡、盐锅峡、八盘峡、大石峡、青铜峡水电站。当年，水利水电科学院"下楼出院"，朱伯芳的团队曾被派往刘家峡工地近一年时间。

拉西瓦工程，中国改革开放之后黄河上游开始建设的第一座大型工程。言其大，第一是坝高，西北院初步设计坝高为 250 米，第二是装机容量大，6 台 70 万千瓦的机组，总装机容量达 420 万千瓦，单机容量与未来的三峡工程相当。如此大型的水电机组放在黄河上游，显然对未来三峡工程具有示范和实验功能。

对于朱伯芳的团队而言，这是第一座超过 100 米的高拱坝工程。此前，他们已经对东江、响洪甸、石门三座已建工程进行过模拟优化计算，但拉西瓦一下子就达到 250 米。拱坝达到如此高度，是一个量级的提升，拱坝优化一下达到 200 米量级，无疑是巨大的挑战。250 米，已经是特高拱坝。

接受拉西瓦工程设计方案优化的任务，尽管有了比较成熟的计算机优化程序，但仍然在完善过程中。像拉西瓦这样的特高拱坝，其应力分析与中小型拱坝还有所不同，约束条件与中小型拱坝不可同日而语，除了水压力、自重、地质地形、温度应力等之外，还有动、静态情况下的应力分析，而且目标函数除了形体的优化，还需要考虑到安全度最优。所以，接受这个任务之后，相关的应力分析还需要根据约束条件进行复杂的计算。

这时候，贾金生、饶斌考取了朱伯芳的第一批博士生，为拱坝优化课题团队注入新活力。两位博士生一入学，除了完成必要的功课之外，主要任务就是与厉易生一起，在朱伯芳的指导下在计算机上实现拱坝优化。

在拉西瓦之前，世界拱坝设计趋向于采用变厚度、非圆形的水平剖面，以改善坝体的稳定和应力，已经采用过三心圆、抛物线、对数螺线和椭圆等类型。拱坝体形设计的工作量甚大，如果在以前，通常都是根据已有的工作经验由设计工程师通过判断选择一种坝型，还没有一个工程同时对各种不同坝型进行全面的体形设计和比较分析。各种拱坝，何者为最优？众说纷纭，莫衷一是。

250 米高的拉西瓦拱坝，可谓是独步世界坝工领域的标志性工程，对它进行不同坝形展开综合比较，显得非常必要。如果放在过去，中小型拱坝尚视为畏途，拉西瓦这样的特高拱坝简直就是天方夜谭。现在，有了通过计算机辅助的优化方法，一切皆有可能。西北勘测设计院委托给朱伯芳他们的任务，也恰恰是让他们对拱坝的不同坝形进行综合比较，最后选出最优的方案。

1987 年 8 月，朱伯芳团队开始对拉西瓦进行优化。

1990 年 2 月，朱伯芳和他的博士贾金生、饶斌联名发表《六种双曲拱坝形体的优化与比较研究》一文，可视为这一任务的工程总结报告。

他们分析了六种拱坝体形，即双心圆、三心圆、对数螺线、抛物线、椭圆及双曲线。在相同的设计条件下，用数学规划方法分别求出六种拱形的最优体形尺寸及相应的坝体体积，把各种拱形的比较放在一个坚实的基础上。由于各种坝型的约束条件是相同的，所以坝体工程量就可大致反映在当地条件下，各种坝型的优劣顺序。

计算方法如次。

目标函数：坝体体积。

约束条件：包括运行期坝体最大主拉应力、最大主压应力、施工期自重应力、坝体倒悬、拱中心角、坝肩位移范围等。

计算工况：过去只计算荷载组合一种工况，即一种大坝运行的工作状况。此次六种拱形计算，同时考虑两种工况条件，一为基本组合：正常蓄水位＋泥沙压力＋自重＋温降；二为特殊组合：校核洪水位＋泥沙压力＋自重＋温升。计算结果出来之后，发现其影响还是很大的，在相当多的情况下，两种工况同时起控制作用。但这样一来，计算量陡增，但甚为必要。

优化方法：罚函数法。即利用罚函数把约束极值问题转化成无约束的无约束极值问题，然后用 DFP 法求出最优解。

应力分析：采用自编多拱梁混合法 ADASO 程序。其中有改进，保留拱梁分载法，用有限元概念组织计算，计算速度加快。放弃"梁站在拱上"假设，采用梁、拱、地基组合刚度。计算变截面拱，不采用通常程序中的平均厚度，而用高斯积分法按实际厚度变化规律进行积分。计算方法一经这样改造，这个程序不但具有了当下最快的计算速度，而且有了更好的计算精度，比通常试载法进行应力分析快四五倍。优化过程中应力分析采用朱伯芳提出的内力展开法，迭代次数减少，计算效率大为提高。

这样，就求出六种坝型的最优形体及坝体工程量。

六种不同坝型的拱坝，它们的最大中心角、应力水平、倒悬度、施工应力等大体相近，并且都满足设计要求。求出的优化坝体体积由小到大依次为：三心圆形，216.5 万立方米；对数螺线形，220.90 万立方米；抛物线形，222.01 万立方米；椭圆形，234.01 万立方米；双心圆形，239.72 万立方米；体积最大的是双曲线形，253.95 万立方米。

六种坝型，体积各异，但相差并不多。前三种最省，相差也不过 2% 左右。从拱坝体形设计的复杂性而言，前三种坝型都是适合的，可以从中选取一种。但是从约束值来看，三心圆拱坝和抛物线拱坝有 5 种情况达到了约束值，对数螺线形拱坝只有 2 种情况达到约束值。这说明什么呢？说明对数螺线形拱坝具有较大潜力，同时，对数螺线形拱坝沿基础面各高程的厚度都比较小，有利于减少坝肩开挖量，有利于混凝土施工的温度控制，有进一步优化和满足各项要求的调整余地。

六种坝型的拱坝，最后选定对数螺线拱坝。❶

现在矗立在青海黄河峡谷中的拉西瓦水电站，成为中国第一座用优化方法设计的特高拱坝，庞大，但轻盈，优美，却刚强；仿佛是大地山川自己的构思，与长河峡谷融合在一起，浑然天成；又仿佛是现代科技在那里留下的一抹微笑，轻柔而曼妙。

拉西瓦工程之后，又是小湾工程的优化。1988 年，又一特高拱坝——小湾工程找上门来。小湾工程可谓是一波三折，直到 2005 年才开工建设。小湾工程在当时，是世界第一高拱坝。

小湾拱坝位于云南省澜沧江上，坝高 292 米。深处地震区，需要进行动态、静态应力分析。

大家都知道，拱坝优化，其难点还在应力分析。拱坝优化的求解难度大，静、动荷载作用下的优化尤其困难。朱伯芳提出一系列有效的求解方法，包括动态、静态的内力展开法，设计变量指数变换法、不对称矩阵子空间迭代法以及静力和动力荷载下敏感度分析方法等等，不仅可以迅速求解静荷载作用下的拱坝优化问题，并实现了动荷载作用下上拱坝的体形优化。这对处于地震区的拱坝设计意义重大。

他们受昆明勘测设计院委托，对小湾特高拱坝进行两种体形优化。

一种，等应力优化。即以坝内最大主应力等于允许应力作为主要约束条件，包括静态条件下的允许压应力和拉应力、动态和静态条件下的允许拉应力、最大中心角、坝体最大厚度。再以混凝土体积为目标函数，对 5 种坝型进行优化，即统一二次曲线、椭圆、三心圆、对数螺线、抛物线。优化结果，在允许应力相同的条件下，统一二次曲线拱坝的体积比抛物线拱坝节省 55 万立方米。

另一种，等体积优化。以坝体体积不超过 700 万立方米为主要约束条件，以坝体最大主应力绝对值最小作为目标函数进行优化，给出 7 种坝型的拱坝优化结果，即二次曲线、椭圆、对数螺线、三心圆、双曲线、抛物线、双心圆

❶　以上内容参见朱伯芳、贾金生、饶斌著《六种双曲拱坝体形的优化与比较研究》，《砌石坝技术》1990 年第 2 期；朱伯芳、贾金生、饶斌、厉易生著《拱坝体形优化的数学模型》，《水利学报》1992 年 3 期。

7 种。优化结果，最优体型与第一种优化结果是一致的，二次曲线最好，椭圆次之。

尽管这次优化结果不是小湾工程最后采用的坝型，由于设计条件的改变最后还要经过若干次优化才最终确定，但他们的优化结果，对于此后的优化工作是一个非常重要的参照，而且优化方法与优化手段都来自朱伯芳团队。

另外，还有普定高拱坝、二滩高拱坝、龙滩初步设计高拱坝方案等重要工程，拱坝优化科技手段已经越来越为工程界认同，逐渐形成强大的生产力。

"立起来"

贾金生回忆起 1987 年及 1987 年之后拱坝优化的那些岁月，无限感慨，他跟人开玩笑："我们真是三年学徒，三年帮师，但是结结实实把朱先生这一套理论学到手，并付诸实现。"

他讲，读博三年，他和饶斌两个学生做的主要工作，就是帮着朱先生把拱坝优化一套理论和分析方法"立起来"。

怎么立起来？就是编制拱坝优化的程序。

程序需要在实践中一点一点完善和丰富。

1987 年 1 月两人来上学，实际已经进课题。朱伯芳先生给他们五大本手稿，全是自己推导的拱坝多拱梁法公式，两个学生的工作就是把五大本手稿再推导一遍，然后再编程，在计算机上实现。编程是一项非常烦琐而细致的工作，计算机应用普及，与三门峡时代的原始计算机语言不能同日而语，用 Fortran 语言一句一句写，一写就是上万行，语言指令一行行排下来，排山倒海，如同诗的矩阵。或者说，编写程序指令，一点也不比写诗来得更加轻松，每一应力的变换，都会让诗行波涛涌动，每一个约束条件，拱梁分载法都会让目标函数摇曳生姿。

然后，再进行校核，证明这个程序是对的、可行的。比如拱梁分载法是多拱多梁，但也可以收缩到一拱一梁。梁被淡化，只剩下拱，单纯的拱是有理论解的，反过来拱弱化之后，梁也是有理论解的。程序算出来，朱先生对他们这个自我证明方法很满意。计算拉西瓦拱坝就采用这种应力计算方法。

每一个工程虽各不相同，优化技术需要在诸多不同中找出相同，在差异中找到普遍规律，需要根据不同类型的拱坝计算，才能让优化技术真正"立起来"。

拉西瓦六种坝型开了特高拱坝优化的先河，隔河岩工程则又是另外一种情形。

隔河岩工程是长江支流清江梯级开发的重点工程，情况甚为复杂。它是重力坝与拱坝相结合的一个复杂结构，上为重力坝，下面是一个斜拱坝，拱坝试载法应力计算的多拱多梁，在这种坝计算时显得力不从心，拱和梁连接点上出现歧点，不收敛，需要找到一个方法使其收敛，不产生歧义。贾金生他们把朱伯芳的公式重新推导一遍，终于找到了收敛的方法。

普定拱坝要更复杂一些，因为采用的碾压混凝土以及掺入氧化镁施工技术，约束条件骤然增加，程序需要再丰富，再调整。

接下来，李家峡、小湾、龙滩，等等。贾金生发现，每一次计算，实际上面对的都是世界级的大工程，200米量级，300米量级，都是世界级高拱坝。他们闯进了世界级技术难题的丛林中，披荆斩棘，拓荒前行，经过几个工程的历练，多种曲线型拱坝添加上去了，静、动力状态下的应力分析增加了，非线性计算解决了，包括分期蓄水的应力计算得心应手。在短短几年之内，已经把拱坝优化这一套程序做到世界顶级水平。❶

1988年，中国水利水电科学研究院结构材料所开发出来一套成熟的拱坝优化计算机辅助设计系统，标志着朱伯芳开拓的拱坝优化设计这一套终于"立"了起来。立起来，并不仅仅意味着程序能够自如地解决高拱坝的优化问题，而是高拱坝的优化设计实践检验了优化程序的可行与科学。毕竟它还是一个计算机辅助设计系统。

---

❶　参加《中国工程院院士采集工程》，贾金生访谈。

这个系统的名称为拱坝智能优化辅助设计系统,英文简称 ADIOCAD(Arch Dam Intelligent Optimal CAD)。它将专家系统（人工智能）、优化方法和计算机辅助设计（CAD）三者融为一体，形成了一个用于拱坝形体设计的集成系统。

简言之，ADIOCAD 综合采用专家系统、优化方法和计算机辅助设计技术，关于拱坝的类型、材料和布置的初步方案在专家系统的辅助下，由设计师给出的，坝体形状和尺寸由优化方法给出，设计图纸和细部设计是由计算机自动给出。

在设计过程中，大量的计算、分析、优化、绘图等工作由计算机完成。但设计中的主要决策是在专家系统的辅助下由设计师做出。ADIOCAD 充分发挥了工程师、专家系统、优化方法和 CAD 技术的各自优势，是一套功能强大且完备的拱坝优化设计辅助系统。

ADIOCAD 系统的结构根据拱坝体形优化的设计流程来决定。在拱坝形体设计中，有些问题适于在专家系统的辅助下解决，有些问题适于用优化方法解决，有些问题宜于通过人机对话方式解决。因此，辅助拱坝体形设计的最好方法是把专家系统、优化方法和计算机辅助设计三者融为一体，形成一个集成系统，以便扬长避短，充分发挥各自的优点。

ADIOCAD 的结构主要包括以下几部分。

1. 知识库：包括通过实践总结的拱坝体形设计规则二百多条。

2. 图形库：包括国内外各种拱坝的体形图，并可不断扩充、更新。

3. 数据库：包括国内外各种拱坝设计的数据。

4. 推理机：专家系统的推理部分。

5. 应力分析系统：可进行各种荷载组合的静、动力应力分析。

6. 稳定分析系统：可用刚体极限平衡法进行三维抗滑稳定分析。

7. 优化系统：可用数学规划方法求出给定条件下拱坝的最佳体形，包括单曲、双曲、单心圆、多心圆、抛物线、双曲线、对数螺线、统一的二次曲线及混合曲线等种类型的拱坝。

8. 绘图及屏幕显示系统：可绘制各种体形设计图，可以在屏幕上显示、局部放大，也可通过绘图机或打印机输出。

9. 解释和报告编写系统。

10. "黑板"结构：主要用于中间成果的储存和交流。

拱坝智能化辅助设计系统 ADIOCAD 的工作流程如下：

1. 输入原始设计资料，包括地形、地质资料、设计荷载及有关设计参数、安全系数等。

2. 在专家系统的辅助下，由设计者给出有关筑坝材料、坝轴线初步位置的选择，并初步选定几种拱坝类型。拱坝的初始体形可由设计师给出，也可以直接由计算机自动给出。

3. 用优化方法，对每种类型求出一个优化方案。

4. 在专家系统的辅助下，设计师对每一优化方案进行检查，必要时对某些设计参数进行进一步优化，直至对每一种类型的拱坝都求得一个最优方案。

5. 在专家系统的辅助下，设计师从已有的各种优化方案中挑选一个最终设计方案。

6. 在专家系统和 CAD 系统的辅助下，进行拱坝的细部设计。

7. 在专家系统的控制下，计算机编写体形设计报告的初稿，包括文字、图纸、表格。

8. 设计师对设计报告进行审查，进行一些文字上的修改。

9. 输出拱坝形体设计报告。

这一套系统的诞生，意味着工程界期盼了好长时间的设计自动化得以初步实现。

但是对于拱坝的体形设计，问题十分复杂，全部的自动化实际很困难。拱坝智能优化辅助设计系统 ADIOCAD 中，把专家系统（人工智能）、优化方法和计算机辅助设计系统融为一体，充分发挥各自的优点，扬长避短。在关键部位还保留了人机对话功能，以便设计师可以进行综合分析和发挥创造性思维，并控制设计过程的进行。但人机对话是要降低运行速度的，在 ADIOCAD 系统中，人机对话已减少到最低限度，在整个设计过程中，绝大部分工作，包括计算、优化、绘图及报告编写等，都由计算机自动、高速完成，因而该系统具有极高的效率。由于该系统具有强大的优化功能，所以设计成果是高质量的。❶

---

❶ 参见朱伯芳《拱坝体形优化》，收入《中国大坝 50 年》，潘家铮、何璟主编，中国水利水电出版社，2000.9。

这套系统得以诞生，实际上得益于将近三十多座拱坝优化设计的实践。但是在 1988 年，全世界共有 15 米以上的拱坝 1592 座，其中中国就有 753 座，占到 47.3%。中国 750 多座拱坝建筑，30 多座是优化设计的，委实不多。

但是，它的革命性威力很快显现出来了。

最典型的，莫过于位于西南的某特高拱坝。

这个特高拱坝采用的招标设计，最大坝高 140 米。枢纽由混凝土双曲拱坝、水垫塘、二道坝和地下引水发电系统组成，装机容量 30 万千瓦。

当时，一家非常有实力的权威设计院已经拿出了方案，业主觉得还应该优化一下，就让当时的东北勘测研究院来做这个事情。两家平行来做，最后谁优选谁的。

东北勘测设计院参与的比较晚，又偏居东北，技术力量不能跟人家比。另外那一家权威设计院已经拿出方案，图纸也已经出了，但不想再大动，因为节省个十万、几十万方混凝土轻易动这个设计，工作量大是一方面，更重要的是一种传统惯性，认为那么大一个工程，你省个十几万方也不是什么了不得的事情。再一方面，还是个体制问题，给你省出混凝土，省下的钱设计部门并沾不上一点光，所以他们就不想改设计。

这时候，东北勘测设计院就找到水科院结构所，找到厉易生。他们讲，如果想在竞争中占有先机，必须搞拱坝优化。他们已经听说水科院朱伯芳他们搞出一套程序，就找了过来。当时，ADIOCAD 系统正在完成主系统与 CAD 的对接，分析程序仍采用自编的 ADASO 系统。后者实际上就是前者的基础。

跟前面优化的几个工程一样，坝体混凝土体积仍是目标函数，几何约束与应力约束仍是约束函数，对抛物线、椭圆、统一二次曲线三种线型的拱坝体形进行优化计算。三种体形优化结果分别是：抛物线形拱坝 61 万立方米，椭圆线型拱坝 57.3 万立方米，统一二次曲线拱坝 53.4 万立方米。从水平拱圈的形式来看，前两种线型拱坝坝体均为单一的线型，而二次曲线型拱坝为椭圆或双曲线混合线形，体型参数较为复杂。最后审查的时候，决定采用椭圆曲线作为这个工程的最终坝型。❶

❶ 参见《中国科技发展精典文库》（2003 卷）（中册）杨旭主编，中国言实出版社，2003.5，第 1393 页。

优化的过程非常从容，不从容的事情发生在工程技术之外。

有一个插曲。东北院拿出来的这个优化结果，业主当然满意。三种坝型的拱坝，都比原设计的抛物线型拱坝要省出将近三分之一混凝土方量，于是决定采用东北院的优化方案。初设通过，工程基础开挖，那一家权威单位面子上下不来，居然派一帮人坐在炮眼上抗议，就是不让开挖。❶

当然，这仅仅是一个插曲。插曲曲折，充满喜感，但从一个侧面体现出拱坝优化在业内产生的震动。这震动来得实在不轻。

终于"立起来"了。

访 问 苏 联

1989 年 9 月，朱伯芳有一次苏联之行。

1988 年 7 月，朱伯芳的论文集《水工结构与固体力学论文集》由中国水利电力出版社出版。该书收录有朱伯芳水工结构与固体力学论文计 31 篇，大致上是朱伯芳 1977 年之后所写的重要论文结集，包括温度应力、拱坝优化、混凝土徐变理论三个方面内容。论文集由朱伯芳的恩师兼伯乐汪胡桢作序。

这部书 1988 年出版，1989 年初，朱伯芳给苏联同行、全苏水利科学研究院的特拉别兹博士寄去一册。

此前，朱伯芳曾有过三次与国外专家面对面交流的经历。

1985 年 7 月，出席洛桑第十五届国际大坝会议，在大会上做《混凝土温度徐变应力》报告。

1987 年，出席葡萄牙的柯英布拉国际拱坝学术讨论会，任会议专家，做《拱坝优化》及《拱坝温度荷载》学术报告。

---

❶ 参见《中国工程院院士采集工程》之厉易生访谈。

1988年，出席温哥华第三届国际土木工程计算机应用会议，任中国代表团团长，做《结构优化的几个问题》学术报告。

朱伯芳没有留学背景，但从1951年参加工作开始，国外科研动态一直在他的关心视野里，尤其是对国外混凝土坝工科研信息，他了然于胸。在某种程度上讲，国外的混凝土坝工科研现状，是朱伯芳开展科研工作的一个恒定参照。但是，面对面的交流，与从书本和资料上得来，在感觉和感情上还有不同。

寄一册给苏联同行，他希望建立长期的学术交流关系。没想到，书寄出去之后，苏联的同行大感兴趣，全苏水利科学研究院院长卡捷列夫向中国水利水电科学研究院发出邀请，请朱伯芳赴苏联讲学，可由三到四人组成代表团前往。

中国水利水电科学研究院以朱伯芳、于骁中、董哲仁为成员组成代表团前往苏联讲学。

机会来得偶然，但朱伯芳对此行还充满期许。为什么呢？从朱伯芳的个人经历来讲，从佛子岭、梅山、响洪甸工程工地，到调任水科院，身边总有苏联专家的身影。他们在工作中还是建立了非常深厚的友谊的。就个人的科研经历来讲，朱伯芳从苏联专家的数理分析那里获得过许多知识和启示，这是不能否认的。

但是，朱伯芳他们那一代工程师，对苏联专家的感情说起来也很复杂。20世纪50年代初，向苏联一边倒，苏联是老大哥，哪怕对老大哥稍有些不同意见，就可能被斥为右倾，甚至被打成右派，对苏联专家奉若神明。中苏交恶，苏联专家又被丑化为无能之辈，甚至是别有用心的间谍特务，把工程上的失误、失败全部委责于苏联专家。平心而论，在20世纪50年代的许多水利水电工程中，从规划到设计，苏联专家还是起了相当大的作用，两国的技术专家还是有感情的。

讲学的时间不短，从9月4日一直到18日，前后有半个月时间。

接待方很热情。全苏水科院位于圣彼得堡，他们派外事处长到莫斯科迎接朱伯芳一行。一下飞机，外事处长即接他们到市内游览，游红场，看芭蕾，吃西餐。之后，乘火车去圣彼得堡，全苏水科院结构所所长亲自到车站迎接，之后，全苏水科院院长用一整天时间陪代表团游览圣彼得堡名胜古迹。

停驻在年轻的朱伯芳记忆里的"老大哥"形象，此刻置身其中，朱伯芳当是思绪万千。

不过，很快就忙碌起来了，为期半个月的讲学和交流很紧凑。

中国水利水电科学院代表团共安排有4次讲学，每一次一上午。朱伯芳讲混凝土温度应力、徐变理论和拱坝优化。于骁中讲混凝土断裂力学，董哲仁则讲钢衬-钢筋混凝土压力管道的非线性分析，都是各自研究的领域，讲起来得心应手。

自20世纪60年代初苏联专家撤走，两国交恶，现在两国专家再次走到一起。当年的"小学生"带来的科研成果，让"老大哥"惊奇、惊讶、宾服。他们的讲学引起全苏水利科学研究院学者很大兴趣，每一次讲课完毕，都有不少同行围上来提问和讨论。

这种交流是平等的，愉快的，与20世纪50年代唯苏联专家马首是瞻的情形形成明显对比。但朱伯芳对苏联同行还是保持着相当的敬意，因为他知道，苏联在水工建设的某些领域还是走在世界前列的。

比如，苏联水工方面的理论基础研究，以全苏水科院结构所为例，有20%的人员从事基础理论研究。他们在基础理论方面有许多高水平成果的，比如混凝土断裂力学，一直处于世界领先水平。

还比如，苏联水工界特别重视原型观测。他们对大坝观测工作系统而严格，有始有终，许多大型水电站，都保存有原始的观测资料，甚为宝贵，堪称珍贵。

又如，其钢筋混凝土结构试验也非常先进，在大量混凝土结构试验的基础上，目前已经可以预制直径达7.5米的钢衬-钢筋混凝土管道，内压可以达到每平方厘米12千克，混凝土壁厚仅为40厘米。

更让朱伯芳感慨的是，苏联水工的设计规范，能够及时吸收先进的科技成果，如在强度和稳定中已应用可靠度及概率论方法，重力坝坝踵允许拉应力、拱坝允许应力计算中考虑三向受力条件等等，这些都已经转化为生产力，经济效益良好。而国内的情形往往不容乐观，一项新技术、新成果要列入各种规范，需要很长时间。

但是他们也有自己的短板，比如在中国风行三十多年的模型试验，在全苏水科院那么大的柱型模型试验厅里，都是老旧的模型。更让朱伯芳惊奇的是，像光弹试验这种比较先进和有效的模型试验设备在这里也看不到。

苏联模型试验落后也情有可原，一是近年苏联水利水电建设投资日益减少，另一个原因就是计算机技术已经运用于工程设计，不必再做模型试验。而国内各设计单位和工程局，进行模型试验尽管不是主要设计手段，但是其在结构应力验证上还起着相当大的作用。

而全苏水科院的计算机设备跟中国水科院就没法比了。朱伯芳看到，全苏水科院和莫斯科土建学院都有一台每秒 100 万次的计算机，但微型计算机很少。全苏水科院结构所只有一台从当时的西德进口的微型计算机，内存仅有 256K。而模型试验厅里一台用于整理试验成果的计算机还是电子管元件，放在那里有衣柜那么大。至于计算机绘图、CAD 工作站，更无从谈起。所以，苏联同行的数值计算发展还是显得比较缓慢，虽然有限元法已经广泛采用，但程序功能不强，他们只开发有平面元、壳体元和线性三维单元，还没有非线性三维单元程序。有一个半解析的平面多层浇筑块程序和空间稳定温度场的有限元程序，却没有三维不稳定温度场和温度应力程序。

他们也在搞拱坝优化，和其他国家一样，拱坝优化仍处于研究阶段，还未运用于具体工程实践，计算方法陈旧，算一个拱坝体形优化，需要在每秒百万次计算机上运行 50 到 80 个小时才能出结果。而朱伯芳他们开发的拱坝优化软件，只需要三五分钟就可以办到。

苏联归来，朱伯芳很感慨，老大哥还是那个老大哥，但在水工科技这一方面，确实显得有些老迈了。当然，苏联的水利水电建设，跟中国的水利水电开发是完全不同的两种情形，第聂伯河、伏尔加河，这些注入里海和北冰洋的大河，与长江、黄河完全不可同日而语，不能硬性比较。这引发朱伯芳许多思考。

此后，朱伯芳还有数次走出国门与外国同行交流的经历。

1990 年 5 月，出席德黑兰混凝土结构会议，任中国代表团团长，做《拱坝优化》学术报告，会后又应邀做《混凝土温度应力》学术报告。

1991 年 8 月，出席东京第四届国际土木工程计算机应用会议，任中国代表团团长，做《在地震作用下双曲拱坝的体形优化》学术报告。

1992 年 12 月，应邀至伊朗 Mahab Ghodss 设计公司，做《在静力与动力作用下拱坝体形优化》学术报告。

1994 年 9 月，应邀赴德国 Essen 大学土木系讲学，做《拱坝体形优化》《工程反分析》学术报告。

如此频繁的交流，一方面是中国改革开放之后，国门大开，一个欣欣向荣的发展中大国面向世界、面向现代化的开放气度，另一方面，也是一个发展中大国的科学技术已经在国际上有了自己的一席之地，有了自己的声音。至少，朱伯芳和朱伯芳团队在拱坝优化、混凝土徐变理论和温度应力等方面，无论是理论研究还是实践应用，已经站在了世界顶端。

有个题外情节需要说明。1985 年第一次出国，赴瑞士洛桑参加第十五届国际大坝会议。当时张超然院士也是参会代表。当时大家没什么钱，张超然发现朱伯芳买了一台尼康照相机，帮大家照来照去。但他又不怎么会用，把日文说明书一条一条翻译成中文，然后再一步一步熟悉操作，那个认真劲，许多人都笑了。❶

说起出国，朱伯芳历数几次出国经历，走的哪些地方，见的什么人，做的什么学术报告，不待介绍完，他会像个孩子一样一脸可爱的笑容："我在 1985 年，去瑞士，买了我人生中第一台照相机！"当年中国自己不能生产优质照相机，全靠进口，要凭出国护照才能买一台进口照相机。

---

❶　参见《中国工程院院士采集工程》之张超然院士访谈。

第九章　入选中国工程院院士

温度应力再领风骚

　　拱坝优化，是朱伯芳由三门峡回到北京之后十年主要科研课题。只是，如果按照科研目录为朱伯芳编制一个准确的科学技术年表，倒是一件颇费功夫的事情。

　　改革开放十年，拱坝优化科研迅速做到世界顶级水平，很快运用于工程实践，形成强大的生产力。其时，比拱坝优化课题开始更早的混凝土温度应力与温度控制课题并没有停下来。

　　20世纪六七十年代建立起来的温度应力与温度控制理论体系，已经在水利水电工程中发挥着巨大的作用，朱伯芳本人则早已是水工领域公认的温控权威专家。

　　在三门峡，用有限单元法编制的五个程序中，就有引入有限元法进行温度场和温度应力场数值计算程序。该程序可以完全模拟施工过程中的实际条件进行仿真计算，为混凝土坝的温度控制提供着强有力的计算工具，其指导意义甚大。

　　1982年，他主持的《水工混凝土温度应力研究》获得国家自然科学三等奖，比拱坝优化课题获得国家科技进步二等奖还要早六年。

　　诚然，来自国家层面的奖励，无疑是对一个科技工作者工作的肯定，但这种肯定对于朱伯芳而言，仿佛不是一个总结，而只是一个开始。

　　拱坝优化课题如此，混凝土温度应力与温度控制更如此。拱坝优化课题获奖，才不过是这项领先世界的坝工技术啼声初试，远不是它长成的时候。混凝土温度应力和温度控制在1982年获奖，也不过行百里者半九十，距离朱伯芳追求的目标还有一段关键的冲刺。

就在拱坝优化课题确定并开展研究的时候，混凝土温度应力与温度控制课题，像一片雨后的园圃，草木葳蕤，百花绽放。朱伯芳团队仅用十多年时间把拱坝优化做到世界顶级水平，而混凝土温度应力与温度控制则始终在他的带领下，一直处于世界领先水平。《水工混凝土温度应力与温度控制》成稿、出版和该课题获得国家自然科学三等奖,标志着朱伯芳在原有基础上又有拓展和掘进。

1977 年，《水利水电工程应用计算机资料选编》收入朱伯芳《混凝土温度场及温度徐变应力的有限单元分析》一文，这是三门峡五个程序成果的延续。朱伯芳首次把有限单元法引入混凝土温度场和混凝土温度徐变应力的计算，给出一整套计算公式，并编制了计算机程序，混凝土温度场和温度徐变应力计算进入"有限元时代"，计算功能大幅度提高。

有限单元法引入，混凝土温度场和徐变应力计算由影响线计算发展成为仿真计算，计算面貌完全改观。这一套计算方法，可根据实际气候条件、实际施工进度、实际温控方法、实际材料性质，计算混凝土结构温度场和应力场的演变过程，从而实现对混凝土坝温度场和应力场的有效控制，对防止混凝土坝出现裂缝发挥至关重要的作用。

1977 年 3 月，《力学》杂志发表朱伯芳《基础梁的温度应力》一文。针对基础梁常常出现裂缝，而普遍没有考虑温度应力问题，提出基础梁温度应力的计算方法。

朱伯芳指出，在计算基础梁由外荷载引起的应力时，往往忽略表面上的剪力，但对于温度应力来说，接触面上的剪力是一个重要因素，不能忽略，应当同时考虑接触面上的剪应力和正应力。

基础梁的温度应力包括自生应力和约束应力两部分，自生应力是梁的内部互相制约所引起的应力；约束应力是梁的温度变形受基础约束而产生的应力。自生应力和约束应力相叠加，就得出基础梁的温度应力。

朱伯芳用切贝雪夫多项式计算基础梁温度应力，收敛甚快，计算方便，该算法为许多设计规范所采用。

1980 年 6 月，《水利学报》发表朱伯芳的《软基上船坞与水闸的温度应力》一文。针对建在软基上的船坞和水闸的坞墙与闸墩产生贯穿性裂缝，作者指出，与建在基岩的混凝土坝相比，船坞和水闸多建在软基上，地基的约束作用很小，但实际上，坞墙和闸墩往往产生不少贯穿裂缝，这个问题过去很少人研究过。朱伯芳发现，根本原因是先行浇筑的底板已充分冷却，在它上面浇筑的坞墙或闸墩的温度变形受到底板的约束，会产生相当大的拉应力，如果这种拉应力超过混凝土的抗裂能力，就会出现裂缝。

提出这个问题，仍与具体工程相关。当时朱伯芳还在三门峡，天津某港口码头混凝土船坞出现裂缝，交通部水运设计院几个同志专程到三门峡找朱伯芳。他根据具体工程需要，给出两个比较合理和适用的计算方法，一个是级数解法，另一个简化的解法。

上述解法亦为工程设计规范所采用。

1980 年，《混凝土拱坝设计规范》编制组委托朱伯芳研究拱坝温度荷载计算方法。作者早就注意到，库水温度对拱坝温度荷载有重要影响，而且，拱坝优化过程中，库水的温升和温降引起的温度应力也是重要的应力分析内容，但过去对库水温度的计算一直困惑工程界，于是，朱伯芳开始对库水温度进行过一番比较系统的研究。两年之后的 1982 年，他提出一套比较简便的计算方法，并被中国混凝土拱坝设计规范所采用。

库水温度受到多种因素的影响，包括气候条件、来水来沙情况、水库库容和深度、水库运用方式等。大型工程的技术设计阶段，应充分研究条件相似的已成水库的实测资料并根据具体工程的具体情况加以推算。但影响因素较多，变化规律复杂，推算非常不容易。他根据国内外大量实测资料，提出一套比较简便的库水温度估算方法，即计算水深 y、时间 t 的水温变幅公式，水深 y 处年平均水温的公式，水深 y 处年水温变幅的公式，以及水深 y 处水温相位差公式。这套公式直到今天还为拱坝设计规范所采用，效果良好。

1985 年，朱伯芳的《库水温度估算》一文发表于《水利学报》第 2 期。

1987 年，作者再发表《大体积混凝土表面保温能力计算》，指出气温变化是引起大体积混凝土裂缝的重要原因，而保温是防止表面裂缝最有效的措施，进而推出一整套大体积混凝土保温能力的计算公式。利用这套公式，可以根据当时当地的具体条件，很快求出为抗御气温日变化、寒潮及冬季低温所需要的表面保温能力。

就这一问题，朱伯芳还有更深入研究，1990 年，他发表《混凝土浇筑块的临界表面放热系数》。

他发现，混凝土坝表面裂缝可能出现在表面中央，也可能出现在棱角上，尤其是寒潮过后，混凝土表面会出现一些裂缝。从温度应力角度考虑，存在着一个临界表面放热系数，若浇筑块的表面放热系数小于这个临界放热系数，裂缝容易出生在棱角上，而当表面放热系数大于这个临界放热系数，则易于在表面的中央部位产生裂缝。他给出混凝土浇筑块临界表面放热系数的计算方法。

在《寒潮引起的混凝土温度应力计算》一文中，朱伯芳指出，大量的混凝土坝裂缝都是在施工期过程中由寒潮而引发。在开始阶段，都是表面裂缝，通常深度不超过 30 厘米，但是到了后期，其中一部分可以发展为深层裂缝或贯穿性裂缝，危害甚大。朱伯芳提出寒潮期混凝土表面温度计算和寒潮期混凝土温度应力计算两套公式，比过去他自己提出的计算方法更加简便和有效。

在建设碾压混凝土坝的初期，由于水泥用量较小，人们曾一度认为碾压混凝土坝不存在温度控制问题，朱伯芳发现并纠正了这种错误观点。

1995 年，朱伯芳针对新兴的碾压混凝土筑坝的温度控制问题，连续发表三篇论文，《碾压混凝土拱坝的温度控制与接缝设计》《碾压混凝土重力坝的温度应力与温度控制》《通仓浇筑混凝土和碾压混凝土重力坝的劈头裂缝和底孔超冷问题》，对碾压混凝土坝的温控进行系统研究。

关于重力坝温度应力研究，早在 20 世纪 50 年代即取得相当成果，在 1995 年之前，他连续发表有《混凝土浇筑块的临界表面放热系数》《重力坝横缝止水至坝面距离对防止坝面劈头裂缝的影响》等重要论文。

国外对重力坝温度应力缺乏系统研究，朱伯芳进行了全面而系统的研究，提出系列计算方法，并指出通仓浇筑重力坝与柱状分块重力坝温度应力的重大差别。

柱状分块重力坝在蓄水前内部温度已经降到坝稳定温度，内外温差较小，产生劈头裂缝的可能性就小，通仓浇筑重力坝无后期水管冷却，坝体内部温度降低缓慢，长期受到内外温差的作用，冬季遇到寒潮容易产生表面的裂缝。竣工蓄水后，冬季水温很低，坝体内部温度很高，在内外温差和裂隙水的劈裂作用之下，原有的表面裂缝容易扩展为较深的劈头裂缝。柱状分块重力坝，因浇筑尺寸很小，上下层温差一般不起控制作用，通仓浇筑重力坝，因浇筑块长，上下层温差可产生较大拉应力，通仓浇筑重力坝受到底孔超冷影响更大。

20 世纪 80 年代中期国内采用新兴的碾压混凝土筑坝技术。由于水泥用量少，当时一度认为它不存在温度控制问题。经过一系列试验和实际观察，朱伯芳发现碾压混凝土坝也存在温度控制问题，必须进行温度控制。

这是因为：碾压混凝土上升的速度快，虽然水泥用量少，它的水化热温升比常态混凝土低得并不多；碾压混凝土抗裂能力较常态混凝土略低，经过预冷，常态混凝土机口温度可以降到 7℃，而碾压混凝土只能降低至 12℃，预冷效果较差；碾压混凝土浇筑仓面大，暴露时间长，温度回升较多。

还有关于碾压混凝土拱坝的思考。

世界上早期兴建的几座碾压混凝土拱坝只设置了诱导缝而没有设置横缝，这种方式是否合理？朱伯芳认为，这关系到拱坝温度荷载设计中的初始温度，如果不设横缝，初始温度是混凝土最高温度，如果设置横缝，初始温度是横缝灌浆时的坝体温度。显然，灌浆温度和最高温度相差较大。朱伯芳他们研究表明，如果不能在低温季节浇筑全部混凝土，碾压混凝土拱坝必须设置横缝。他还提出了碾压混凝土拱坝中设置横缝的原则，阐述埋设水管的必要性，并建议利用预制混凝土块形成横缝。这些建议均为后来兴建的碾压混凝土拱坝所采纳。

关于水管冷却，1985 年，朱伯芳有《混凝土坝水管冷却效果的有限元分析》发表，1991 年，有《考虑水管冷却效果的混凝土等效热传导方程》发表，1996 年，有《大体积混凝土非金属水管冷却的降温计算》发表，1997 年，再有《高温季节进行坝体二期冷却的表面保温》发表。这是一批关于水管冷却理论和计算的重要成果。

等等等等。

从 1977 年到 1998 年的 21 年中，朱伯芳关于混凝土温度应力研究的论文共计 30 余篇，他关于混凝土浇筑块、基础梁、重力坝、拱坝、船坞、孔口、库水温度、寒潮、水管冷却等计算方法，广泛应用于实际工程中，其中 9 项纳入我国重力坝、拱坝、船坞、水工混凝土结构等设计规范。❶

混凝土温度应力和温度控制的理论视野在逐渐扩大，实际应用日益广泛。

---

❶　参见《朱伯芳院士文选》序言二，中国电力出版社，1997.9。

这时候，混凝土温度应力研究领域已经呈现出完全不同的面目，而且，国内外对混凝土温度应力方面的理论研究与实践有了长足发展，朱伯芳感到，在已取成果基础上，有必要站在更高的理论高度，总结国内外混凝土温度应力的理论与实践，写一部大体积混凝土温度应力的专著。

1997 年，由中国电力出版基金委员会资助，朱伯芳开始着手《大体积混凝土温度应力与温度控制》一书的撰写。该书共计 27 章，整整 200 节，全书计113 万字。

其时，作者除了未曾中断混凝土温度应力与温度控制的研究之外，还拓展了混凝土坝仿真应力分析、混凝土坝数字监控等全新领域，在混凝土徐变力学的深化与实用化方面成果丰硕。该书全面总结他自己近四十年混凝土温度应力和温度控制的研究成果，引入仿真应力分析、有限元计算、混凝土数字监控和混凝土徐变应力理论，还结合中国四十多年混凝土重力坝、拱坝的实践，使得混凝土温度应力和温度控制理论体系更加完备。

要说明的是，该书完稿，是在 1998 年 2 月 1 日，正月初五的凌晨，作者校毕最后一个公式，全书告竣。1999 年 3 月，该书正式出版。

全书告竣的那一个凌晨，岁月将朱伯芳送入古稀之年。

"无坝不裂"，这困扰水工界近一个世纪的难题，在 1998 年的春天，总算开始走到了它的尽头。

古稀之人，步履匆匆，稍无停歇。

课 题 稳 定 说

关于温度应力与温度控制老课题的新成果，想起朱伯芳的一段关于治学和研究的话。

　　根据作者几十年的经验，科研题目必须相对稳定，在一个相当长的时间内，集中精力研究一个课题，决不能广泛出击，打一枪换一个地方。为什么呢？首先，研究工作是要解决前人所没有解决的问题，通常都有一定难度，只有相对稳定，才能钻得深，摸得透，提出高水平的成果。其次，相对稳定，有利于在一个方向进行全面、系统、深入的研究，可提出一系列的成果，把问题解决得透彻一些。第三，每接触一个新问题，总需要花费相当多的时间和精力去阅读有关文献，调查情况。每换一个题目，都要从头做起。经常换题目，在时间上不经济的。

　　有的同志看到作者所发表的论文涉及面较广，以为作者是广泛出击，其实不然。刚毕业时，作者搞了 6 年水工设计，调到水电科学院后，前十年主要搞混凝土温度徐变应力，十年动乱期间主要搞有限元方法，从 70 年代末到目前，主要研究拱坝。在一个时期，只搞一个课题。只是因为工作时间长了，工作面才比较宽。❶

　　课题必须相对稳定，一番夫子自道。

　　这就又要说到一个老课题，混凝土徐变理论。

　　早在 20 世纪 60 年代初，朱伯芳就注意到徐变对非均质结构应力的重新分布的问题，并提出并证明了两个定理，这已经是混凝土徐变理论的一个重大突破。而从学科演进的逻辑来讲，混凝土徐变理论与计算分析，是此后混凝土温度应力与温度控制，得以推进的基础性工作。朱伯芳在 20 世纪 60 年代对混凝土徐变理论的研究，无疑具有开拓性和创新性，后来他继续"全面、系统、深入"，穷极其理。

　　从三门峡再回到北京的八十年代初，一直到《大体积混凝土温度应力与温度控制》完成的 1998 年，朱伯芳连续发表一系列关于混凝土徐变应力研究的重要论文。

　　1982 年，《关于混凝土徐变理论的几个问题》一文发表于《水利学报》第

---

❶　参见朱伯芳《科研工作一夕谈》，载《中国水利》1992 年第 4 期。

3 期。

他指出，过去在确定混凝土徐变参数时，参数较多，方程复杂，目前根据试验资料来确定混凝土徐变参数的方法，反复凑合，从中选定。此方法常常因人而异，会得出不同的结果。他建议用优化理论来选定徐变参数，进而给出用优化方法选定混凝土徐变参数的计算方法，使确定混凝土徐变参数放在了坚实的数学基础之上。

他给出混凝土不可复徐变产生的初应变计算公式，给出一个混凝土松弛系数的通用计算公式。这两个计算公式，因为节省了计算机储存单元而计算效率大为提高。

1983 年，有发表于《水利学报》第 5 期的《混凝土结构徐变应力分析的隐式解法》。徐变应力分析的隐式解法的提出，仍然是为了提高计算机计算效率。

混凝土结构徐变应力分析以前主要采用初应变法，在每一时段内假定应力为常量，为了保证计算精度，必须把时间步长取得比较小，因而要消耗较多的计算时间，这一套常用的计算方法可称之为显式解法。朱伯芳在这篇论文里，假定在每一时段内应力为线性变化，应力的时间导数为常量，给出一套隐式解法。隐式解法包括三部分内容：假定在一个时段内应力的时间导数为常量，利用指数函数的特性，给出弹性应变、可复徐变及不可复徐变的应变增量的算式；给出非均质混凝土结构的隐式解法；给出混凝土松弛系数的隐式解法。与显式解法相比较，隐式解法并不复杂，每一步计算，两种解法的计算量基本相同，但由于假定每一时间内应力是线性变化的，隐式解法具有高一级的计算精度。如果保持同样的计算精度，隐式解法可采用较大的时间步长，从而可以节省大量计算时间。

1984 年，《异质弹性徐变体应力分析的子结构法》发表于《水利学报》第 2 期。

异质结构又不同于均质结构。如采用不同标号的混凝土坝，本身即是异质结构。而有的结构本身虽然是均质的，但由于结构材料与基础材料的不同，把结构与基础作为一个整体来看，它们又是异质的。此种异质弹性徐变体，不能满足非均质结构比例变形条件。而结构的应力与位移受到徐变变形的影响，这种影响并不能用松弛系数算法计算。而目前，国内外都用有限单元法进行计算，并用初应变法考虑徐变影响。虽然朱伯芳在此前提出隐式解法，其计算速度和精度都有显著提高，但无论哪一种方法，在每一时段都要建立一个大型刚度矩阵并求出其逆阵，计算量仍然很大。

在这篇论文里，朱伯芳提出异质弹性徐变体应力分析的广义子结构法，即，设结构共有 m 个区域，分别属于 m 种不同材料。他提出，把每一区域作为一个子结构，由于每一子结构本身是一个均质体，与子结构有关的矩阵只需计算一次，在以后各时段可以重复利用，从而极大简化计算工作。

1985 年，《混凝土的弹性模量、徐变度与应力松弛系数》一文发表于《水利学报》第 9 期。

弹性模量、徐变度和应力松弛系数，是混凝土的重要力学参数，反映着混凝土的基本力学性质。在计算温度徐变应力、施工应力及预应力损失和整理混凝土结构的现场观测资料时都要用到这些参数。

但是，过去取得这些参数，试验的工作量特别大，费时又久。目前已有关于弹性模量、徐变度的一些表达式，但是与实验资料符合度甚差，有的过于复杂，不便应用。而松弛系数，目前还没有一个表达式，通常是对每一个工程提出一套曲线，计算结构应力时从曲线上查取有关数值，如果进入计算机进行量化精确计算，查曲线的方式显然已经落伍，急需提出一个计算公式。

朱伯芳提出了计算这些参数的一套计算公式。计算结果表明，这套公式与试验资料基本符合，公式结构紧凑，易于计算，公式中的系数也易于从试验资料中整理和推算，便于工程实际应用。

1986 年，《分析晚龄期混凝土结构简谐温度徐变应力的等效模量法和等效温度法》发表于《水利学报》第 8 期。

水温与气温周期变化，如年变化，在混凝土结构内部会引起周期性变化的温度应力。在拱坝、隧洞衬砌等超静定结构内，这种温度应力可以达到相当大的数值，徐变在这种变化中起着很大作用，这种变化称之为简谐变化的温度徐变应力。目前有两种计算方法，一种是复模量法，只能用于比较简单的结构；另一种是数值方法，计算很费事。朱伯芳给出公式来计算等效弹性模量或等效温度，然后可按通常的弹性体计算其温度应力。

等等等等。

他提出的混凝土弹性模量、徐变度、应力松弛系数等一系列混凝土徐变计算方法，都被新编水工混凝土结构规范采纳。他关于混凝土徐变应力分析的理论探索，也使得中国在混凝土徐变温度应力方面一直处于世界先进水平。

混凝土徐变应力研究，正是朱伯芳科研工作要"相对稳定"心得的最好注解。当然，也仅仅是注解之一。

反馈设计新领域

老课题仍在继续，新课题已然诞生，新课题或有助于老课题延伸，老课题反过来又补益新课题之欠缺，新老之间，你中有我，我中有你。

有时候，新课题到达它的疆域边界的时候，另外一片肥沃的田野已遥遥在望。或者，朱伯芳就像一位精于耕种的老农，他的园圃永远不会放荒、空闲，这边还青葱茂密，那边已新枝抽芽，垄间正禾苗苗壮，畦畔已瓜熟蒂落，简直到了化境。

水工建筑反馈设计便是一例。应该说，反馈分析，是研究结构优化问题过程中的一个重要环节。1984 年，朱伯芳在与黎展眉合著的《结构优化设计原理与应用》中首次提出这一设计方法。

反馈设计，亦称反分析法。原来还只是应用于隧道施工中，由奥地利学者 L.V.Rabcewicz 提出，称为新奥法（New Austrian Tunnelling Method，NATM），这个方法，就是在隧道开挖的过程中，通过对围岩和支护的观察与量测，获得数据，进行信息反馈，进而可以对原设计与施工方案进行修改，使其更好地适应实际情况。

1992 年，朱伯芳在《计算技术与计算机应用》杂志第 1 期发表《工程反分析》一文，综述工程反分析的概念和解法。

在反分析方法应用之前，工程分析主要是正分析，即给定材料参数与荷载，通过计算求得结构的反应量，如变位、应力、温度、安全系数、承载能力等，然后与设计允许值进行比较，以判断结构是否安全。

其中，对反应量与安全系数有关键影响的是材料参数与荷载取值。在通常的正分析中，材料参数与荷载取值常常通过室内试验取得，而室内试验条件与实际情况有很大差异，取得的参数与实际情况是有出入的。以混凝土材料试验为例，室内的混凝土块试验块体尺寸比较小，在试验过程中，混凝土中的大中料径的石料都要过筛剔除，这样一来，怎么可能取得与实际情况完全相符的参数呢？只能是近似值。而且，某些荷载是室内试验根本无法获得的，比如岩基的初始地应力、地下结构的山岩压力等。

这时候，就显示出反分析对水工设计的意义。

朱伯芳结合水利工程实际情况，给出渗流场反分析、均质体和比例变形非均质体的弹性位移反分析、非均质弹性体材料参数的反分析、弹性结构与周围介质相互作用的反分析、非线性固体反分析5个求解方法。

混凝土坝的温度场也一样，先通过室内试验求得混凝土的热学性能，然后根据给定的初始条件和边界条件计算混凝土的温度场。室内求得的混凝土热学性能，与真实情况难免有一定的出入。但是，当混凝土坝的施工期和运行期中取得温度场实测数值之后，通过反分析，就可以推算出混凝土的热学性能，其数值更接近于真实值。还有，有的物理量，如太阳辐射，室内试验绝难求得，只能通过反分析才能求出。

1992年1月，朱伯芳发表《混凝土坝温度场反分析》一文，给出混凝土温度场反分析中，导温系数的反分析方法，表面放热系数的反分析方法，以及混凝土绝热温升的反分析方法。

朱伯芳在1992年给出渗流场反分析求解方法之后，1994年在《水利学报》第9期再发表《渗流场反分析的一种新的数学解法》，对渗流场反分析问题再做深一步研究。他建议把水头函数展为泰勒级数，略去高阶项，每次迭代中，只需求解传导矩阵1次，其余都是简单的回代计算。这样一来，计算效率就有很大提高。同时，他建议用子结构法，可以进一步提高计算效率。

初始地应力是地下工程设计中的一个重要参数，这个参数是通过室内试验无法求得的，只能通过反分析方法推算出来。

这里有两种情况：第一种情况，利用地下工程掘进过程中的实测位移值，反过来推演小范围的岩体初始应力；第二种情况，是在现场根据应力释放原理得到某些测点的地应力值，通过反分析，求出大范围内的地应力场。对于第一种情况，曾经采用过杨志法提出的图解法和图谱法加以计算，第二种情况呢，郭怀志提出过一种方法，他将岩体看成弹性体，计算出它的自重应力和构造应力，然后再用回归分析法进行反分析。

不管怎么样，求得岩体初始地应力，只能采用反分析的方法。

朱伯芳针对已有两种情况的两种计算方法，给出新解法，可以明显减少回归变量，提高回归精度。

反分析法如果应用到水工建筑物的设计与施工中，当会发挥更大作用。

朱伯芳分析：其一，水工建筑物工程规模大，一个水利工程的投资，动辄几亿、几十亿元乃至几百亿元；其二，施工周期长，一般都要几年乃至十几年的时间；其三，受自然条件制约大，而且在设计阶段对这些条件和地基等的了解总是有限的，随着施工的进展，隐蔽在地下的情况逐渐暴露，人们对它的了解才逐加深；第四，某些水工建筑物，如堆石坝，其本身材料特性比较复杂，设计阶段仅仅依靠室内试验进行测定，由于大石料被剔除和其他试验条件的限制，室内试验结果往往与实际情况有较大出入；第五，建筑物本身的工作状态受施工过程的影响比较大，而实际的施工过程与设计阶段所预计的施工过程往往有较大差别，因而对建筑物的变形、应力、性态和安全常常有相当大的影响。❶

正因为水工建筑物有这样一些特点，反分析方法对设计和施工方案修改显得甚为迫切，也甚为必要。

在计算机技术还没有运用之前，反分析方法的运用无从谈起。在手工计算时代，设计周期长，审批手续冗繁，尽管在施工中已经发现设计与实际情况出入很大，但一般很难修改建筑物的设计。计算机辅助设计、优化设计以及人工智能等新技术开始应用，水工建筑物设计面貌有革命性的改变，周期短，准确

❶ 参见朱伯芳《水工建筑物的施工期反馈设计》，《水力发电学报》1995 年第 2 期。

度高，当施工中发现地基等自然条件与设计预计有出入时，修改设计几乎就是设计的一个有机构成，可以不断修正、调整、补遗，以适应实际情况。这一套方法如果得以实施，更利于保证工程的安全度和施工质量，经济效益当不言而喻。

而水工建筑物建设周期比较长，客观上给采集实测数据带来很大便利，这些实时数据，通过现代计算机辅助程序反分析，将发挥出其应有的威力。而水工建筑物又不同于其他普通工业民用建筑物，投资集中，每一座大工程都牵动着国民经济的神经。反馈分析设计成功，不独有巨大的经济效益，还有着巨大的社会效益。

比如 20 世纪 80 年代初法国设计摩洛哥阿特肖里堆石坝，就是在施工阶段采用反分析方法，将反分析结果反馈到设计中去，结果节省了大量土石方。

反面的例子则来自英国。20 世纪 80 年代，英国的 Carsington 土石坝因在坝基软岩和心墙底部黏土的应变软化导致失事，在失事之后反分析时才发现，如果在施工期结合孔隙水压力和变形的实测资料进行反分析，再根据反分析结果适当修改设计，事故是可以避免的。❶

早在 1984 年前后，朱伯芳已经注意到工程的反分析方法对水工建筑的重大意义，经过一系列深入研究，1992 年全面阐述反分析这一概念，并提出相应的计算方法，建立一套实用的水工建筑物反馈设计程序时机已经成熟。朱伯芳在 1994 年建立反馈设计程序的主体框架，这一程序的关键是施工期资料的采集，形成数据包，通过反分析系统进行反分析，然后再反馈到设计中去。

施工期资料采集包括：地质资料的采集；建筑材料参数的采集；施工过程中建筑物和基础的变形、应力、温度等的观测；施工方式的监控和分析；施工质量的监控。诸般。

反分析的内容包括：渗流场反分析，即根据钻孔中实测的地下水位，通过反分析，推算岩体的渗透系数；岩体初始地应力反分析；温度场反分析；位移和应力反分析。诸般。

---

❶　参见朱伯芳《水工建筑物的施工期反馈设计》，《水力发电学报》1995 年第 2 期。

　　他预计，这一套程序至少对地下水电站地下厂房的施工反馈设计、土石坝的施工反馈设计、混凝土坝的施工反馈设计、高边坡开挖设计、支护等等具体工程建设具有相当的实用价值。

　　这样，一个本来在结构优化中注意到的问题，最后形成一个全新的科研领域。本来是一个小枝杈，十年之功，钻研不辍，终至长成。

　　需要说明的是，水工建筑物反分析体系的建立，不仅对工程施工有相当的实用价值，而且对未来的大坝数字监控、大坝安全评估、减灾防灾都有相当的指导意义。

数字筑坝——仿真新领域

　　在 1994 年前后，由朱伯芳开创的混凝土坝仿真领域取得突破性进展。

　　所谓混凝土坝仿真，即利用计算机技术支持，从浇筑第一仓混凝土开始，模拟分析筑坝过程中坝体的应力变化。通俗地讲，就是在没有筑坝之前，就能在计算机程序的支持之下，对即将实施的具体工程先行建一座虚拟的大坝。它不同于大坝工程的图纸设计，还能够模拟施工过程、建成运行之后几十年甚至百年以上的应力变化过程。

　　早在 1972 年，朱伯芳与宋敬廷合作，编制出中国第一个二维有限元弹性徐变温度应力仿真程序。这个早期开发的计算机应用程序在三门峡底孔打开的改建工程中发挥过大作用。三门峡之后，又为乌江渡拱坝、葛洲坝重力坝、龙羊峡重力拱坝的温度应力分析提供过大量计算成果。

　　朱伯芳回到北京之后，混凝土徐变应力分析的仿真程序再出成果。20 世纪 80 年代中期，在朱伯芳主持之下，由丁宝瑛、王国秉、胡平等开发出三维有限元徐变应力程序的初级版本，这个版本在逐步完善的过程中，曾为东风水电站泄洪孔裂缝后期处理、二滩水电站施工提供过温度应力场仿真分析的温度控制措施研究。

到 20 世纪 90 年代中期，中国水利水电科学研究院结构材料所在张国新主持之下，开发出温度场应力仿真分析软件 SAPTIS 第一个版本，这个版本在应用中不断扩充功能，完善计算能力。❶

1995 年，还有许平开发的三维有限元仿真程序 Simudam，具有较高的自动化功能。受中国长江三峡工程开发总公司的委托，朱伯芳和许平对三峡混凝土重力坝方案进行仿真计算，对厂房坝段计算了 6 个方案，泄水坝段计算了 3 个方案。从浇筑第一方混凝土开始，完全按照实际施工的条件实施计算，经过混凝土浇筑、围堰发电、初期运行到正常运行，共计算了 326 年的应力变化。❷

也是受中国三峡工程开发总公司委托，朱伯芳与许平对三峡混凝土重力坝通仓浇筑方案进行三维仿真分析。计算量特别大，但计算效果甚佳。❸

混凝土坝仿真计算在 20 世纪 80 年代中期到 90 年代中期不到 10 年的时间内，已经在工程中发挥着如此重要的作用，完全得益于朱伯芳在这方面的开拓之功与不断探索。

应该说，混凝土坝仿真分析从 20 世纪 70 年代开始，已经有不短时间的探索，真正有突破性进展是在 20 世纪 90 年代初。

其关键点，不在于对混凝土坝的各种应力变化有多少认识，而在于分析过程中的计算方法的确立。

仿真分析是一个过程模拟，在过程模拟中，可以把施工过程中温度和应力的变化对混凝土应力状态呈现出来。尤其是高坝建筑，这个模拟过程显得尤为重要。

但是，这也面临着一系列的难题。过去，用有限元方法进行仿真计算应力分析，而且也成功地应用于一些工程，只是，随着中国混凝土坝在 20 世纪 80 年代到 90 年代，迎来一个建设高潮，100 米、200 米，甚至 300 米量级的高坝

---

❶ 参见《改革开放三十年的中国水电》，邴凤山主编，中国电力出版社，2009.1，第 119-120 页。
❷ 参见《大体积混凝土温度应力与温度控制》，朱伯芳著，中国水利水电出版社，1999.3，第 433 页。
❸ 参见《大体积混凝土温度应力与温度控制》，朱伯芳著，中国水利水电出版社，1999.3，435 页。

越来越多，常规的计算方法已经显得力不从心。

混凝土坝施工，通常分层浇筑，混凝土龄期又各不相同，每个浇筑层的弹性模量和徐变度也相应不同，计算坝体各种应力，必须对每个浇筑层分别划分计算网格。但是每个浇筑层内，沿厚度方向（铅直方向）的温度和应力梯度都比较大，为了保证必要的计算精度，每层都必须采取比较密集的计算网格。当层数不多时，问题还不是太大。但对于高坝就不同了，层数较多，节点太多，方程阶次太高，所占用的计算机容量太大，计算时间太长，要实现分层计算就有困难。

对于常规混凝土，如每层厚 1.5 米，150 米高的坝就有 100 层，240 米高的二滩拱坝，有 160 层。至于碾压混凝土，层厚只有 0.30 至 0.50 米厚，如取层厚 0.30 米，120 米高的坝，就有 400 层。要用有限元方法逐层计算几十层甚至几百层的混凝土坝的施工和温度应力，相当困难。

朱伯芳以前提出过一些计算方法，把每层的内部节点消去，可节省相当多的计算时间，但要计算几十层甚至一二百层的混凝土坝，仍然力不从心。即使是重力坝，各坝段可单独按平面问题计算，也是很困难的。至于拱坝，必须用三维有限元按整体计算，困难就更大了。

如何解决这一矛盾？朱伯芳思考了很长时间。在 20 世纪 90 年代中期，针对高坝仿真应力分析计算，他一连提出 3 个计算方法，混凝土高坝仿真计算开始柳暗花明。

1994 年，《水力发电学报》第 3 期发表朱伯芳《多层混凝土仿真应力分析的并层算法》，提出并层算法。

并层算法，就是把几百层浇筑的混凝土，根据混凝土变形特性与龄期关系，沿高度方向从上到下把混凝土坝分为四个区间。第 1 区间为上部混凝土，每层都采用密集的计算网格；第 2 区间仍然分层计算，但每层内部采用扩大的计算网格；第 3 区间，根据混凝土龄期的不同，把几个相邻浇筑层加以合并；第四区间是最下部混凝土，把全部标号相同的混凝土全部并为一层，按均质体计算。这样一来，尽管真实结构分为几十层，甚至几百层，但随着坝体的逐渐升高，下面的各层逐渐合并，实际计算的层数并不多，但每一个浇筑层都经过了分层计算到并层计算的全过程，分层的影响已在计算中充分考虑，因此，这一套算法合理而实用，原来不可能实现的多层混凝土计算成为可能。

1995 年，《水力发电学报》第 3 期发表朱伯芳《混凝土高坝仿真计算的并层坝块接缝单元》一文，提出并层坝块接缝单元法。

常规混凝土坝内常设有纵横接缝，把坝体分割成许多坝块。进行仿真计算时，坝块上部要采用密集计算网格，下部可并层，但各坝块的高度是参差不齐的，而用通常的有限元法计算时，各块体的分层高度在同一高程上最好保持一致，这就限制了并层法的效果。朱伯芳提出并层坝块接缝单元，使这个问题得到了解决，各坝块可各自单独上升或单独并层，互不影响。

1995 年，《水利学报》第 7 期发表朱伯芳《弹性徐变体有限元分区异步长算法》一文，提出大体积混凝土异步长算法。

弹性徐变体应力分析的时间步长，和它的材料特性密切相关。当物体各区域的材料特性不同时，对时间步长的要求也不尽相同。以前采用统一的时间步长计算，为了保证计算精度，只能采用最小的步长。而混凝土坝的混凝土的弹性模量、徐变度、水化热温升与混凝土的龄期相关。在早龄期，这些材料特性变化是非常剧烈的，因此在用有限元法进行混凝土坝应力分析的时候，在早期必须采取很小的时间步长，以保证必要的计算精度。对于常态混凝土，时间步长从 0 开始，时间步长常取 0.2、0.3、0.5、0.5、1.0、1.0、1.5、1.5、2.0、2.0 天，一个月之后可取 10 天，两个月之后可取 30 天。

混凝土坝分层施工，坝块上部不断有新浇筑的混凝土，全坝的时间步长受新混凝土控制，从开工到竣工，一直要采用很小的时间步长，计算很费时。朱伯芳提出分区异步长算法，在新浇筑的混凝土内，采用小步长，而在老混凝土内，则采用大步长，这样可以使计算工作得到很大简化。

还有，在用有限元法计算水管冷却效果的时候，水管半径只有 1 到 1.25 厘米，如果在计算网格中直接考虑水管，水管周围温度梯度特别大，单元达到厘米级，数量庞大，一个 18 米宽、30 米高、300 米长的坝块，其节点就达到 240 万个，实际上很难计算。但是不考虑冷却水管周围的温度梯度变化显然影响仿真的精度。

1991 年，朱伯芳发表论文，提出考虑水管冷却的混凝土等效热传导方程，他把冷却水管看成负热源，进而建立起大体积混凝土的等效热传导方程，给出计算公式，可以在平均意义上考虑水管冷却的效果。采用等效热传导方程，只要布置比较稀疏的网格，就可以考虑水管冷却效果，计算混凝土的温度场和应力场。

根据朱伯芳建立起来的这一套仿真计算方法，中国水利水电科学院自行编制的几个仿真程序，功能不断扩大，计算精度逐渐提高，不断完善，一直是中国工程界，尤其是水工领域主流的仿真软件系统。这些程序已在三峡工程、溪洛渡工程、锦屏工程这些巨型的现代水电站建设中发挥至关重要的作用。

中国混凝土大坝建设迎来一个全新的数字化时代。

朱伯芳自己的科研工作中，关于混凝土温度应力和温度控制，关于拱坝优化方法的建立，关于混凝土徐变理论的发展，关于混凝土高坝仿真理论的建立，都是在 20 世纪 80 年代初到 90 年代中期这一区间内完成。

如果要给朱伯芳的个人科研工作划分几个阶段，20 世纪 50 年代应该是他的工程实践期，6 年；20 世纪 50 年代末到 60 年代后期，是他的科研工作起步和成熟期，又是 10 年；三门峡 10 年，即 20 世纪 70 年代将近十年时间，应该称为他的科研工作沉淀期；那么到了 20 世纪 80 年代到 90 年代中期，年届六旬朱伯芳迎来了他的科研勃发期。老课题、新领域齐头并进，都取得了突破性进展。

但是，在这个勃发期，无论是朱伯芳的学生，还是他的同事，都感到朱伯芳有一种紧迫感。朱伯芳让年轻人，让更年轻的人尽快进入角色，尽快完善课题，尽快运用于工程实践。

贾金生讲，那一段时间，朱先生总是对年轻人语重心长谈自己的科研经历，鼓励他们创新、前行、钻研，并且对贾金生他们几个学生讲，要做好接班的准备。

1988 年，朱伯芳年届六旬，按照科研干部的管理制度，他已经到了退休的年龄，但是水科院结构材料研究所决定，让朱先生延迟退休，带着大家把课题继续搞下去。实际情况是，1988 年，由朱伯芳主持的几个课题正处在攻坚克难的最关键时期，根本就离不开他的指导与引领。

中国工程院院士

1994 年 6 月 3 日，中国工程院正式成立。首批院士为 96 名，其中包括 30 名中国科学院原学部委员。

鉴于朱伯芳在水工结构、温度应力和拱坝优化等领域的开拓性贡献和丰富成就，1994 年 8 月，由中国水利学会提名，潘家铮、钱宁、文伏波三位院士推荐，1995 年，朱伯芳被遴选为中国工程院第二批院士。

遴选为工程院院士，是对朱伯芳学术与科研成就的一个肯定。钱宁、潘家铮、文伏波三位先生对朱伯芳在 1994 年前取得的科研成就做了全面而系统总结，给予高度评价。

这一年，朱伯芳 66 岁。

从这一年开始，水科院里大家称呼的"朱工"，变成了"朱院士"。朱伯芳头一回听到大家改口，开始还不知道是叫哪一个，待明白过来，天真地哈哈大笑。

这里头有一个误解。1988 年，朱伯芳到了退休年龄，水科院结构所考虑到朱伯芳在所里的科研带头作用，决定延迟退休。过若干年，他当年的"徒弟"宋敬廷和厉易生也退休了，但朱伯芳还劲头不减顶在科研第一线。直到 1995 年，朱伯芳入选工程院院士，有人就对时任结构所所长的贾金生讲：你们有眼光啊，为了朱先生上院士，不让他退休，如果退休了，哪里来的院士？

其实，中国工程院院士遴选，退休与不退休，并不是限制条件。大家产生这样一个误解，其实与朱伯芳曲折的"院士"之路有关系。

1980 年，全国科学大会之后，中国科学院恢复了中断 20 年的活动，筹备召开中国科学院第四次学部委员大会，遴选新的学部委员。

当时，朱伯芳刚刚从三门峡调回北京，职称仍然是八级工程师，如果放在高校里面，不过相当于最高档位的讲师职称，中国科学院遴选学部委员对他而言是多么遥远的事情。他不想这件事，但他的成绩是有目共睹的。

这时候，老院长黄文熙先生想到了他。其时，黄文熙先生已经由水科院回到清华大学任教，他找到朱伯芳，要推荐他作为中国科学院学部委员候选人。当时朱伯芳很惊讶，连连摇手："不行不行，我差太远了。"

黄文熙先生却说："你做了不少工作，学部委员也要年轻人嘛，我看你可以！"

黄文熙所言不虚。朱伯芳在 1980 年已经 53 岁，如果跟中科院的学部委员们比起来，还真是年轻人。

中国科学院从 1960 年召开第三次学部委员大会之后就停止活动，长达 20 年没有增补学部委员。到 1980 年，经过"文革"十年动乱，原有 190 名学部委员有三分之一去世，仅剩下 117 名，平均年龄超过 73 岁。53 岁的朱伯芳当然年轻。

1980 年，黄文熙、汪胡桢、吴中伟三位先生推荐，朱伯芳作为中国科学院学部委员候选人上报。从朱伯芳内心来讲，三位前辈推荐当然高兴，但他还是有一颗平常心的。毕竟是八级工程师，虽然如黄文熙先生所言做了许多工作，已经是水工领域公认的结构权威，但半辈子只做到研究所的小组长、室主任，水科院和全国水电系统人才济济，哪里轮得到自己？而且，许多课题才刚刚开始，还有很长的路要走，青年时候发愿做世界一流的坝工工程师的梦远没有到头，目前的情形离自己的期许还有很大距离呢。

其时，拱坝优化课题刚刚起步，温度应力与温度控制、混凝土徐变理论萦绕心头，头绪纷繁，正困惑于寻求简便有效的计算方法，哪里会困扰于这些事情呢？

三位先生推荐，朱伯芳正式成为中科院学部委员候选人。然后是投票，朱伯芳在水利水电行业排名第 6。据说，当年曾有两个方案之议，大方案选 6 人，小方案选 4 人。最终结果，用了小方案，朱伯芳落选。当年，水利水电系统潘家铮、钱宁、窦国仁、林秉南四位入选。

朱伯芳事后说："这个结果很公道，很合理。"

1994 年，还有过一次提名，但是最终还是落选——初选时，他排名全学部第一名，正式选举时落选了。朱伯芳这一次就有些不大服气了。

1994 年初，中国工程院筹备成立，酝酿首批院士人选，朱伯芳被提名中国工程院首批院士。

其时，朱伯芳继续探索混凝土温度应力与温度控制，取得一系列重要成果，一整套完整的混凝土温度应力与温度控理论体系已经建立；拱坝优化理论体系日臻完善，程序开发日臻成熟，拱坝优化设计在许多大型工程中广泛采用；混凝土坝仿真计算取得突破性进展；混凝土徐变理论再出成果；三部专著；百多篇论文；国家自然科学奖一项，国家科技进步奖两项，部级科技进步奖 8 项。成果、著作、效益、理论建树、得奖级别都令人瞩目。同时，1993 年，朱伯芳被推举为第八届全国政协委员。

1994 年的朱伯芳已经年过六旬，其科研、学术成就与 1980 年时不可同日而语的。他再次被推举为候选人。

院士推举之后，还要投票选举。院士选举以学部为单位，每次选举分为两步。第一步，从全部候选人中选出三分之一作为正式候选人，几个月后进行第二步选举，从正式候选人中选出院士。朱伯芳在第一步选举中为全学部第一，但第二步出了问题。选举分三个小组酝酿，水利组的组长正是当年推荐参窝水库腹拱坝方案的权威，因为当年这个方案被朱伯芳否决，已经过了多少年，这个成见没有消除，所以他不推荐朱伯芳作为候选人。

据说，会议结束，钱令希教授曾说："朱伯芳这次真是可惜了！"

这次落选，朱伯芳自己心知肚明，行业内的人也大概知道其中曲折。前面说过，20 世纪 50 年代到 60 年代，因为具体工程据理力争，说话、写文章不客气，很开罪了一些人，有的甚至是权威。他据理力争，往大里说，是为国家利益，往小里说，技术上的事情，丁是丁卯是卯，都是可计算的东西。但在旁人看来，就是较真，就是与人过不去，就是逞能。

话说回来，朱伯芳在混凝土温度控制和温度应力方面的成就，为工程领域完全接受还有一个过程。总的来说，水电总局、设计院和工程局接受得比较快，很快就把朱伯芳的成果应用到实际工作中，他的许多研究成果早已纳入坝工和水工结构设计规范，但高校接受他的科研成果稍晚一步。

当年中国工程院首批院士遴选，"门槛高，程序严"，加上中国科学院 30 名学部委员转任中国工程院院士，原拟定首批院士为 100 名。但是推荐的 108 名候选人（不包括中国科学院 30 名学部委员），只有 66 名获得二分之一以上赞成票，没有完成原定的百名计划❶。

当然，这在朱伯芳的人生履历中，仅仅是一个插曲。

1995 年，由潘家铮、钱宁、文伏波三先生再次共同联署推荐，众望所归，没有悬念，朱伯芳顺利当选为中国工程院院士。

---

❶ 参见《师昌绪科技活动生涯》，中国科学院金属研究所编，科学出版社，2000.10，第 564 页。

第十章　大坝裂缝世界性难题的解决

《大体积混凝土温度应力与温度控制》第二版

当然还是混凝土温度控制与温度应力这个老课题。

说这个话题之前，得从朱伯芳 1999 年出版的《大体积混凝土温度应力与温度控制》一书说起。这部著作 1999 年出版之后，很快售罄。2003 年，再版，再售罄。

这个情况朱伯芳是知道的。但有一个更为重要的情况朱伯芳一直不清楚。直到 2009 年，朱伯芳的公子朱慧珑博士归国，作为国家人才"千人计划"的归国学者之一，任中国科学院微电子研究所首席科学家。朱慧珑在查阅资料的时候发现，由中国科学院信息中心公布的统计资料显示，父亲的《大体积混凝土温度应力与温度控制》同《有限单元法原理与应用》一道，是建筑行业和水利行业被引用最多的十本书之一。

朱慧珑博士把这一消息告诉父亲，朱伯芳当然欣喜。

那一年，朱伯芳已经 81 岁。这个消息无异于是自己送给自己的一份礼物。

可是，欣喜之后便是惶然。

《大体积混凝土温度应力与温度控制》第一版出版，已经 11 年过去。这 11 年中间，中国的江河治理与水电开发已经进入一个全新的跨越式发展时期。碾压混凝土技术日渐成熟，氧化镁微膨胀混凝土推广应用，拱坝优化程序已经应用于 100 多座大坝，数字仿真技术、数字安全监控势头强劲，以三峡混凝土重力坝、二滩混凝土拱坝、小浪底面板堆石坝三座大坝为代表，中国的大坝工程技术在许多方面领先世界水平。2000 年，以黄河公伯峡水电站首台机组投产发电为标志，中国水电装机容量超过巴西，成为与世界水资源第一大国相匹配的世界水电大国。

其他不说，就温度应力与温度控制而言，朱伯芳带领的团队远没有止步，或者说，从学术与科研层面来表述，《大体积混凝土温度应力与温度控制》远不是他的顶峰，而恰恰是另一次出发。

也不说其他，单就大体积混凝土温度应力与温度控制而言，朱伯芳在 1998 年 70 岁之后，迎来了他一生学术与科研的黄金期。老骥伏枥，壮心不已。

1998 年《大体积混凝土温度应力与温度控制》结稿交付出版，其后朱伯芳又发表混凝土温度应力与温度控制论文 20 多篇。以时间先后为序，有：

1998 年，《通仓浇筑常态混凝土和碾压混凝土重力坝的劈头裂缝和底孔超冷问题》《重力坝横缝止水至坝面距离对防止坝面劈头裂缝的影响》；

1999 年，《大体积混凝土施工过程中受到的日照影响》；

2000 年，《论微膨胀混凝土筑坝技术》《强震区高拱坝抗震配筋与横缝温度变形问题》《混凝土拱坝的应力水平系数与安全水平系数》；

2001 年，《有限厚度带键槽接缝单元对混凝土应力的影响》《利用预冷集料和水管冷却加快碾压混凝土重力坝施工速度》；

2002 年，《聚乙烯冷却水管等效间距》；

2003 年，《解决重力坝加高温度应力问题的新思路和新技术》《考虑温度影响的混凝土绝热温升表达式》《关于拱坝接缝灌浆时间的探讨》《考虑外界温度影响的水管冷却的等效热传导方程》《兼顾当前温度与历史温度效应的氧化镁混凝土双温计算模型》《混凝土绝热温升的新计算模型与反分析》《寒冷地区有保温层拱坝的温度荷载》《混凝土坝冷却水管仿真计算的复合算法》；

2005 年，《关于小湾拱坝温控的几点意见》《关于氧化镁混凝土筑坝的两种指导思想和两种实践结果》《论混凝土坝抗裂安全系数》；

2006 年，《加强混凝土坝面保护，尽快结束"无坝不裂"的历史》《混凝土的复合式永久保温防渗板》《混凝土坝运行期裂缝与永久保温》《地基上混凝土梁的温度应力》《建设高质量永不裂缝拱坝的可行性及实现策略》《水位变化时拱坝温度荷载计算方法》《混凝土坝温度控制与防止裂缝的现状与展望——从"无坝不裂"到"无裂缝坝"的跨越》；

2007 年，《非均质各向异性体温度场的有限元解及裂缝漏水对温度场的影响》《重力坝运行期纵缝开度的变化》《重力坝加高减少结合面开裂研究》《混凝土坝施工期坝块越冬温度应力及表面保温计算方法》《全面温控、长期保温，结束"无坝不裂"的历史》《混凝土高坝施工期温度与应力控制决策支持系统》；

2008 年，《利用塑料水管易于加密以强化混凝土冷却》《混凝土的半熟龄期——改善混凝土抗裂能力的新途径》《关于混凝土坝基础混凝土允许温差的两个原理》《混凝土坝后期水管冷却的规划》《水工钢筋混凝土结构的温度应力及其控制》；

2009 年，《水闸温度应力》《小温差早冷却缓慢冷却是混凝土坝水管冷却的新方向》《加热下部混凝土以防止上部混凝土结构裂缝的探索》。

等等。加上仿真、数字监控领域的相关内容，朱伯芳在 70 岁到 81 岁的 11 年中间，发表关于混凝土温度应力与温度控制的论文有 30 多篇，平均每年 3 篇。

11 年中间发表的论文罗列出来，已经构成一份详细的技术年表，关于混凝土温度应力与温度控制研究渐进深入的脚步清晰可见，"无坝不裂"走到了尽头。

1998 年，朱伯芳度过自己 70 岁生日。70 岁之前，朱伯芳频繁地带领团队出差水电水利工地，70 岁之后，身体不允许常年在外奔波，除了在京城开会，一般不大外出，可以集中精力攻克难题。另一个重要收获，就是多年的肝病痊愈。

如果十多年的研究成果集结起来，足够写成另外一本著作。

到了 2011 年，朱伯芳已经 82 岁。朱慧珑每周末回来看望父亲，父亲总对他讲，搞完这个课题就再也不搞了，身体不允许。他的第一位硕士生厉易生跟老师多少年，这时候也已经退休，他感慨："我已经是一个老人了，但朱先生仍然在那里孜孜不倦坚持着。"

朱慧珑不止一次听父亲讲，搞完这个课题再不搞了，该让年轻的人干了。但每一次回国，他发现根本不是那么回事，父亲会欣喜地跟他讲拓展的领域，新领域的新突破。2009 年，他将查到的中科院信息中心统计数据讲给父亲听，父亲当然高兴。但他没有想到，第二次从研究所回家探望父亲，父亲兴奋地给他讲，《大体积混凝土温度应力与温度控制》第一版已经不能够全面反映当下这个领域的科研成就，必需重写！

谁来写？

自己写。

从本书第一版出版以来的 12 年间，笔者在大体积混凝土温度应力与温度控制方面又发表了论文 20 余篇，积累了一批新成果：提出了"全面温控长期保温"的理念，在这一理念指导下，我国已在世界上建成了数座无裂缝的混凝土坝，结束了"无坝不裂"的历史；提出了小温差早冷却缓慢冷却的水管冷却方式、变水位下及寒冷地区的拱坝温度荷载、氧化镁混凝土筑坝的原则、混凝土半熟龄期的新理念、混凝土坝抗裂安全系数设置原则等。最近十几年，我国进行了世界上规模空前的混凝土坝建设，在建设大坝的实践过程中也为温度控制积累了许多宝贵的新经验。为了总结吸收最近 12 年的新理论成果和实践经验，笔者决定对本书第一版的内容进行修改，遂出第二版。❶

这是朱伯芳在第二版出版的时候写的序言。改写不仅必要，而且迫切。事实上，他在跟儿子讲起要修改这部巨著的时候，第二版修订工作已经开始。第二版字数与第一版相当，113 万多字，但其中一多半的内容为重写。

第二版告竣，是 2011 年 8 月 20 日。

这一年，他已经是 83 岁的老人了。

事情远没有了结。

2013 年，第二版正式出版的第二年，清华大学出版社与美国 Elsevier 出版社合作，联合出版一批中国科学家学术著作英文版，朱伯芳的《大体积混凝土温度应力与温度控制》《有限单元法原理与应用》入选其中。朱伯芳以 85 岁高龄，亲自操刀，把自己的两部著作翻译成英文。

《大体积混凝土温度应力与温度控制》英文版于 2013 年在中美两国同时出版；《有限单元法原理与应用》于 2016 年翻译告竣，即将出版。

在动笔翻译两部百万字巨著之前，曾有人劝朱伯芳，工程量太大，是不是请人翻译，然后自己审定校对。开始朱伯芳也同意，但是请人翻译了一部分，效果并不太好，朱伯芳不放心，干脆自己动手。

80 多岁，修订一部著作，其中重新写作 50 多万字，翻译两部著作，又是

---

❶　《大体积混凝土温度应力与温度控制》（第二版）序言一，朱伯芳著，中国水利水电出版社，2012.8。

200 多万字，总共 250 多万字的浩大工程。

朱伯芳与三峡工程"裂缝"风波

时间还需要回溯。

1994 年底，三峡工程正式开工，朱伯芳作为专家受邀，赴湖北宜昌出席开工庆典。

从那一天开始，朱伯芳和朱伯芳率领的中国水利水电科学院结构材料所团队为三峡工程的设计、施工，尤其是温度控制做了大量的研究计算工作。

今天反过头来看全世界瞩目的三峡工程，这座备受赞誉歌颂，饱经争议诋毁，却又承载着中国人百年水电梦想的世纪工程，不管你怎么样看待它，它作为中国现代化建设的里程碑意义任是谁都不能否认的。

简单回顾三峡工程的建设过程。按照"一级开发，一次建成，分期蓄水，连续移民"的建设方针，三峡工程的工期为 17 年。1994 年 12 月开工，1997 年实现大江截流，是为施工准备阶段的一期工程；1999 年至 2003 年为二期工程，施工时间为 6 年，以实现第一批机组发电和永久船闸通航为标志；2004 年至 2009 年为三期工程，施工时间为 6 年，以实现全部机组发电和枢纽工程完工为标志。

具体到三峡大坝混凝土施工，不必说结构复杂、施工困难，单是混凝土浇筑量一项，根据初步设计，共为 1608 万立方米，仅二期工程，就要在 45 个月的工期里浇筑下 1200 万立方米。如此体量的大体积混凝土，如此巨量的混凝土浇筑量，中国筑坝史上前所未有，世界筑坝史上也属仅见，而且，工期紧张，必须实施高强度连续性施工，即便高温季节也不能停工，这就给现场温控提出了非常高的要求。事实也如此，二期工程从 1999 年到 2002 年，三年时间浇筑 1100 万立方米混凝土，三破世界纪录。温控之难，世界混凝土工程少有。

朱伯芳领衔的中国水利水电科学院温控团队参与，三峡工程在初步设计中制订出详细的温度控制和防止开裂措施，温度控制贯穿施工全过程。

大致包括六大方面：

优化配合比，减少水泥用量，降低水化热。

采用预冷骨料加冰拌和混凝土，基础约束区及非低温季节浇筑的大坝混凝土均使用预冷混凝土浇筑。

大体积混凝土中系统埋设冷却水管，实施初期、中期、后期人工冷却。初期通水冷却主要为控制或削弱混凝土内部最高温度；中期通水冷却主要是防止温度升高，降低混凝土内部温度，减少内外温差；后期通水冷却为进一步降低混凝土内部温度，使其达到稳定温度，满足接缝灌浆条件。

实施层间间歇控制，实现薄层、均匀、连续上升。

采用新型保温材料，防止大坝受气温骤降袭击出现裂缝的风险。

采用温控预警、个性化通水等技术与管理措施，使混凝土温控全面得到有效实施。❶

六大方面温控设计与意见，应该说是相当严密的。

除此之外，朱伯芳他们还承担了三峡工程一些具体的科研攻关项目，而且，朱伯芳在发现问题之后，提出过许多具体的意见，不遗余力倾心钻研，给出具体问题的解决办法。

比如温控过程中，降低水泥含量，掺入粉煤灰以降低混凝土水化热量，采用碾压混凝土通仓浇筑，以保证工期。

朱伯芳发现，在已建的工程中，不少重力坝在上游面曾产生过几十米深的严重劈头裂缝，这些裂缝与通仓浇筑关系密切。

因为通仓浇筑，坝内不设纵缝，因而没有接缝灌浆前的二期水管冷却，水库蓄水时，坝内温度仍然很高，而水温较低，势必产生较大的内外温差，使得在施工过程中上游面已出现的表面裂缝扩展成为深层劈头裂缝。以前，混凝土重力坝的高度都不是太大，似乎没有报道过严重的劈头裂缝，但碾压混凝土重力坝也是通仓浇筑的，没有二期水管冷却，今后随着坝高的增加，对碾压混凝

---

❶ 参见《中国大坝建设 60 年》，贾金生主编，北京：中国水利水电出版社，2013.1，第 664 页。

土重力坝产生劈头裂缝的问题也应给予重视。对于通仓浇筑的常态混凝土重力坝和碾压混凝土重力坝，由于基础约束区域扩大，底孔超冷可能产生很大的温度拉应力，并造成严重裂缝。为了防止裂缝，需要采取严格的温度控制措施。❶

朱伯芳他们给出通仓浇筑常态混凝土和碾压混凝土劈头裂缝的预防与处理方法，用三维有限元仿真程序对三峡大坝通仓浇筑进行计算，设计了几套底孔超冷的温控方案。❷

就是这样严格的温度控制措施，如此严密的计算，可惜百密一疏，还是出了问题。

三峡大坝的问题不仅仅是技术层面的问题，它与其他水坝太不相同了。针眼大的窟窿斗大的风，哪怕是一条毫不起眼的裂缝，都会被另外放大成一道风荡水涌的廊道。

2000 年 10 月，首次发现 16 号泄洪坝段上游面导流底孔之间出现裂缝，至 12 月中旬共发现 5 个坝段出现 7 条裂缝；2001 年 9～10 月，再次用放大镜初步检查，未发现新裂缝；2001 年 11 月开始，相继发现有新裂缝产生，原有裂缝有所发展，至 2002 年 2 月共发现裂缝 40 条。泄洪坝段共 23 个坝段，每个坝段均出现 1～2 条裂缝，个别坝段有 3 条裂缝。主要分布在坝中部位，出现裂缝的位置大多在高程 45～77 米之间，最高裂缝上至深孔牛腿根部，最低的裂缝延伸至基岩部位。16 号泄洪坝段裂缝最长达 35 米，裂缝宽度一般为 0.1 至 0.3 毫米，9 号泄洪坝段裂缝最宽为 1.25 毫米，裂缝深度一般小于 2 米。❸

本来，这些裂缝是在常规质量检查中发现的问题，在自检报告中写得清清楚楚。但是，三峡二期工程中出现裂缝，很快引起海外媒体的注意，接着国内的个别报道越说越玄，网友甚至把正在修复的裂缝切出的表面槽沟当成裂缝本身，拍照发布，说大坝的裂缝宽到可以伸进一只手掌，有人甚至说，裂缝的宽度足可以容一个人侧身钻过去。

---

❶　参见朱伯芳、许平《通仓浇筑常态混凝土和碾压混凝土重力坝的劈头裂缝和底孔超冷问题》，载《水利水电技术》1998 年第 10 期。
❷　参见朱伯芳、许平《通仓浇筑常态混凝土和碾压混凝土重力坝的劈头裂缝和底孔超冷问题》，载《水利水电技术》1998 年第 10 期。
❸　参见《中国大坝建设 60 年》，贾金生主编，中国水利水电出版社，2013.1，第 668 页。

质疑质问，议论纷纷。

2002 年 2 月上旬，中国长江三峡集团公司邀请专家就裂缝成因及处理方案召开咨询会，朱伯芳为受邀专家之一。

会议分析二期工程大坝裂缝的原因，认为裂缝由诸多因素造成，属于表面浅层温度裂缝。气温年变化和冬季气温骤降、2001 年冬季坝面未保温、导流底孔有穿堂风等，使混凝土内外温差和表面温度梯度大，是导致坝面开裂的主要因素；坝体结构复杂，底孔底板为混凝土并缝板、金属结构埋件跨缝布置，对坝面开裂也有影响❶。

这是一个简单的会议纪要。

原因尽管复杂，裂缝因素多多，但在朱伯芳看来，这些裂缝本不应出现，至少，根据已经建成的几座无裂缝大坝的工程经验，裂缝不至于出现这样多，出现的这样集中。

因为朱伯芳代表中国水利水电科学研究院提出的温控措施中，有一项非常重要的保温措施竟然没有实行，那就是用聚乙烯苯塑料板对上游面和下游面实施永久保温。这个办法并不是凭空想出来的，而是有好多年的实践经验。

朱伯芳在 20 世纪 50 年代参加佛子岭和响洪甸工程时，已经采用表面保温材料，当时用的是稻草编的草帘子，但很快就被水沤烂，效果并不佳。

之后，混凝土温度应力与温度控制研究日渐深入，混凝土坝越建越高，表面保温和长期保温显得越来越重要，但是一直苦于找不到合适的保温材料。直到 20 世纪 80 年代初，聚苯乙烯泡沫塑料板在工程中应用，局面才有所改观。

开工于 20 世纪 80 年代初的紧水滩拱坝，施工初期在上游面出现了许多裂缝。1985 年 1 月开始，整个大坝上游面浇筑混凝土用聚苯乙烯泡沫塑料板保温，实际效果甚好。❷

建于 20 世纪 90 年代中期的内蒙古克什克腾旗的响水拱坝，地处北方高寒地区，蓄水之后出现大量贯穿性裂缝。修复过程中，业主委托朱伯芳他们做温控方案。在修复过程中，除用环氧树脂化学灌浆，他们建议在下游坝面粘贴聚

❶　参见《中国大坝建设 60 年》，贾金生主编，中国水利水电出版社，2013.1，第 668 页。
❷　参见曹泽生《紧水滩拱坝水平裂缝成因分析》，《水力发电》1989 年第 2 期。

苯乙烯泡沫塑料板保温，效果亦佳。❶

　　混凝土夏季施工，水化热温升剧烈，冬季气温降低、寒潮来袭，蓄水之后库水与坝体产生温差，均会产生较大的拉应力导致裂缝。而大体积混凝土又不同于普通工业与民用建筑，朱伯芳他们经过多次试验和计算，提出用聚苯乙烯塑料板永久保温以防止裂缝的办法。

　　除了聚苯乙烯泡沫塑料板永久保温，当然还有其他措施。

　　朱伯芳他们的意见，得到三峡总公司和专家组的认可，认为这是非常必要的一环。二期工程施工前期，保温材料也已经到位，但是施工单位居然置若罔闻，没有采取长期保温措施。没有采用，当然也有理由，这种办法在过去就没有过，凭借几十年的施工经验，这个办法可行不可行？效果怎么样？完全不在视野里。

　　朱伯芳在 2002 年 2 月初的三峡总公司会议上，情绪激动，毫不客气，力陈永久保温如何重要，力陈混凝土达到稳定值是一个漫长的过程，如果按照设计采用永久保温措施，就不会产生这样严重的后果。尽管裂缝总共有 70 多条，且都是浅表裂缝，对于 1200 多万立方米的大体积混凝土而言，并不会对安全和稳定构成威胁，但这是三峡大坝，它远不是一座工程意义上的水工建筑物。

　　三峡二期工程裂缝，尽管有国家层面的质量检查组详尽的检查报告，有事后专家会诊之后的处理意见，仍然在社会上引发了一场意想不到的风波，备受全世界关注的三峡工程再一次被推上风口浪尖。

　　裂缝惊动了高层。

　　长话短说。三峡总公司的专家会议召开不久，朱伯芳接到通知，让他到中南海第四会议厅参加三峡工程专家座谈会，专门讨论三峡二期工程的裂缝问题。

　　那是 2002 年的 2 月 26 日下午。会议由国务院三峡工程建设委员会副主任郭树言主持，国务院总理朱镕基、副总理吴邦国、全国政协副主席钱正英出席。会议的主题，专门研究讨论三峡枢纽工程泄洪坝段和永久船闸裂缝的成因及发展趋势、处理方案及措施，以及对三峡工程工期的影响。

---

❶　参见厉易生、朱伯芳、沙慧文、肖田元《紧水滩拱坝裂缝成因及其处理》，《水利水电技术》1997年第 5 期。

由国务院总理、副总理出席，商讨一个具体工程的具体质量问题的会议，其实也不是第一次，20 世纪 70 年代初，三门峡水电站改建、增建工程就由当时的国务院总理周恩来主持，但商讨一个工程的质量事故问题，尤其是大坝裂缝问题，却是第一次。

参加会议的专家，除了朱伯芳，还有张光斗、潘家铮、曹楚生、梁应辰、李伯宁、童显武等，共 15 位专家。

朱伯芳作为温控专家被点名发言。他还是那一番话，但语气平和了许多。三峡二期工程泄洪坝段和永久船闸出现裂缝，并不是危及大坝安全的贯穿性裂缝，事后的处理措施到位，还可以补救。但不管怎么说，三峡二期工程如果按照事先制订好的永久保温方案进行，就不会产生如此严重的后果。三期工程应该强化混凝土温控工作，把保温措施做到位，不出现裂缝是可以做到的。

三期工程开工之前的 2002 年 7 月，三峡总公司在左岸首台机组启动技术预验收结束之后，马上召集专家召开三期工程防裂研讨会。在这个会上，时任三峡工程质量检查专家组副组长的潘家铮先生讲话十分不客气，他对三峡工程的建设者们讲："你们能不能争口气，三峡工程右岸大坝能不能做到不出现一条裂缝？能做到这一点，三期大坝就是一座名副其实的一流工程。"

专家研讨会上，朱伯芳除了阐述长期保温的意义，还拿出由中国水利水电科学研究院结构材料所承担的三期工程混凝土表面长期保温的计算与设计结果，朱伯芳建议：上游面用 5 厘米厚苯板永久保温，低温季节，浇筑完成 5 天内跟进，高温季节，则在 7 天之内跟进；下游面用 3 厘米苯板永久保温，在完成一个浇筑层之后跟进。

除此之外，还有更为苛刻和严格的温控措施。

右岸大坝施工小心谨慎，稳扎稳打，2006 年 5 月 20 日，大坝浇筑到顶，共浇筑 500 多万立方米混凝土，没有一条裂缝。500 多万方混凝土，如此大体积的混凝土结构，如此庞大的水坝没有一条裂缝，堪称世界奇迹。"两院"院士潘家铮先生代表国务院质量检查专家组签字的时候，兴奋得手都有些发抖。

大坝浇筑到顶没有裂缝，似乎并不说明问题，而右岸大坝建成之后的十多年中，仍然没有裂缝产生，证明了朱伯芳的自信是有道理的。

走近大坝不裂

"无坝不裂"走到了尽头，以三峡工程右岸大坝没有一条裂缝为标志。

朱伯芳在不同场合发表演讲、论文，兴奋地宣布，中国已经实现了从"无坝不裂"到"无裂缝坝"的历史性跨越。

从实践到理论，再由理论回到实践，由"无坝不裂"到"无裂缝坝"，这个历史跨越的路并不漫长。

在三峡工程之前，已经有了成功的实践。

前面说过，中国水利水电科学研究院开发的拱坝优化程序成熟，浙江瑞垟拱坝为中国通过计算机辅助实现体形优化"中国第一坝"。而他们的第一座百米量级的拱坝，则是受东北勘测设计院委托，对重庆江口水电站大坝的优化。

拱坝优化是业务之一，拱坝优化程序已经有具体的温度应力分析程序包含在里面，施工期的温度控制由他们提出方案。瑞垟如此，拉西瓦如此，其他亦然。

江口水电站位于重庆市武隆县江口镇芙蓉江河口以上 2 千米处。是芙蓉江干流梯级开发的最下一级。水电站由拱坝、水垫塘、二道坝和地下引水发电系统组成。大坝为混凝土双曲拱坝，坝顶高程 305 米，建基建高程 165 米，最大坝高 140 米，坝轴线弧长 368.67 米。坝体混凝土总浇筑量约为 65 万立方米。❶

这个项目由厉易生"厉工"负责，通过仿真分析，江口拱坝优化做完，再制订详细的温控措施和坝体水管布置与通水冷却方案。

东北勘测设计院关于江口拱坝温度控制有一个技术总结。温控措施包括有

---

❶　参见杨明刚、苏石《重庆江口水电站大坝温度控制》，载《中国水力发电年鉴 2001—2002》第七卷，中国电力出版社，2003.6，第 388 页。

四大项，分别为：

第一，合理利用施工时间，严格控制浇筑层厚。

拱坝混凝土由于浇筑时间、约束情况及边界条件的差异，因此为满足温控要求，尽量在当年 11 月至次年 3 月低温时段多浇、快浇混凝土，既可节省温控费用，又可确保混凝土质量。

大坝各部位浇筑层厚控制要求如下：一、基础约束区采用薄层、短间歇、连续浇筑法，浇筑层厚 1.5 米；二、岸坡坝段基础过水度汛部位浇筑层厚 1.5 米；三、非约束区浇筑层厚 2 至 3 米。

第二，采用制冷工艺，控制浇筑温度。

当混凝土自然拌和的出机温度高于设计要求的出机温度时，混凝土拌和料应进行预冷。预冷方式采用骨料堆场降温、风冷骨料、冷水（或加冰）拌和等多项措施。采取上述措施后，根据实测资料，7、8 两月混凝土出机温度一般在 8 到 14 度之间，可达到预期目的。

第三，控制内外温差，加强混凝土表面保护。❶

水管冷却方案，包括水管布置、初中后三期通水时间和温度以及冷却水来源都甚为详细。

江口拱坝 2002 年 12 月 31 日开始浇筑第一仓混凝土，到 2002 年 5 月底，大坝浇筑混凝土 50 万立方米，仅出现两条裂缝，微不足道。❷

三江河拱坝的情况稍微复杂一些。

中国江河水力资源开发，在改革开放之后的 20 世纪 80 年代进入高潮，坝工技术在"引进、消化、吸收、再创新"方针指导下有突飞猛进的发展。就混凝土筑坝技术而言，新的施工方法在科研和实践方面有长足进步，中国工程师有许多可圈可点的技术创新。但是新技术真正应用于工程实际，并非一帆风顺，比如氧化镁混凝土施工技术第一次在大坝工程中使用，曾引起国外技术咨询团的强烈抗议。同时，产生的许多新的技术问题还需要在理论和实践中解决。

三江河拱坝就是采用的氧化镁掺入技术。

---

❶ 参见杨明刚、苏石《重庆江口水电站大坝温度控制》，载《中国水力发电年鉴 2001—2002》第七卷，中国电力出版社，2003.6，第 388 页。

❷ 参见杨明刚、苏石《重庆江口水电站大坝温度控制》，载《中国水力发电年鉴 2001—2002》第七卷，中国电力出版社，2003.6，第 388 页。

氧化镁施工技术是怎么回事呢？就是在混凝土中掺入适量氧化镁，可以使混凝土产生体积膨胀，可以补偿混凝土坝的一部分温度拉应力，从而减轻温度控制的难度。这项技术的出发点，说到底是为了混凝土的温度控制。这是中国工程师自主研发的一项新技术，唐明述、曹泽生、李承木等曾做过大量的奠基性工作，在国内工程中也有成功的范例❶。确实是一个神奇而有效的发明。

中国工程界有一个奇怪的现象，一项新技术诞生，要应用于工程实际，千艰万难，但一旦付诸实施，就包打天下，以为可以解决一切问题。氧化镁技术应用于具体工程之后也一样。

朱伯芳在一些技术总结中，看到部分专家对这项新技术热情推广，但过分乐观。他们认为：只要胶凝材料中含有 3.5% 到 5.0% 的氧化镁，它所产生的自生体积膨胀就可以充分地补偿混凝土坝中的温度拉应力，甚至可以"替代传统的预冷、加冰、埋冷却水管及夏天高温停工的旧温控方法"；应用于混凝土拱坝，则可以取消横缝、冷却水管和预冷骨料，全年通仓浇筑，不受地区限制，既适用于南方，也适应于北方。不受坝高限制，既适用于中、低拱坝，也适用于高拱坝；"即使在北方极端严酷的气温条件下"，同样可修建不分横缝的氧化镁混凝土拱坝，甚至百米以上的高拱坝。❷

材料的改变，有可能带来一场革命，混凝土应用于坝工建筑便是如此，但局部性状的改变，是不是也可以达到这样的效果？

这个乐观的展望很快被一座拱坝的裂缝给撕扯得七零八落，就是沙老河拱坝。沙老河拱坝的裂缝被坝工界称为有史以来最为严重的温度裂缝。❸

这个沙老河拱坝，位于贵州省贵阳市郊区，由贵州省水利水电设计院设计，为三心圆双曲拱坝，最大坝高 62.4 米，坝顶弧长 184.8 米，坝底厚 13.0 米，坝体混凝土 5.3 万立方米。地处西南的沙老河坝地区的年平均气温为 15.3℃，1 月平均气温 5.1℃，7 月的平均气温 24.0℃，极端最高气温 35.4℃，极端最低气温 −7.8℃。

---

❶　参见朱伯芳、张国新、杨卫中、杨波、许平《应用氧化镁混凝土筑坝的两种指导思想和两种实践结果》，《水利水电技术》2005 年第 6 期。

❷　参见朱伯芳、张国新、杨卫中、杨波、许平《应用氧化镁混凝土筑坝的两种指导思想和两种实践结果》，《水利水电技术》2005 年第 6 期。

❸　参见《大体积混凝土温度应力与温度控制》(第二版)，朱伯芳著，中国水利水电出版社，2012.8，第 623 页。

应该讲，这样的气候条件并不特殊，而且拱坝是一座中型坝。特殊的是在并不特殊的气候条件下采用特殊的氧化镁施工方法，而且是在过于乐观估计氧化镁的功能前提下展开的。

当时的温控设计，用的是基于福格特系数的多拱梁法仿真程序，直接取消常规拱坝施工的横缝，盛夏时节通仓浇筑。这还不算，预冷骨料、水管冷却这些传统的温控措施统统取消，秘密武器就是在胶凝材料中掺入氧化镁。氧化镁掺入量随时间变化，应该说也是经过一系列计算，不可谓不精确。

施工用模板高度为 2.5 米，分为 5 个台阶浇筑，约每 7 天上升 2.5 米，这个进度也属正常。该坝于 2001 年 3 月开始混凝土浇筑，是年 9 月完工。完工之后，以为氧化镁的自生体积膨胀会消弭混凝土凝固过程中的温度应力，连施工中的表面保温也一并取消。施工结束，天气渐凉，10 月开始筹备在上、下游表面贴挂保温板，到 11 月底完成全坝表面保温。但是，11 月初，寒潮如期而至，低温持续到 11 月 9 日。表面保温显然已经滞后。

11 月 6 日，距左坝肩 16.6 米处，出现 1 条贯穿性裂缝，自基础直通坝顶，缝长 11.2 米，缝宽 3 到 4 毫米，最大宽度达到 5 到 6 毫米。

11 月 7 日，距第一条裂缝 15.2 米处，再现一条贯穿性裂缝，自基础直通坝顶，缝长约 22.2 米，缝宽 2 到 3 毫米。

11 月 27 日，在距右坝肩 16.8 米处，第三条贯穿性裂缝出现，由基础直贯坝顶，缝长约 15.2 米，缝宽 4 到 5 毫米，最大宽度达到 7 到 8 毫米。

连续三条贯穿性裂缝出现，这是坝工工程师最不愿意看到的。但裂缝并未停止。来年 3 月在大坝做帷幕灌浆的时候，距第三条裂缝不远，第四条贯穿性裂缝出现，缝长竟然达到 23.8 米，缝宽 1 到 2 毫米。翌年 4 月，在对四条裂缝处理之后，到年底的 12 月，原已经灌浆处理过的四条裂缝再被拉开，并在拱冠下游面、右岸再现第五条、第六条裂缝，缝长达 20 米。这时候，混凝土龄期已经有 14 个月和 21 个月，氧化镁膨胀变形基本结束。❶

这些贯穿性裂缝对于混凝土拱坝来说非常严重，因为国内外混凝土坝的温度裂缝的宽度都不到 1 毫米，最宽也不过 2 毫米，但这座坝的裂缝竟然高达 8

---

❶　参见朱伯芳、张国新、杨卫中、杨波、许平《应用氧化镁混凝土筑坝的两种指导思想和两种实践结果》，《水利水电技术》2005 年第 6 期。

毫米。实属罕见，更是打脸，给正在欢欣鼓舞的氧化镁混凝土施工技术一个很大的难堪。

在分析事故原因的时候，朱伯芳指出，胶凝材料中掺入适量氧化镁，可以补偿一部分温度拉应力，可以适当简化混凝土坝的温控措施，效果很明显。但是在大多数情况下，氧化镁筑坝技术还远不能达到取消横缝，甚至替代各种温控措施的地步。

沙老河拱坝裂缝事故之后，业主委托中国水科院进行事故分析，以便做"尾工"补救。朱伯芳经过一系列分析与计算，总结沙老河事故原因如次：

第一，该坝产生严重裂缝的根本原因是取消横缝和全部温控措施。盛夏季节也全坝通仓浇筑，8、9 月份浇筑的混凝土，温度很高，由于坝体单薄，10 月份以后，坝体温度迅速降低，当时混凝土龄期尚短，氧化镁膨胀变形还来不及充分发展。用三维有限元仿真程序计算结果，9 月中旬浇筑的混凝土内部的最高温度为 33.5℃，到 11 月中旬和次年 1 月中旬已分别降至 14.5℃和 7.5℃，产生的温差分别为 19.0℃和 26.0℃，而氧化镁膨胀变形所能补偿的温差分别为 5.0℃和 6.9℃，难以有效地补偿巨大的温降收缩变形。

第二，该坝温控中没有考虑室内外差别，直接用室内湿筛试件测量的膨胀变形曲线，它为实际变形的 1.9 倍，夸大了氧化镁的作用。

第三，该坝所用基于伏格特系数和多拱梁法仿真程序，算出的拉应力偏小，计算结果失真。用三维有限元仿真计算结果，出现严重裂缝是必然的。❶

总之，原因很多。氧化镁混凝土施工技术之所以被推到接近神话的地步，关键在于忽略了混凝土试件与原型变形的室内外差别，测出的数据夸大氧化镁作用，蒙蔽了不少人。室内混凝土试件在试验过程中，要经过湿筛，即在试验前为适应试验工况条件，过筛剔除混凝土中的大骨料，这样就造成单位体积内氧化镁含量偏大，测得的膨胀变形也就偏大，可以大到 1.9 倍。❷

先有沙老河拱坝，再有三江河拱坝。

三江河拱坝也在贵阳市北郊，为单心圆双曲拱坝，坝高 71.5 米，坝顶弧长

---

❶　参见朱伯芳、张国新、杨卫中、杨波、许平《应用氧化镁混凝土筑坝的两种指导思想和两种实践结果》，《水利水电技术》2005 年第 6 期。

❷　参见朱伯芳、张国新、杨卫中、杨波、许平《应用氧化镁混凝土筑坝的两种指导思想和两种实践结果》，《水利水电技术》2005 年第 6 期。

115.5 米，坝顶厚 4.0 米，坝底厚 10.44 米。因为沙老河拱坝出了问题，贵州省水利水电设计院在做三江河拱坝的时候，就委托中国水利水电科学研究院来做拱坝温度控制研究。

三江河拱坝，同样采用氧化镁混凝土施工技术。三江河拱坝的温度控制方案用三维有限元仿真程序计算。用假定不设横缝来计算，结果发现，如果拉应力不超过允许值，需要掺入的氧化镁含量远远超过规范要求。这样，放弃无缝方案，设置 2 条诱导缝。经过计算，设诱导缝后，温度应力满足要求。

最后，中国水利水电科学研究院为三江河提出温控措施。全坝掺 4.5% 氧化镁；设置 2 条诱导缝；全坝在低温季节浇筑；喷雾、洒水养护；坝高 25 米以下堆渣保温，25 米以上低温季节挂泡沫塑料保温板。

三江河拱坝在 2002 年 12 月，也即三峡工程裂缝风波之后开始浇筑，到次年 5 月份浇筑完毕。竣工两年之后，除有一条 1.5 米的极细表面裂缝，未发现一条大坝裂缝。朱伯芳后来分析，如果表面保温措施再做得好一些，这条浅表性裂缝也是可以避免的。而且，两条诱导缝都已张开，发挥了补偿温度应力作用。

即便有一条浅表性裂缝，三江河拱坝也是国际上裂缝最少的拱坝之一。

前有重庆江口水电站，后有三江河拱坝的成功实践，中国坝工建设向"无坝不裂"的世界性难题冲击，只剩下最后几米的距离。

"重返"丹江口

该说到丹江口了。

1960 年，丹江口重力坝二期工程出现严重施工质量问题，大坝出现大量裂缝，其中有贯穿性裂缝，时任丹江口设计总工程师文伏波先生形容为"好比整个坝体竖着砍了三刀"。从 1960 年开始，朱伯芳作为水电部专家小组成员之一，率领水科院结构所温控小组成员数度出差丹江口，32 岁正值壮岁，本来身弱的朱伯芳染上慢性肝炎，一直到 70 岁才痊愈。

谁能想到，40 多年之后的 2003 年，他要再次来到这座大坝前。

大坝已经运行 40 年，身体硕壮，拦蓄滚滚汉江之水，一汪碧湖。当年风华正茂的壮年人，风华不再，已经是 75 岁的老人了。

2002 年 12 月，南水北调中线、东线工程同时开工建设。中线工程的水源地，就是眼前的丹江口水库。按照设计，丹江口水库将沿着中线工程千里运水线，每年提供 75 亿立方米的水给用水缺口巨大的京津冀地区。

因为要为南水北调中线工程提供足量水源，大坝必须加高，库容必须加大。丹江口重力坝将由原来的 162.0 米，加高到 176.6 米，净加高 14.6 米。

这样就产生了一个问题。这座曾经充满曲折的大坝，已经运行了 40 年，老坝体充分冷却，已经达到稳定温度。大坝加高，还远不是在坝顶增加 14.6 米的高度，还需要加厚，等于是整个坝体达到稳定温度之后，再度覆盖一层混凝土。新混凝土的水泥水化会产生水化热，浇筑温度再次叠加，热量将超过老混凝土坝体，形成新老混凝土之间温差。这一温差不但将在新混凝土内部产生拉应力导致裂缝，而且势必将在老坝体的坝踵部位引起拉应力，坝体应力状况将会恶化。何况，丹江口老坝体原来就产生过许多裂缝。

这是丹江口加高工程的一个关键性技术问题，解决了这一难题，其他就简单多了。

难题是摆在那里，设计开始也很早，在南水北调工程开工的前九年，也就是 1993 年，围绕加高对坝踵应力、新混凝土应力、新老混凝土结合等等问题有过大量分析。1994 年，再做 3 次原型试验，也就是 1:1 的实战试验，取得许多成果。但加高本身异常复杂，许多问题还有待进一步深入研究。

加高坝，中外不止丹江口坝一座，解决的方法也不是没有，大致有三种：

第一种，在浇筑新混凝土的时候，利用预制混凝土模板在新老混凝土之间形成一条可滑动的接缝，这样，可以解除新老混凝土之间的约束。等到新混凝土充分冷却之后，再给这条可滑动的接缝灌浆。

第二种，用垂直收缩缝把新混凝土划分成一系列柱状块体，埋设冷却水管，待新混凝土充分冷却后接缝灌浆。

第三种，以委内瑞拉古里坝为典型，其地处赤道热带地区，年平均气温达27℃，利用预冷骨料和水管冷却，保持新混凝土温度不超过年平均气温27℃。

以上三种办法，可否复制在丹江口加高工程中？朱伯芳他们分析，就施工难度而言，第一、二种方法难度极大，第三种方法简便得多。只是，古里坝地处赤道地区，年平均气温为27℃，控制混凝土最高温度到27℃是容易做到的。然而，丹江口大坝所处地区的年平均气温为15.8℃，就中国目前混凝土坝施工的水平而言，要把混凝土的最高温度控制到不超过15.8℃非常困难。即便是集中了几乎世界上最先进的混凝土施工设备的三峡工程，二期施工的时候夏季混凝土最高温度为30～35℃，个别达到37～38℃，远远超过了当地的平均气温。因此，依靠控制混凝土温度的办法来解决重力坝加高温度应力问题，尚需要新思路，找到新办法。

朱伯芳在分析丹江口坝的具体情况之后，将弹性力学圣维南原理应用于混凝土重力坝加高的温度应力计算，给出一套计算方法。

圣维南原理，是固体力学中一个重要的原理。由法国力学家圣维南于1855年提出。对于作用在物体边界上一小块表面上的外力系，可以用静力等效（主矢量、主矩相同），并且作于同一小块表面上的外力系替换，这种替换造成的影响仅在离该小块表面的近处是显著的，而在较远处的影响可以忽略不计。❶

重力坝加高工程新老混凝土温度应力问题，与圣维南原理甚为符合。朱伯芳指出，当新混凝土从最高温度下降时，浇筑层顶面还是自由的，在新混凝土内部以及新老混凝土接触面上会引起一些应力，这是小范围内的自平衡力系，其影响是局部的，对坝体整体应力的影响极小。丹江口新浇混凝土上升速度为每月6米，水管冷却为20天，人工冷却区不过4米左右，不到坝体高度的7%。所以，如是能设法在施工过程中把封顶温度降低到稳定温度，甚至低于稳定温度，重力坝加高的温度应力问题就基本解决了，坝踵部位不但不会产生拉应力，还会产生压应力，新混凝土内部拉应力也不会太大，不会出现裂缝。

有这样一个新方法，根据以往的实践经验，朱伯芳他们设计两种混凝土重

❶　参见《水利大辞典》，河海大学《水利大辞典》编辑修订委员会编，上海辞书出版社，2015.10，第84页。

力坝加高的温控措施。

其一，水管超冷。适当延长水管冷时间，加密水管间距，在 20 天到 30 天时间内，混凝土温度可以降到很低。

其二，强力保温。在高温季节施工时，单纯依靠水管冷却降低混凝土温度，热量会不断从表面输入，在表面 5 到 6 米很难降下来，而且，水管冷却停止之后，已经冷却的混凝土温度将逐步回升。因此，在高温季节，下游坝面要有强有力的保温措施。对于水平施工层面，当气温高于混凝土温度时，也要保温，保温层厚度可根据层面暴露时间的长短通过计算决定。

按照这个新思路和两个温控新技术，结合丹江口重力坝加高的具体情况，可以具体研究加高过程中的温度应力。怎么研究呢？完全模拟实际施工过程，用有限元法进行全过程仿真计算。通过一个坝段加高仿真，得出施工期温度应力变化过程，并采取相应的温控措施；大坝竣工之后 3 年的仿真计算，根据应力状态，再给出具体温控措施。

经过三维有限元仿真计算，证明他们提出的重力坝温度应力的新思路和新技术切实可行。加高后的重力坝，在坝踵处不但不出现有害的拉应力，反而出现压应力。新混凝土内部拉应力也不大，不至出现裂缝。❶

他们这一设想与计算成果最终应用于丹江口重力坝加高工程中。

2006 年，丹江口重力坝加高工程即将实施，他们又受国务院南水北调办公室委托，对丹江口大坝加高工程全年施工方案做了三维有限元仿真分析计算。

分析计算结果，他们拿出可行性研究报告。报告认为：重力坝加高工程中，新混凝土的温度应力大体上相当于柱状浇筑块的上、下层约束问题，温度应力小于基岩约束块，加之温差计算起点较高，因此温度应力较小。实际计算结果表明，在采取一定温控措施之后，全年施工时，新混凝土的温度应力很小，从温度应力考虑，全年施工是可行的，5 到 9 月高温季节不必停工。但在汛期要受到上游库水位限制的约束。

这个分析计算结果，对即将实施的丹江口重力坝加高工程具有重要参考意义。

---

❶　丹江口重力坝加高材料参见朱伯芳、张国新、徐麟祥、杨树明《解决重力坝加高温度应力问题的新思路与新技术》，《水力发电》2003 年第 11 期。

32 岁的时候，朱伯芳来到丹江口工地，丹江口大坝是一座富含政治意味的混凝土建筑物，设计、施工都在口号中进行，一片喧腾，嘈杂混乱。"重返"丹江口，弹指四十年，时间仿佛是一种有分量的存在。

终结"无坝不裂"

现代混凝土筑坝史，在中国已经书写了六十多个春秋。混凝土这种冰冷、粗粝、坚硬的建筑材料，朱伯芳与它的对话也持续了六十多个寒暑。

如果说，1999 年之前，朱伯芳揭示出混凝土娇弱的一面，那么，1999 年之后，以《大体积混凝土温度应力与温度控制》（第一版）为分野，朱伯芳则发现了混凝土的多副面孔。

话题要从一封信说起。

2005 年 4 月，位于云南省澜沧江上的小湾工程已经开工建设，即将浇筑大坝主体。朱伯芳在审阅小湾工程的温度控制方案后，给昆明勘测设计院的副院长邹丽春写了一封长信，在这封信中，对小湾拱坝的温度控制详细地提出意见。

小湾水电站位于云南省西部大理州南涧县与临沧市凤庆县交界处的澜沧江中游河段，为澜沧江中下游河段八个梯级中的第二级，是该河段的关键梯级。该工程于 20 世纪 80 年代就开始规划，2002 年 1 月正式开工，2004 年 10 月实现大江截流，2005 年拱坝第一仓混凝土浇筑。

小湾拱坝，是当时在建和已建的世界第一高拱坝，为混凝土双曲拱坝，坝高 294.5 米，坝顶长 902 米，共有 43 个坝段；拱冠梁顶宽 12.0 米，最大底宽 72.91 米，最大浇筑块长 88 米，将浇筑 800 万立方米混凝土。大坝将形成 150 亿立方米的库容，装机容量为 420 万千瓦。真正的高坝大库，真正的巨型水电站。[1]

这样一座巨型工程，又地处强地震带，施工难度大可想而知，混凝土温度控制之重要也可想而知。

小湾拱坝最大底宽72.91米，近300米高，采用通仓浇筑，是当时高拱坝最长的浇筑块，基础约束强，基础温差大。同时，小湾拱坝坝高库深，库水中下部常年处于低温状态，坝体稳定温度较低。这座300米量级的拱坝在温度应力、温度控制方面的特殊性显而易见。

朱伯芳在信中谈到小湾工程温控几个注意的问题：安全系数，基础温差、水管冷却，接缝灌浆前的坝体冷却等。诸项建议，甚为详尽，还给出相应的控制数值。

在这封信里，他谈到关于抗裂安全系数的问题。

他建议小湾工程适当提高抗裂安全系数，因为目前执行的仍然是1978年制订的《混凝土重力坝设计规范》。中国目前的混凝土温控水平日益提高，预冷骨料日趋成熟，塑料保温材料效果好、成本低，该规范制订的抗裂安全系数明显偏低，是混凝土产生裂缝的根本原因，严重影响到混凝土的抗裂性与耐久性。

1978年的《混凝土重力坝设计规范》中抗裂安全系数制订，恰恰是参考了朱伯芳的意见。

现在，由于施工技术的进步和高坝大库的兴建，他意识到这个有问题。

写完这封信之后的2005年7月，《水利水电技术》杂志发表朱伯芳《论混凝土坝抗裂安全系数》一文。他在这篇文章中，对混凝土极限拉伸和抗拉强度的两个抗裂计算公式进行分析，并在此基础上提出一套完整的决定抗裂安全系数的理论和方法，混凝土坝抗裂安全系数的决定趋于科学化。

对混凝土坝抗裂安全系数的重新认识，可视作对混凝土坝抗裂的一个新理念。此议为新的《混凝土重力坝设计规范》采用。

另一个重要理念，是混凝土半熟龄期的提出。

这要从朱伯芳在一次会议上的发言说起。

---

[1] 参见易魁、杨志尧、王恒贤《小湾水电站拱坝混凝土高温季节施工温控措施》，收入《2008中国水力发电论文集》，中国水力发电工程学会编，中国电力出版社，2008.4。另参见《中国大坝60年》，贾金生主编，中国水利水电出版社，2013.1，第687页。

　　对这一次发言，许多参加过会议的人还记忆犹新。朱伯芳本来声音就洪亮，发言的时候又显得有些激动，在发言中甚至出现了"混凝土等级强度的制订，是坝工技术的倒退"这样的话，所以给大家留下的印象特别深。❶

　　2004 年 2 月 20 日，水利部水利水电规划设计院主持审议水利行业《混凝土重力坝设计规范》送审稿，朱伯芳是审定专家之一，就混凝土标号与强度等级问题他有一个发言——就是那个给大家留下深刻印象的发言。

　　混凝土坝设计与施工中，正确决定混凝土强度指标十分重要。在过去，中国的规范一直采用混凝土标号标准，但在 1997 年发布的《水工混凝土结构设计规范》中，提出必须停止使用混凝土标号，改用混凝土强度等级。

　　这一改，在工程领域造成很大混乱，因为混凝土标号与混凝土强度等级在设计龄期、强度保证率等方面存在着很大差别，这样一改是不是合理？水工界存在很大争议，在具体工程设计中，有的仍在执行混凝土标号，有的采用混凝土强度等级，这样一来，混乱已是其次，由此可能带来的技术经济损失不可低估。

　　朱伯芳在发言中指出，混凝土标号与混凝土强度等级之间在试验龄期与强度保证率方面存在着许多差别。混凝土强度等级的 28 天龄期，运用于工业与民用建筑混凝土尚可，一方面施工期较短，另一方面，它们多采用普通硅酸盐水泥，28 天之后混凝土强度增加不多。工业与民用建筑在完成浇筑之后，经过 28 天保护以增加强度，28 天之后，裸露的混凝土很快干燥，里面是没有水分的。

　　但对于水工混凝土，尤其是大坝混凝土就不一样了，它在施工期与运行期，其下游面在完成保护之后是干的，上游面泡在水里，养护一停止，下游面的强度不再增加，但这个范围也仅止于表面几十厘米厚度内。但内部的水分是不损失的，水分的扩散与坝体厚度呈平方根的关系，水分的扩散有一定限度。美国的实测结论，水坝内部的混凝土强度在 25 年之内还在增加。有水，水化仍在继续，从第 1 年到第 25 年，强度一直在增长，只不过增长的速度比较慢而已。

　　另外，大坝的施工期往往数年，即便是一座 30 米高的小型混凝土坝，也不可能在 28 天内建成并蓄水至正常蓄水位，所以，采用强度等级 28 天龄期显

---

❶　该发言朱伯芳整理为《论坝工混凝土标号与强度等级》一文，发表于《水利水电技术》2004 年第 8 期。

然脱离实际。在过去几十年间，混凝土坝的设计龄期一直采用 90 天或 180 天，常态混凝土坝多采用 90 天，部分采用 180 天；碾压混凝土坝因粉煤灰较多，混凝土强度增长缓慢，所以多采用 180 天。

大坝混凝土改用强度等级之后，就带来一系列的问题，还不是一个简单的名称改变，它关系到设计龄期和保证率等实质内容的变化。

朱伯芳列出三峡、五强溪、漫湾、二滩四座大型工程混凝土数据，如果采用混凝土强度等级标准，相应的混凝土标号要比大坝设计规范推荐的混凝土标号分别高出 16%、23%、33.6% 和 45%，超出推荐值太多，混凝土标号增加。意味着水泥用量的增加。水泥用量增加导致浪费是一方面，更重要的是给混凝土坝的温度控制带来相当大的难度。

改用混凝土强度等级标准之后，水泥厂片面追求水泥强度，水泥成分中硅酸三钙的含量越来越大，甚至达到 50% 以上，这样一来，是提高了混凝土的早期强度，也达到了 28 天龄期混凝土的强度，但这样的结果，是以牺牲混凝土耐久性为代价的。

混凝土标号标准 90 天和 180 天龄期设计，为了降低混凝土绝热温升，提高混凝土抗裂能力和耐久性，坝工界在掺用粉煤灰和外加剂等方面做了大量工作，成绩显著，工程应用广泛。此举可使混凝土强度发展速率放缓，早期强度虽低，但后期强度可满足设计要求，绝热温升显著降低，对温度控制和防止裂缝的效果有目共睹。改用 28 天龄期的混凝土强度标准，这一施工技术的优点将受到影响。

这样，就有了"采用强度等级是坝工技术上的倒退"那句激烈的话语。

既然如此，不是倒退是什么？

这一个发言，当然是在无数试验和工程实践基础上做出的，话语虽激烈，态度却审慎，理由更充分。

与这篇发言所体现出来的思考与研究一脉相承，朱伯芳提出另外一个混凝土防裂抗裂的新理念——混凝土半熟龄期。

半熟龄期可谓是混凝土的另外一副新面孔，朱伯芳寻它已久。

混凝土半熟龄期是怎么回事？

混凝土由水、水泥、砂、石组成，在拌和以前，本为松散体，在拌和振捣之后，因水和水泥水化作用而逐渐固化，混凝土的强度、弹性模量、极限拉伸及绝热温升等等，会随龄期延长而逐渐增长，最终趋于稳定值。只是，到目前，如何反映这些力学和热学性能增长速度的指标？没有。

按朱伯芳定义，混凝土绝热温升、强度、弹性模量及极限拉伸达到稳定值一半时的龄期为半熟龄期；半熟龄期越小，表示混凝土成熟得越快。

对于水坝等大体积混凝土结构，无论是天然散热，还是人工水管冷却，都是一个冷却的过程。如果混凝土绝热温升的半熟龄期太小，内部温度上升太快，天然散热和人工冷却还没有来得及充分发挥作用时，混凝土温度已上升到最高，随后产生较大的温差和温度应力，不利于结构的温控和抗裂；反之，如半熟龄期较大，则有利于降温和防裂。因此，半熟龄期是混凝土的重要指标。目前研究混凝土性能时，业界只重视降低水泥用量和水化热温升，并没有注意到混凝土成熟速度对其抗裂性能的影响，今天研究大体积混凝土，除了降低水泥用量外，还应设法使混凝土具有合适的半熟龄期。

过去国内外在降低水泥用量、水管冷却、预冷混凝土等方面做过大量工作，成绩显著。但到目前为止，还没有注意到通过改变混凝土固化速度来控制温度、防止裂缝。实际上，在水泥用量和冷却措施完全相同的条件下，只要适当改变混凝土的半熟龄期就可以显著降低混凝土的温差和拉应力，这就为大体积混凝土提供了一个新的温控防裂途径。

计算表明，在相同的条件下，混凝土绝热温升的半熟龄期由 1.2 天改为 3.6 天，就可以使混凝土最高温度下降 4℃左右，降温效果约相当于掺 50% 粉煤灰。

适当改变混凝土半熟龄期的途径，主要通过改变水泥矿物成分和水泥细度来实现，水泥细度对水化速度也有重要影响，水泥越细，水化反应越快。除此之外，还可使用混合材料与外加剂。掺用粉煤灰在保证后期强度不变的条件下，可以降低水泥用量及水化热上升速度，延长混凝土半熟龄期。❶

2008 年，《水利水电技术》第 7 期发表《关于混凝土坝基础混凝土允许温差的两个原理》，首次研究正负台阶形温度的重大差别，提出关于基础允许温差

---

❶ 参见朱伯芳、杨萍《混凝土半熟龄期——改善混凝土抗裂能力的新途径》，《水利水电技术》2008 年第 5 期。

的两个原理：

原理一，对于正台阶形温差，适当压缩约束区高度并适当放宽弱约束区温差，有利于改善温度应力。根据这一原理，提出一套新的基础混凝土允许温差计算方法。新的允许温差计算方法，既利于施工，又提高了抗裂安全度。

当混凝土施工由夏季进入冬季时，可能出现上部温差小于下部的情况，将产生不利的温度应力。遂有原理二。

原理二，对于负台阶形温差，必须降低约束区温差，并防止弱约束区出现过低的温度。同时给出新的允许温差计算方法。

混凝土体积庞大，分层浇筑，一座300米高的混凝土坝，含有100到200个浇筑层。由于龄期不同，各层的力学与热学性质均不同。过去无法计算，不能了解大坝全过程的温度应力情况。而实际上，坝内拉应力很大，以致无坝不裂。根据朱伯芳建立的一整套计算方法，可以计算大坝从施工到运行全过程的应力状态。根据计算结果，采取工程措施，可把拉应力降至允许应力以下，从而可防止大坝出现裂缝，可提高大坝的耐久性和安全性。[1]

接着，由"无坝不裂"向"无裂缝坝"的跨越水到渠成。

早在2004年，也就是与讨论混凝土坝施工规范中采用混凝土强度标准的同时，朱伯芳就提出要加强坝面保护，尽快结束"无坝不裂"的历史。他指出，按照混凝土强度标准，将大坝混凝土施工与工业与民用建筑标准混为一谈是错误的，28天混凝土表面保护远远不够，许多大坝裂缝并不出现在28天之内，恰恰出现在28天龄期之后，寒暑变易，裂缝丛生。[2]

坝工混凝土规范的改变也好，抗裂安全系数偏低也罢，仅仅是"无坝不裂"的原因之一，这些表面原因，其实还隐藏着在坝工混凝土与温度控制方面的重大误区。应该讲，经过几十年的探索，混凝土温度应力的理论体系与一系列计算方法是没有问题的，只要严格执行，在施工期间一般不会出现裂缝。但是长期以来，只重视混凝土早期的表面保护，而忽略甚至无视后期表面保护。

此种认识上的片面性，不独中国有，国外也同样存在。

---

[1] 参见朱伯芳《生平记事——从大学四年级学生到中国工程院院士的经历》，载《水力水电技术》2014年7期。

[2] 参见朱伯芳、许平《加强混凝土坝面保护，尽快结束"无坝不裂"的历史》，载《水力发电》2004年第3期。

美国的德沃歇克重力坝，坝高 219 米，通仓浇筑，混凝土坝本身温度控制甚好，全年入仓温度为 4～6℃，几乎是恒温，基础约束区还采用了水管冷却。但是在运行数年之后，9 个坝段出现了劈头裂缝，最严重的坝段裂缝开张度达到 2.5 毫米，廊道内渗水量达到每秒 29 立方米。在修复的时候，因为顾虑灌浆压力作用会导致裂缝进一步扩展，没有进行裂缝灌浆，只在上游面铺橡胶皮防渗，坝体带病工作。

中国也有类似的例子，虽然也经过处理，实际效果并不佳，坝体带病工作。安全性与耐久性大打折扣。

大坝裂缝大部分并不是出现在施工期，而是出现在运行期。运行蓄水之后，先要经过寒潮袭击考验，早期保温许多工程都做得很好。但是混凝土坝块在人工冷却未达到坝体稳定温度之前，坝体内部温度还是很高的，与冬季气温形成较大差温，拉应力增大，足以导致裂缝；蓄水之后，在缝内压力水的劈裂作用之下，上游面的表面裂缝就可能发展成深层甚至贯穿性裂缝。因此，在通常的温控之外必须加上长期暴露表面的长期保温才能有效防止裂缝。

2007 年 11 月，朱伯芳在第五届碾压混凝土国际研讨会上提交论文，正式提出"全面温控、长期保温，结束'无坝不裂'历史"的新理念。这一理念，有朱伯芳总结自己和国内外混凝土坝温度控制最新研究成果的理论支撑，也有在为三峡等工程研究开发的新型塑料保温板成功实践，混凝土这种冰冷、坚硬而任性的材料，终于俯首帖耳，"无坝不裂"成为历史。

第十一章　烈烈壮心

强大的仿真系统

仿真作为工程设计手段，其概念提出虽是在 20 世纪 90 年代，但是其实践早在 20 世纪 70 年代，朱伯芳就已开始。

1972 年朱伯芳、宋敬廷在三门峡开发了五个有限单元法程序，可计算温度场、渗流场、施工过程和弹性厚壳等，可模拟施工过程计算混凝土坝的应力变化过程。

新领域，更是老课题。

20 世纪 90 年代中期，朱伯芳开创的混凝土高坝仿真新领域开始成熟。他提出的水管冷却等效热传导方程、并层算法、应力场和温度场分区异步长算法，为混凝土坝仿真科学奠定理论基础，模拟、仿真混凝土大坝从建设到运行全过程成为可能。

2002 年，朱伯芳提出混凝土高坝全过程仿真，仿真应用到工程实践，构想甚为宏大，功能更加齐全。当然，这是一个漫长的探索过程。

根据朱伯芳提出的混凝土温度场和应力场仿真计算方法，先后编制出三套功能强大的仿真计算程序。

第一套程序，就是朱伯芳和宋敬廷在三门峡编制的五个程序，1974 年公开发表，促使中国的水工结构计算进入有限元时代。三峡、乌江渡等一系列大型工程都是利用这套程序计算的，当年许多中型工程，如双牌坝、朱庄坝等也是用这套程序计算的。此套程序在全国范围内普遍应用，对提高中国水工结构计算水平发挥了重要作用，影响巨大。

第二套程序，是 1978 年到 1982 年由许平、董福品等开发的，程序功能强大，获得普遍应用。

第三套程序，则是由张国新主持开发的 SAPTIS 程序，功能也很强大，很快得到广泛应用。

早期的 SAPTIS 程序曾成功地应用于东风水电站裂缝成因分析、东江拱坝、二滩水电站、铜街子等工程的温度场和温度应力。

1984 年的 1.0 版，是一个稳定温度场、准稳定温度场和线弹性温度应力分析程序。1989 年的 2.0 版本，在前一版本基础上，增加了混凝土坝施工期温度场、温度应力分析功能。

混凝土坝的真实工作状态中，远不止温度应力一种。长期以来，没有意识到温度应力，不分析温度场，中国筑坝史，乃至世界筑坝史上吃过大亏。但只有温度应力分析，仿真程序实际上距离完全模拟混凝土坝的真实工作状态还远。

客观情况是进入 21 世纪，中国的混凝土坝建设迎来一个建设高潮，坝越建越高，体量越来越大，混凝土坝的安全度评估要求精度越来越高。

以拱坝为例。

20 世纪 50 年代，建成了首批高混凝土拱坝，如 87.5 米高的响洪甸拱坝和流溪河拱坝，此后，拱坝建设发展迅速。1988 年统计，全世界共兴建有高度在 15 米以上的拱坝 1592 座，其中国有 753 座，占 47.3%。

2010 年 9 月国际大坝委员会统计，中国共有 30 米以上拱坝 857 座，坝高超过 200 米的就有小湾（294.5 米）、拉西瓦（250 米）、二滩（240 米）、构皮滩（232.5 米）、大岗山（210 米）等 5 座高拱坝，其中小湾是世界上最高拱坝。在建的还有锦屏一级（305 米）、溪洛渡（285.5 米）等一大批拱坝。

不但拱坝数量全世界第一，坝高全世界最大，而且在建设过程中解决了许多复杂问题，筑坝技术上也取得了巨大成就。拱坝体形有单曲、双曲、单心圆、多心圆、抛物线、椭圆、对数螺线等多种坝型，并提出了统一二次曲线和混合曲线两种坝型。

300 米量级高拱坝，高度拔高，难题也随之浮现。如何应对挑战，朱伯芳一直在思考。

高拱坝除了温度应力之外，尚有其他荷载。概而言之，有自重荷载、水压荷载以及渗流荷载三种。若要将混凝土坝从基础开挖到投入运行的全过程模拟出来，仿真程序考虑的就不仅仅是温度应力一种。何况，无论是自重应力也好，水压力也好，渗流力也好，300 米量级的高拱已经与常规混凝土坝完全不同，即便是温度应力、温度场本身，考虑的因素也与常规混凝土坝有很大区别。❶

大坝增高，应力也自然不同。

就自重荷载而言，仿真模拟比过去一次施加自重的坝踵应力要大出 20%，仿真自重坝踵应力又小于自重全部由梁来承担时的坝踵应力，相差 15%，必须进行 8 次以上的分期计算，分期自重和分期封拱的自重应力方才接近真实工作性态。

就水压荷载而言，特高拱坝分期蓄水以求尽快发电，多次蓄水要比一次蓄水的坝踵应力多出 20% 左右。另外，库盆水压力模拟亦对坝踵应力有较大影响。

就温度应力而言，规范中规定的温度荷载自封拱灌浆算起，只考虑均匀温差与线性温差，未考虑施工期的残余应力和非线性温差。

就渗流荷载而言，作用于基础的水荷载，实际上是以渗透力的方式作用的，如果不计基础水压和水压作用于库底表面两种方式，都是近似的考虑，带来较大误差。正确的做法，应该是考虑蓄水过程，考虑帷幕灌浆以及排水孔等渗流控制措施，进行渗流场和渗透力的计算，将渗透力作为真实工作性态仿真的基本荷载。❷

这些不同，或者说新呈现出的问题，落到实处，还是计算方法问题。

这些计算问题，可以用朱伯芳过去提出的方法和理念来解决，朱伯芳也在不断思考这些问题。

比如渗流场的计算。渗流场对拱坝应力和变形有重要影响，排水孔是渗流场中的奇点，如何考虑排水孔作用，是渗流场有限元分析的一个难点。过去，包括朱伯芳本人在内，许多人提出过解决办法，可这些办法用于分析单个坝段尚可，如若拿来分析拱坝全坝的渗流场，就有问题，困难重重。因此，朱伯芳提出等效排水夹层代替排水孔列，利用普通的三维渗流程序，即可分析有排水孔的三维渗流场，计算过程大大简化，有相当好的精度。

混凝土高坝发展迅猛，迅猛发展的高坝又呈现出如此复杂而众多的要求，

❶　参见张国新、刘毅、朱伯芳、王仁坤《高拱坝真实工作性态仿真理论与方法》，收入《大坝技术及长效性能研究进展》，王建武等主编，中国水利水电出版社，2011.9。
❷　参见张国新、刘毅、朱伯芳、王仁坤《高拱坝真实工作性态仿真理论与方法》，收入《大坝技术及长效性能研究进展》，王建武等主编，中国水利水电出版社，2011.9。

张国新他们主持开发的 SAPTIS 仿真程序也在不断改进过程中。1998 年，经过近十年的开发，开发出 3.0 版本，这个版本的功能就强大多了，老版本的仿真功能被强化，还开发出方程求解器，增加了后处理功能。

到 2004 年，再增加非线性分析功能，仿真分析和前后处理功能不断完善。是为 4.0 版本。

数值监控形成大坝安全监控新平台

从 20 世纪 70 年代开始的有限元温度应力分析，到 20 世纪 80 年代的拱坝优化，再到 20 世纪 90 年代的混凝土坝仿真技术与反馈分析，同朱伯芳几十年的科研课题所涉及的领域一样，既有区别，也有联系，可以理出一条清晰的发展脉络。

大约也是在仿真分析技术取得突破性进展的同时，朱伯芳的视野又扩展到另外一个领域，即大坝的数值监控。朱伯芳提出，可不可以把混凝土坝仿真技术、反馈分析方法与仪器实测结合起来，搞出一套大坝数字监控系统？

朱伯芳这一想法并非闭门造车凭空想出来的，他有切身体会。

从 20 世纪 50 年代初开始的中国混凝土筑坝史，大坝的安全监测已经开始，在混凝土浇筑开始，即在大坝里埋设应变计，依靠应变计给出的实测数据来判断大坝的实时运行情况。事实上，当年埋设应变计来实测大坝应力情况，在很长一段时间之内还是起了作用的。

具体怎么操作呢？即选择一个监测坝段，随混凝土浇筑进程，每层混凝土埋设若干应变计，应变计会给出实际的温度场和应力场的监测数据，然后根据这些数据再做相应的处理措施。

可是，实际情况是，这些应变计给出的数据，远不能真实地反映出大坝的应力过程。

为什么呢？仪器的精密度够不够已是其次，重要的是，仪器太少。需要多少仪器才能准确测得大坝的应力过程呢？

需要很多。很多很多。

埋设应变计，就要在大坝内选择若干个点，一点还不是埋一个，而是埋一组。因为一个监测点有 6 个应力分量，那么，这 6 个方向就要埋设 6 个应变计。在实际监测过程中，为了保险，甚至要埋 9 个应变计的。

埋设应变计多少并没有问题，问题是混凝土坝是一层一层浇筑的，300 米高的混凝土坝，假设每 3 米一层，那么浇筑到顶，就要浇 100 层。这样，每一层都要埋设仪计，一层里面埋设一层仪器还不行，至少需要埋设 3 层仪器。因为每层混凝土断面上的应力分布是曲线，如若埋一层，测出来的是一个点，埋两层的话，测出来的是一条直线，所以至少埋 3 层，测出来的应力变化才是一条曲线，才可以反映出这一层混凝土的温度场和应力场。

混凝土坝建设过程中，温度场和应力场的变化很快。混凝土在浇筑完成之后，水泥要发热，混凝土在入仓初始，为流态，弹性模量为 0，没有强度，它在凝固的过程中才慢慢有了强度。要将这个过程测下来，在理论上是可以做到的。上下埋设 300 层仪器，每一层若干个点，每一点 9 个仪器，整个大坝的应力过程就可以真实地反映出来。

问题就来了，理论上可以做到，但实际呢？

100 层混凝土坝，要埋设 300 层应变计，这还不算，问题是一层里面要布置好多个监测点，一点需要 9 个应变计。而一座混凝土大坝有十几个二十几个坝段，一个坝段一个坝段算下来，这将是一个无法实现的海量数字。

因此，在实际监测中，只能选择一个或者几个监测坝段，一个监测坝段一般埋六七十个仪器。这是没有办法的办法，也就是说，无论是重力坝还是拱坝，90%的坝段并没有应变计，其结果，就是很难真实地反映混凝土坝的应力过程。

若说有限的这些仪器不起作用也不准确，埋设的仪器至少起到一个判断作用。当坝体浇筑完成之后，它会给出一个温度过程线，一个应变过程线，可以拿来看看有没有突变，它会起到提醒、警告的作用。还可以了解观测点大坝的实际工作状态，可以求得观测点大坝的变位、应力、温度、扬压力、接缝开度，这些数据为判断大坝工作状态是否正常提供了依据。

若要用这些观测数据来判断整个坝段的应力过程，那就难了。原因，就是观测仪器太少。

朱伯芳也经常被人请去做大坝的安全鉴定，他主要是靠计算，根据坝的高度、自重，以及水压力等等参数来计算它的安全系数，观测点那里的数据只能作为一个参考。

总之，过去的那一套监测手段，只能定性，但无法定量。

朱伯芳现在提出的新方法，即混凝土坝的数值监控，就是把数值计算方法和仪器观测结合起来，可以解决这一矛盾。

大坝仿真已经成熟，它可以完全模拟大坝实际施工过程和运行条件，计算大坝实际三维温度场、应力场、渗流场的空间分布及时间变化过程；可以预报今后的温度场、应力场；可以进行三维非线性分析，对大坝安全度进行评估；可以对多个设计方案、施工方案和运行方案进行计算分析。❶但它还不能替代仪器监测的大坝安全监控。

这与数值仿真的数据来源有关系。

在混凝土浇筑之前，先做混凝土试验，测它的弹性模量、水化热、徐变。但是室内的试验有其局限性，与真正大坝的变化值还是有差距的。

具体是怎么回事呢？

例如，室内混凝土静力抗压弹性模量试验的试件，规格以 15 厘米为直径，长 30 厘米，大于 4 厘米的骨料必须筛除，这就是常规试验中的所谓"湿筛"。但实际混凝土大坝的最大骨料尺寸是多少呢？是 15 厘米。这个尺寸对于试件来讲就太大了，所以在试验之前要进行湿筛。所谓湿筛，就是在试验之前，按照真实的混凝土配合比来拌和，里面有 15 厘米的骨料，拌和好之后，流态的混凝土过一次筛，将大骨料筛掉，剩下不到 4 厘米的骨料，然后再装在试件里。放在试验机上做试验，把试件的静力抗压弹性模量做出来。室内的试件没有大骨料，做出来的数据与实际情况的数据是有出入的，这样，便需要仪器实测资料加以修正。

❶ 参阅朱伯芳《大坝数字监控的作用和设想》，《大坝与安全》2009 年第 6 期。

数值监控，根据现场实际测得的温度和应变数据，对室内试验得出的弹性模量与徐变度等力学和热学参数进行修正，使之符合实际，然后再用修正的力学和热学参数去计算坝体应力变化。这样，就可以从浇第一方混凝土开始，根据实际施工进度、气候条件，把坝体的温度场和应力场计算出来，全坝各段任何一点的应力状态都能呈现，可以得出相应的安全系数。

仪器监测虽有其短，但可真实反映测点的运行情况；数值方法可以模拟大坝施工、运行全过程进行仿真计算，但它需要一套符合实际的力学和热学参数，强强联合之后效果就不一样了。

纵览国际、国内大坝工程，期待一种高效而精确的大坝安全监测手段由来已久。

大坝施工期数年，对施工过程中的温度场和应力场并不了解，有些问题已经出现在施工期但潜伏暗藏，不动声色，直到蓄水运行之后，问题才凸显出来，未必为时已晚，至少被动许多。

例如奥地利柯茵布赖坝，此坝坝高 200 米，建成蓄水，坝踵产生了第一条裂缝，被迫放空库水，对坝体进行环氧树脂灌浆，地基内设冰冻帷幕，上游库底建造混凝土防渗护坦等一系列加固措施。可是，第二次蓄水，裂缝再次出现，只好在下游修建一座重力坝对大坝形成支撑。

此坝连续出现事故，说明施工期的隐患部位并没有找准，至少没有找全，以致屡屡出事。直到后来，专家分析该坝产生裂缝的主要原因，乃是坝踵上游倒悬过多，施工期间在自重作用下在下游产生拉应力，进而引起下游水平裂缝，断面削减一半，蓄水之后，在上游有效断面内产生过大剪应力，在倾斜方向产生了过大的主拉应力，导致坝踵出现陡倾角大裂缝。

再如瑞士车伊齐拱坝，该坝坝高 156 米，正常运行 21 年之后，距离坝址1.3 千米、坝下 400 米深处开挖公路隧洞。应该讲这个距离已经够远，但是隧洞开挖，坝基大范围脱水，大坝产生大量裂缝，没办法，只好放空库水，用了6 年时间进行大规模修补才保住大坝。

如果有一种有效的监控手段，可以及时了解施工期和运行期大坝的温度场、应力场和安全系数，如有问题就可以及时发现、及时预报、及时应对，以预防发生事故。数值计算与仪器实测结合而成的数值监控显然是最有效的手段。

朱伯芳关于把数值方法与仪器实测结合的数值监控的思考和实践始于2004年，运用已经成熟的混凝土坝仿真技术和反分析手段，与大坝监测仪器提供的数据结合起来，对混凝土坝的施工期和运行期进行安全预测与评估。

其实，数值监控系统在构想之初，朱伯芳已经在更高层面对这一技术有所思考，这就是朱伯芳关于"数字水电站"的思考。

2006年，他对这一技术就有热情洋溢的展望。所谓"数字水电站"，即采用先进的计算机技术、多媒体技术、海量存储技术、网络技术、虚拟现实技术等，对一个水电站规划、设计、科研、施工、管理等多种活动提供服务，实现水电站规划、设计、科研、建设、管理的智能化、可视化和网络化。❶

未来的数字水电站，主体部分将由三个层次构成。第一层次为数据层，包括地质、水文、气象、地下水、建材、工程规划、设计、施工、人力、财务、工程监测等各项数据的采集、管理、挖掘和施工组织优化模型；第二层次，为模型层，由能够模拟水电站各种现象行为的数学模型组成，例如水文计算模型、施工组织优化模型、全坝全过程有限元仿真模型、地质结构及地基处理模型、监测资料处理模型等；第三层为应用层，在数据层和模型层的基础上提供数据查询和支持服务及决策支持服务。❷

这一套系统形成之后，对大坝从施工期到运行期的任一时刻，系统都会提供历史的、现在的和未来预测数据。如在施工期的某一天，可以提供当时的工程形象图，显示当时基础开挖、混凝土浇筑、设备安装等部位和重要状态，已浇筑混凝土坝块的温度、应力、变形以及一定时间后的形象预测图，可以提供工程进度计划、混凝土浇筑计划、设备安装计划、材料供应计划等。❸

利用这一强大的数字水电站，在施工期可以迅速了解工程状态，可以对工程进展进行监控和优化。例如，基础开挖以后，如发现地质条件与原先估计有较大差别，可以评估其影响，必要时可提出基础处理改进方案。可以评估混凝土施工质量、温度控制、施工进度等是否满足设计要求，必要时可提出改进意见。❹

---

❶ 参见朱伯芳《混凝土坝计算技术与安全评估展望》，《水利水电技术》2006年第10期。
❷ 参见朱伯芳《混凝土坝计算技术与安全评估展望》，《水利水电技术》2006年第10期。
❸ 参见朱伯芳《混凝土坝计算技术与安全评估展望》，《水利水电技术》2006年第10期。
❹ 参见朱伯芳《混凝土坝计算技术与安全评估展望》，《水利水电技术》2006年第10期。

进入运行期，系统将提供历史和现在的工程状态，可预测工程未来的工作状态，做出工程安全评估，必要地可提出危险警告。❶

数字水电站核心软件由基础地理信息系统、基岩三维地质结构及基础处理模型、全坝全过程非线性有限元仿真模型、施工组织设计优化模型、监测资料处理模型和电厂运行模型来构成。❷

2006 年到 2007 年，这一领域的思考与实践最终舒枝展叶，遵循朱伯芳关于数字水电站的构想，中国水利水电科学研究院开发出第一个混凝土高坝施工期温度与应力控制决策支持系统。

这个决策支持系统的细部强大功能容下节慢慢道来，需要说明的是，这一决策系统成形并付诸实施取得成功，朱伯芳正好 80 岁。

周公宅、陈村和丰满

再回到混凝土高坝施工期温度应力与控制决策支持系统。

从表面来看，这是一个仿真系统，但它又不同于早期开发的 SAPTIS 仿真系统。通俗而直观地讲，SAPTIS 系统高屋建瓴，对混凝土大坝的设计与施工具有强大的指导与咨询作用；混凝土高坝施工期温度应力与控制决策系统，则直接参与到施工过程。当然，后者的基础还需要强大的仿真技术做支撑。

其实，这一套系统的诞生，还有一个偶然的机会。

2003 年，位于浙江宁波市鄞州区大皎溪干流上的周公宅拱坝开始施工。

周公宅拱坝，为浙江省重点工程，兼具防洪、发电、供水、灌溉功能，库容 1.12 亿立方米。最大坝高 125.5 米，顶面拱弧长 447.1 米，为华东地区第一

---

❶ 参见朱伯芳《混凝土坝计算技术与安全评估展望》，《水利水电技术》2006 年第 10 期。
❷ 参见朱伯芳《混凝土坝计算技术与安全评估展望》，《水利水电技术》2006 年第 10 期。

高坝，需要浇筑混凝土 60 万立方米，全坝分为 23 个坝段。该工程于 2003 年
12 月开始主体工程建设，2006 年 4 月结束，2007 年 2 月底完成坝体接缝灌浆。

这个工程由华东勘测设计研究院设计，施工开始之后，考虑到工程特点，
再吸取国内外拱坝后期裂缝的教训，业主单位邀请中国水科院、清华大学、河
海大学三家，分别开展周公宅拱坝施工期应力仿真计算、施工期冷却水管优化
布置及运行期坝体应力状态和防裂研究。❶

周公宅拱坝地处南方，气候温和，多年平均气温 16.3℃，多年月平均温差
也只有 11.6℃，而且地质情况较好。这是利于混凝土温控的方面。不利因素也
不少，比如地基约束强，冬季气温骤降频繁，降幅大、时间长，比如水库死水
位低，暴露在空气中的上游坝面高度为坝高的 75%，等等。不仅不少，还很复
杂❷。所以，施工期的混凝土温度控制还是有难度的。

有这样的特殊性，业主单位委托中国水科院等单位研究，并给出防裂研究
路线。分别是：

一、以实测坝内温度为依据，反演混凝土热学力学参数。

二、根据实际情况，研究约束区和非约束区冷却水管最优布置方案及其防
裂效果。

三，根据混凝土实际分区、分块、分层、入仓温度、冷却方式、封拱情况
等，进行周公宅温度仿真计算，并利用实测温度检验仿真效果。

四，在此基础上进行施工期应力场仿真计算，求得不同时期坝体应力状态、
横缝开度，提出注意问题。

五、以 1 月、147 米死水位、气温骤降为控制工况，研究运行期坝体应力
状态及相应的防裂措施。

六、研究坝顶 226 米至 240 米横缝不灌浆的影响。

七、研究上下游坝面保温防裂效果，推荐防裂方案。❸

业主给出的科研攻关路线如此具体。其时，朱伯芳团队的数字监控课题正
在进行，周公宅的委托正当其时。混凝土高坝施工期温度与应力控制决策支持

❶　参见《周公宅水库工程建设文集》，朱英福主编，宁波出版社，2008.1，第 29 页。
❷　参见《周公宅水库工程建设文集》，朱英福主编，宁波出版社，2008.1，第 27-28 页。
❸　参见《周公宅水库工程建设文集》，朱英福主编，宁波出版社，2008.1，第 29 页。

系统，与周公宅重力拱坝在合适的时间以合适的方式相遇了。

这个系统与 SAPTIS 系统的功能基本相同，将大坝几何形体、边界约束条件、施工过程、温控措施等一系列数据输入，由前处理器完成计算所需的所有数据，然后再把计算数据交给后处理器，形成温度分布云图、应力包络线、应力过程线及相应表格。

混凝土高坝施工期温度与应力控制决策支持系统与 SAPTIS 系统的最大不同，就是从浇筑第一方混凝土开始，在整个施工过程中，根据实际的大坝施工状态、气候条件和温控措施，对全坝各坝块进行仿真分析和实时监控，可以及时了解大坝各坝块温度及应力状态及温控措施的实际效果。它最大的功能，是可以监控大坝竣工后长期运行期中的温度和应力状态，如施工期或运行期坝体温度和应力状态有问题，可以及时发现并当机立断，采取适当措施进行补救，避免出现事故。

如果说，拱坝优化，乃至后来的 SAPTIS 系统，让高坝设计发生了深刻变化，或者说革命性的变化，那么，这个决策系统将使混凝土坝施工建设水平发生深刻变化。

不惮其烦，再说详细一些、专业一些，该系统具有以下几项主要功能。

其一，大坝温度场和应力场全过程仿真功能。从浇筑大坝第一方混凝土开始，直到大坝竣工投入运行，完全按照各坝段、各浇筑层的实际浇筑时间、实际材料性能、实际气候条件、实际温控措施和接缝灌浆进度进行三维有限元温度场和应力场仿真计算。

系统输出成果包括：任意时间已经浇筑的实际体形、任意时间的温度状态和应力状态、任意点的温度和应力变化过程线。

其二，大坝温度场反分析功能。在施工过程中，对混凝土热学性能、表面保温效果等进行反分析，求出混凝土实际的热学性能及表面保温实际效果。

其三，大坝温度及应力预报功能。如施工中发现问题，需要改变施工进度和工程措施，可拟定几个不同方案，以当时大坝已浇筑好的混凝土的实际温度场和应力场为起点，根据预定的施工进度及工程措施，进行仿真计算，可预报各坝块以后从施工期到运行期任意时间的温度场和应力场，从而考察预定的工程措施效果。

其四，大坝温度与应力控制决策支持功能。搜集整理国内外专家的设计施工和温控经验、规程规范、设计施工准则及工程实例，分类整理，可供计算机检索，根据仿真分析结果，提供工程咨询服务。实际工程中施工条件、施工进度及温控设计中假定的情况难免有所变化，这个系统还可考虑施工条件的变化，如施工进度的改变、气候条件及材料特性的改变等，根据拟定的几种不同的温度控制及工程措施，包括混凝土浇筑层厚、间歇时间、混凝土预冷、表面保温、水管冷却、层面散热、混凝土热学与力学特性的改变、坝体孔口、混凝土自重、上下游面水压力坝体断面等，用三维有限元对全坝施工过程，对施工期和运行期进行仿真计算，分析大坝温度和应力的变化并进行显示和绘图。参照决策支持系统所提供的资料，可根据实产际条件修改大坝施工及温度控制措施，可根据实际条件对坝体断面和大坝灌缝进度做出合理决定。

其五，建立运行平台和综合数据库，对大坝温度场仿真、大坝温度场反分析、大坝温度徐变应力仿真分析、大坝温度场和应力场预报、大坝温度与应力控制决策支持五个子系统和各种数据进行综合管理。❶

周公宅拱坝诚然是促成这一系统诞生并迅速投入到工程实践中的动因，可也不全因为周公宅，它的设计、思路、理念，站得就很高了。

这一系统具体操作起来，界面简单而人性化，也相当简捷，每周只需上机一次，把上周的气候、温度等等实时数据输入，就可以自动运算，为周公宅的温度控制提供了大量的计算成果，与整个建设过程合作得天衣无缝。周公宅拱坝只在施工初期出现过很少几条表面裂缝，后期有这一套系统提供的预报数据，再未出现裂缝。

这一系统在周公宅拱坝建设的成功运用，还不仅仅是在混凝土高坝施工期发挥了作用，而这一系统的诞生，用业内人士的话讲，是一个非常"提气"的创新技术，它在混凝土坝运行期所发挥的作用，用石破天惊来形容一点都不过分。

专业的话少说，再说工程。

先是陈村水电站工程。

---

❶ 参见朱伯芳、张国新、许平、吕振江《混凝土高坝施工期温度与应力控制决策系统》，《水利学报》2007 年第 12 期。

　　陈村水电站是安徽省最大的水电站，可是这座水电站工程却命运多舛，好多专业教科书讲到混凝土坝的裂缝事故，陈村水电站是一个典型案例。还不只是裂缝，还有其他失利的地方，简直就是错讹百出。

　　陈村水电站是一座重力拱坝，最大坝高为 76.8 米，这个坝高并不算太高，但它始建于 1958 年，当时是在全国都排得上号的。坝顶弧长 419 米，分为 28 个坝段。只是 1958 年开工之后，1962 年就停工缓建，1968 年再复工，1972 年大坝完工，1978 年坝顶再加高 1.3 米。施工的过程中，和 1958 年开工的其他大部分工程一样，温控措施没有，坝体在未充分冷却的情况下就接缝灌浆，混凝土质量差，裂缝严重。❶

　　就是这样一座结结巴巴慌里慌张的工程。

　　大坝开裂到什么程度呢？

　　下游面高程 105 米处出现水平裂缝，长度超过 300 米，深度超过 5 米；高程 111.5 米处，近水平裂缝，长度超过 200 米，深度超过 10 米以上；坝顶纵向开裂，深度超过 8 米。另外，基础条件复杂，有 4 条大断层。

　　这座坝到这种程度，"补强"也好，修复也好，难度都很大。但奇怪的是，几次的大坝安全评估，都显示这是一座非常安全的坝，或者说，几百米长、10 米多深水平裂缝、近水平裂缝并不对大坝安全构成威胁。

　　结论显然有些离谱。

　　后来，业主单位委托中国水科院，对大坝进行全过程非线性有限元仿真计算，模拟基础主要断层、坝体全部横缝和主要裂缝。结果怎么样呢？如果考虑应力历史，冬季超载时的安全系数为 1.80，夏季超载时安全系数为 1.91；如果不考虑应力历史，超载安全系数 2.17。但是，过去按常规的拱梁分载法设计拱坝的抗压安全系数高达 12.34。这个相差就太远了。

　　另外就是日本侵占东北时修建的丰满水电站。

　　丰满水电站前面已经说过，不必赘言。需要说明的是，到 1945 年日本投降，丰满水电站尽管已经有几台机组发电，但混凝土浇筑只完成 89%，并没有建完。苏联红军拆解之后，1948 年才又复建，直到 1952 年才最后竣工。

---

❶　参见朱伯芳、张国新、贾金生、许平、郑璀莹《提高大坝监控水平的新途径——混凝土坝的数字监控》，《水力发电学报》2009 年第 1 期。

这座浸泡着无数中国劳工血汗的大坝，当然是特殊历史时期的产物。特殊历史时期的掠夺性产物，其特殊性还体现在当时混凝土设计、施工水平实在难以恭维。当时的水平就那个样子。没有冷却措施，纵缝上部无键槽，下部虽然有键槽，但没有灌浆，混凝土施工的质量低下，裂缝丛生，渗漏量大，溶蚀严重。混凝土坝施工有许多大忌，这座坝好像专门冲着这些大忌设好的坑一路走过来。

就是这样一座坝，当初按照现行重力坝设计规范复核，坝体的问题并不太大。

如果老迈的丰满水电站有知，听到这个结论恐怕自己也会愧怍含羞，不好意思。

而这个结论实际已经影响到了该坝的后续维修工作，久拖不决。

当时正在使用的重力坝设计规范规定：按材料力学方法计算时，坝踵无拉应力，用有限元计算时，上游面拉应力深度与坝底之比不宜超过 0.07，抗滑稳定系数不小于 3.0。

按照此规定，丰满重力坝在不考虑应力历史及纵缝影响条件下，用材料力学方法计算，没有拉应力，用常规有限元计算，其拉应力深度与坝底宽度之比为 0.02，完全满足规范要求。而抗滑稳定系数虽然为 2.28，略小于 3.0 的规定，但是相差并不多。所以，这座老态龙钟的重力坝的问题并不大。❶

后来，业主单位委托中国水科院对大坝进行仿真计算，实际是委托他们计算，看看这座大坝到底安全不安全。

中国水科院对该坝实际施工过程进行了全过程仿真，时空穿越，丰满水电站在 1937 年施工过程的情形慢慢地被计算机庞大计算能力复原。首先，对弹性模量、导温系数、线胀系数等材料参数进行反分析，然后是模拟大坝实际施工全过程的仿真分析，最后是非线性超载分析，大坝任意一点的温度场和应力场清晰地呈现出来。计算的结果，大坝的各项安全系数均低于规范要求，大坝问题严重。

这一结果，让业主单位下决心修改原来争议不休的修复方案，考虑种种因

---

❶　参见《大体积混凝土温度应力与温度控制》(第二版)，朱伯芳著，中国水利水电出版社，2012.8，第 467 页。

素，决定在保证水库正常运行的情况下，拆除老坝，重建新坝。

始于周公宅，陈村、丰满三座大坝再证朱伯芳混凝土坝数值监控理念的前瞻性。它的意义远不止于鉴定一两座大坝的安全与否，这一套数值监控系统不久就被业主单位普遍采用，溪洛渡、向家坝、锦屏一级和二级等等，都是继三峡工程之后的超级巨型工程。

采用朱伯芳提出的数字监控新方法，相当于给庞大的混凝土建筑装上了大脑，中国，乃至世界混凝土大坝建设进入了自己会思考的时代。

"36 字方针，8 个字做不到"

温度应力与温度控制，拱坝优化，数值仿真，数值监控，将中国混凝土坝设计与施工一次次推到新的高度。就工程科学本身而言，朱伯芳开创和引领的这些领域的贡献有目有共睹，但朱伯芳谈到这些领域，除了能够简略叙述其内涵，然后就会很天真地露出笑容："我做的这些课题，都是要挣钱的！"

改革开放之前，朱伯芳他们为各工程单位做科研都是不收钱的，改革开放之后，科研单位要经费，要养活自己；不挣钱如何养活？

也确实，这些领域的开拓性研究最终落实为具体的工程技术，一直是中国水利水电科学研究院的王牌技术。结构材料研究所里面，朱伯芳领导的科研小组又是结构所效益最好的单元。

诚然，"挣钱"仅仅是表象，往深里说，朱伯芳作为一个工程科学家，他的视野，他的兴奋点一直在工程前沿那里；经济效益丰厚，倒从另外一个角度证明朱伯芳作为一个工程科学家的敏感。

朱伯芳先生的公子朱慧珑对父亲有一番解读。他讲："父亲是一个工程科学家，工程科学家的特点，就是他可以从工程中提炼科学问题，这是一个优秀工程师达到一定层次之后才可以做到的。"用我们这一代人的眼光来看，父亲他更是一位工商科学家，他不仅对工程有相当的了解，而且对市场也相当敏感。为什么呢？科技界有一个统计，凡是走在前沿的科学家，他在科研之前的15%时间，就决定着80%的经济性。事实也证明，父亲是有这种敏感性的，他的这些选题，在开始做的时候经济性已经是确定了的。事实也是这样，他的这些成果在工程界受欢迎，并不因为他是院士，他是权威，而是因为成果的经济性。否则，是权威是院士又能怎么样？

经济性，敏感性，朱伯芳自己想到没想到不知道，可是能"挣钱"肯定让他甚是欣慰。事实上，这里面可以解读的东西还很多，不管怎么说，还是一代知识分子价值观与人生观里的一部分，而不是全部。

以朱伯芳几篇重要的论文为例——这些研究与"挣钱"显然关系不大。

2009年1月，朱伯芳一篇《混凝土坝耐强烈地震而不垮的机理》的论文在业界影响甚广。这篇论文首次对混凝土坝抗震机理做了分析。他指出，混凝土坝较之一般工业与民用建筑，抗震能力强，即便遇到烈度为八度、九度的强地震也不垮。有非常强的抗震能力，其原因在于混凝土坝较之一般工业与民用建筑，它在设计之初就是以抵抗库水的水平荷载为主的；而且安全系数也高，达到3.5和4.0，它在设计的时候就拥有巨大的抗水平荷载的安全余度，正是这个安全余度，在强震的时候，混凝土坝常常毁损并不严重，因地震而失事的混凝土大坝较少。而一般的工业与民用建筑，一般主要承载铅直荷载，水平荷载只考虑风力荷载，远小于地震时的水平荷载，所以在强震面前往往弱不禁风。

论文所阐述的混凝土坝的抗震机理当然是引起反响的重要原因。因为在此之前，还没有人从理论上澄清这一问题，朱伯芳是第一次。

更重要的是，2008年8月，"5·12"汶川地震之后，水电水利规划总院根据国家能源局的意见，专门成立"汶川地震灾区水电工程震损调查及工程抗震复核工作领导小组"，对震区进行为期4个月的调查。这是1949年之后，全国最大规模的一次震后水电工程震损及抗震复核工作。

同时，社会上关于水坝引发地震，关于在地震区和强震区建设水坝危害比地震本身更大的观点和话题不绝于耳，网络在质疑，坊间有议论。许多人在责问，许多人又在辩白。责难者众，辩白者寡，处于下风。在这个时候，国家层面震区水电工程震损调查结果还没有公布，朱伯芳的这个文章发表，他关于地震机理的理论阐述怕就不是主要原因了。

但是他还是说话了，而且说得非常肯定。

混凝土坝耐强烈地震而不垮。

这是一个肯定的判断句。当然，他在分析的时候，也是有条件的。比如他建议，坝址尽量远离活断层，同时要注意坝址地质条件；比如他建议在强震区筑坝，对于荷载相对较小的重力坝坝顶，不妨采用厢式空心结构，而高拱坝上部则可适当配筋，等等。

事实上，主持过一线工程设计的工程师，谁都绕不过混凝土坝抗震问题。

早在 1963 年，朱伯芳就发表过数篇关于混凝土坝抗震问题的论文。1963 年《水利学报》第 2 期有《地震时地面运动相位差引起的结构动应力》，提出一个地震时地面运动相位差引起的结构动应力计算方法；1963 年《水利水电技术》第 3 期有《论混凝土坝的抗地震问题》。该论文是朱伯芳在"文革"前一篇很重要的论文，该文全面论述了混凝土的抗地震问题，给出地震时地面最大加速度等资料，给出重力坝、支墩坝振动的计算方法，动力作用下混凝土的强度，以及对地面运动相位差的影响计算方法。1963 年《水利学报》第 2 期还有《拱坝、壳体和平板的振动及地面运动相位差的影响》，给出拱坝、壳体和平板振动的计算方法。因为水坝的长度有时会超过地震时地震波的长度，计算水坝地震反应时必须考虑地震波相位差的影响，他给出相应的计算方法。

1999 年 9 月 21 日，台湾集集大地震，地震烈度 7.3 级，震源深度 8 千米。该次地震释放的能量相当于 40 颗 1945 年投放到广岛的原子弹威力。朱伯芳在震后密切关注震后灾区水电工程的受损情况，注意搜集两岸关于集集大地震的相关资料，《1999 年台湾 9.21 集集大地震中的水利水电工程》一文发表于 2003 年《水力发电学报》第 1 期。

该文全面总结震区的重力坝、拱坝、土石坝、隧洞、河道、河堤和海堤及农田水利设施的受损情况，是一份详尽的地震灾区水利水电设施受损情况调查报告。他发现，震区的房屋、道路、桥梁受损甚为严重，但水坝，却除了石冈水坝因为活断层通过坝轴线而局部错动抬升之外，其他水坝并未受到严重损害。

混凝土坝，或者坝工地震研究国内有顶级的专家，这一课题没有哪一个人委托给朱伯芳来做，也就是说，并不"挣钱"，甚至某些文章还会被人断章取义，惹来麻烦。可是，他要说，必须说。早有研究，不吐不快。出于科学精神，也出于科学良知。

还有一篇非常惹眼的论文，《论混凝土坝的使用寿命及实现混凝土坝超长期服役的可能性》。

这是一篇中规中矩的学术论文，怎么会惹眼呢？

这篇论文发表于《水利学报》2012年第1期。

2012年，三峡工程即将迎来175米蓄水，首次32台机组满负荷运行。用当时社会上普遍的说法，叫作三峡工程将面临首次"大考"。尽管这个说法未必准确，毕竟是首次满负荷运行，关于三峡工程的争论再次成为全社会关注热点。其中，关于大坝的寿命就是争论的焦点之一。

在此之前的2010年12月，在中国工程院关于三峡工程阶段性评估新闻发布会上，"两院"院士潘家铮先生在回答记者提问时，说三峡工程是"长江上的钢铁长城，千年万年不会垮，质量非常好"。就因为这一个"千年万年"，一时间板砖横飞，嘲讽不断，混凝土的寿命到底有多长？三峡大坝到底挺得了挺不了千年万年？你是专家还是砖家？

而且，由三峡工程再及全国所有的混凝土水坝，再加上环保人士介入，关于混凝土大坝的寿命问题成为反坝的重要理由之一。

诚然，朱伯芳可能无意回应这些争议，或者说，朱伯芳根本无意卷入任何无谓的争论，可混凝土坝的使用寿命确实是工程师不能回避的问题，于是就有了这样一篇论文。

写这篇文章，朱伯芳84岁，思路清晰，论述扎实，让人钦佩。

作者指出，混凝土坝的设计使用年限与混凝土坝的使用寿命是两个概念。现行规范规定，水工混凝土结构的使用年限为50到100年，但没有规定它的使用寿命。可没有规定，并不等于问题不存在。就混凝土坝的使用寿命问题，国内许多学者有过一些研究，朱伯芳愿意对这个问题进一步进行探讨。

朱伯芳认为，研究大坝寿命问题，需要注意以下几点。

第一，要有全局观点。大坝包括地基和坝体两部分，事实上，不少大坝失事，是由于地基破坏引起的，因此，研究大坝寿命，不能局限于坝体，必须同时考虑地基和坝体的破坏。

第二，要有全过程的观点。从地质勘探、大坝设计、地基处理、坝体材料、大坝施工到大坝运行管理和维护，每一个环节都影响大坝使用寿命。以往的研究，偏重于坝体材料方面，今后应逐步研究其他各个环节的影响。

第三，要看到时代的烙印。计划经济时代，资金物资短缺，导致过度节约，混凝土设计强度和水泥用量偏低。20世纪50年代到70年代末，正常生产管理秩序被打乱，大坝施工质量下降，这一时期兴建的不少大坝的施工质量还不如20世纪50年代初期兴建的大坝，这些因素对大坝寿命有较大影响。

以朱伯芳半生与混凝土打交道的经验，他认为，实体混凝土坝厚度很大，坝顶厚度一般在3到8米，坝体应力较大的中下部，厚度往往达到10米到150米，优势得天独厚，绝非普通的工业与民用建筑可比，也绝非薄壁钢筋混凝土结构如渡槽可比。"无坝不裂"业已告别，贯穿性裂缝可以避免，即便万一出现裂缝，也可灌浆；而目前的施工水平，混凝土密实性是有保障的，坝体内部的渗漏溶蚀可以避免，坝体内部混凝土具有足够的长期强度。

坝体表面与大气接触，存在碳化、冻融破坏和高速水流冲蚀等问题，以当前混凝土技术水平，只要从设计、材料、施工等方面采取严格措施，表面损伤亦可避免。

比如碳化。经过取样测算，混凝土施工质量如果达到当年佛子岭的水平，碳化深度要达到20厘米，需要的时间为100万年；混凝土施工质量达到当年梅山连拱坝、流溪河拱坝水平，碳化深度要达到20厘米，则需要1600年。即便碳化深度达到20厘米，混凝土坝厚度比较大，可以在不影响大坝正常运行情况下，对大坝进行维修。所以，实现混凝土坝的超长期服役是可以做到的。

混凝土大坝的设计寿命，与在役大坝的使用寿命，是两个不同的概念，这篇论文中给出准确的定义，同时给出相应的计算方法。混凝土大坝的使用寿命，其实与混凝土大坝的建设一样，也是一个复杂的系统工程，并不能一概而论。不管怎么讲，只要措施得当，混凝土实体重力坝自有其先天优势，超长期服役没有问题。

如要详细复述论文内容，将可以构成一场精彩的学术报告。

不管怎么说，大体积混凝土结构的水坝，达到"千年万年"是不成问题的。

朱伯芳从理论的高度对这一问题做出回答。

强震水坝不垮，千年万年并非神话。两篇论文倒未必为科普而作，非科普的论文发表恰逢其时，其科普的作用当显而易见。

说起来，这两篇论文，在朱伯芳科研生涯中250多篇论文中，不能说分量不重，不能说对具体工程实践没有指导意义，但远非其主要学术成果。只是，对待这样一些工程师不能绕过去的问题，朱伯芳还愿意像对待重点课题那样，逻辑清晰，有理有据，条分缕析把问题讲清楚，讲明白，讲透彻，让人豁然开朗。

也因为论文发表的恰逢其时，业内许多了解朱伯芳的同仁都说，也只有老先生敢这样讲，能这样讲。直率，耿介，对待科学，对待技术，他往往不留情面。20世纪70年代关于腹拱坝的发言如此，20世纪90年代关于混凝土标号与安全系数辩诘如此，关于水工混凝土规范中关于安全度的讨论、关于三峡裂缝问题的直白陈述，莫不如此。从精神层面讲，是一种高度负责的态度；从专业角度讲，则体现着相当的科学精神与对职业对事业本身的尊重。

如果说，把以上两篇论文上升到这样的高度去解读，有些勉强，那么，下面两个例子足可以作为佐证。

1998年长江、嫩江流域遭遇特大洪水。抗洪过后，朱伯芳甚为忧心，毕竟是新中国第一代水利工程师，这么大的洪水他怎么会不牵挂？

1998年底，已经担任国务院侨办司局级领导的女儿回家看望父母亲，父亲让她看一篇写好的文章。朱慧玲以为是什么论文，细看，却是一个发言稿，很长一个发言稿。

文章中的一些观点很尖锐。

他的发言分为三部分，首先论述人口膨胀增加治水难度，导致在江河中、下游过度围垦，上游滥垦滥伐，使得中下游地区分洪区作用大减。所以，必须在治水的同时，坚决贯彻计划生育政策，防止人口过度增加。第二，针对退田还湖的治水方略，他主张适当降低防洪标准，建立避水措施，以便平常年份可以正常生活，大水年份牺牲一季农作物，吸纳洪水为干流分洪。不然，这么多人口要养活，一刀切退田还湖怎么得了？第三，关于封山育林政策，他主张超过25度的坡地禁止开垦，25度以下坡地实现梯田化。至于封山育林，为遏制滥伐森林，短期内在江河上游严禁伐树是必要的，但长期封山未必有利，应从选育优良树种，建立合理的砍伐制度，研究一套合理利用江河上游森林资源的方法和制度。

朱慧玲之所以读出文章的"尖锐"之处，是因为"98 抗洪"之后，朱镕基总理总结洪水教训，提出"封山育林，退耕还林；退田还湖，平垸行洪；以工代赈，移民建镇；加固干堤，疏浚河道"的 32 字治水方针，老爹的这篇文章是针对这个方针来的。

果然，朱伯芳对女儿说，32 字治水方针，至少有 8 个字是行不通的，这篇文章说的就是这八个字"行不通"：封山育林，退田还湖。

女儿劝说得很委婉，国家既然已经确定了这个治水方针，这篇文章即便发出去，也不会起多大作用。她的劝说毫无悬念没有什么作用。这个发言稿在 1998 年水利部召开的一次会议上，朱伯芳字句铿锵，照本宣科，一字不落做了发言。

不独如此，发言之后，该文还发表在《科技导报》1999 年第 4 期上。

文章一出，学生、同侪都笑：也只有老先生才能说出这番话来。

师 生 之 间

"36 个字，8 个字行不通"一例，当然美谈。除此之外，2004 年，朱伯芳执笔，联合陈厚群、卢耀如、冯叔瑜、曹楚生、赵法篯、沙庆林、韩其为、黄熙龄、谢礼立等 11 位院士和另外两位研究员联署，给中国工程院提呈一份院士建议，建议我们国家应该大力加强应用研究。

在这份建议书中针对一些部门和地方，混同"企业办科研"与"科研单位企业化"两个概念，不分青红皂白把科研单位全部推向市场的现象加以剖析。众多的科研院所本身变为企业，直接进入市场之后，其中一部分开发出自己的特色产品，转变为科技型企业，既能从事研究开发，又有产品投入市场，发展前景是好的；但也有相当多的院所，为了生存，只好抓短平快，主要转变为搞生产，科研滑坡，科研队伍萎缩，这对国家的长远发展显然是不利的。

这份建议书言道，应用科学研究应该得到国家的大力支持，而不应一刀切推向市场。

十几位院士言辞恳切，从国家长远发展考虑，遂有此番建议。

2016年，已经88岁的朱伯芳给中国水利水电科学研究院领导写了一封信，主题，是关于中国水电开发高潮即将过去，水科院未来怎么发展。

已经担任中国水利水电科学研究院副院长的学生贾金生看到这封建议书，非常感慨："老先生总是能够站在一个高度来看问题。其实，朱先生对市场还是非常敏感，他总能够敏感地抓住生产实践中的关键点，找得非常准，十年之后怎么样，十五年之后又怎么样，都是前沿的东西。八十八岁的老人，思路仍然很清晰，这完全是出于对事业的热爱。

"除了所里自己的课题之外，他还承担着许多国家重点攻关项目，比方高拱坝研究，那个时候已经是六十多岁的人了，还冲在第一线，亲自推导公式。一般人到了这年纪是不干这个事情的，他老先生要亲力亲为。除了高拱坝，还有国家自然科学基金重大项目、国家攀登计划项目等。到了八十岁，溪洛渡工程的安全评估里面的水管冷却中水温的计算、调控和反馈分析，这些都是朱先生领着我们干的。

"这些国家重大攻关项目，朱先生义无反顾，给水科院的建议书也想得很远。老先生忧心忡忡，说水科院两千多人，外面承揽的活是越来越少，未来怎么发展？他的意见很重要，站得很高。"

贾金生和饶斌是朱伯芳的第一批博士生。当年读博士，所有的课程设置都是朱伯芳自己搞的，比如外语，他不主张自己的学生在本院里学习，而要到北京外国语学院学，那里的外语教学相当好；自然辩证法，则请北京大学和清华大学的老师来教，有的专业课是朱伯芳亲自上。在这些方面，他给学生创造最好的条件，毫不保守。体现在一些细节上，比如年终发奖金，当时博士生一个月也就80多元，年薪不过千，贾金生当年的年终奖是2900元，奖金最高，

一起做的项目，朱伯芳写成论文之后，谁干了什么工作，他都要在文章里

写清楚，而且与他们联名发表，哪怕是你算了一个小算例，他都记得清清楚楚，有时候，他自己反而成了第二第三作者。他讲，他已经是院士了，不需要这些东西，年轻人需要。

有人曾问贾金生："贾所长，你们是不是为了提高论文的档次，写好之后署朱先生的名？"

贾金生需要花费一些口舌才能解释清楚这个问题，凡是有朱先生名字的文章，联名的作者再多，执笔者就是朱先生一个人。一篇还罢，两篇三篇还罢，但这样的文章太多了。2016年，中国电力出版社出版《朱伯芳院士文集》，编辑发现，收入该文集的210多篇论文中，有40多篇是与他人联名发表。这些论文中，有与他人合作的课题，大部分论文采用了团队成员算例，指导思想还是他自己的。像项目组发放奖金，他不会厚哪一个，也不会薄哪一个，他会给你署名，即使用哪怕是一个小算例，他也会在文章里特意指出。用组里成员的话讲，朱先生"非常公道"。你做了工作，他不会埋没你。

此种开阔胸怀，在当下的学术环境下，让许多人特别感慨。如果实在要深究，是事业赋予朱伯芳这样的胸怀？还是胸怀成就了这样的事业？很难说清楚。两者相辅相成，庶几是正比例关系。团结协作、相互学习、相互照耀，这可能是职业赋予中国水利水电工程师的精神特质。

1993年，贾金生跟朱伯芳搞了六年的拱坝优化，三年读博，三年编程，用他的话讲，叫"学师三年，谢师三年"。师徒之间，淳淳古风。

贾金生回忆起那段日子，他讲，作为学生，简直就是大门不出二门不迈，读博三年，做了拉西瓦、普定、隔河岩等大型工程的计算，从校核公式到编程，都由他和饶斌来完成，再加上厉易生，几个人协作得非常好。

朱伯芳谈起他的学生和同事，则说："我跟他们是亦师亦友的关系，没什么特殊。"

也确实没有什么特殊，大家切磋、讨论、总结，都是在十分和谐和严肃的氛围中展开。拱坝优化程序编制出来，都是朱伯芳自己亲自动手写总结，要求学生们也及时总结研究成果，写出来。这个成果成立还是不成立，大家讨论。

贾金生有一个例子，朱伯芳关于拱坝优化推导出满应力法，贾金生在复核的过程中发现，这一套方法在总体上是没有问题的，但也有反例。朱伯芳推导满应力法之核心，就是增加断面进行计算，应力随断面逐渐减少，然而事实上算多拱多梁的时候，厚度增加，不一定应力就减小。贾金生发现这个问题之后，就进一步往前推导了一下，并写成论文。

照例，论文要大家讨论。朱伯芳听贾金生汇报，说不可能啊！听完贾金生关于推导过程之后，觉得贾金生的推导是有道理的，很支持。

几十年的科研生涯，发生在朱伯芳身上这样的例子想来不少。

有这样一种平等和谐的师生、同仁关系，每一个人都对自己的团队甚为珍惜。

20 世纪 90 年代初，出国热。那时候贾金生已经博士毕业，还在"三年谢师"。其时，有一位当年的学长在英国的诺丁汉大学读博士后，他的一个导师想在中国找一个搞剪力墙的博士，在他那里读博士后。所谓剪力墙，也就是搞结构的，一年给 18000 多英镑。学长给导师推荐了贾金生，这个导师也特别看重推荐的人选，还专门到机房里看过他做的东西。该导师看完之后甚是满意，表态说，"你有这样的力学基础和编程能力，没有问题的。"

基础没有问题，应用没有问题，外语，因为是在北京外国语学院学的，交流、写作更没有问题。

这样的机遇，莫说在当年，即便在今天也不是哪个人能够轻易遇到的。当时博士的年薪千元出头，仅就待遇一项就诱惑不小。

贾金生征求朱伯芳的意见，他把事情的经过跟朱先生讲，到英国读博士后，待遇如何优厚。朱伯芳问他说有多少？他讲有 18000 英镑。朱伯芳也很惊讶："是不少啊！"但略一思忖，"这样吧，你做完手头的事情就可以走。"

这回倒轮到做学生的犯难了。说得轻松，手头的事情哪里可以做完？都是世界顶级的水电工程。几乎全部簇拥在研究所的门口。1987 年入师门，朱先生对自己的学生可谓是费尽心思，从领他们进门，到能够独当一面，朱先生倾其所学毫无保留都教给他们，这才有了这样一支全国顶级的科研团队。另外一方面，那个时候饶斌毕业被分配到建设部，课题组只有朱伯芳、厉易生、贾金生三个人，厉工又身体不好，主要干活的只有他这个年轻人。他一走，组里的"活"怎么干？

贾金生谢绝了这一次"机会"，理由，就是手头的活干不完，实际上是舍不得。多少年之后，贾金生还感慨："若论手里的活，当年干不完，直到今天也干不完。"

干不完的，是手头世界顶级的技术工作。到 1992 年，课题组已经解决了工程中的几个大问题，动力的，非线性的，分期施工，分级蓄水，等等等等，这些技术难题，都有了很好的理论表述。

世界顶级的技术工作，怕比 18000 英镑的诱惑力来得更大。

但是，连贾金生都没有想到，1993 年，也就是所谓"谢师三年"结束那一年，朱伯芳非常痛快地让贾金生离开课题组。

事情是这样的。1993 年，科研处于低谷，科研经费不足，国家提倡科研工作要与市场结合，当时董哲仁任结构材料所所长，筹办"天和"公司，担任总经理。董哲仁征求贾金生的意见，要他出来在公司搞经营，也就是跑市场。

所长这样一说，等于是行政意见，贾金生先就犹豫起来。因为自己多少年一门心思埋头搞程序，做学问，是有科学抱负的。一旦迈出书房，就等于每月要跑好多工地，天天跟业主打交道，科研工作简直无从谈起。而且，这时候，已经跟朱先生搞程序三年多，对于拱坝分析这一套已经上升到一个高度，在国内有很大影响，项目已经拿了国家奖。当然，他也感觉到所里、研究室里科研经费紧张，发展很困难。

当时客观情况是，科研任务计划经济的痕迹很重，上头重点攻关，你来完成任务，投入多少，收益多少，都是一笔糊涂账。节省多少混凝土多少费用，与他们关系鲜少，投入与收入不成正比，价格与价值严重不符。应用科研市场化，在一定程度上可以弥补科研经费的不足。

但他还犹豫。见教于朱先生，他心想朱先生一定不会答应。为什么呢？君子耻言利，一般搞学术的人，总有一些学究气，他会反感别人跟他讲经营啊挣钱啊这一套东西。没想到，他跟朱伯芳一说这个事，朱伯芳思考一会，说："小贾，现在所里困难，组里困难，所里让咱们出去闯一闯，既然看上你，就不要犹豫，所里支持，没有问题，出去好好发展。虽然是出去搞经营，毕竟人事关系还在所里嘛，还是所里的人。"

没想到朱先生很开通，而且如此开通。从 1993 年到 1999 年六年时间，贾金生人在公司搞经营，但他仍然是研究室的人，工资由研究室发，干的是所里的活。全不是因为师生，而出于事业和个人发展考虑，矛盾难免，但是朱伯芳平衡得特别好，贾金生可以放心在外面"闯"，跟企业合作，跟国际合作，科研经营很快风生水起。

贾金生是朱伯芳的第一个博士生，朱伯芳对他的关爱是题中应有之意，但这仅仅众多关爱中的一个特别例子。老先生严肃，认真，可是跟朱伯芳打过交道的所有人都得到他的帮助。科研选题，论文发表，催促年轻人及时总结成果，及时报奖，及时评定职称。每一个人的情况其实都在他心里装着，只不过不到关键时候他不说罢了。

这样的例子，结构所的人都可以讲出很多来。

贾金生离开研究室到所里搞经营之后，1993 年许平读朱伯芳博士，实际上就是接了贾金生留下的这一摊子，接手干活。

许平内向，不大跟人聊天，这倒跟朱伯芳有些相似。朱伯芳发现他这个性格，这倒很对脾气，就主动跟他聊，问他家里的情况。当得知自己的学生从小学六年级到高中的课程全都是自学得来，大喜过望，非常高兴，少不得拿自己自学高等数学的经历鼓励他。

到后来，许平开始编制仿真应用程序，他怕在单位别人说话受干扰，所以经常不来上班在家里干活。这时候有人难免有意见，意见反映到课题组组长朱伯芳那里，朱伯芳直接把意见反馈给许平，但是说："只要在家里可以提高工作效率，不来也是可以的。"

朱伯芳对人宽容如此，每一人又都知道朱先生其实是一个非常严格的人，宽中有严，严是核心，宽是形式，每个人感觉到压力还是很大。

当年贾金生、饶斌读博士，表面上看很松，一周就与导师见一面，见一面也就是半个小时，他不天天盯着你。他自己对自己就特别严格，在做一些课题汇报之前，准备很充分，自己做 PPT，写好之后，把组里同志叫到一起讲，讲的时候还掐着时间。

他的工作节奏一般是这样，上午工作四个小时，中午休息一会儿，一直要工作到晚上八点，又是四个小时，晚上回去还要看书。多少年来就这样，只是到了 85 岁之后才下午不怎么来所里。

所以，跟学生每一周见面半小时，什么项目，什么程序，他要进度要结果，来不得半点含糊。对待工作，那是相当严格。组里的同事也好，他带的博士生也好，对待工作不敢打任何马虎眼。

许平曾讲过一件事。有一次，朱伯芳让组里一位年轻人算一个算例，这是个很急的活，需要在一两天内做出来。这事情如果放在其他同事或者学生那里，是一件胜任愉快的事情，会很快把计算结果交出来。但是那两天，这位年轻同事手头还有些别的事，把这个事情给耽误了。过了两天，朱伯芳问他要结果，他还没有算。朱伯芳一听就火了，劈头盖脸一通批评。坐在一旁的许平给吓得不轻，因为朱先生到晚年耳朵有些背，本来说话声音就洪亮，此时更是洪亮。从认识朱院士到跟他读博士，他还没见过朱伯芳发脾气，更不要说这么大的脾气。

这火当然不是针对某一个人，而是触到了他的底线。

朱伯芳在谈到治学的时候，他说他有一个座右铭：白天好好工作，晚上好好学习。

这段话如果说给不了解朱伯芳的人，可能觉得这句话清汤寡水，没有多少内涵。但是，如果了解到，朱伯芳把这个座右铭当作生活方式，坚持了不是一天两天，也不是一月两月、一年两年，而是将近七十年，会做何感想？

学习，工作，是支撑起一个人全部人生价值的两个概念，这个分量就重了。

朱伯芳有一番夫子自道。2015年，一次学术报告提问环节，有人问朱伯芳，他和潘家铮、曹楚生院士都是没有留学背景的，何以取得如此卓越的成就？

他有很长一段回应。

他讲，中国是一个没有近代文化和近代科技历史的国家，因此也不可能产生近代文明和现代科技。当年，学习西方的科技，只能派人到国外学习，这批留学归国人员把西方现代科学技术带回到中国，对我们中国的现代化建设做出的贡献是非常大的，没有他们，现代科技搞不起来。即便是今天，我们的科学技术已经强大多了，但在很多领域与西方发达国家比起来，还有很大差距，即便我们能够赶上，也存在一个取长补短的问题，存在一个技术交流的问题，出国留学应该是一个长期的政策。

但没有留学背景怎么办？留下来还是有用武之地的。

他讲，我们这一些没有留学背景的人，有一个根本的问题，就是你要抓住你的工作，把工作做好。因为在工作中要解决好多问题，问题解决了，你不就有创新了吗？把你的工作做得比过去好，这就是创新。

再一个，要在理论上提高自己。你若上班来下班去，那个不行。你还需要掌握国外最先进的技术，把我们的工作做得更好。假如有一个人，工作做不好，一天到晚就是看书，这个是不行的，这个人将来是没出息的。在水电科研工作里，并不是哪个看得书最多，哪个就是最有名的。你把图书馆的书都看完了，你也不一定是一个好专家。要解决水电工程里面最关键技术问题，你问题解决得好，那你就是一个好专家。

不管你是年轻人也好，年纪大的人也好，第一个任务就是搞好工作，在工作过程中学习，解决重大的、关键的技术问题，这你才能成为一个好专家。

一口气讲了这么多，朱伯芳有些激动。

对工作的此种态度，是有感染力的。学习，工作，两位一体；身教，言传，一体两位。朱伯芳本身就是一个有感染力的存在。

第一位硕士厉易生厉工深有感触。厉工说这番的时候，已经是退休多年的老人，年近古稀。厉工讲："我现在退休多年，老先生还冲在第一线，反衬得我像个老人似的。说起对待工作的认真，说起勤奋，我们这些学生没有超过朱先生的。他对我们当然有意见，经常说，我们回去不看书，光看电视怎么得了？朱先生是勤奋的，扎实的数理底子就是这样打下的。他聪明，但绝不是靠聪明劲上来，灵感乍现，写个文章，一鸣惊人那样。"

朱先生一生谈不上传奇，但他创造的都是奇迹，是这样一步一步走过来的。

贾金生深有感触。他讲，朱先生倾心于事业，敬业，敬人。只要你有贡献，他会在经济上支持，在学术上支持，在发展道路上支持。当年跟朱先生做科研，非常顺利，感觉得一个国家奖也是很容易的事情，自己感觉如果跟着朱先生这样一路做下来，前途还是蛮大的。因为跟着朱先生，学生也好，团队也好，很快就成为国内同类科研团队里最好的，还赢得很大国际声誉。

离开朱先生，自己开辟另外的领域，另立一个方向，比如做面板堆石坝、粒性混凝土、胶凝砂砾石坝等，还是朱先生教给的那一套严谨的做法，标杆怎么定？起点低并不可怕，标杆一定是国际顶级的，这也是原来的传承。他的言传身教，对我们后学的思考方式，办事方式，追求的目标都有着深刻的影响。

再一个，就是紧紧围绕着国家和行业的需要去做，朱先生当年做拱坝、高拱坝研究，那时候什么也没有，但国家需要，行业需要，就要把它做成。面板堆石坝的研究到2003年终于拿到国家奖，这都是朱先生的影响。

两位老学生，一番旧感慨，让人想起朱伯芳说的那句话："我跟学生们，是亦师亦友。"

享 受 思 考

朱伯芳曾应邀在许多单位做过学术报告，关于自己如何搞科研，他总结为两句话。

（一）来自生产，高于生产，用于生产。

科研课题应来自生产的需要，应挑选那些生产上迫切需要解决而目前尚未解决的问题进行研究。研究成果要高于当前国内外的科技水平，并力争在生产实践中加以应用，不能满足于发表论文。

（二）勤于工作，勤于学习，勤于思考。

科研工作是一种创造性工作，要取得有意义的成果，必须做到如下三点：

勤于工作。工作时间内，必须全身心地投入，全神贯注。

勤于学习。白天好好工作，晚上好好学习，学习国内外先进理论和技术，用于自己的工作。

勤于思考。在工作中要多动脑子、多思考，通过思考才能取得新的科技成果。❶

水利水电行业的人都知道，朱伯芳是行业内公认的结构大师之一，创立混凝土温度应力与温度控制、拱坝优化、大坝数值仿真、大坝数字监控等领先世

---

❶ 参见朱伯芳《八十自述》，《水利水电技术》2012年第7期。

界水平的新技术，是中国水利水电科学的奠基人之一。

这个评价当是准确的。关于他的成就，不必多说。

他为什么成功？为什么能坚持？

夫子有自道，旁人有解说，都泛泛。

在中国水利水电科学研究院，关于朱伯芳的一些趣事，一代一代人辗转流传，版本不同，那就是好读书，能下苦功。事实上，这样的事情，根本用不着留心，它自己就会闯进你的眼帘。

还是在20世纪80年代，胡平刚刚进入水科院结构所，跟易冰若在一个办公室，跟易工很熟络。易工每一次说起自家丈夫，就抱怨说，朱工每天只知道看书，礼拜天让他陪上街一趟他都不去。其实呢，夫人是担心朱伯芳长久坐在那里，身体又不好，找个茬让他出来活动活动。

那是个冬天，胡平到西单逛街，就碰到了朱伯芳。西单闹市，人来人往，人声鼎沸，胡平远远看见一间商场门口有一个老头儿坐着小板凳在那里看书，远远看着，这不是朱工吗？近前一看，果然是朱伯芳。朱伯芳端坐楼前，手里一本厚厚的书，周围一切充耳不闻，如入无人之境。

胡平很惊奇：这不是朱工吗？大冷天您坐在这里？

闹市逢同事，朱工倒不显得尴尬，合上书："老易在里面买东西，她老怪我不陪她出来，今天陪她——但我也看不清里面的东西，就在这里等她。"

更多的趣事，是他对陌生事物的好奇心。

与张超然院士出国参加第十五届国际大坝会议，买照相机是一例。例子还很多。

从1975年掌握有限单元法编制计算机程序，但老先生对计算机操作并不在行。20世纪80年代末期，微型计算机开始普及，每逢水科院培训计算机知识，他场场不落都要听下来，一条一条记笔记。

有人送他一个苹果ipad，这是一款刚刚流行的触屏平板电脑，他很稀奇鼓捣半天，从开机，到点击应用程序，一步一步写下来。最后发现对工作没什么帮助，也就丢开了。

甚至，在办公室偶尔听到同事议论有一道什么菜，如何好吃，他会出人意料地出现在大家面前，让把刚才的菜重说一遍，说到兴奋处，孩子一样天真：

"胡平，你给我把这个过程写下来，我也回去试试。"

外甥女程竹每一次从美国回来，就会惊奇地发现一个"新"姥爷。念小学，升高中，一直到上大学，程竹周末到姥姥家，推门进来，永远是姥姥等在那里，脱衣服，换鞋子，慈爱地叮叮注意这注意那，不到吃饭的时候，永远见不到姥爷的身影，尽管她知道姥爷在书房里，可不敢前去打搅。到了饭口，姥姥会差程竹："去，叫姥爷出来吃饭。"程竹咚咚咚咚跑到书房去叫。姥爷永远是这样一副样子，厚厚的眼镜，慢慢起身，慈爱一笑，步履蹒跚，书桌上摊开各种各样的书籍和资料。

在程竹童年的记忆里，姥爷的话绝不多，但他对世界永远充满好奇，他会带孩子去吃肯德基，吃牛排，吃汉堡。在知识分子云集的水科院大院，姥爷怕是唯一一个对这些新鲜玩意有浓厚兴趣且乐此不疲的老人。

上大学，出国定居，远隔重洋。每一次程竹回来，会发现姥爷的话又格外多，跟他谈学习，谈自己写了什么文章，出了什么书，是同行业里被引用最多如何如何，老人谈得很兴奋。看到姥爷自己翻译的《大体积混凝土温度应力与温度控制》《有限单元法原理与应用》英文原稿，程竹惊叹："您的英文水平已经达到炉火纯青的地步啦！"老人却自谦："写还可以，说是不行的。"

后来，程竹带男朋友回国探亲，看望姥爷，姥爷上来就用英文跟人家交流，还流利得不得了。程竹盯着姥爷的眼睛："您不是说，您说英文不行吗？"做姥爷的讪讪，赧然，微笑。

不说儿女，包括他的学生和同事都知道，朱伯芳的爱好还蛮多，喜欢古典音乐，即便在"文革"前后生活困难的日子里，他都收集有许多古典音乐唱片。大家都以为朱伯芳古板，但想想，朱伯芳于案牍劳形之余，闭目倾听磁针划过胶片，音乐流淌而出的情景，这个古板的人，他的内心，其实有太多的柔软的地方。

科学，在不断探索事物的确定性；而艺术，则在寻求世界的可能性，是世界的另一种表达。这个矛盾吗？其实不矛盾。

反观朱伯芳的人生，似乎并不能满足读者的期许。在一般人眼里，波澜起伏，大起大落，充满传奇才是一个杰出者应有的人生轨迹，而且，拥有这样人生经历的杰出者并不是没有，即便水利水电领域，这样的杰出者也不在少数。

只是，朱伯芳没有。他的人生经历堪称平淡平凡。

晚年，他总结自己的一生说："我这一辈子，没做过什么大官，没做过轰轰烈烈的大事，最大的官就是一个课题组组长，研究室主任，再大的官没做过。所做的工作，就是解决工程上面实实在在的技术问题。你让我说一些轰轰烈烈的大事还真讲不出来。"

映入大家眼帘的朱院士，跟普天下日常生活里平常的老人没有什么区别，唯一的区别，怕是这位老人家对什么都有浓厚的好奇心，还有，他永远在思考什么东西。

2016 年，朱伯芳整理自己一辈子写过的论文，共计 250 多篇，若从 1956 年发表第一篇论文开始，刨去"文革"十年，到 2016 年共计 50 年，每年平均发表 5 篇。当然，以平均数来描述并不能准确反映他的工作节奏，比如 2007 年到 2009 年三年，一批重要的论文在这一时期发表，仅 2009 年就有 11 篇之多。这一年，朱伯芳已经是 81 岁的耄耋老人，如此高龄，尚保持着如此巨大的学术热情，其精力之旺盛，其思维之清晰缜密，无不让人叹为观止。

原来，平淡也有浓度，平凡也是高度。

朱伯芳平淡而平凡的人生，就像一组被优化的程序，精彩常常充溢于每一人生段落的各种细节里，无传奇的人生，却屡屡有奇迹创造。

这是一个善于思考乐于思考的老人。

关于朱伯芳成为朱伯芳，他的儿子朱慧珑博士有一番解释，因为他从父亲身上学习到的东西特别多，或者说，是父亲潜移默化的影响让后辈看得更加清楚。

他讲，父亲的一生的成就，几乎就是在学习、思考中完成的。学习和思考，是相辅相成的，是共谋的关系。学习的时候没有学透，往往会限制创造；而带着思考去学习，其结果更偏向于原创，所以学习的过程中，一定要给思考留出一定空间。因为，学习到了一定程度，他是没有办法突破的。学习能力与时间有一个函数曲线，到一定时间之后就有一个饱和域，到这个时候，你的学习能力是没办法突破的，学习的速度要大于创新的速度，好多人实际上都会陷入这样的困境。靠什么突破？靠思考。

这里需要特别指出的是，学习是一个积累的过程，其实也是思考的结果。

父亲一生都在不断学习过程中，与其说，他是在补起当年上大学的遗漏与不足，不如说是思考将他引领到学习的领域。从开始的微分函数、变分函数到后来的有限单元，都是如此。

现在我们的教育总强调一个人的智商，事实上，智商转换为智慧是一个漫长的过程。其核心就是思考，需要长年累月的坚持，需要不断地总结。当思考多了之后，就会慢慢发现，权威不再是权威，就会发现权威不曾注意或者忽略掉的细节，这样就有了超越权威的可能。

动不动打倒权威肯定是不对的，但是一定要超越权威——世界上没有不可超越的东西。

父亲就是这样一步一步走过来的。说是奇迹，其实也平凡。但是，他在自己的治学经验里也谈，说自己勤奋，勤于总结。别人也这样总结。

朱慧珑不以为然，他讲："一个人成功，勤于思考固然重要，善于思考固然重要，但更重要的是，你还要享受思考。"

朱慧珑博士的这段话，让人惕然，豁然，不禁拍案。

享受思考，是可以解开朱伯芳学术成就的一个非常简捷的算法。思考几乎是朱伯芳的一种生活方式，混凝土各种温度、应力变化当是妙趣横生、激情四射的，这个恐怕别人看不出来。不享受，怕也很难勤于思考，不享受，怕也很难善于思考。

享受思考，应该是朱伯芳人生方程的最优解。

结语：勤奋、务实和创新成就了朱伯芳

朱伯芳参加了我国首批三高坝（佛子岑坝、梅山坝、响洪甸坝）的设计，为我国掌握现代高坝设计技术做出了贡献，并首创大坝混凝土标号分区技术和支墩坝应力弹性力学理论解。他建立了混凝土坝温度应力、拱坝优化、混凝土坝仿真计算和混凝土坝数值监控四个新学科。他建立的混凝土坝温度应力理论解决了大坝裂缝这个世界性难题。拱坝优化方法已应用于一百多个工程，包括世界最高的三座拱坝，节省投资 10%～30%。混凝土坝仿真计算大幅度提高了混凝土坝应力分析水平。混凝土坝数值监控已成为大坝安全监控最重要的方法。他正式发表论文 240 篇，是我国水电界发表论文最多的一人，也是论文被读者引用最多的一人。

他著书十本，其中《大体积混凝土温度应力与温度控制》和《有限单元法原理与应用》分别为我国土建专业和水利水电专业中被读者引用最多的十本书之一，他是我国水电界科技成果最多的学者之一。

1995 年朱伯芳当选为中国工程院院士时，两院院士中 80% 都是海外留学回来的专家，他不但没有海外留学的经历而且大学只读了三年，因此他的根底是比较薄弱的。为什么他能从较低的起点开始取得较多的科技成果呢？他本人的分析，归功于 6 个字：勤奋、务实、创新（见朱伯芳《生平纪事》，水利水电技术，2014.7）

勤奋：在 70 岁以前，他每天工作学习 11～12 小时，星期日他很少休息。往往是带着馒头和开水到北京图书馆去查阅科技文献，目前 89 岁每天工作 7～8 小时，最近 10 年发表发表论文 50 篇，仍为水电界每年发表论文最多的一人。

务实：他毕生大部分时间和精力都用于研究和解决我国重大水利水电工程实际问题，他提出的科研方针是"来自实际，高于实际，用于实际"，研究题目来自生产实际，研究成果高于当时国内外实际水平，研究成果主要应用于生产实际，不能满足于发表论文。

创新：不断提出新方法、新技术和新理念，使水电工程科技水平不断提高，他创立的混凝土坝温度应力、拱坝优化、混凝土坝仿真和混凝土坝数值监控均处于世界领先水平。

　　他毕生的特点就是：勤奋、务实、创新。

　　是勤奋、务实和创新成就了朱伯芳。

朱伯芳院士论著一览表

第Ⅰ篇　著作

[1] 朱伯芳. 大体积混凝土温度应力与温度控制 [M]. 北京：第 1 版，中国电力出版社，1999；第 2 版，中国水利水电出版社，2012.

[2] 朱伯芳. 有限单元法原理与应用 [M]. 北京：中国水利水电出版社，第 1 版，1979；第 2 版，1998；第 3 版，2009.

[3] Zhu Bofang. Thermal Stresses and Temperature Control of Mass Concrete [M]. New York，Elsevier，2014.

[4] 朱伯芳，高季章，陈祖煜，厉易生. 拱坝设计与研究 [M]. 北京：中国水利水电出版社，2002.

[5] 朱伯芳，黎展眉，张璧城. 结构优化设计原理与应用 [M]. 北京：水利电力出版社，1984.

[6] 朱伯芳，王同生，丁宝瑛，郭之章. 水工混凝土结构的温度应力与温度控制 [M]. 北京：水利电力出版社，1976.

[7] 朱伯芳. 混凝土坝理论与技术新进展 [M]. 北京：中国水利水电出版社，2009.

[8] 朱伯芳. 水工结构与固体力学论文集 [M]. 北京：水利电力出版社，1988.

[9] 朱伯芳. 朱伯芳院士文选 [M]. 北京：中国电力出版社，1997.

[10] 朱伯芳. 朱伯芳院士文集（上、下册）[M]. 北京：中国电力出版社，2016.

第Ⅱ篇　论文（一）　混凝土坝设计方法现代化与安全系数设置

[1] 朱伯芳. 我国混凝土坝坝型的回顾与展望 [J]. 水利水电技术，2008，（9）.

[2] 朱伯芳. 对宽缝重力坝的重新评价 [J]. 水利水电技术，1963，（10）.

[3] 朱伯芳. 当前混凝土坝建设中的几个问题 [J]. 水利学报，2009，（1）.

[4] 朱伯芳. 混凝土坝安全评估的有限元全程仿真与强度递减法 [J]. 水利水电技术，2007，（1）.

[5] 朱伯芳. 混凝土坝计算技术与安全评估展望 [J]. 水利水电技术，2006，（10）.

[6] 朱伯芳. 论混凝土坝安全系数的设置 [J]. 水利水电技术，2007，（6）.

[7] 朱伯芳. 关于可靠理论应用于混凝土坝设计的问题 [J]. 土木工程学报，1999，（4）.

[8] 朱伯芳. 论混凝土坝抗裂安全系数 [J]. 水利水电技术，2005，（7）.

［9］朱伯芳. DL 5108—1999《混凝土重力坝设计规范》中几个问题的商榷［J］. 水利水电技术，2005，（3）.

［10］朱伯芳. 论混凝土坝的几个重要问题［J］. 中国工程科学，2006，（7）.

［11］朱伯芳. 结构优化设计的几个方法［J］. 工程力学，1985，2.

［12］朱伯芳. 略论各种混凝土坝的安全与经济性［J］. 水力发电，1957，2.

［13］朱伯芳. 论坝工混凝土标号与强度等级［J］. 水利水电技术，2004，（8）.

［14］朱伯芳. 如何面对我四十余年后水电建设行将结束的局面［J］. 水利水电技术，2017.

［15］朱伯芳. 智能优化辅助设计系统简介［J］. 水利水电技术，1993，（2）.

［16］朱伯芳. 论混凝土坝的使用寿命及实现混凝土坝超长期服役的可能性［J］. 水利学报，2012，2.

［17］朱伯芳. 关于混凝土坝基础断层破碎带的处理及施工应力问题的商榷［J］. 水利水电技术，1964，10.

［18］朱伯芳，厉易生，许平. 某拱坝因坝内高压孔洞缺乏防渗钢板引起大裂缝的教训［J］. 混凝土坝技术，1997，2.

［19］朱伯芳. 三峡工程的经济社会效益是我国最好的［J］. 中国水利，2011．6.

［20］朱伯芳. 中国拱坝建设的成就［J］. 水力发电，1999（10）：38-40.

第Ⅲ篇　论文（二）　大体积混凝土温度应力与温度控制

［21］朱伯芳. 混凝土坝的温度计算［J］. 中国水利，1956（11）：8-20.（12）：43-60.

［22］朱伯芳. 有内部热源的大块混凝土用埋设水管冷却的降温计算［J］. 水利学报，1957（4）：87-106.

［23］朱伯芳. 建筑物温度应力试验的相似律［J］. 土木工程学报，1958（1）：272-277.

［24］Zhu Bofang. The effect of pipe cooling in mass concrete with internal source of heat［J］. Scientia Sinica，Vol. X. No. 4，1961：483-489.

［25］朱伯芳，王同生. 混凝土坝施工中相邻坝块高差的合理控制［J］. 水利学报，1962（5）：51-55.

［26］朱伯芳. 国外混凝土坝分缝分块及温度控制的情况与趋势［J］. 水利水电技术，1962（3）：35-47.

［27］朱伯芳. 数理统计理论在混凝土坝温差研究中的应用［J］. 水利水电技术，1963（1）：

30-33.

［28］朱伯芳，王同生，丁宝瑛. 重力坝和混凝土浇筑块的温度应力［J］. 水利学报，1964
（1）：30-34.

［29］朱伯芳，宋敬廷. 混凝土温度场及温度徐变应力的有限元分析［A］. 水利水电工程应
用电子计算机资料选编［C］. 北京：水利电力出版社，1977.

［30］朱伯芳. 基础梁的温度应力［J］. 力学，1979（3）：200-205.

［31］朱伯芳. 软基上船坞与水闸的温度应力［J］. 水利学报，1980（6）：23-33.

［32］朱伯芳. 论拱坝的温度荷载［J］. 水力发电，1984（2）：23-29.

［33］朱伯芳. 库水温度估算［J］. 水利学报，1985（2）：12-21.

［34］朱伯芳. 寒潮引起的混凝土温度应力计算［J］. 水力发电，1985（3）：13-17.

［35］朱伯芳，蔡建波. 混凝土坝水管冷却效果的有限元分析［J］. 水利学报，1985（4）：
27-36.

［36］Zhu Bofang. Computation of thermal stresses in mass concrete with consideration of creep
［A］Proc. 15th International Congress on Large Dams［C］. Vol. Ⅱ：529-546，Lausanne，
1985.

［37］朱伯芳. 大体积混凝土表面保温能力计算［J］. 水利学报，1987（2）：18-26.

［38］朱伯芳. 再谈寒潮引起的混凝土温度应力计算［J］. 水力发电，1987（12）：31-34.

［39］朱伯芳. 考虑水管冷却效果的混凝土等效热传导方程［J］. 水利学报，1991（3）：28-34.

［40］Zhu Bofang. Temperature loads on arch dams.［A］Proc. International Workshop on
Arch Dams［C］. Coimbre，1987. 又见"ArchDams"ed. by J. L. Seraim mad R. W. Clough：
217-225，A-A. Balkema，199.

［41］Zhu Bofang，Cai Jiangbo. Finite element analysis of pipe cooling in mass concrete，a three
dimensional problem.［J］. Journal of Construction. Engineering. ASCE，Dec 1989. Vol.
115. No. 4：487-498.

［42］朱伯芳. 混凝土浇筑块的临界表面放热系数［J］. 水利水电技术，1990（4）：14-16.

［43］Zhu Bofang. Thermal stresses in beams on elastic foundations［J］. Journal of Hydraulic
Engineering. 1992（1）.

［44］朱伯芳. 碾压混凝土拱坝的温度控制与接缝设计.［J］. 水力发电，1992（9）：11-17.

［45］朱伯芳. 不稳定温度场有限元分区异步长解法［J］. 水利学报，1985（8）：46-52.

［46］朱伯芳，许平．碾压混凝土重力坝的温度应力与温度控制［J］．水利水电技术，1996
　　　（4）：18-25.

［47］Zhu Bofang. Compound layer method for stress analysis simulating construction process
　　　［J］. Dam Engineering，Vol. 6，Issue 2，July 1995：157-178.

［48］Zhu Bofang，Xu Ping. Thermal stresses in roller compacted concrete gravity dams［J］.
　　　Dam Engineering，Vol. 6，Issue 3，Oct 1995：199-220.

［49］Zhu Bofang，Xu Ping，Wang Shuhe. Thermal stresses and temperature control of RCC
　　　gravity dams［A］. Proceedings International Symposium on Roller Compacted Concrete
　　　Dam［C］. April 21-25，1999，Chengdu，China，65-76.

［50］朱伯芳．大体积混凝土施工过程中受到的日照影响［J］水力发电学报，1999（3）：35-41.

［51］朱伯芳．许平．通仓浇筑常态混凝土和碾压混凝土重力坝的劈头裂缝和底孔超冷问题
　　　［J］．水利水电技术，1998（10）：14-18.

［52］朱伯芳，董福品．拆除模板引起的混凝土温度应力［J］．水利水电技术，1998（10）：
　　　61-62.

［53］朱伯芳．高温季节进行坝体二期冷却时的衰面保温［J］．水利水电技术，1997（4）：
　　　10-13.

［54］朱伯芳．大体积混凝土非金属水管冷却的降温计算［J］．水利水电技术，1997（6）：
　　　30-34.

［55］Bofang Zhu. Effect of cooling by water flowing in nonmetal pipes embedded in mass
　　　concrete［J］. Journal of Construction Engineering. ASCE，Vol. 125. No. 1，Jan 1999：
　　　61-68.

［56］Bofang Zhu，Ping Xu. New methods for thermal stress analysis simulating construction
　　　process of concrete dam［A］. Proceedings Tenth International Conference for Numerical
　　　Methods in Thermal Problems［C］. Swansea，UK：July 21-25 1997，742-753.

［57］Bofang Zhu，Ping Xu. Thermal stresses and temperature control of concrete gravity darns
　　　without longitudinal joint including RCC gravity dams［A］. 《Innovation in Concrete
　　　Structures：Design and Construction》［C］. Proceeding of International Conference on
　　　Creating in Concrete. Dundee，UK：8-10 September 1999，127-133.

［58］朱伯芳．RCC坝仿真计算非均匀单元的初始条件［J］．水力发电学报，2000（1）.

［59］Bofang Zhu. Prediction of water temperature in deep reservoir［J］. Dam Engineering,

　　　Vol. 18，Issue l，June 1997，13-26.

［60］朱伯芳. 蠕变引起的非均质结构应力重新分布［J］. 建筑学报，1961（1）：14-18.

［61］朱伯芳. 蠕变引起的拱坝应力重新分布［J］. 力学学报，1962（1）：18-26.

［62］朱伯芳. 在混合边界条件下非均质黏弹性体的应力与位移［J］. 力学学报，1964（2）：

　　　162-167.

［63］朱伯芳. 关于混凝土徐变理论的几个问题［J］. 水利学报，1982（3）：35-40.

［64］朱伯芳. 混凝土结构徐变应力分析的隐式解法［J］. 水利学报，1983（5）：40-46.

［65］朱伯芳. 混凝土的弹性模量、徐变度与应力松弛系数［J］. 水利学报，1985（9）：54-61.

［66］朱伯芳. 分析晚龄期混凝土结构简谐温度徐变应力的等效模量法和等效温度法［J］.

　　　水利学报，1986（8）：61-66.

［67］朱伯芳. 混凝土徐变方程参数拟合的约束极值法［J］. 水利学报，1992（7）：75-76.

［68］朱伯芳. 弹性徐变体有限元分区异步长解法［J］. 水利学报，1995（7）：24-27.

［69］朱伯芳. 再论混凝土弹性模量的表达式［J］. 水利学报，1996（3）：89-90.

［70］朱伯芳. 混凝土徐变柔量的幂函数—对数函数表达式［J］. 计算技术与计算机应用，

　　　1996（1）：1-4.

［71］朱伯芳. 混凝土极限拉伸变形与混凝土龄期及抗拉、抗压强度的关系［J］. 土木工程

　　　学报，1996（5）：72-75.

［72］朱伯芳. 混凝土松弛系数与徐变系数的关系式［J］. 计算技术与计算机应用，1996（2）.

［73］朱伯芳. 多层混凝土结构仿真应力分析的并层算法［J］. 水力发电学报，1994（3）：

　　　21-30.

［74］朱伯芳. 混凝土坝仿真计算的并层接缝单元［J］. 水力发电学报，1995（3）：14-21.

［75］朱伯芳. 论微膨胀混凝土筑坝技术［J］. 水力发电学报，2000（3）：1-12.

［76］Bofang Zhu. Joint element with key and the influence of joint on the stresses in concrete

　　　dams［J］. Dam Engineering，Vol. Ⅻ. Issue 2：59-82，Oct 2001.

［77］朱伯芳. 利用预冷集料和水管冷却加快高碾压混凝土重力坝的施工速度［J］. 水利水

　　　电技术，2001（3）：11-15.

［78］朱伯芳，许平. 混凝土坝仿真应力分析方法［J］. 中国水利，2000（9）：75-78.

［79］朱伯芳. RCC坝仿真计算非均匀单元的初始条件［J］. 水力发电学报. 2000（1）：96-100.

［80］Zhu Bofang. Methods for stress analysis simulating the construction process of high concrete dams［J］. Dam Engineering，Vol. Ⅺ. Issue 4，2001.

［81］朱伯芳. 聚乙烯冷却水管的等效间距［J］. 水力发电，2002（1）：22-24.

［82］朱伯芳. 混凝土高坝全过程仿真分析［J］. 水利水电技术，2002（12）：14-17.

［83］朱伯芳. 微膨胀混凝土自生体积变形的计算模型和试验方法［J］. 水利学报，2002（12）：20-23.

［84］朱伯芳. 考虑温度影响的混凝土绝热温升表达式［J］. 水力发电学报，2003（2）：72-76.

［85］朱伯芳. 微膨胀混凝土自生体积变形的增量型计算模型［J］. 水力发电，2003（2）：22-25.

［86］朱伯芳. 关于拱坝接缝灌浆时间的探讨［J］. 水力发电学报，2003（3）：21-27.

［87］朱伯芳. 兼顾当前温度与历史温度效应的氧化镁混凝土双温计算模型［J］. 水利水电技术，2003（4）：16-17.

［88］朱伯芳. 混凝土绝热温升的新计算模型与反分析［J］. 水力发电，2003（4）：31-34.

［89］朱伯芳，张国新，徐麟详，杨树明. 解决重力坝加高时温度应力的新思路和新技术［J］水力发电，2003（11）：29-33.

［90］朱伯芳. 寒冷地区有保温层拱坝温度荷载［J］. 水利水电技术，2003（11）：46-49.

［91］朱伯芳. 混凝土坝水管冷却仿真计算的复合算法［J］. 水利水电技术，2003（11）：50-53.

［92］Zhu Bofang. Temperature control and design of joints for RCC arch dams［J］. Dam Engineering，V14，2003，11.

［93］厉易生，林乐佳，朱伯芳. 寒冷地区拱坝苯板保温层的效果及计算方法［J］. 水利学报，1995（7）：54-58.

［94］朱伯芳. 考虑外界温度影响的水管冷却等效热传导方程［J］. 水利学报，2003（3）：51-56.

［95］朱伯芳. 建设高质量永不裂缝拱坝的可行性及实现策略［J］. 水利学报，2006（10）：3-10.

［96］朱伯芳. 混凝土坝温度控制与防止裂缝的现状与展望［J］. 水利学报，2006（12）：27-35.

［97］朱伯芳. 重力坝的劈头裂缝［J］. 水力发电学报，1997（4）：86-94.

［98］朱伯芳. 地基上混凝土梁的温度应力［J］. 土木工程学报，2006（8）：99-104.

[99] 赵佩钰，吕宏基，朱伯芳. 关于防止混凝土坝裂缝措施的探讨 [J]. 水利水电技术，1962（3）：8-16.

[100] 朱伯芳. 关于混凝土坝裂缝问题的商榷 [J]. 水利水电技术，1963（8）：40-47.

[101] 董福品，朱伯芳. 碾压混凝土坝温度徐变应力的研究 [J]. 水利水电技术，1987（10）：24-32.

[102] 厉易生，朱伯芳，沙慧文，肖田元. 响水拱坝裂缝成因及其处理 [J]. 水利水电技术，1997（5）：15-17.

[103] 张国新，朱伯芳. 整体拱坝的仿真与可行温控措施 [J]. 水利水电技术，2002（12）：22-25+74.

[104] 杨波，朱伯芳. 拱坝运行期非线性温差应力分析 [J]. 水利水电技术，2003（6）：24-26+67.

[105] 申献平，杨波，张国新，朱伯芳. 沙老河拱坝整体应力仿真与掺 MgO 效果分析 [J]. 水利水电技术，2004（2）：50-52.

[106] 许平，朱伯芳. 某重力坝温控仿真计算及上游面裂缝成因分析 [J]. 水利水电技术，2004（11）：78-81+87.

[107] 朱伯芳. 应用氧化镁混凝土筑坝的两种指导思想和两种实践结果 [J]. 水利水电技术，2005（6）：42-45.

[108] 朱伯芳. 论混凝土坝抗裂安全系数 [J]. 水利水电技术，2005（7）：36-40.

[109] 朱伯芳. 温度场有限元分析的接缝单元 [J]. 水利水电技术，2005（11）：48-50+64.

[110] 朱伯芳，买淑芳. 混凝土坝的复合式永久保温防渗板 [J]. 水利水电技术，2006（4）：16-21.

[111] 朱伯芳，张国新，吴龙珅，胡平，杨萍. 重力坝加高工程全年施工可行性研究 [J]. 水利水电技术，2006（10）：32-35.

[112] 朱伯芳. 混凝土坝计算技术与安全评估展望 [J]. 水利水电技术，2006（10）：27-31.

[113] 朱伯芳. 拱坝温度荷载计算方法的改进 [J]. 水利水电技术，2006（12）：22-25.

[114] 朱伯芳. 混凝土坝安全评估的有限元全程仿真与强度递减法 [J]. 水利水电技术，2007（1）：1-6.

[115] 朱伯芳. 寒潮期间大体积混凝土两面散热与棱角保温 [J]. 水力发电，1986（8）：21-24.

[116] 朱伯芳. 重力坝横缝止水至坝面距离对防止坝面劈头裂缝的影响 [J]. 水力发电, 1998（12）：19-20+44.

[117] 朱伯芳，许平. 加强混凝土坝面保护尽快结束"无坝不裂"的历史 [J]. 水力发电, 2004（3）：28-31.

[118] 朱伯芳. 混凝土拱坝运行期裂缝与永久保温 [J]. 水力发电, 2006（8）：24-27+33.

[119] 朱伯芳. 论混凝土坝的几个重要问题 [J]. 中国工程科学, 2006（7）：25-33.

[120] 朱伯芳，张国新，吴龙珅，胡平. 重力坝加高中减少结合面开裂研究 [J]. 水利学报, 2007（6）：639-645.

[121] 朱伯芳，吴龙珅，张国新. 重力坝运行期年变化温度场引起的应力 [J]. 水利水电技术, 2007（9）：21-24.

[122] 朱伯芳. 非均质各向异性体温度场有限元解及裂缝漏水对温度场的影响 [J]. 水利水电技术, 2007（3）：33-35

[123] 朱伯芳，吴龙珅，李羽，张国新. 混凝土坝施工期越冬温度应力及表面保温计算方法 [J]. 水利水电技术, 2007（8）：34-37.

[124] 朱伯芳. 温度场有限元分析的接缝单元 [J]. 水利水电技术, 2005（11）：45-47.

[125] 朱伯芳. 论混凝土坝安全系数的设置 [J]. 水利水电技术, 2007（6）：35-40.

[126] 朱伯芳，吴龙珅，郑璀莹，张国新. 重力坝运行期纵缝开度的变化 [J]. 水利水电技术, 2007（4）：26-29.

[127] 朱伯芳，张国新，许平，吕振江. 混凝土高坝施工期温度与应力控制决策支持系统 [J]. 水利学报, 2008（1）：1-6.

[128] 朱伯芳，李玥，杨萍，张国新. 关于混凝土坝基础混凝土允许温差的两个原理 [J]. 水利水电技术, 2008（7）.

[129] 朱伯芳，杨萍，吴龙珅，张国新. 利用塑料水管易于加密以强化混凝土冷却 [J]. 水利水电技术, 2008（5）.

[130] 朱伯芳，杨萍. 混凝土的半熟龄期——改善混凝土抗裂性能的新途径 [J]. 水利水电技术, 2008（5）.

[131] 朱伯芳. 混凝土坝高块浇筑质疑 [J]. 水力发电, 1956（12）.

[132] 朱伯芳，吴龙珅，杨萍，张国新. 混凝土坝后期水管冷却的规划 [J]. 水利水电技术, 2008（7）.

[133] 朱伯芳．小温差早冷却缓慢冷却是混凝土坝水管冷却的新方向 [J]．水利水电技术，2009（1）.

[134] 朱伯芳，吴龙珅，张国新．混凝土坝水管冷却自生温度徐变应力的数值分析 [J]．水利水电技术，2009（2）.

[135] 朱伯芳，傅华．混凝土温度场反分析 [J]．计算技术与计算机应用，1997（1）.

[136] 张国新，杨波，朱伯芳，赵其兴．MgO 微膨胀混凝土坝裂缝的非线性模拟 [J]．水力发电学报，2004（3）.

[137] 朱伯芳．混凝土热学力学性能随龄期变化的组合指数公式 [J]．水利学报，2011，1.

[138] 朱伯芳．论混凝土坝的水管冷却 [J]．水利学报，2010，5.

[139] 朱伯芳．大体积混凝土绝热温升试验新方法 [J]．水利水电技术，2010，3.

[140] 朱伯芳．混凝土坝水管冷却的利与弊 [J]．水利水电技术，2009，12.

[141] 朱伯芳．混凝土坝施工期最高温度计算方法 [J]．水力发电，2010，1.

[142] 朱伯芳．混凝土坝初期水管冷却方式研究 [J]．水力发电，2010，3.

[143] 朱伯芳．混凝土坝水管冷却中水温的计算、调控与反馈分析 [J]．水利水电技术，2009，8.

[144] 朱伯芳．加热下部混凝土以防止混凝土结构裂缝的探索 [J]．水利水电技术，2009，2.

[145] 朱伯芳，吴龙珅，李玥．水闸温度应力 [J]．水利水电技术，2009，12.

[146] 朱伯芳，吴龙珅，张国新．混凝土坝后期水管冷却方式研究 [J]．水利水电技术，2009，7.

[147] 朱伯芳，杨萍．混凝土的半熟龄期 [J]．水利水电技术，2008，5，30-35.

[148] 朱伯芳，吴龙珅，杨萍，张国新．利用塑料水管易于加密以强化混凝土冷却 [J]．水利水电技术，2008，5，36-39.

[149] 许平，朱伯芳，张国新，杨波，梁建文．某重力坝温控仿真计算及上游面裂缝成因分析 [J]．水利水电技术，2004，11，77-80，86.

[150] 朱伯芳，吴龙珅，李玥，张国新．混凝土坝施工期坝块越冬温度应力及表面保温计算方法 [J]．水利水电技术，2007，8，34-37

[151] 朱伯芳．拱坝温度荷载计算方法的改进 [J]．水利水电技术，2006，12，19-22.

[152] 朱伯芳，买淑秀．混凝土坝的复合式永久保温防渗板 [J]．水利水电技术，2006，4，13-18.

［153］朱伯芳. 温度场有限元分析的接缝单元［J］. 水利水电技术，2005，11，45-47.

［154］朱伯芳，张国新，杨卫中，杨波，许平. 应用氧化镁混凝土筑坝的两种指导思想和两种实践结果［J］. 水利水电技术，2005，6，39-42.

［155］朱伯芳. 小湾拱坝施工期裂缝成因的再探讨［J］. 水利水电技术，2015，4.

第Ⅳ篇　论文（三）　结构优化

［156］朱伯芳，黎展眉. 拱坝的满应力设计［A］. 水利水电科学院论文集［C］. 第9集. 北京：水利电力出版社，1982.

［157］朱伯芳. 结构满应力设计的松弛指数［J］. 水利学报，1983（1）：27-31.

［158］朱伯芳. 复杂结构满应力设计的浮动应力指数法［J］. 固体力学学报，1984（2）：255-261.

［159］朱伯芳，宋敬廷. 双曲拱坝的最优化设计［J］. 水利水运科学研究，1980（1）：13-23.

［160］朱伯芳，黎展眉. 双曲拱坝的优化［J］. 水利学报，1981（2）：11-21.

［161］朱伯芳，张宝康，黎展眉. 用快速边界搜索法求解双曲拱坝优化问题［J］. 数值计算与计算机应用，1983（4）：218-223.

［162］朱伯芳. 双曲拱坝优化设计中的几个问题［J］. 计算结构力学及应用，1984（3）：11-21.

［163］朱伯芳，黎展眉. 结构优化设计的两个定理和一个新的解法［J］. 水利学报，1984（10）：14-21.

［164］朱伯芳. 结构优化设计的几个方法［J］. 工程力学，1985（2）：43-51.

［165］Zhu Bofang. Optimum design of double-curvature arch dams［A］. Proc. 2nd International Conference on Computing in Civil Engineering［C］. 1985（11）：31-48.

［166］Zhu Bofang. Internal force expansion method for stress reanalysis in structural optimization［J］. Comm，Appl. Num. Meth. V. 7，1991，295-298.

［167］朱伯芳. 智能优化辅助设计系统［J］. 计算技术与计算机应用，1992（2）：27-29.

［168］朱伯芳，贾金生，饶斌. 拱坝体形优化的数学模型［J］. 水利学报，1992（3）：23-32.

［169］朱伯芳，贾金生，饶斌. 在静力与动力荷载作用下拱坝体形优化的求解方法［J］. 水利学报，1992（5）：20. 26.

［170］Zhu Bofang，Jia Jinsheng，Rao Bin and Li Yiheng. Shape optimization of arch dams for static and dynamic loads［J］. Journal of Structural Engineering，ASCE，Vol. 118，No. 11，

Nov. 1992：2996-3015.

[171] Zhu Bofang, Jia Jinsheng；Li Yiheng and Xu Shengyou. Intelligent optimal CAD for arch dams [J]. International Water Power and Dam Construction，March，1994.

[172] 朱伯芳，贾金生，厉易生，徐圣由. 拱坝的智能优化辅助设计系统—ADIOCAD [J]. 水利学报，1994（7）：32-37.

[173] 朱伯芳. 结构优化设计讲座. 水力发电，1984（4-9）. 第一讲，结构优化设计概论；第二讲，结构优化设计的准则法—满应力设计；第三讲，结构优化设计的直接解法；第四讲，结构优化设计的间接解法；第五讲（本讲由盛德举执笔），重力坝和支墩坝的优化设计；第六讲，拱坝、土坝和钢筋混凝土结构的优化设计.

[174] Zhu Bofang，Rao Bin，Jia Jinsheng，Li Yisheng. Shape optimization of arch dams for static and dynamic loads [A]. Practice and Theory. of Arch Dams [C]. Proceedings of International Symposium on Arch Dams. Nanjing China，Oct 17-20，1992，142-156.

[175] Zhu Bofang，Rao Bin，Jia Jinsheng，Li Yisheng. Intelligent Optimal CAD（IOCAD） for arch dams. idem，185-190.

[176] 朱伯芳，谢钊. 弹性圆拱的最优中心角 [J]. 水利水电技术，1986（12）：6-8.

[177] Zhu Bofang. Shape optimization of arch dams [J]. International Water Power and Dam Construction. March 1987.

[178] 朱伯芳，厉易生，张武，谢钊. 拱坝优化十年 [J]. 基建优化，1987（2，3）.

[179] 朱伯芳，谢钊. 高拱坝体形优化设计中的若干问题 [J]. 水利水电技术，1987（3）：9-17.

[180] Zhu Bofang. Some problems in the optimum design of structures [C]. Proc. 3rd Intern. Conf. Computing in Civ. Engineering，Vancouver，1988.

[181] Zhu Bofang. Optimum design of arch dams [J]. Dam Engineering，Vol. 1，Issue 2，131-145，1990.

[182] 朱伯芳，饶斌，贾金生，厉易生. 拱坝体形优化设计进展 [J]. 混凝土坝技术，1990（1）.

[183] 朱伯芳，贾金生，饶斌. 六种双曲拱坝体形优化与比较研究 [J]. 砌石坝技术，1990（2）.

[184] Zhu Bofang，Li Yisheng and Xie Zhao. Optimum Design of Arch Dams [A]. in Serafim，J L and Clough R（editors）：Arch Dams，Proc. Inter Workshop on Arch Dams [C].

Coimbra，5-9 April，1987．Published by Balkema，Rotterdam，1990.

［185］厉易生，贾金生，朱伯芳．小湾拱坝优化设计［J］．水力发电，1997（2）：27-29.

［186］朱伯芳．高拱坝新型合理体形的研究和应用［J］．水力发电，2001（8）：64-66.

［187］朱伯芳．国际拱坝学术讨论会专题综述［J］．混凝土坝技术，1987（2）．水力发电，
1988（8）.

第Ⅴ篇　论文（四）　有限元方法

［188］朱伯芳．拱坝的有限元等效应力及复杂应力下的强度储备［J］．水利水电技术，2005
（1）：43-36.

［189］朱伯芳．论坝工混凝土标号与强度等级［J］．水利水电技术，2004（8）：33-37.

［190］朱伯芳．拱坝应力控制标准研究［J］．水力发电，2000（12）：41-46.

［191］朱伯芳．论特高拱坝的抗压安全系数［J］．水力发电，2005（2）：27-30.

［192］朱伯芳．论混凝土坝安全系数的设量［J］．水利水电技术，2007（6）：35-39.

［193］朱伯芳．关于可靠理论应用于混凝土坝设计的问题［J］．土木工程学报，1994（4）：
10-15.

［194］朱伯芳．混凝土坝安全评估的有限元全程仿真与强度递减法［J］．水利水电技术，
2007（1）：1-6.

［195］朱伯芳．混凝土坝计算技术与安全评估展望［J］．水利水电技术，2006（10）：32-35.

［196］朱伯芳，张国新，许平，吕振江．混凝土高坝施工期仿真与温度控制决策支持系统
［J］．水利学报，2007（12）.

［197］朱伯芳．建设高质量永不裂缝拱坝的可行性及实现策略［J］．水利学报，2006（10）：
1155-1162

［198］朱伯芳．渗流场中考虑排水孔作用的杂交单元［J］．水利学报，1982（9）：32．40.

［199］Zhu Bofang．Hybrid elements considering the effects of draining holes in seepage field
［C］．Proc．Intern，Conf．FEM．1982，Shanghai China.

［200］朱伯芳，李玥，张国新．渗流场中排水孔直径、间距及深度对排水效果的影响，水利
水电技术，2008，3，　27-29.

［201］朱伯芳，李玥，许平，张国新．渗流场分析的夹层代孔列法［J］．水利水电技术，2007
（10）.

［202］朱伯芳. 强地震区高拱坝抗震配筋问题［J］. 水力发电，2000（7）：20-24.

［203］朱伯芳. 1999 年台湾 921 集集大地震中的水利水电工程［J］. 水力发电学报，2003（1）：72-76.

［204］朱伯芳. 拱坝、壳体和平板的振动及地面运动相位差的影响［J］　水利学报，1963（2）：61-64.

［205］朱伯芳. 论混凝土坝的抗地震问题［J］. 水利水电技术，1963（3）：17-29.

［206］Zhu Bofang. Vibration of arch dams，shells and plates with special reference to the effects of phase difference of ground displacements［J］. Scientia Sinica，Vol. XIII，No. 6，1964.

［207］朱伯芳，宋敬廷，陈辉成. 复杂基础上混凝土坝的非线性有限单元分析［J］. 技术参考资料，水利水电，第七期，1978.

［208］朱伯芳，宋敬廷. 弹性厚壳曲面有限单元在拱坝应力分析中的应用［J］. 水利水运科学研究，1979（1）：26-41.

［209］朱伯芳. 计算拱坝的一维有限单元法［J］. 水利水运科学研究. 1979（2）：18-29.

［210］朱伯芳，饶斌，贾金生. 变厚度非圆形拱坝应力分析［J］. 水利学报，1988（11）：17-28.

［211］朱伯芳，饶斌，贾金生. 拱坝应力分析及 ADAS 程序［J］. 计算技术与计算机应用，1988（1）：7-34.

［212］Zhu Bofang. Rao Bin，Jia Jinsheng. Stress analysis of noncircular arch dams［J］. Dam Engineering. Vol. Ⅱ，Issue3，August 1991. 253-272.

［213］朱伯芳. 杆件—块体连接单元［J］. 水利学报，1989（11）：18-27.

［214］朱伯芳，贾金生，厉易生. 拱坝设计中的几个主要问题［J］. 混凝土坝技术，1995（3）.

［215］朱伯芳，栾丰. 拱与梁产生裂缝后的失效角［J］. 水力发电学报，1997（3）：55-61.

［216］朱伯芳，贾金生，栾丰. 拱坝多拱梁非线性分析［J］. 水利水电技术，1997（7）：36-39.

［217］朱伯芳，厉易生. 提高拱坝混凝土强度等级的探讨［J］. 水利水电技术，1999（3）：15-19.

［218］朱伯芳，李玥，张国新. 渗流场中排水孔间距、深度与直径对排水效果的影响［J］. 水利水电技术. 2008（3）.

［219］朱伯芳，张国新，郑璀莹，贾金生. 混凝土坝运行期安全评估与全坝全过程有限元仿

真分析 [J]. 大坝与安全，2007（6）：9-12.

[220] 朱伯芳. 混凝土坝耐强烈地震而不垮的机理 [J]. 水利水电技术，2009（1）.

[221] 朱伯芳. 论混凝土坝抗震设计与计算中混凝土动态弹性模量的合理取值 [J]. 水利水
电技术，2009，11.

[222] 朱伯芳. 改进的混凝土坝单项安全系数法及其在拱坝中的应用 [J]. 水利水电技术，
2009，12.

[223] 朱伯芳. 当前混凝土坝建设中的几个问题 [J]. 水利学报，2009，1.

[224] 朱伯芳. 混凝土坝安全评估的有限元全程仿真与强度递减法 [J]. 水利水电技术，
2007，1，1-6.

[225] 朱伯芳. 弹性力学准平面问题及其应用，原载《朱伯芳院士选》，中国电力出版社，
1997.

[226] 朱伯芳. 论混凝土拱坝有限元等效应力 [J]. 水利水电技术，2012，4，30-32.

第Ⅵ篇　论文（五）　混凝土坝数值监控

[227] 朱伯芳. 大坝数字监控的作用和设想 [J]. 大坝与安全，2009，（6）.

[228] 朱伯芳，张国新，贾金生，许平，郑璀莹. 提高大坝监控水平的新途径——混凝土坝
的数字监控 [J]. 水力发电学报，2009，（1）.

[229] 朱伯芳. 混凝土坝的数字监控 [J]. 水利水电技术，2008，（2）.

第Ⅶ篇　论文（六）　自述与回忆

[230] 朱伯芳. 谈科技工作者成长之路——在全国水利行业高层次专业技术人才研讨班上的
报告 [J]. 水利水电技术，2004，1.

[231] 朱伯芳. 科技工作一夕谈 [J]. 中国水利，1992，4 期.

[232] 朱伯芳. 八十自述 [J]. 水利水电技术，2012，7.

[233] 朱伯芳. 生平记事——从大学四年级学生到中国工程院院士的经历 [J]. 水利水电技
术，2014 年第 7 期.

[234] 朱伯芳. 真知来自实践，成果出于勤奋，原载《南昌一中老校友传略》及《朱伯芳院
士文集》，1735.

[235] 朱伯芳. 勤奋、求实、自强不息，原载《院士手札》及《朱伯芳院士文集》，1743.

［236］朱伯芳. 最大限度地发出自己的光和热［J］. 中国水利，1997，3.

［237］朱伯芳. 访苏印象［J］. 计算技术与计算机应用，1990，1.

［238］朱伯芳. 深切怀念潘家铮院士［J］. 水利水电技术，2013，2.

［239］朱伯芳. 设计首批三高坝、建立四个新学科、一片丹心图报国［N］. 中国科学报，2016 年 10 月 17 日.

［240］朱伯芳. 勤奋务实锐意创新［J］. 中国水利，2016 年 16 期.

朱伯芳院士科学技术年表

1928 年　1 岁

10 月 17 日（农历九月初五），出生于江西省余江县马岗乡下朱村。

祖父朱际春，前清秀才，在村中办私塾。

父亲朱祖明，正在南昌豫章中学读高中。1931 年入上海劳动大学，1933 年 7 月毕业于北平大学电机工程系，任江西省公路局帮工程师，电讯股股长。

1934—1938 年　6～10 岁

就读于祖父私塾。

1938 年 9 月，就读于余江县第三小学（校址在邓家埠），上五年级。

1939 年　11 岁

读就于余江县第一小学（校址在县城锦江镇），上六年级。

1940 年　12 岁

6 月，小学毕业。因日军轰炸，失学在家一年。

1941 年　13 岁

9 月，考入内迁至铅山县杨村镇的省立九江中学，读初一年级。

1942 年　14 岁

6 月，初一学期终了，逢日军进犯，流亡于山中避难。

9 月，开学入校不久，患病休学一年。

1943—1945 年　15～17 岁

1943 年 9 月，转学至县立余江中学，读初二年级，考全班第一名。

1945 年 7 月，初中毕业。在余江中学读高一年级。

1946—1947 年　18～19 岁

1946 年 8 月，参加考试，转学至南昌一中读高二年级。

读南昌一中高二、高三年级，一直是班上第一名。

1948 年　20 岁

7 月，赴上海参加交通大学考试。同时参加暨南大学、复旦大学、中央大学考试。

9 月，同时被四所大学录取，决定上交通大学。以第一名考取全国著名的交通大学土木系，南昌震动，《江西日报》曾予报道。入学后，得知在交通大学土木系考试成绩为第一，英文为全校第一。

1949 年　21 岁

6 月，解放军代表接管交通大学。

8 月，由地下党员刘笃忠介绍，加入共青团。

9 月，升二年级，当选为土木系二年级班长。

1950 年　22 岁

9 月，大三年级，辞去班长职务。专业分组，任市政工程组组长。

12 月，响应"抗美援朝"号召，报名参军。

1951 年　23 岁

1 月，参军体检查出血吸虫病，未被录取，治疗血吸虫病。

9 月，完成大三学业。

9 月 29 日，交大水利系、土木系计 71 人赴治淮工地实习。朱伯芳随同班 20 名同学由助教曹楚生带队，赴正在建设的佛子岭工地。参与佛子岭大坝设计和施工。

11 月，佛子岭工程确定建混凝工连拱坝方案。这是中国第一座混凝土大坝建筑。交通大学 20 名同学被分配到工地，朱伯芳与中央大学蒋富生和浙江大学裘允执、薛兆炜分在技术室设计组下设的坝工小组，组长为曹楚生。

在工地上刻苦自学，补充混凝土坝设计所必需的数学、力学知识。

父亲朱祖明由南昌农专副教授转任武汉水电学院副教授。

1952—1953 年　24 岁

参加佛子岭混凝土连拱坝设计。

7 月，随全国性院系调整，交通大学土木系调整至同济大学。参加实习的交通大学 71 名同学提前毕业，由治淮委员会就地分配工作。

9 月，领到同济大学毕业证书。参加工作时间从 1951 年 9 月算起。

1953 年　25 岁

提出混凝土坝分区标号技术，此项技术迅速在全国推广，并为世界坝工界采用。

提出变厚支墩应力弹性力学理论解。

被评为"治淮功臣"。

定为技术 12 级。

1954 年　26 岁

5 月，调梅山水库指挥部工程技术科，与薛兆炜合作设计梅山连拱坝。

针对梅山水库坝基前大冲沟，提出相应措施。未被采用。1963 年，梅山水库大坝滑动后修复时，才采用他的方案。

被评为安徽省优秀团员。

升为技术 11 级。

1955 年　27 岁

7 月，与易冰若结婚。

8 月，调治淮委员会设计院，参加中国第一座混凝土拱坝——响洪甸拱坝设计任设计组长。

期间，提出两项建议均被采用。

一、建议水电部组团赴西欧考察坝工技术。

二、建议进行中国第一次拱坝结构模型试验。

1956 年　28 岁

4 月，女儿慧玲出生。

响洪甸坝设计中，第一次进行混凝土温度控制计算分析。施工中，第一次采用冷却水管和较细致的混凝土温度控制。

开始研究混凝土温度应力，发表第一篇论文《混凝土坝的温度计算》，由《中国水利》11、12 期连载。

评为安徽省先进工作者。

破格连升三级，晋升为 8 级工程师。

1957 年　29 岁

担任淮委设计院团委委员、支部书记。

《有内部热源的大块混凝土用埋设水管冷却的温度计算》等 10 数篇论文发表。

11 月，调任水利部北京水利科学研究院。降为 9 级工程师。

1958 年　30 岁

水利部水利科学研究院、中国科学院和清华大学合办的水工研究室、燃料部水电科学研究院三院合并为中国水利水电科学研究院。任结构材料所第四组副组长。

因申请论文《有内部热源的大块混凝土用埋设水管冷却的温度计算》翻译成英文在国外发表，在"拔白旗"运动中受到冲击。

父亲朱祖明受诬告被开除公职。含冤病逝。

赴古田溪水电站建设工地解决温度控制问题。

1959 年　31 岁

赴新安江、刘家峡、桓仁等工地解决温度控制问题。

1960 年　32 岁

在结构材料所开工程数学讲座。

赴丹江口水利枢纽工地出差。

1961 年　33 岁

解决丹江口水利枢纽工程温度控制问题。

解决恒仁水电站裂缝问题。

从 1951 年开始，自学完成甚至超过北京大学数学力学系设置的全部课程。

《蠕变引起的非均质结构应力分布》发表，关于徐变对非均质结构的应力与位移研究有了开拓性突破。

继续研究和总结混凝土温度应力与温度控制理论，发表一批重要论文。

1962 年　34 岁

《蠕变引起的拱坝应力重新分布》发表。

继续研究和总结混凝土温度应力与温度控制理论，发表一批重要论文。

1963 年　35 岁

带领结构材料所第四组成员王同生、丁宝瑛、郭之章等人，着手编写《水工混凝土结构的温度应力与温度控制》一书。

发表《对宽缝重力坝的重新评价》等一批重要论文。宽缝重力坝逐渐淡出。

1964 年　36 岁

发表《重力坝与混凝土浇筑块的温度应力》《在混合边界条件下非均质黏弹性体的应力与位移》等一批重要论文。

《水工混礙土结构的温度应力与温度控制》初稿完成，全书 70 万字，建立起全面系统的混凝土温度应力与温度控制理论体系，标志着中国在该领域达到世界领先水平。朱伯芳撰写该书 60% 以上的内容。

1965 年　37 岁

参加东北参窝水库腹拱坝方案审定。

3 月，"下楼出院"，离开研究所赴刘家峡水利枢纽工程出差。

原来拟订的有限单元法和混凝土断裂研究被迫中止。

1966 年　38 岁

4 月，《水工混凝土结构温度应力与温度控制》定稿，中国水利水电出版社排出清样。

5 月，"文化大革命"暴发，出版事宜搁浅。

"文革"中，因《略论各种混凝土坝的经济性与安全性》一文中提到水利工程的防空问题，被人无线上纲，第一个被揪出来，受到大字报批判。

1967 年　39 岁

7 月，水利水电科学研究院实行军管。

"靠边站"，天天上班，无所事事。

1969 年　41 岁

11 月，水利水电科学研究院解散，全家下放三门峡水电站工地。安置在位于水电站工地上游的大安村。

在混凝土浇筑队劳动锻炼，分配在木工厂。

1970 年　42 岁

9 月，调水电十一工程局勘测设计研究大队科研所，任结构组组长。

参与三门峡大坝改建工作。

1971 年　43 岁

参与三门峡大坝改建工作。

1972 年　44 岁

无事可干，"找米下锅"，着手研究有限单元法在工程中的应用。

与宋敬廷合作，到 1976 年，编制出我国第一个不稳定温度场有限元程序，第一个混凝土温度徐变应力有限元程序等 5 个有限元程序。

运用编制的有限元程序解决三门峡大坝底孔打开的应力计算。

运用编制的有限元程序，解决双牌水电工程复杂地基问题，提供大量计算成果。

1973 年　45 岁

运用编制的有限元程序为复工的乌江渡工程提供计算成果。

运用编制的有限元程序为葛洲坝水电站提供计算成果。

开始《有限单元法原理与应用》一书的写作。

1974 年　46 岁

为天津海港码头船坞混凝土开裂等工程提供计算成果。

4 月，《水工混凝土的温度应力与温度控制》一书清校在出版社找到，在原稿基础上着手修订，加入混凝土温度场和温度应力的有限单元法内容。

随十一工程局勘测设计院由大安村迁往三门峡市内定居。

向全国有关单位无偿提供 5 个有限元程序，使我国水工结构计算进入有限元时代。

1975 年　47 岁

《有限单元法原理与应用》一书初稿完成，全书 73 万字。

1976 年　48 岁

9 月，《水工混凝土温度应力与温度控制》由中国水利电力出版社出版。

建立拱坝优化数学模型。

1977 年　49 岁

发表"文革"之后第一批论文。探讨混凝土温度场及徐变应力的有限元分析、基础梁温度应力等。

12 月，儿子朱慧珑考取中国科技大学化学系。

1978 年　50 岁

7 月，女儿朱慧玲考取广州外国语学院。

开辟拱坝优化新领域，着手编制拱坝优化程序。

中国水利水电科学研究院恢复，由三门峡调回北京，仍在结构材料研究所，任研究室主任。

1979 年　51 岁

8 月，《有限单元法原理与应用》由中国水利电力出版社出版。

确定为水利水电科学研究院首批硕士生导师。厉易生考取其第一位硕士生。

1980 年　52 岁

研究拱坝优化。

1981 年　53 岁

《水利学报》1981 年 2 期发表《双曲拱坝的优化》（与黎展眉联名），建立双曲拱坝优化模型、解法及实例。

1982 年　54 岁

《水工混凝土结构温度应力研究》，获得国家自然科学三等奖。

1983 年　55 岁

建立拱坝优化数学模型及求解方法。

1984 年　56 岁

获人事部授予首批国家级有突出贡献的中青年科技专家称号。

对浙江省瑞垟拱坝设计进行优化。拱坝优化理论第一次运用于生产实践。

对全国 20 多座已建、在建拱坝工程进行优化。

与黎展眉、张璧城合著《结构优化原理与应用》由中国水利电力出版社出版。

1985 年　57 岁

7 月，出席洛桑第十五届国际大坝会议。

发表《库水温度估算》一文，水利学报，1985，2。

1987 年　59 岁

确定为中国水利水电科学研究院博士生导师，贾金生、饶斌为第一批博士生。

承担拉西瓦拱坝工程设计优化工作。

出席葡萄牙柯茵布赖国际拱坝学术讨论会，任会议专家。

1988 年　60 岁

拱坝优化方法、程序与应用获得国家科技进步二等奖。

承担普定、龙滩等拱坝工程的优化设计工作。

承担小湾水电站工程拱坝优化设计工作。

出席温哥华第三届国际土木工程计算机应用会议，任中国代表团团长。

1989 年　61 岁

9 月，应邀至苏联全苏水电科学研究院讲学，讲学内容为有限元法，温度应力和拱坝优化。

1990 年　62 岁

5 月，出席德黑兰国际混凝土结构会议，任中国代表团团长。

1991 年　63 岁

8 月，出席东京第四届国际土木工程计算机应用会议，任中国代表团团长。

1992 年　64 岁

1 月，在《计算技术与计算机应用》杂志第 1 期发表《工程反分析》一文，提出工程反分析的概念和解法，开创工程反分析新领域。

12 月，应邀至伊朗 Mahab Ghodss 设计公司讲学，讲学内容为"在静力与动力作用下拱坝体形优化"和混凝土坝温度应力学术报告。

1993 年　65 岁

当选第 8 届全国政协委员。

1994 年　66 岁

提出"多层混凝土坝仿真应力分析的并层算法"，混凝土坝仿真领域取得突破性进展。

9 月，应邀赴德国 Essen 大学土木系讲学，做"拱坝体形优化""工程反分析"学术报告。

参加三峡工程开工典礼，在主席台上就座。

1995 年　67 岁

由潘家铮、钱宁、文伏波院士推荐，入选中国工程院院士。

1996 年　68 岁

继续研究混凝土坝仿真计算。

《碾压混凝土坝的温度应力与温度控制》发表于《水利水电技术》，1996 年 4 期，纠正部分人认为因水泥用量较少，碾压混凝土坝无需控制温度的错误观点。

1997 年　69 岁

在《中国水利水电科学研究院院报》发表《拱坝的多拱梁非线性分析研究

混凝土坝仿真》。

1998 年   70 岁
当选第 9 届全国政协委员。

1999 年   71 岁
《大体积混凝土温度应力与温度控制》由中国水利水电出版社出版。

2000 年   72 岁
混凝土高坝全过程仿真分析及温度应力研究获得国家科技进步二等奖。

2001 年   73 岁
对江口拱坝进行优化和仿真计算，获得成功。
处理沙老河拱坝裂缝问题。

2002 年   74 岁
2 月，到中南海参加国务院朱镕基总理主持的三峡工程质量问题专题会议，就三峡工程二期工程出现裂缝问题提出解决方案。
对三江河拱坝进行优化和仿真计算。
解决南水北调工程丹江口大坝加高的温度控制问题。

2003 年   75 岁
《大体积混凝土温度应力与温度控制》再版。与《有限单元法原理与应用》分别成为我国建筑和水电行业被引用最多的十本专业著作之一。
对周公宅拱坝进行仿真计算。

2004 年   76 岁
研究混凝土坝仿真计算。
《水力发电》2004 年 3 期，发表《加强混凝土坝面保护，尽快结束无坝不裂历史》一文。

2005 年　77 岁

4 月，就小湾工程的温度控制等问题致信昆明设计院副设计总工程师邹丽春。

2006 年　78 岁

在《水利学报》2006 年 10 期发表《建设高质量永不裂缝拱坝的可能性及实现策略》，提出建设永不裂缝拱坝的策略。

研究混凝土坝仿真。

2007 年　79 岁

在《水利学报》2007 年 12 期发表《混凝土高坝施工期温度与应力控制决策支持系统》，总结混凝土坝温控经验。

研究混凝土坝仿真。

2008 年 80 岁

《混凝土坝的数值监控》一文发表于《水利水电技术》2008 年 2 期，开辟混凝土坝数值监控新领域，大坝安全监控水平显著提高。

2009 年　81 岁

发表《大坝数字监控的作用和设想》，开辟混凝土坝数值监控新领域。

对陈村水电站安全问题进行仿真分析。

对丰满水电站安全问题进行仿真分析。

《有限单元法原理与应用》第三版出版。

2010 年　82 岁

继续研究混凝土坝的数字监控。

2011 年　83 岁

研究混凝土坝数值监控。修正《大体积混凝土温度应力与温度控制》一书。

2012 年　84 岁

《大体积混凝土温度应力与温度控制》（第二版）修订完毕，并由中国水利水电出版社出版发行。全书 113 万字。

2013 年　85 岁

亲自撰写的《Thermal Stresses and Temperatun Control of Mass Concrete》由 Elsevier 出版公司在国外出版，同时清华大学出版社在国内出版。

2014 年　86 岁

撰写《The Finite Element Method，Fundamentals and Applications in Civil、Hydraulic、Mechanical and Aeronautic Engineering》。

2015 年　87 岁

撰写《有限单元原理与应用》第 4 版。

2016 年　88 岁

《朱伯芳院士文集》（上、下册）由中国电力出版社出版。

2017 年　89 岁

校对《The Finite Element Method，Fundamentals and Applications in Civil、Hydraulic and Aeronautical Engineering》清样，将由 John Wiley & Sons 出版公司在国外出版。

2017 年 10 月 17 日由中国水力发电学会、中国水利学会与中国大坝工程学会联合举办"朱伯芳院士学术思想研讨会暨九十华诞庆祝会"。